高职高专公共基础课系列教材

大学语文

（第二版）

主　编　张剑瑞　杨　梅　韩　博
副主编　贾海玲　魏　芳　连　娜　刘文煜
　　　　乔彩霞　林永祥　田　霖
主　审　杨淑珍

西安电子科技大学出版社

内容简介

本书是高职高专公共基础课系列教材，由九个单元和附录组成。各单元的主题是：青春飞扬、名家风采、亲情永恒、爱情哲学、地灵人杰、崇敬生命、世事洞明、人生思辨、家国情怀。附录是汉语基础知识，包括汉字、词语、句子、修辞和阅读理解等内容。每个单元针对所选古今优秀篇目设置作者简介、背景知识、艺术赏析、文学聚焦、拓展与应用(包括探究思考和职业连线)等栏目，既有利于课堂上师生之间进行良好的交流，又可以有效引导学生进行自我拓展以及职业探索与实践。本书还通过二维码的形式给出了拓展阅读内容，将混合式课程建设、“互联网+”思维引入语文教学中。

本书除了能锻炼学生听说读写能力和培养学生语文综合素养，还可以培养学生的爱国主义情怀、民族精神和对民族文化的热爱，实现全程育人、全方位育人和全员育人的大思政格局。本书既可以作为高职高专类院校语文课程教材，也可供文学爱好者阅读欣赏。

图书在版编目(CIP)数据

大学语文/张剑瑞，杨梅，韩博主编. —2版. —西安：西安电子科技大学出版社，2022.8
(2023.8重印)
ISBN 978-7-5606-6621-1

Ⅰ. ①大… Ⅱ. ①张… ②杨… ③韩… Ⅲ. ①大学语文课—高等职业教育—教材 Ⅳ. ①H193.9

中国版本图书馆CIP数据核字(2022)第143091号

策　　划　秦志峰　杨航斌
责任编辑　赵婧丽
出版发行　西安电子科技大学出版社(西安市太白南路2号)
电　　话　(029)88202421　88201467　　邮　　编　710071
网　　址　www.xduph.com　　电子邮箱　xdupfxb001@163.com
经　　销　新华书店
印刷单位　咸阳华盛印务有限责任公司
版　　次　2022年8月第2版　　2023年8月第2次印刷
开　　本　787毫米×1092毫米　1/16　　印张　20.25
字　　数　484千字
印　　数　4001～7500册
定　　价　49.00元
ISBN 978-7-5606-6621-1/H

XDUP 6923002-2

前　言

高职“大学语文”是面向普通高职高专院校学生开设的一门公共基础课程。本课程紧紧围绕高职高专院校应用型人才的培养目标，根据人文素质教育与职业核心能力教育的多重要求，对高职高专学生的阅读欣赏、应用写作、创新思维、口才表达等能力进行系统的指导和训练，从而增强学生的文学知识、语言修养和美感品质，培养学生的职业道德、合作意识和创新思想，升华其人生的高雅志趣和人文情怀，真正提升高职高专学生作为应用型人才的职业素养。

本书作为高职院校的教材，具有以下特色：

一、课文的选篇。不是以时间或是以文章体裁为选篇分类的标准，而是以主题为脉络，甄选有利于提高大学生综合文学素养、健全健康人格培养的古今名篇佳作。选入的篇目既有古代名家经典篇目，又有现代作家的优秀文章。

二、编写的体例。高职语文的学习不能沿用“从语文中来，到语文中去”，而是要“从工作中来，到工作中去”。除了培养综合语文素养，还要体现职业导向的特点。本书每篇课文都设置了作者简介、背景知识、艺术赏析、文学聚焦、拓展与应用(包括探究思考和职业连线)栏目。其中，探究思考给出了关于课文的深层次的思考题，以帮助学生加深对文本的理解；职业连线可以让学生提前了解未来职场上可能遇到的一些常见问题，提升学生解决问题的能力。每个单元的最后设置了语文实践活动，实践活动从组织到实施再到最后的评价，全部环节都由学生自己完成，因此可以全方位锻炼学生，提高他们的策划能力、组织能力、批评与自我批评能力，为未来的职业生涯夯实基础。

三、“互联网＋”的运用。与以往教材相比，本书增加了拓展和延伸的环节，并以二维码的形式呈现，做到了将传统与创新相融合，将混合式课程建设、“互联网＋”思维引入语文教学中。

四、梳理语文课程的德育元素，推动语文课程思政建设，实现全程育人、全方位育人和全员育人的大思政格局。在文本选择上既要重视锻炼学生的听说读写能力，又要充分利用爱国主义作家的事迹和他们所表现出来的爱国主义情怀，传递和弘扬爱国主义精神，激励学生向前辈学习；通过品读爱国经典文章，将经典文章中的情感和意境传递给学生，有助于培养当代大学生对于祖国文化的热爱和爱国情操，增强其文化责任感；通过对优秀文学作品的专题学习，使大学生形成正确的人生观和价值观；变传统语文课堂逐篇精讲为“以一带十”，将单篇教学与文学聚焦结合起来，文学聚焦包含了许多珍贵的民族精神和民族文化，比如强调仁爱、强调群体、强调和而不同、强调天下为公等。

总之，本书的编排不求全面，但求实用，旨在为学生在校阅读和学习提供切实的帮助，为学生建立完善的人生观、世界观、价值观奠定基础。

本书由包头轻工职业技术学院的张剑瑞、杨梅、韩博担任主编，张剑瑞负责全书体例的设计、统稿和定稿，杨淑珍教授担任主审。包头轻工职业技术学院的贾海玲、魏芳、连娜、刘文煜、乔彩霞、林永祥、田霖担任副主编。各单元编写及分工如下：第一单元由田霖编写(4.9 万字)，第二单元由乔彩霞编写(5.5 万字)，第三单元由林永祥编写(4.57 万字)，第四单元由贾海玲编写(4.9 万字)，第五单元、第八单元由魏芳和韩博共同编写(9.15 万字)，第六单元和附录由刘文煜和张剑瑞共同编写(10.24 万字)，第七单元由杨梅编写(4.57 万字)，第九单元由连娜编写(4.57 万字)。

本书在编写过程中参照了众多相关教材和网上资料，在此谨对这些文献的作者表示感谢。由于编者水平有限，书中难免存在不妥之处，恳请各位专家、同仁和读者给予批评和指正。

编　者

2022 年 4 月

目 录

第一单元

青春飞扬

青春是什么？

是勇气，是爱国；是梦想，是才华；是自强，是奋斗……青春不朽，无关年龄。青春如朝日，是一个人最宝贵的年华。该如何度过，才能让青春的枝头绽放梦想之花？习近平总书记曾说：“现在，青春是用来奋斗的；将来，青春是用来回忆的。”

青年人该是什么样子？

满怀壮志，积极向上；满腔热血，勇往直前；重担在肩，志存高远……青年者，国之魂也；青年者，国之未来也。生逢其时，既是追梦人，又是圆梦者。

青春是奋斗出来的，唯有奋斗才会让青春无悔。每一代青年人都是这个时代的主角和担当，每一代青年人都是未来辉煌的缔造者。习近平总书记指出，一代人有一代人的长征，一代人有一代人的担当。建成社会主义现代化强国，实现中华民族伟大复兴，是一场接力跑。青年，新时代的奋斗者，应该脚踏实地，不负韶光。

无奋斗，不青春。越努力，越幸运。

为学与做人

梁启超

作者简介

梁启超(1873—1929年),字卓如,一字任甫,号任公,又号饮冰室主人、饮冰子、哀时客、中国之新民、自由斋主人。汉族,广东新会人,清朝光绪年间举人,和其师康有为一起倡导变法维新,并称“康梁”。梁启超是戊戌变法(百日维新)领袖之一,中国近代维新派代表人物,曾倡导文体改良的“诗界革命”和“小说界革命”,其著作合编为《饮冰室合集》。

梁启超被公认为是清朝最优秀的学者,中国历史上一位百科全书式人物,而且是一位难得的在退出政治舞台后仍能在学术研究上取得巨大成就的人物。辛亥革命前,他在与革命派论战中发明了一种新文体,介于古文与白话文之间,使得士子和普通百姓都乐意接受。同时,梁启超还是中国第一个在文章中使用“中华民族”一词的人,他从日文汉字中吸收了非常多的新词,如“经济”“组织”“干部”等。

梁启超于学术研究涉猎广泛,在哲学、文学、史学、经学、法学、伦理学、宗教学等领域均有建树,以史学研究成绩最显著。

梁启超一生勤奋,著述宏富。《少年中国说》中,“少年智则国智;少年富则国富;少年强则国强;少年独立则国独立;少年自由则国自由;少年进步则国进步;少年胜于欧洲,则国胜于欧洲;少年雄于地球,则国雄于地球”激励了一代又一代中国人。

背景知识

民国时期,国家面临着内忧外患的形势,而处于这个时代的知识分子、老师与学生都具有强烈的民族情怀和国家观念,学生们求学不仅仅是为了改变自身的命运,更多是为了拯救国家于水火之中,改变国家的命运。那时的中国虽然处于一个社会动荡、战乱频繁的时代,但是中国教育的发展形势很好,大师依然有风范,校园照旧有弦歌。梁启超就是其中的一位大师。《为学与做人》这篇文章是1922年梁启超先生应苏州学界之邀所做的一场演讲,此时的梁启超已经年过50,他依然重视年轻人的成长,关心国家的命运。

今天到这里,能够和全城各校诸君聚在一堂,令我感激得很,但有一件事,还要请诸君原谅:因为一个月以来,我都带着些病,勉强支持,今天不能做很长的讲演,恐怕有负诸君期望哩。

问诸君“为什么进学校?”我想人人都会众口一词地答道:“为的是求学问。”再问:“

你为什么要求学问？”“你想学些什么？”恐怕各人的答案就很不相同，或者竟自答不出来了。诸君啊！我替你们回答一句罢：“为的是学做人。”你在学校里头学的什么数学、几何、物理、化学、生理、心理、历史、地理、国文、英语，乃至什么哲学、文学、科学、政治、法律、经济、教育、农业、工业、商业等等，不过是做人所需的一种手段，不能说专靠这些便达到做人的目的，任凭你把这些件件学得精通，你能够成个人不成个人还是个问题。

人类心理，有知、情、意三部分。这三部分圆满发达的状态，我们先哲名为三达德——智、仁、勇。为什么叫作“达德”呢？因为这三件事是人类普通道德的标准，总要三个具备，才能成一个人。三件的完成状态怎么样呢？孔子说：“知者不惑，仁者不忧，勇者不惧。”所以教育应分为知育、情育、意育三方面。现在讲的智育、德育、体育不对，德育范围太笼统，体育范围太狭隘。知育要教导人不惑，情育要教导人不忧，意育要教导人不惧。教育家教育学生，应该以这三件为究竟，我们自动地自己教育自己，也应该以这三件为究竟。

怎么样才能不惑呢？最要紧的是养成我们的判断力。想要养成判断力，第一步，最少须有相当的常识，进一步，对于自己要做的事须有专门知识，再进一步，还要有遇事能断的智慧。假如一个人连常识都没有，听见打雷，说是雷公发威，看见月蚀，说是蛤蟆贪嘴。那么，一定闹到什么事都没有主意，碰到一点疑难问题，就靠求神问卜、看相算命去解决，真所谓“大惑不解”，成了最可怜的人了。学校里小学中学所教，就是要人有了许多基本的知识，免得凡事都暗中摸索。但仅仅有点常识还不够，我们做人总要各有一件专门职业。这门职业，也并不是我一人破天荒去做，从前已经有许多人做过，他们积累了无数经验，发现出好些原理与原则，这就是专门学识。我打算做这项职业，就应该有这项职业的专门学识。

例如我想做农民，怎么改良土壤，怎么改良种子，怎么防御水旱病虫，等等，都是前人经验有得成为学识的；我们有了这种学识，应用它来处置这些事，自然会不惑，反是则惑了。做工、做商等等都各有它的专门学识，也是如此。我想做财政家，何种租税可以生出何样结果，何种公债可以生出何样结果等等，都是前人经验有得成为学识的；我们有了这种学识，应用它来处置这些事，自然会不惑，反是则惑了。教育家、军事家等等，都各有他的专门学识，也是如此。我们在高等以上学校所求的知识，就是这一类。

但专靠这种常识和学识就够吗？还不能。宇宙和人生是活的不是呆的，我们每日碰见的事理是复杂的、变化的，不是单纯的、刻板的，倘若我们只是学过这一件，才懂这一件，那么，碰着一件没有学过的事来到跟前，便手忙脚乱了。所以还要养成总体的智慧，才能有根本的判断力。

这种总体的智慧如何才能养成呢？第一件，要把我们向来粗浮的脑筋着实磨炼它，叫它变成细密而且踏实。那么，无论遇着如何繁难的事，我都可以彻头彻尾想清楚它的条理，自然不至于惑了。第二件，要把我们向来浑浊的脑筋，着实将养它，叫它变成清明。那么，一件事理到跟前，我才能很从容、很莹澈地去判断它，自然不至于惑了。以上所说常识、学识和总体的智慧，都是知育的要件，目的是教人做到“知者不惑”。

怎么样才能不忧呢？为什么仁者便会不忧呢？想明白这个道理，先要知道中国先哲的人生观是怎么样。“仁”之一字，儒家人生观的全体大用都包在里头。“仁”到底是什么？很难用言语说明，勉强下个解释，可以说是“普遍人格之实现。”孔子说：“仁者人也。”意思是说人格完成就叫作“仁”。但我们要知道，人格不是单独一个人可以表现的，要从人和人的关系上来看。所以仁字从二人，郑康成解它作“相人偶”。总而言之，要彼此交感互发，成为一体，然后我们的人格才能实现。

所以我们若不讲人格主义，那便无话可说；讲到这个主义，当然归宿到普遍人格。换句话说，宇宙即是人生，人生即是宇宙，我们的人格和宇宙无二区别，体验得这个道理，就叫做“仁者”。然则这种仁者为什么就会不忧呢？大凡忧之所从来，不外两端，一曰忧成败，二曰忧得失。

我们得着“仁”的人生观，就不会忧成败。为什么呢？因为我们知道宇宙和人生是永远不会圆满的，所以《易经》六十四卦，始“乾”而终“未济”。正为在这永远不会圆满的宇宙中，才永远容得我们创造进化。我们所做的事，不过在宇宙进化几万万里的长途中，往前挪一寸、两寸，哪里配说成功呢？然则不做会怎么样呢？不做便连这一寸都不往前挪，那可真是失败了。“仁者”看透这种道理，信得过只有不做事才算失败，肯做事便不会失败。所以《易经》说：“君子以自强不息。”

换一方面来看，他们又信得过凡事不会成功的几万万里路挪了一两寸，算成功吗？所以《论语》说“知其不可而为之。”你想，有这种人生观的人，还有什么成败可忧呢？再者，我们得着“仁”的人生观，便不会忧得失。为什么呢？因为认定这件东西是我的，才有得失之可言。连人格都不是单独存在，不能明确地画出这一部分是我的，那一部分是人家的，然则哪里有东西可以为我们所得？既已没有东西为我所得，当然也没有东西为我所失。

我只是为学问而学问，为劳动而劳动，并不是拿学问、劳动等作手段来达某种目的——可以为我们“所得”的。所以老子说：“生而不有，为而不恃。”“既以为人已愈有，既以与人已愈多。”你想，有这种人生观的人，还有什么得失可忧呢？总而言之，有了这种人生观，自然会觉得“天地与我并生，而万物与我为一”，自然会“无人而不自得”。他的生活，纯然是趣味化、艺术化。这是最高的情感教育，目的教人做到“仁者不忧”。

怎么样才能不惧呢？有了不惑不忧功夫，惧当然会减少许多了。但这是属于意志方面的事。一个人若是意志力薄弱，便是有丰富的知识，临时也会用不着；便是有优美的情操，临时也会变了卦。然则意志怎么才会坚强呢？头一件须要心地光明。孟子说：“浩然之气，至大至刚。行有不慊于心，则馁矣。”又说：“自反而不缩，虽褐宽博，吾不惴焉；自反而缩，虽千万人，吾往矣。”俗话说得好：“生平不做亏心事，夜半敲门心不惊。”一个人要保持勇气，须要从一切行为可以公开做起，这是第一着。

第二件要不为劣等欲望所牵制。《论语》记：“子曰：‘吾未见刚者。’或对曰：‘伸枨。’子曰：‘枨也欲，焉得刚？’”一被物质上无聊的嗜欲东拉西扯，那么百炼成钢也会变成绕指柔了。总之，一个人的意志，由刚强变为薄弱极易，由薄弱返到刚强极难。一个人有了意志薄弱的毛病，这个人可就完了。自己做不起自己的主，还有什么事可做？虽受别人压制，做别人的奴隶，但只要自己肯奋斗，终必能恢复自由。自己的意志做了自己情欲的奴隶，那么，真是万劫沉沦，永无恢复自由的余地，终身畏首畏尾，成了个可怜人了。

孔子说：“故君子和而不流，强哉矫；中立而不倚，强哉矫。国有道，不变塞焉，强哉矫；国无道，至死不变，强哉矫。”我老实告诉诸君说罢，做人不做到如此，决不会成一个人。但做到如此真是不容易，非时时刻刻做磨炼意志的功夫不可，意志磨炼得到家，自然是看着自己应做的事，一点不迟疑，扛起来便做，“虽千万人吾往矣”，这样才算顶天立地做一世人，绝不会有藏头躲尾、左支右绌的丑态。这便是意育的目的，要教人做到“勇者不惧”。

我们拿这三件视作做人的标准，请诸君想想，我自己现时做到哪一件——哪一件稍微有一点把握。倘若连一件都不能做到，连一点把握都没有，嗳哟！那可真危险了，你将来做人恐怕做不成。讲到学校里的教育吗，第二层的情育，第三层的意育，可以说完全没有，剩下的只有第一层的知育。就算知育罢，又只有所谓常识和学识，至于我所讲的总体智慧靠来养成根本判断力的，却是一点儿也没有。这种“贩卖知识杂货店”的育，把它前途想下去，真令人不寒而栗！现在这种教育，一时又改革不来，我们可爱的青年，除了它更没有可以受教育的地方。诸君啊！你到底还要做人不要？你要知道危险呀，非你自己抖擞精神方法自救，没有人救你呀！

诸君啊！你千万不要以为得些断片的知识，就算是有学问呀。我老实不客气告诉你罢：你如果做成一个人，知识自然是越多越好；你如果做不成一个人，知识却是越多越坏。你不信吗？试想想全国人所唾骂的卖国贼某人某人，是有知识的呀，还是没有知识的呢？试想想全国人所痛恨的官僚政客——专门助军阀作恶鱼肉良民的人，是有知识的呀，还是没有知识的呢？诸君须知道啊，这些人当十几年前在学校的时代，意气横历，天真烂漫，何尝不和诸君一样？为什么就会堕落到这样的田地呀？屈原说：“何昔日之芳草兮，今直为此萧艾也！岂其有他故兮，莫好修之害也。”天下最伤心的事，莫过于看着一群好好的青年，一步一步的往坏路上走。诸君猛醒啊！现在你所厌所恨的人，就是你前车之鉴了。

诸君啊！你现在怀疑吗？沉闷吗？悲哀痛苦吗？觉得外边的压迫你不能抵抗吗？我告诉你：你怀疑和沉闷，便是你因不知才会惑；你悲哀痛苦，便是你因不仁才会忧；你觉得你不能抵抗外界的压迫，便是你因不勇才有惧。这都是你的知、情、意未经过修养磨炼，所以还未成个人。我盼望你有痛彻的自觉啊！有了自觉，自然会成功。那么，学校之外，当然有许多学问，读一卷经，翻一部史，到处都可以发现诸君的良师呀！

诸君啊，醒醒罢！养足你的根本智慧，体验出你的人格人生观，保护好你的自由意志。你成人不成人，就看这几年哩！

（选自梁启超. 为学与做人[M]. 苏州：古吴轩出版社，2016.）

艺术赏析

《为学与做人》以“为什么进学校”发端，引出“为学与做人”的问题。引用孔子的话指出“成为一个人”应具备三个条件：“智者不惑”“仁者不忧”“勇者不惧”。首先，文章剖析了“不惑”。人们要达到不惑，要完成三个层级：常识的积累、专门的学识、最重要的是智慧的养成，一是要使思维变得细密踏实，二是要使脑子变得条理清晰。其次，针对“不忧”的问题，文章提出了仁者不忧的观点。仁者之所以能做到不忧，不外乎舍弃了常人所热衷的成败与得失。最后，文章剖析了属于意志力范畴的“不惧”。一是要心地光明，才能够保持勇气；二是要控制个人的欲望，“不为劣等欲望所牵制”，才会意志力强。

接着作者以“三条标准”批评现在的教育，告诫青年先要学会做人，言语充满了忧患意识和对学子们真挚的关爱。对如何做人进行了“知”“情”“意”三个方面的剖析。

最后，作者对听众发出了质询，揭示了青年的现状，发人隐忧，给人以触动，唤起青年的共鸣，进一步发出号召——号召青年养足智慧，建立好的人生观，磨炼意志。

文学聚焦

演讲稿

演讲稿也叫作演讲词，是在较为隆重的仪式上或者某些公众场合发表的讲话文稿。演讲稿是人们在工作和社会生活中经常使用的一种文体，是进行演讲的依据，是对演讲内容和形式的规范和提示，可以用来交流思想、感情，表达主张、见解，也可以用来介绍自己的学习、工作情况和经验，把演讲者的观点、主张与思想感情传达给听众以及读者，使他们信服并在思想感情上产生共鸣。

演讲未必都使用演讲稿，不少著名的演讲都是即兴之作，经由别人记录流传开来。但重要的演讲最好还是事先准备好演讲稿，尤其是学生的演讲，因为演讲稿至少有两方面的作用：其一，通过对思路的精心梳理，对材料的精心组织，使演讲内容更加深刻和富有条理；其二，帮助演讲者熟悉演讲内容，消除临场紧张、恐惧心理，增强演讲者的自信心。

拓展与应用

探究思考

1. 孔子说“知者不惑，仁者不忧，勇者不惧”，梁启超在文中提到怎样才能做到“不惑、不忧、不惧”呢？

2. 结合当前自己的大学生活，谈谈你对梁启超先生关于“为学与做人”之间关系的理解。

职业连线

“我们为什么要考大学？为什么要读书？”面对这个问题，不同的人有不同的回答。

有人说，我读书就是为了挣钱，挣大钱。也有人说，我上大学就是为了拿个学历。但是当今社会“毕业即失业”的大学生也有不少。

读书，到底为了什么？有位作家曾说：“孩子，我要求你读书用功，不是因为我要你跟别人比成绩，而是因为，我希望你将来会拥有选择的权利，选择有意义、有时间的工作，而不是被迫谋生。”

思考：

你认为读书的意义是什么？你认为大学教育在我们的职业生涯中起着什么作用？

做人与处世

季羡林

作者简介

季羡林(1911—2009 年)，著名的古文字学家、历史学家、东方学家、思想家、翻译家、佛学家、作家，精通 12 国语言。曾任中国科学院哲学社会科学部委员、北京大学副校长、中国社会科学院南亚研究所所长。季羡林 1930 年考入清华大学西洋文学系；1935 年考取清华大学与德国的交换研究生，赴德国入哥廷根大学学习梵文、巴利文和吐火罗文等；1941 年获哲学博士学位；1946 年回国，任北京大学教授兼东方语言文学系主任；1956 年当选为中国科学院哲学社会科学部委员；1978 年任北京大学副校长、中国社会科学院与北京大学合办的南亚研究所所长等职。他先后担任中国外国文学学会会长、中国南亚学会会长、中国民族古文字学会名誉会长、中国语言学会会长、中国外语教学研究会会长、中国高等教育学会副会长和中国敦煌吐鲁番学会会长等。其著作已经汇编成《季羡林文集》，共有 24 卷，内容包括印度古代语言、中印文化关系、印度历史与文化、中国文化和东方文化、佛教、比较文学与民间文学、糖史、吐火罗文、散文、序跋以及梵文与其他语种文学作品的翻译。季羡林创建东方语文系，开拓了中国东方学学术园地，在佛典语言、中印文化关系史、佛教史、印度史、印度文学和比较文学等领域创作良多，著作等身，是享誉海内外的东方学大师。

背景知识

《季羡林随想录(十一)做人与处世》是 2010 年 6 月由中国城市出版社出版的图书，作者是季羡林。本书主要讲述了季羡林老先生的为人处事之道，并且介绍了他对压力、恐惧、正义的看法。

走运时，要想到倒霉，不要得意得过了头；倒霉时，要想到走运，不必垂头丧气。心态始终保持平衡，情绪始终保持稳定，此亦长寿之道。自己生存，也让别的动物生存，这就是善；只考虑自己生存不考虑别人生存，这就是恶。

做人与处世

一个人活在世界上，必须处理好三个关系：第一，人与大自然的关系；第二，人与人的关系，包括家庭关系在内；第三，个人心中思想与感情矛盾与平衡的关系。这三个关系，如果能处理得好，生活就能愉快；否则，生活就有苦恼。

人本来也是属于大自然范畴的。但是，人自从变成了“万物之灵”以后，就同大自然闹起独立来，有时竟成了大自然的对立面。人类的衣食住行所有的资料都取自大自然，我们向大自然索取是不可避免的。关键是怎样去索取？索取手段不出两途：一用和平手段，一用强制手段。我个人认为，东西文化之分野，就在这里。西方对待大自然的基本态度或指导思想是“征服自然”，用一句现成的套话来说，就是用处理敌我矛盾的方法来处理人与大自然的关系。结果呢，从表面上看上去，西方人是胜利了，大自然真的被他们征服了。自从西方产业革命以后，西方人屡创奇迹。楼上楼下，电灯电话。大至宇宙飞船，小至原子，无一不出自西方“征服者”之手。

然而，大自然的容忍是有限度的，它是能报复的，它是能惩罚的。报复或惩罚的结果，人皆见之，比如环境污染，生态失衡，臭氧层出洞，物种灭绝，人口爆炸，淡水资源匮乏，新疾病产生，如此等等，不一而足。这些弊端中哪一项不解决都能影响人类生存的前途。我并非危言耸听，现在全世界人民和政府都高呼环保，并采取措施。古人说：“失之东隅，收之桑榆。”犹未为晚。

中国或者东方对待大自然的态度或哲学基础是“天人合一”。宋朝张载说得最简明扼要：“民吾同胞，物吾与也。”“与”的意思是伙伴。我们把大自然看作伙伴。可惜我们的行为没能跟上。在某种程度上，也采取了“征服自然”的办法，结果也受到了大自然的报复，前不久南北的大洪水不是很能发人深省吗？

至于人与人的关系，我的想法是：对待一切善良的人，不管是家属，还是朋友，都应该有一个两字箴言：一曰真，二曰忍。真者，以真情实意相待，不允许弄虚作假。对待坏人，则另当别论。忍者，相互容忍也。日子久了，难免有点磕磕碰碰。在这时候，头脑清醒的一方应该能够容忍。如果双方都不冷静，必致因小失大，后果不堪设想。唐朝张公艺[①]的“百忍”是历史上有名的例子。

至于个人心中思想感情的矛盾，则多半起于私心杂念。解之之方，唯有消灭私心，学习诸葛亮的“淡泊以明志，宁静以致远”，庶几近之。

【注释】

① 张公艺：生于577年，卒于676年。其家族自北齐至唐朝九代人未曾分家，家庭和睦，世人誉称“九世同堂”。唐高宗问他治家要诀，他书写了一百个“忍”字。后人为其修建“百忍堂”，以示纪念。

牵就与适应

牵就，也作“迁就”和“适应”，是我们说话和行文时常用的两个词儿，含义颇有些类似之处；但是，一仔细琢磨，二者间实有差别，而且是原则性的差别。

根据词典的解释，《现代汉语词典》注“牵就”为“迁就”和“牵强附会”。注“迁就”为“将就别人”，举的例是：“坚持原则，不能迁就。”注“将就”为“勉强适应不很满意的事物或环境”，举的例是：“衣服稍微小一点，你将就着穿吧！”注“适应”为“适合(客观条件或需要)”，举的例子是：“适应环境”。“迁就”这个词，古书上也有，《辞源》注为“舍此取彼，委曲求合”。

我说，二者含义有类似之处，《现代汉语词典》注“将就”一词时就使用了“适应”一词。

词典的解释，虽然头绪颇有点乱，但是归纳起来，“牵就(迁就)”和“适应”这两个词的含义还是清楚的。“牵就”的宾语往往为不是很令人愉快、令人满意的事情。在平常的情况下，这种事情本来是不能或者不想去做的。简而言之，有些事情甚至是违反原则的，违反做人的道德的，当然完全是不能去做的。但是，迫于自己无法掌握的形势，或者出于利己的私心，或者由于其他的什么原因，非做不行，有时候甚至昧着自己的良心，自己也会感到痛苦的。

根据我个人的语感，我觉得，“牵就”的根本含义就是这样，词典上并没有说清楚。

但是，又是根据我个人的语感，我觉得，“适应”同“牵就”是不相同的。我们每一个人都会经常使用“适应”这个词的。不过在大多数的情况下，我们都习而不察。我手边有一本沈从文先生的《花花朵朵坛坛罐罐》，汪曾祺先生为这本书写的“代序：沈从文转业之谜”中有一段话说：“一切终得变，沈先生是竭力想适应这种‘变’的。”这种“变”，指的是解放。沈先生写信给人说：“对于过去种种，得决心放弃，从新起始来学习。这个新的起始，并不一定即能配合当前需要，惟必能把握住一个进步原则来肯定，来完成，来促进。”沈从文先生这个“适应”，是以“进步原则”来适应新社会的。这个“适应”虽然是困难的，但也是正确的。我们很多人在解放初期都有类似的经验。

再拿来同“牵就”一比较，两个词儿的不同之处立即可见。“适应”的宾语，同“牵就”不一样，它是好的事物，进步的事物；即使开始时有点困难，也必能心悦诚服地予以克服。在我们的一生中，我们会经常不断地遇到必须“适应”的事务，“适应”成功，我们就有了“进步”。

简截说：我们须“适应”，但不能“牵就”。

谦虚与虚伪

在伦理道德的范畴中，谦虚一向被认为是美德，应该扬；而虚伪则一向被认为是恶习，应该抑。

然而，究其实际，二者间有时并非泾渭分明，其区别间不容发。谦虚稍一过头，就会成为虚伪。我想，每个人都会有这种体会的。

在世界文明古国中，中国是提倡谦虚最早的国家。在中国古老的经典之一的《尚书·大禹谟》中就已经有了“满招损，谦受益，时（是）乃天道”这样的教导，把自满与谦虚提高到“天道”的水平，可谓高矣。从那以后，历代的圣贤无不张皇谦虚，贬抑自满。一直到今天，我们常用的词汇中仍然有一大批与“谦”字有联系的词，比如“谦卑”“谦恭”“谦和”“谦谦君子”“谦让”“谦顺”“谦虚”“谦逊”，等等，可见“谦”字之深入人心，久而愈彰。

我认为，我们应当提倡真诚的谦虚，而避免虚伪的谦虚，后者与虚伪间不容发矣。

可是在这里我们就遇到了一个拦路虎：什么叫“真诚的谦虚”？什么又叫“虚伪的谦虚”？两者之间并非泾渭分明，简直可以说是因人而异，因地而异，因时而异，掌握一个正确的分寸难于上青天。

最突出的是因地而异，“地”指的首先是东方和西方。在东方，比如说中国和日本，提到自己的文章或著作，必须说是“拙作”或“拙文”。在西方各国语言中是找不到相当的词的。尤有甚者，甚至可能产生误会。中国人请客，发请柬必须说“洁治菲酌”，不了解东方习惯的西方人就会满腹疑团：为什么单单用“不丰盛的宴席”来请客呢？日本人送人礼品，往往写上“粗品”二字，西方人又会问：为什么不用“精品”来送人呢？在西方，对老师，对朋友，必须说真话，会多少，就说多少。如果你说，这个只会一点点儿，那个只会一星星儿，他们就会信以为真，在东方则不会。这有时会很危险的。至于吹牛之流，则为东西方同样所不齿，不在话下。

可是怎样掌握这个分寸呢？我认为，在这里，真诚是第一标准。虚怀若谷，如果是真诚的话，它会促你永远学习，永远进步。有的人永远“自我感觉良好”，这种人往往不能进步。康有为是一个著名的例子。他自称，年届而立，天下学问无不掌握。结果说康有为是一个革新家则可，说他是一个学问家则不可。较之乾嘉诸大师，甚至清末民初诸大师，包括他的弟子梁启超在内，他在学术上是没有建树的。

总之，谦虚是美德，但必须掌握分寸，注意东西。在东方谦虚涵盖的范围广，不能施之于西方，此不可不注意者。然而，不管东方或西方，必须出之以真诚。有意的、过分的谦虚就等于虚伪。

艺术赏析

“天人合一”思想是东方思想的普遍而基本的表露。以前看到谈论人生的文章，大都是“主义”一统、“口号”满篇，而季老先生用非常朴实的话语谈论了人生绕不开的酸甜苦辣、进退荣辱。虽然语言朴实无华，但从一个“看惯了人生百态，明了了世间春秋”的世纪老人笔下绘出，渐觉启迪之意非同寻常。

人生的真谛是什么？这是哲学永恒的话题。季先生强调，对人生问题的思考不是那些坐在神圣殿堂里的哲学家们的专利，“吾辈凡人”也要扪心自问：你为什么活着？人无法选择生与死，但人不能总处在被动和糊涂之中，我们应有所作为。他对人生意义与价值的一句评价：“如果人生真有意义与价值的话，其意义与价值就在于对人类发展的承上启下，承前启后的责任感。”

季老先生还提出了“不完满才是人生”，这是他从另一种意义上对人生的诠释。尽管人人都希望有一个完美的人生，然而每个人不可能始终一帆风顺。常言道：“不如意事常八九”，哪里事事都会让你称心如意呢？况且人生活在世上又怎能逃脱得了生、老、病、死呢？既然如此，人活一世，就不要幻想生活总是那么圆圆满满，关键在于我们采取怎样的生活态度。季老经历过挫折与磨难，他又对谁抱怨过什么？改变心境就是寻求内心的和谐。一个人内心的和谐正是一切和谐的基础，是根本中的根本。联系季老对人生的解读，一切释然。

“积极进取、努力改善”是人生，“消极沉沦、怨天尤人”也是人生。不懂得满足，不保持心态平衡，又哪来内心的和谐？

文学聚焦

《季羡林谈人生》经典语录

1. 在人生的道路上，每个人都是孤独的旅客。

2. 好多年来，我曾有过一个“良好”的愿望：我对每个人都好，也希望每个人都对我好。

只望有誉，不能有毁。最近我恍然大悟，那是根本不可能的。

3. 走运时，要想到倒霉，不要得意过了头；倒霉时，要想到走运，不必垂头丧气。心态始终保持平衡，情绪始终保持稳定，此亦长寿之道也。

4. 我认为，能为国家、为人民、为他人着想而遏制自己的本性的人，就是有道德的人；能够百分之六十为他人着想，百分之四十为自己着想，他就是一个及格的好人。

5. 人活一世，就像作一首诗，你的成功与失败都是那片片诗情，点点诗意。每个人都争取一个完满的人生。然而，自古及今，海内海外，一个百分之百完满的人生是没有的。所以我说，不完满才是人生。

6. 对什么事情都不嘀咕，心胸开朗，乐观愉快，吃也吃得下，睡也睡得着，有问题则设法解决之，有困难则努力克服之，决不视芝麻绿豆大的窘境如苏迷卢山般大，也决不毫无原则随遇而安，决不玩世不恭。应尽便须尽，无复独多虑。

7. 在这一条十分漫长的路上，我走过阳关大道，也走过独木小桥。路旁有深山大泽，也有平坡宜人；有杏花春雨，也有塞北秋风；有山重水复，也有柳暗花明；有迷途知返，也有绝处逢生。路太长了，时间太长了，影子太多了，回忆太重了。

8. 记得鲁迅先生说过："人的本性是，一要生存，二要温饱，三要发展。"这同中国古代一句有名的话完全是一致的：食色性也。食是为了解决生存和温饱的问题，色是为了解决发展问题，也就是所谓的传宗接代。

9. 我只是一个人在夜深人静时，伏在枕上，让逝去的生命一幕一幕地、断断续续地在我眼前重演一遍，自己仿佛成了一个旁观者，顾而乐之。逝去的生命不能复归，也用不着复归。但是，回忆这样的生命，意识到自己是这样活过来的，阳关大道、独木小桥，都走过来了，风风雨雨都经过了，一直到今天，自己还能活在世上，还能回忆往事，这难道还不能算是莫大的幸福吗？

拓展与应用

探究思考

1. 作者认为"一个人活在世上，应该处理好三个关系"，这三个关系应该怎样处理？

2. 作者为何重点论述"人与自然"的关系？

3. 在《做人与处世》一文中，在第五段后补写一句话，阐明唐朝张公艺的事例与观点之间的联系。

职业连线

做人与处事

做事先做人，这是处事原则；立业先立德，这是做人原则。做事不做人，永远做不成事；做人不立德，永远做不成人！

做人处事六原则：一要守本分；二要守规矩；三要守时限；四要守承诺；五要重方法；六要重效果！

做事宁可慢些，不要太急而错误；做人宁可笨些，不要太巧而败事。做事可失败，做人不能失败;过去可失败,未来不能失败!

做人的属下要如土,能谦卑低下;做人的主管要如海,能不拣粗细。与朋友相交要如林,善含藏万象;与大众相处要如水,能屈伸自如。

做人要讲是非,但不要太计较利害;做事要讲利害,但不要太害怕是非。对人,要往好处想,往长处看;对事,要往远处想,往大处看。

做人:一要严于律己,宽以待人;二要谦和为美,多让少争;三要与人为善,切忌骄横;四要仗义疏财,扶危济贫;五要诚信待人,远离是非。

做人要内外如一;处事要知行合一;说话要言行一致,行为要表里如一;做人要前后一致,做事要老少无欺。

思考:

你是如何看待做人与做事的关系的?

谈学好语文

苏步青

作者简介

苏步青(1902—2003年),浙江温州平阳人,祖籍福建省泉州市,中国科学院院士,中国著名的数学家、教育家,中国微分几何学派创始人,被誉为“东方国度上灿烂的数学明星”“东方第一几何学家”“数学之王”。

苏步青1948年当选为中央研究院院士,1955年被选聘为中国科学院学部委员,1959年加入中国共产党,1978年后任复旦大学校长、数学研究所所长,复旦大学名誉校长、教授。

从1927年起,苏步青在国内外发表数学论文160余篇,出版了10多部专著,创立了国际公认的浙江大学微分几何学学派;他在“K展空间”几何学和射影微分几何学、高维空间共轭理论等方面取得了突出成就。

背景知识

即使是未曾涉足数学王国的人,对苏步青这个名字也不会感到陌生。他在浙江大学、复旦大学辛勤耕耘七十余载,不但在微分几何领域独领风骚,而且“毕生事业一教鞭”,培养出一大批中国数学栋梁。然而谁又能知道,这位伟大的数学家却对中国文化有着独到而深刻的见解,对文学有着火一样的热情。

苏步青在担任复旦大学校长发表就职宣言时曾说:“如果允许复旦大学单独招生,我的意见是第一堂先考语文,考后就判卷子。不合格的,以下的功课就不要考了。语文你都不行，别的是学不通的。”一个数学家为什么对语文如此推重？这和苏步青自身的学习体验有很大的关系。

有人认为只要学好数理化就可以了，语文学得不好没关系。这个看法不对。数理化当然重要，但语文却是学好各门学科的最基本的工具。语文学得好，有较高的阅读写作水平，就有助于学好其他学科，有助于知识的增广和思想的开展。

学好语文很重要。语文是表达思想感情的工具，没有一定的语文基础，就不能很好地表达思想感情。1976 年出现了那么多动人的好诗，表达了对周总理的深切哀悼。如果没有相当的语文表达能力就写不出来；即使写了，也表现不出那样的怒火，那样的热情。

作为中国人，总要首先学好中国的语文。中国的语文有特别好的地方。譬如诗歌，“绿水”对“青山”，“大漠孤烟直”对“长河落日圆”，对得多么好！外国的诗虽也讲究押韵，但没有像中国诗歌这样工整的对偶和平仄韵律。一个国家总有自己的语言文字，作为中国人，怎能不爱好并学好本国的语言呢？

反之，如果语文学得不好，数理化等其他学科也就学不好，常常是一知半解的。就是其他学科学得很好，你要写实验报告，写科研论文，没有一定的语文表达能力也不行。一些文章能够长期传下来，不仅因为它的内容有用，而且它的文字也是比较好的。再说，学习语文与学习外语的关系也很密切。有的同志科学上很有成就，但是要他把自己的论文译成英文，或者把英文译成中文，都翻译不好。中国的语言是很微妙的，稍不注意，就会词不达意。翻译要做到严复所提倡的“信、达、雅”很不容易。所以，要学好外语，一定还要学好中文。

这样看来，学习语文太重要了。语文学得好不好，不但直接关系到青少年知识的增长，而且对整个民族的科学文化水平的提高和社会主义建设的进展有很大关系。我们要多跟青少年讲讲这些道理。青少年学习起来是很快的，我自己就有这样的体会。

我出生在穷乡僻壤，浙江平阳的山区。家前屋后都是山。我父亲是种田的，很穷，没念过书。但他常在富裕人家门口听人读书，识了一些字，还能记账。父亲深知读书识字的好处，他对我们的教育很严。每天晚上，父亲从田里劳动回来，吃过饭，就要查我们的功课。有一次，哥哥念不出，被父亲狠狠打了一顿，我见了很是害怕。我 9 岁那年，有一次，一个“足”字我不会解释。母亲生怕父亲回来打我，就站在村口找人问字，可是站到天黑，问了许多人，还是没人能解释这个字。幸而这天晚上我没挨打，也没挨骂。我们村里没有学校，十来个孩子请了个没考上秀才的先生教书。他教我们读《论语》，读《左传》。

12 岁那年，父亲送我到一百多里外平阳县城里的高等小学念书。我初到城里，对许多东西都很好奇，学习不用功，贪玩。到了学期结束，我考了个倒数第一名——我们那里叫“背榜”。记得那年，我曾作了首好诗，可老师不相信，说我是抄来的。后来老师查实了。知道确是我作的，就对我说：“我冤枉你了。你很聪明，但不用功。你要知道你读书可不容易，你父亲是从一百多里路外挑了米将你送到这里来读书的……”这话对我刺激很深，从此我就发奋学习了。到了二年级，我从“背榜”跳到第一名。这以后，我不但学习勤勉，而且养成良好习惯，不论在少年时代还是在日本留学期间。我总是每晚 11 时睡觉，早上 5 时起床，严寒季节亦如此。

1915年，我进了当时温州唯一的一所中学。那时，我立志要学文学、历史。一年级时，我用《左传》笔法写了一篇作文。老师把它列为全班第一，但又不完全相信是我写的。问我："这是你自己写的吗？"我说："是的，我会背《左传》。"老师挑了一篇让我背，我很快背出来了。老师不得不叹服，并说："你这篇文章也完全是《左传》笔法！"《史记》中不少文章我也会背，《项羽本纪》那样的长文，我也背得烂熟。我还喜欢读《昭明文选》。"暮春三月，江南草长，杂花生树，群莺乱飞。"(丘迟《与陈伯之书》)我欣赏极了。还有《资治通鉴》，共有两百多卷，我打算在中学四年里全部读完；第一年末，我已念完二十来卷。这时，学校来了一位因病休学从日本回来的杨老师。他对我说："学这些古老的东西没啥用，还是学数学好。"他将从日本带回来的数学教材翻译出来，让我学。第二年，学校又来了一位日本东京高中毕业的教师，他教我们几何，我很感兴趣，在全班学得最好。从此，我就放弃了学文学和历史的志愿而致力于攻读数学。但我还是喜欢写文章。

我后来成了数学专家，但仍然爱好语文。我经常吟诵唐宋诗词，也喜欢毛主席的诗词，特别是《到韶山》这一首。"为有牺牲多壮志，敢教日月换新天。喜看稻菽千重浪，遍地英雄下夕烟。"毛主席把"为有"二字用活了。现在，每晚睡觉前，我总要花二三十分钟时间念念诗词，真是乐在其中也。一个人一天到晚捧着数学书或其他专业书，脑子太紧张了，思想要僵化的。适当的调节很重要，可以帮助你更好地学习专业。我写的诗也不少，但不是为了发表，大多是自娱之作。有时也写政治性的诗，这也是一种战斗嘛。我那篇《夜读〈聊斋〉偶成》："幼爱聊斋听说书，长经世故渐生疏。老来尝尽风霜味，始信人间有鬼狐。"有个青年同志写信来批评我，说科学家怎么也相信有鬼狐？他不知道这是诗呀！

我从小打好了语文基础，这对我学习其他学科提供了很大的方便。我还觉得学好语文对训练一个人的思维很有帮助，可以使思想更有条理。这些对于我后来学好数学都有很大好处。

现在的学生语文基础不够扎实，古文学得太少。当然不一定都要读《论语》，但即使是《论语》，其中也有不少可学的。"学而时习之，不亦说乎"不是很好吗？"每事问"，不要不懂装懂，这也对。《古文观止》220篇不一定要全部读，《前赤壁赋》《前出师表》等几篇一定要读。有些文章虽然是宣扬忠君爱国思想的，但辞章很好，可以学学它的文笔。此外，《唐诗三百首》《宋词选》中都有很多好作品，值得读。

读书，第一遍可先读个大概；第二遍、第三遍逐步加深体会。我小时候读《红楼梦》《西游记》《三国演义》都是这样。我最喜欢《聊斋志异》，不知读了多少遍。起初，有些地方不懂，又无处查，我就读下去再说；以后再读，就逐步加深了理解。读数学书也是这样，要把一部书一下子全部读懂不容易。我一般是边读、边想、边做习题；到读最末一遍时，题目也全部做完了。读书不必太多，要读得精。要读到你知道这本书的优点、缺点和错误了，这才算读好、读精了。一部分也不是一定要完全读通、读熟；即使全部读通了，读熟了，以后不用也会忘记的。但这样做可以训练读书的方法、精读的方法，学习、掌握一本本书的思想方法和艺术性。

人的生命是短暂的，不过几十岁，但充分利用起来，这个价值是不可低估的。细水长流，积少成多；锲而不舍，金石可镂；坚持到底，就是胜利。学习语文也是这样。我对数学系的青年同志要求一直很严，一般要学四门外语。当然首先中文的基础要好。我还要他们挑选一本自己喜欢的文学书，经常看看、读读，当作休息。还有，青少年学写字很重要。字要写得正确，端端正正；正楷书学好了再学行书或草书。这样，字才写得好。我经常收到青年来信，有的信上错别字连篇。有的连写信的常识也没有：信纸上称我"尊敬的苏老"，写了许多敬佩我的话，信封上却是写"苏步青收"，加一个"同志"不可以吗？我的孙子给我来信也是这样，我批评了他。第二次，他写成"苏步青爷爷收"，我又批评他：信封上的称呼主要是给邮递员同志看的，难道邮递员也能叫我爷爷吗？以后他改成"苏步青同志收"了。

总之，青少年时期的教育很重要。人在这个时期精力最旺盛，记忆能力、吸收能力都很强，不论学什么进步都比较快。要充分利用这个特点。我在青少年时期读书条件差，见识也少，到17岁时才看见汽车、轮船。现在的青少年接触的东西多，见识广，可以看到各种图书资料，还能从广播、电视中学到不少知识；党和国家非常关怀青少年的学习，为青少年提供学习的方便。因此，要十分珍惜这样好的条件。

艺术赏析

"学好语文很重要。"文章一开头，苏教授就摆出了明确的观点。他指出，作为中国人，首先要学好中国的语文。他举出中国古诗词的特色：对偶工整，严格的韵律，美不胜收的词语。他用"特别好"予以概括，说明不能忽视对祖国语文、文学的学习。

接着，他针对当前青年学生在学习中的偏颇，批评了一种错误的看法："只要学好数理化就可以了，语文学得不好没关系"。遗憾的是，这种看法至今仍有市场。忽视语文学习的大学生恐怕不在少数。苏教授又指出：语文是学好各门学科的最基本的工具。语文学得好不好，不但直接关系到青少年知识的增长，而且对整个民族的科学文化的进步和社会主义建设的进展有很大关系。

苏教授不仅阐述了语文学习的重要性，还给我们指出学习语文的正确态度和方法。

他以亲身体会说明，学习要勤勉，一味贪玩难以成功。同时，要养成良好的学习习惯。苏教授不论是少年时代还是到日本留学时期，都发奋学习，早上5时起床，晚上11时睡觉，严冬也如此，这不是偶然如此，而是成为习惯，坚持不懈。

苏教授的学习方法，对我们有很大启迪。他自小喜背古文，能背诵《左传》，《史记》中不少篇章也会背，《项羽本纪》那样的长文也背得烂熟。由于不断吸收古典文学的精华，积累了大量的词汇，再加上揣摩古文的底蕴和写法，久而久之，就会打下深厚的语文功底，驾驭语文的能力自然得以进步，这是终生受益的。

文学聚焦

议论文，又叫说理文，是一种剖析事理，论述事理，发表意见，提出主张的文体。作者通过摆事实、讲道理、辨是非、举例子等方法，来确定某观点正确或错误，树立或否定某种主张。议论文具有观点明确、论据充分、语言精练、论证合理、逻辑严密的特点。分为立论文和驳论文。

立论文：以议论为主要表达方式，通过摆事实、讲道理，直接表达自己的观点和主张的文章体裁。方式包含：① 提出论点；② 证明论点；③ 总结论点。

驳论文：论辩时针对对方的观点加以批驳，在批驳的同时阐述己方的观点。方式包含：① 指出对方错误的实质(原因)；② 批驳已指出的错误论点；③ 针锋相对地提出自己的正确观点加以论证。

拓展与应用

探究思考

1. 苏步青对语文产生兴趣的原因是什么？

2. 请用自己的话写出对苏步青的评价。

3. 当日本一个大学准备聘请苏步青担任待遇优厚的副教授时，他为什么决定回到祖国任教？

职业连线

苏步青是我国著名的数学家。读初中时，他对数学并不感兴趣，觉得太简单，一学就懂，也没有什么大用处。可是，后来的一堂数学课影响了他的一生。

那是苏步青上初三时，他就读的浙江省六十中来了一位刚从东京留学归来的教数学的杨老师。第一堂课杨老师没有讲数学，而是讲故事。他说："当今世界，弱肉强食，世界列强依仗船坚炮利，都想蚕食瓜分中国。中华亡国灭种的危险迫在眉睫，振兴科学，发展实业，救亡图存，在此一举。'天下兴亡，匹夫有责'，在座的每一位同学都有责任。"他旁征博引，讲述了数学在现代科学技术发展中的巨大作用。这堂课的最后一句话是："为了救亡图存，必须振兴科学。数学是科学的开路先锋，为了发展科学，必须学好数学。"

苏步青一生不知听过多少堂课，但这一堂课深深地打动了他，当天晚上，他辗转反侧，彻夜难眠。在杨老师的影响下，苏步青的兴趣从文学转向了数学，并从此立下了"读书不忘救国，救国不忘读书"的座右铭。不管是酷暑隆冬，霜晨雪夜，苏步青只知道读书、思考、解题、演算。中学毕业时，苏步青门门功课都在90分以上。

17岁时，苏步青赴日留学，并以第一名的成绩考取东京高等工业学校，在那里他如饥似渴地学习着。为国争光的信念驱使苏步青较早地进入了数学的研究领域，在完成学业的同时，写了三十多篇论文，在微分几何方面取得令人瞩目的成果，并获得理学博士学位。正当日本一个大学准备聘他去任待遇优厚的副教授时，苏步青却决定回国，回到抚育他成长的祖国任教。回到浙大任教授的苏步青，生活十分艰苦。面对困境，苏步青的回答是"吃苦算得了什么，我甘心情愿，因为我选择了一条正确的道路，这是一条爱国的光明之路啊！"

这就是老一辈数学家那颗赤诚的爱国之心！

思考：

强大的理想信念会催生强劲的动力，作为新时代的大学生，你该树立什么样的目标呢？

山高路远

汪国真

作者简介

汪国真(1956—2015年)，1956年6月22日生于北京，祖籍福建厦门。当代诗人、书画家。

1982年毕业于暨南大学中文系。1984年发表第一首比较有影响的诗《我微笑着走向生活》。20世纪80年代初开始发表诗作，陆续出版诗集《年轻的潮》《年轻的思绪》《年轻的风》《与汪国真对白》《汪国真抒情诗自选集》，以及自传《汪国真独白》等。

背景知识

汪国真的诗以广大青年为读者群，掀起了一股不大不小的“汪国真热”，人称“汪国真现象”。对于这一现象，评论界意见不一，但其人其诗一度征服青年读者却是事实。汪国真的诗写得清纯、洒脱、优雅，且带哲理意味和思辨色彩。这在一股朦胧诗风给文坛带来滞钝和衰微的气候下，不啻是吹进了一股清新的风。

2000年，他的5篇散文入选人民教育出版社出版的全日制普通高级中学语文读本第一册；2001年，他的诗作《旅程》入选人民教育出版社出版的义务教育课程标准实验教科书《语文》七年级上册；2001年，他的散文《雨的随想》入选高等教育出版社出版的中等职业教育国家规划教材《语文》(基础版)第一册；2003年他的诗歌《热爱生命》入选语文出版社出版的义务教育课程标准实验教科书《语文》九年级下册。

汪国真在书画创作领域也取得了令人欣喜的成果。

呼喊是爆发的沉默
沉默是无声的召唤
不论激越
还是宁静
我祈求
只要不是平淡
如果远方呼喊我
我就走向远方
如果大山召唤我
我就走向大山
双脚磨破

干脆再让夕阳涂抹小路
双手划烂
索性就让荆棘变成杜鹃
没有比脚更长的路
没有比人更高的山

艺术赏析

《山高路远》堪称汪国真诗歌的代表作，这是一首寓意深刻、哲理深透的诗歌。这首诗抒发了一种进取、执着、乐观、自信的情感，表现了当代青年搏击、奋进、昂扬、向上的精神风貌，给人以鼓舞，也给人以健康向上的精神引导，它激励着人们奋发有为，不甘于平庸，不甘于永远的沉寂。

在写法上，它不同于“朦胧诗”让人们像猜谜一样去解读诗意，而是用浅显平易的语言使诗意明白易懂，易于被广大读者所接受。

在抒情方式上，它靠形象的议论抒发感情。议论在这里是抒情的主要手段，在形象的议论中暗示情感。比如“双脚磨破/干脆再让夕阳涂抹小路/双手划烂/索性就让荆棘变成杜鹃”，这是写奋斗过程中遇到的磨难和曲折，也是奋斗者的写照。将痛苦甚至苦难化作美好的形象；灿烂的夕阳和美丽的杜鹃，表达出蔑视苦难、以乐观战胜苦难的态度。

他特别讲究炼字炼句，寻找“诗眼”。本诗的主旨全都凝聚在最后两句：“没有比脚更长的路/没有比人更高的山”上。人生之路再长，追求者的脚步都能将它丈量；困难之山再高，奋进者的双脚都能将它攀登。这是何等豪迈的宣言，这是何等昂扬的斗志，十分形象、含蓄地揭示了人的主观能动作用。它其实也是在强调一种精神，一种乐观、进取、执着、自信的生活态度。

诗歌语言精警凝练，富有哲理——诗不在通篇华丽光彩，要的就是这样的精警；这种精警的句子不在多，一首诗有一处这样的句子也就足够了。

文学聚焦

诗歌意境与意象

意境，“意”是情意，是主观的思想感情；“境”是境界，是立体感的艺术图画。在文学作品中，“意”不能赤裸裸地说出来，而需借物来表现；“境”不能是纯客观的物象，需由意所触发。因此，所谓“意境”，就是诗人的主观思想感情与诗中所描绘的生活图景有机融合而形成的一种耐人寻味的艺术境界，是诗人强烈的感情和生动的客观事物的交融。“意境”是由一幅幅景象构成的、充斥情感的图画。

意象，是指诗词中有些艺术形象在被成功地使用过一次以后，后来的诗人反复运用，并逐渐约定俗成，被固定在一个或几个特定意义上的形象。意象是诗歌中浸染了作者感情的东西，是诗人用来兴寄思想感情的人、物、景、事等。

意境以意象的存在为前提，它要求的是主客一体、物我合一的境界。二者都是主体与物象碰撞时形成的一种心理状态。从意象的组合方式来看，意象一般是对文字所描写的物象的感受和体会，意境是在意象所烘托的氛围中达到的一种境界，一种身临其境的感觉。

拓展与应用

探究思考

1. 这是一首寓意深刻、哲理深透的诗歌，读完之后你有怎样的启迪？
2. 挑选一段你喜爱的诗词，朗读并与同学们共赏，分析其中的妙处。

职业连线

汪国真诗两首

妙龄时光

不要轻易去爱\更不要轻易去恨\让自己活得轻松些\让青春多留下些潇洒的印痕\你是快乐的\因为你很单纯\你是迷人的\因为你有一颗宽容的心\让友情成为草原上的牧歌\让敌意有如过眼烟云\伸出彼此的手\握紧令人歆羡的韶华与纯真

跨越自己

我们可以欺瞒别人\却无法欺瞒自己\当我们走过枝繁叶茂的五月\青春就不再是一个谜\向上的路\总是坎坷又崎岖\要永远保持最初的浪漫\真是不容易\有人悲哀\有人欢喜\当我们跨越了一座高山\也就跨越了一个真实的自己

读完诗词，体会这青春和奋进，在工作和学习中，适度工作，就地放松，是最让人心安的修行。人生的调整，标准是适度。过犹不及，调整过度，必然反弹。无论是入世做事，还是出世修行，都是如此。如果你精疲力竭，就地放松，退一步海阔天宽；如果你闲得发慌，适度工作，是最让人心安的修行。

思考：

你如何看待工作和放松的关系？

我很重要

毕淑敏

作者简介

毕淑敏，1952年10月出生于新疆伊宁，中共党员，国家一级作家、内科主治医师、北京作家协会副主席，香港中文大学与北京师范大学合办心理学专业硕士和博士研究生班毕业，注册心理咨询师，中国作协第九届全委会委员。1969年入伍，在喜马拉雅山、冈底斯山、喀喇昆仑山交汇的西藏阿里高原部队当兵11年，历任卫生员、助理军医、军医等。从事医学工作20年后，开始专业写作，1989年加入中国作家协会。2007年，毕淑敏以365万元的版税收入，荣登“2007第二届中国作家富豪榜”第14位，引发广泛关注。著有《毕淑敏文集》十二卷，长篇小说《红处方》《血玲珑》《拯救乳房》《女心理师》《鲜花手术》等。她的《学会看病》选入语文(人教版)五年级上册第20课。曾获中国女性文学奖庄重文文学奖、小说月报(第四、五、六届)百花奖、当代文学奖、陈伯吹文学奖、北京文学奖、昆仑文学奖、解放军文艺奖、青年文学奖、台湾第16届“中国时报”文学奖、台湾第17届联合报文学奖等各种奖项30余次。

背景知识

本文节选自毕淑敏同名书《我很重要》。本书以心理医生的洞察力和作家的睿智，生动地阐述人生、理想、友情、自我及现实的内涵与关联。《我很重要》是一篇对个体生命的价值和意义进行思考的，带有浓郁哲理思辨色彩的散文。这是一本对每个人来说都极富有价值的书。它告诉我们的是自信，是坚强，也许是我们从来没想过的，却又的的确确存在于我们身上的东西。

有人说：“最起初希望从这本书中找到武器，通过攻击别人来捍卫自己；然而，经过近两个月的反复咀嚼，我从中得到的不是武器，而是洗涤。我看到自己有很多很多稚嫩的地方，却因为这稚嫩和无知重新爱上自己。我很重要。”

用心去品读，去体会，知道世上没有什么不重要，因为有光明，有追寻光明的心，那么哪怕浩瀚的宇宙也依然为之一震，只要你敢去说，敢去做，整个世界都不得不承认——你很重要！

当我说出“我很重要”这句话的时候，颈项后面掠过一阵战栗。我知道这是把自己的额头裸露在弓箭之下了，心灵极容易被别人的批判洞伤。许多年来，没有人敢在光天化日之下表示自己“很重要”。我们从小受到的教育都是——“我不重要”。

作为一名普通士兵，与辉煌的胜利相比，我不重要。

作为一个单薄的个体，与浑厚的集体相比，我不重要。

作为一位奉献型的女性，与整个家庭相比，我不重要。

作为随处可见的人的一分子，与宝贵的物质相比，我们不重要。

我们——简明扼要地说，就是每一个单独的“我”——到底重要还是不重要？

我是由无数星辰日月、草木山川的精华汇聚而成的。只要计算一下我们一生吃进去多少谷物，饮下了多少清水，才凝聚成一具美轮美奂的躯体，我们一定会为那数字的庞大而惊讶。平日里，我们尚要珍惜一粒米、一叶菜，难道可以对亿万粒菽粟、亿万滴甘露濡养出的万物之灵，掉以丝毫的轻心吗？

当我在博物馆里看到北京猿人窄小的额和前凸的吻时，我为人类原始时期的粗糙而黯然。他们精心打制出的石器，用今天的目光看来不过是极简单的玩具。如今很幼小的孩童，就能熟练地操纵语言，我们才意识到已经在进化之路上前进了多远。我们的头颅就是一部历史，无数祖先进步的痕迹储存于脑海深处。我们是一株亿万年苍老树干上最新萌发的绿叶，不单属于自身，更属于土地。人类的精神之火，是连绵不断的链条，作为精致的一环，我们否认了自身的重要，就是推卸了一种神圣的承诺。

回溯我们诞生的过程，两组生命基因的嵌合，更是充满了人所不能把握的偶然性。我们每一个个体，都是机遇的产物。

常常遥想，如果是另一个男人和另一个女人，就绝不会有今天的我……

即使是这一个男人和这一个女人，如果换了一个时辰相爱，也不会有此刻的我……

即使是这一个男人和这一个女人在这一个时辰，由于一片小小落叶或是清脆鸟啼的打搅，依然可能不会有如此的我……

一种令人怅然以至走入恐惧的想象，像雾霭一般不可避免地缓缓升起，模糊了我们的来路和去处，令人不得不断然打住思绪。

我们的生命，端坐于概率垒就的金字塔的顶端。面对大自然的鬼斧神工，我们还有权利和资格说我不重要吗？

对于我们的父母，我们永远是不可重复的孤本。无论他们有多少儿女，我们都是独特的一个。

假如我不存在了，他们就空留一份慈爱，在风中如蛛丝般飘荡。

假如我生了病，他们的心就会皱缩成石块，无数次向上苍祈祷我的康复，甚至愿灾痛以十倍的烈度降临于他们自身，以换取我的平安。

我的每一滴成功，都如同经过放大镜，进入他们的瞳孔，摄入他们心底。

假如我们先他们而去，他们的白发会从日出垂到日暮，他们的泪水会使太平洋为之涨潮。面对这无法承载的亲情，我们还敢说我不重要吗？

我们的记忆，同自己的伴侣紧密地缠绕在一处，像两种混淆于一碟的颜色，已无法分开。你原先是黄，我原先是蓝，我们共同的颜色是绿，绿得生机勃勃，绿得苍翠欲滴。失去了妻子的男人，胸口就缺少了生死攸关的肋骨，心房裸露着，随着每一阵轻风滴血。失去了丈夫的女人，就是齐崭崭折断的琴弦，每一根都在雨夜长久地自鸣……面对相濡以沫的同道，我们忍心说我不重要吗？

俯对我们的孩童，我们是至高至尊的唯一。我们是他们最初的宇宙，我们是深不可测的海洋。假如我们隐去，孩子就永失淳厚无双的血缘之爱，天倾东南，地陷西北，万劫不复。盘子破裂可以粘起，童年碎了，永不复原。伤口流血了，没有母亲的手为他包扎。面临抉择，没有父亲的智慧为他谋略……面对后代，我们有胆量说我不重要吗？

与朋友相处，多年的相知，使我们仅凭一个微蹙的眉尖、一次抖动的睫毛，就可以明了对方的心情。假如我不在了，就像计算机丢失了一份不曾复制的文件，他的记忆库里留下不可填补的黑洞。夜深人静时，手指在揿了几个电话键码后，骤然停住，那一串数字再也用不着默诵了。逢年过节时，她写下一沓沓的贺卡。轮到我的地址时，她闭上眼睛……许久之后，她将一张没有地址只有姓名的贺卡填好，在无人的风口将它焚化。

相交多年的密友，就如同沙漠中的古陶，摔碎一件就少一件，再也找不到一模一样的成品。面对这般友情，我们还好意思说我不重要吗？

我很重要。

我对于我的工作我的事业，是不可或缺的主宰。我的独出心裁的创意，像鸽群一般在天空翱翔，只有我才捉得住它们的羽毛。我的设想像珍珠一般散落在海滩上，等待着我把它用金线串起。我的意志向前延伸，直到地平线消失的远方……没有人能替代我，就像我不能替代别人。

我很重要。

我对自己小声地说。我还不习惯嘹亮地宣布这一主张，我们在不重要中生活得太久了。

我很重要。

我重复了一遍。声音放大了一点。我听到自己的心脏在这种呼唤中猛烈地跳动。

我很重要。

我终于大声地对世界这样宣布。片刻之后，我听到山岳和江海传来回声。

是的，我很重要。我们每一个人都应该有勇气这样说。我们的地位可能很卑微，我们的身份可能很渺小，但这丝毫不意味着我们不重要。

重要并不是伟大的同义词，它是心灵对生命的允诺。

人们常常从成就事业的角度，断定我们是否重要。但我要说，只要我们在时刻努力着，为光明在奋斗着，我们就是无比重要地生活着。

让我们昂起头，对着我们这颗美丽的星球上无数的生灵，响亮地宣布——我很重要。

艺术赏析

作者从三个方面强调了“我”很重要：

亲情方面：因为“我”是父母浓浓慈爱与亲情的不可或缺的承载，因为“我”是相濡以沫的夫妻中不可或缺的一个，因为“我”是子女唯一的至高至尊的血缘之爱。

友情方面：因为“我”是朋友不可填补的情感空间。

事业工作方面：因为“我”是“我”的事业和工作中无人可以替代的主宰。

所以说作者是从对生命的尊重与珍爱，对世界和他人的关爱与负责这些角度来断定“我很重要”的。

“我很重要”是作者对个体生命与生存价值的认识与评判，更是一个单薄的生命对芸芸众生发出的响亮的宣言：我们或许地位卑微，或许身份渺小，但人格尊严的天平从来都是平等的。作者于经历的反思中，彻悟到“我很重要”，于生存的责任中，彻悟到“我很重要”。

文学聚焦

散　文

散文是常见的一种文学体裁，一种作者写自己经历见闻中的真情实感的文学体裁。散文是最自由的文体，不讲究音韵，不讲究排比，没有任何的束缚及限制，也是中国最早出现的行文体例，散文包括杂文、随笔、游记等。主要分叙事性散文、抒情散文和哲理散文。通常一篇好散文具有一个或多个中心思想，以抒情、记叙、论理等方式表达。

散文有以下几个特点：

1. 形散神聚。“形散”既指题材广泛、写法多样，又指结构自由、不拘一格；“神聚”

既指中心集中，又指有贯穿全文的线索。散文写人写事都只是表面现象，从根本上说写的是情感体验。情感体验就是“不散的神”，而人与事则是“散”的可有可无、可多可少的“形”。

2. 意境深邃。注重表现作者的生活感受，抒情性强，情感真挚。作者借助想象与联想，由此及彼、由浅入深、由实而虚的写作手法依次来写，可以融情于景、寄情于事、寓情于物、托物言志，表达作者的真情实感，实现物我的统一，展现出更深远的思想，使读者领会更深的道理。

3. 语言优美、凝练。所谓优美，就是指散文的语言清新明丽(也美丽)，生动活泼，富于音乐感，行文如涓涓流水，叮咚有声，如娓娓而谈，情真意切。所谓凝练，是说散文的语言简洁质朴，自然流畅，寥寥数语就可以描绘出生动的形象，勾勒出动人的场景，显示出深远的意境。散文力求写景如在眼前，写情沁人心脾。

散文素有“美文”之称，它除了有精神的见解、优美的意境外，还有清新隽永、质朴无华的文采。经常读一些好的散文，不仅可以丰富知识、开阔眼界，培养高尚的思想情操，还可以从中学习选材立意、谋篇布局和遣词造句的技巧，提高自己的语言表达能力。

拓展与应用

探究思考

1. 作者说“重要并不是伟大的同义词，它是心灵对生命的许诺。”请你联系本文，简要回答应该怎样生活才能无愧于“心灵对生命的许诺”。

2. 作者认为“我很重要”，你认为还有没有比“我”更重要的？请简述你的见解。

职业连线

今天出去慢走，给每天行走的路面做了大爱，突然感觉朴实无华的路面，其实也是有感情的，他也会变得柔软而有弹性。

我又给所遇到的每一处风景做了大爱，却发现生活当中，都有美好的景物存在，只是我们的内心烦扰纷乱没有精力去注意罢了。

忽然下起了大雨，我又给雨水做了大爱。却又发现风雨雷电，四季变化，都是大自然赐予我们的礼物，他们也是亲切而平易近人的。

太阳每天都是崭新的，他每天用自己的热能普照大地，而太阳并没有要求我们给他什么赞美或者奖励，他只是那么顺其自然地去做。

而我们的生活，每天都是多姿多彩，重复而又变化的，不管我们喜不喜欢，生活就这样如诗歌一样流淌着。

其实痛苦本来就是没有的，苦只是上天给我们平淡的生活增添的一味调节剂，并以此来磨炼我们的意志。

所以说，天将降大任于斯人也，必先苦其心志，劳其筋骨，饿其体肤……

思考：

世间万物生机勃勃，到处充满了美好，而我们每个个体又是一道道独特的靓丽风景线，那么我们又该如何做好自己呢？

青　　春

李大钊

作者简介

李大钊(1889—1927年)，字守常，河北乐亭人。1907年考入天津北洋法政专门学校，1913年毕业后东渡日本，入东京早稻田大学政治本科学习，是中国共产主义运动的先驱，伟大的马克思主义者，杰出的无产阶级革命家，中国共产党的主要创始人之一。李大钊同志一生的奋斗历程，同马克思主义在中国传播的历史紧密相连，同中国共产党创建的历史紧密相连，同中国共产党领导的为中国人民谋幸福的历史紧密相连。

1919年他在《新青年》上发表《我的马克思主义观》，系统介绍马克思主义理论。

1920年他与陈独秀相约，在北京和上海分别活动，筹建中国共产党。1920年3月他在北京大学发起组织马克思学说研究会，建立北京的共产党早期组织和北京社会主义青年团。

1921年中国共产党成立后，李大钊负责中国共产党在北方的全面工作。

1923年李大钊又作为代表赴广州参加了中国共产党第三次全国代表大会，当选为中央委员。

1922年到1924年初，李大钊频繁地奔走于大江南北，多次代表共产党与孙中山会谈，帮助孙中山改组国民党，确立联俄、联共、扶助农工的三大政策，推动建立革命统一战线。

1925年虽未赴会，但李大钊仍在党的四大上被选为中央委员。

1927年4月，李大钊在北京被奉系军阀张作霖逮捕后，英勇就义。时年三十八岁。

背景知识

《青春》是李大钊于1916年在《新青年》杂志上发表的文章。1916年的春天，李大钊先生27岁，正是“青春”的年纪，在那个水深火热的时代，他由季节上的春天想到了人生命中的春天，想到了政治上的春天，渴望中国能够摆脱腐朽衰颓的局面而重新找回国家的春天。于是李大钊提笔写下了《青春》一文。“以青春之我，创建青春之家庭，青春之国家，青春之民族，青春之人类，青春之地球，青春之宇宙。”多么振聋发聩，让人觉醒！这篇文章吹响了理想的冲锋号，叫醒了无数青年，也叫醒了时代。

春日载阳，东风解冻，远从瀛岛，返顾祖邦，肃杀郁塞之象，一变而为清和明媚之象矣；冰雪冱寒之天，一幻而为百卉昭苏之天矣。每更节序，辄动怀思，人事万端，那堪回首，或则幽闺善怨，或则骚客工愁。当兹春雨梨花，重门深掩，诗人憔悴，独倚栏杆之际，登楼四瞩，则见千条垂柳，未半才黄，十里铺青，遥看有色。彼幽闲贞静之青春，携来无限之希望、无限之兴趣，飘然贡其柔丽之姿于吾前途辽远之青年之前，而默许以独享之权利。嗟吾青年可爱之学子乎，彼美之青春，念子之任重而道远也，子之内美而修能也，怜子之劳，爱子之才也，故而经年一度，展其怡和之颜，饯子于长征迈往之途，冀有以慰子之心也。纵子为尽瘁于子之高尚之理想，圣神之使命，远大之事业，艰巨之责任，而夙兴夜寐，不遑启处，亦当于千忙万迫之中，偷隙一盼，霁颜相向，领彼恋子之殷情，赠子之韶华，俾以青年纯洁之躬，饫尝青春之甘美，浃浴青春之恩泽，永续青春之生涯，致我为青春之我，我之家庭为青春之家庭，我之国家为青春之国家，我之民族为青春之民族。斯青春之我，乃不枉于遥遥百千万劫中，为此一大因缘，与此多情多爱之青春，相邂逅于无尽青春中之一部分空间与时间也。

块然一躯，渺乎微矣，于此广大悠久之宇宙，殆犹沧海之一粟耳。其得永享青春之幸福与否，当问宇宙自然之青春是否为无尽。如其有尽，纵有彭、聃之寿，甚且与宇宙齐，亦奚能许我以常享之福？如其无尽，吾人奋其悲壮之精神，以与无尽之宇宙竞进，又何不能之有？而宇宙之果否为无尽，当问宇宙之有无初终。宇宙果有初乎？曰：初乎无也。果有终乎？曰：终乎无也。初乎无者，等于无初；终乎无者，等于无终。无初无终，是于空间为无限，于时间为无极，质言之，无而已矣，此绝对之说也。若由相对观之，则宇宙为有进化者。既有进化，必有退化。于是差别之万象万殊生焉。惟其为万象万殊，故于全体为个体，于全生为一生。个体之积，如何其广大，而终于有限。一生之命，如何其悠久，而终于有涯。于是有生即有死，有盛即有衰，有阴即有阳，有否即有泰，有剥即有复，有屈即有信，有消即有长，有盈即有虚，有吉即有凶，有祸即有福，有青春即有白首，有健壮即有颓老，质言之有而已矣。庄周有云：“朝菌不知晦朔，蟪蛄不知春秋。”又云：“小知不如大知，小年不如大年。”夫晦朔与春秋而果为耶，何以菌蛄以外之有生，几经晦朔几历春秋者皆知之，而菌蛄独不知也？其果为无耶，又何以菌蛄虽不知，而菌蛄以外之有生，几经晦朔几历春秋者，皆知之也？是有无之说，亦至无定矣。以吾人之知，小于宇宙自然之知，其年小于宇宙自然之年，而欲断空间时间不能超越之宇宙为有为无，是亦朝菌之晦朔，蟪蛄之春秋耳。秘观宇宙有二相焉。由佛理言之，平等与差别也，空与色也。由哲理言之，绝对与相对也。由数理言之，有与无也。由“易”理言之，周与易也。周易非以昭代立名，宋儒罗泌尝论之于“路史”，而金氏圣叹，序“离骚经”，释之尤近精微，谓“周其体也，易其用也。约法而论，周以常住为义，易以变易为义。双约人法，则周乃圣人之能事，易乃大千之变易。大千本无一有，更立不定，苟日新、日日新、又日新之谓也。圣人独能以忧患之心周之，尘尘刹刹，无不普遍，又复尘尘周于刹刹，刹刹周于尘尘，然后世界自见其易，圣人时得其常，故云周易。”仲尼曰：“自其异者视之，肝胆楚越也；自其同者视之，万物皆一也。”此同异之辨也。东坡曰：“自其变者而观之，则天地曾不能以一瞬；自其不变者而观之，造物与吾皆无尽藏也。”此变不变之殊也。其变者青春之进程，其不变者无尽之青春也。其异者青春之进程，其同者无尽之青春也。其易者青春之进程，其周者无尽之青春也。其有者青春之进程，其无者无尽之青春也。其相对者青春之进程，其绝对者无尽之青春也。其色者差别者青春之进程，其空者平等者无尽之青春也。推而言之，乃至生死、盛衰、阴阳、否泰、剥复、屈信、消长、盈虚、吉凶、祸福、青春白首、健壮颓老之轮回反复，连续流转，无非青春之进程，而此无初无终、无限无极、无方无体之机轴，亦即无尽之青春也。青年锐进之子，尘尘刹刹，立于旋转簸扬循环无端之大洪流中，宜有江流不转之精神，屹然独立之气魄，冲荡其潮流，抵拒其势力，以其不变应其变，以其同操其异，以其周执其易，以其无持其有，以其绝对统其相对，以其空驭其色，以其平等律其差别，故能以宇宙之生涯为自我之生涯，以宇宙之青春为自我之青春。宇宙无尽，即青春无尽，即自我无尽。此之精神，即生死肉骨、回天再造之精神也。此之气魄，即慷慨悲壮、拔山盖世之气魄也。惟真知爱青春者，乃能识宇宙有无尽之青春。惟真能识宇宙有无尽之青春者，乃能具此种精神与气魄。惟真有此种精神与气魄者，乃能永享宇宙无尽之青春。

一成一毁者，天之道也。一阴一阳者，易之道也。唐生维廉与铁特二家，邃研物理，知天地必有终极，盖天之行也以其动，其动也以不均，犹水之有高下而后流也。今太阳本热常耗，以慧星来往度之递差，知地外有最轻之冈气，为能阻物，既能阻物，斯能耗热耗力。故大宇积热力，每散趋均平，及其均平，天地乃毁。天地且有时而毁，况其间所包蕴之万物乎？漫云天地，究何所指，殊嫌茫漠，征实言之，有若地球。地球之有生命，已为地质学家所明证，惟今日之地球，为儿童地球乎？青年地球乎？丁壮地球乎？抑白首地球乎？此实未答之问也。苟犹在儿童或青年之期，前途自足乐观，游优乐土，来日方长，人生趣味益以浓厚，神志益以飞舞；即在丁壮之年，亦属元神盛涌，血气畅发之期，奋志前行，亦当勿懈；独至地球之寿，已臻白发之颓龄，则栖息其上之吾人，夜夜仰见死气沉沉之月球，徒借曜灵之末光，以示伤心之颜色于人寰，若以警告地球之终有死期也者，言念及此，能勿愀然。虽然，地球即成白首，吾人尚在青春，以吾人之青春，柔化地球之白首，虽老犹未老也。是则地球一日存在，即吾人之青春一日存在。吾人之青春一日存在，即地球之青春一日存在。吾人在现在一刹那之地球，即有现在一刹那之青春，即当尽现在一刹那对于地球之责任。虽明知未来一刹那之地球必毁，当知未来一刹那之青春不毁，未来一刹那之地球，虽非现在一刹那之地球，而未来一刹那之青春，犹是现在一刹那之青春。未来一刹那之我，仍有对于未来一刹那之地球之责任。庸得以虞地球形体之幻灭，而猥为沮丧哉！

复次，生于地球上之人类，其犹在青春乎，抑已臻白首乎？将来衰亡之顷，究与地球同时自然死灭乎，抑因地球温度激变，突与动植物共死灭乎？其或先兹事变，如个人若民族之死灭乎？斯亦难决之题也。生物学者之言曰：人类之生活，反乎自然之生活也。自妇人畏葸，抱子而奔，始学立行，胸部暴露，必须被物以求遮卫，而人类遂有衣裳；又以播迁转徙，所携食物，易于腐败，而人类遂有火食。有衣裳而人类失其毛发矣，有火食而人类失其胃肠矣。其趋文明也日进，其背自然也日遐，浸假有舟车电汽，而人类丧其手足矣。有望远镜、德律风等，而人类丧其耳目矣。他如有书报传译之速，文明利器之普，而人类亡其脑力。有机关枪四十二珊之炮，而人类弱其战能。有分工合作之都市生活，歌舞楼台之繁华景象，而人类增其新病。凡此种种，人类所以日向灭种之途者，若决江河，奔流莫遏，长此不已，劫焉可逃？此辈学者所由大声疾呼，布兹骇世听闻之噩耗，而冀以谋挽救之方也。宗教信士则从而反之，谓宇宙一切皆为神造，维护之任神自当之，吾人智能薄弱，惟托庇于神而能免于罪恶灾厄也。如生物家言，是为蔑夷神之功德，影响所及，将驱人类入于悲观之途，圣智且尚无灵，人工又胡能阏，惟有瞑心自放，居于下流，荒亡日久，将为人心世道之忧矣。末俗浇漓，未始非为此说者阶之厉也。吾人宜坚信上帝有全知全能，虔心奉祷，罪患如山，亦能免矣。由前之说，固易流于悲观，而其足以警觉世人，俾知谋矫正背乎自然之生活，此其所长也。由后之说，虽足以坚人信仰之力，俾其灵魂得优游于永生之天国，而其过崇神力，轻蔑本能，并以讳蔽科学之实际，乃其所短也。吾人于此，宜如宗教信士之信仰上帝者信人类有无尽之青春，更宜悚然于生物学者之旨，以深自警惕，力图于背逆自然生活之中，而能依人为之工夫，致其背逆自然之生活，无异于顺适自然之生活。斯则人类之寿，虽在耄耋之年，而吾人苟奋自我之欲能，又何不可返于无尽青春之域，而奏起死回生之功也。

人类之成一民族一国家者，亦各有其生命焉。有青春之民族，斯有白首之民族，有青春之国家，斯有白首之国家。吾之民族若国家，果为青春之民族、青春之国家欤，抑为白首之民族、白首之国家欤？苟已成白首之民族、白首之国家焉，吾辈青年之谋所以致之回春为之再造者，又应以何等信力与愿力从事，而克以著效。此则系乎青年之自觉何如耳。异族之觇吾国者，辄曰：支那者老大之邦也。支那之民族，濒灭之民族也。支那之国家，待亡之国家也。洪荒而后，民族若国家之递兴递亡者，辫然其不可纪矣。粤稽西史，罗马、巴比伦之盛时，丰功伟烈，彪著寰宇，曾几何时，一代声华，都成尘土矣。祗今屈指，欧土名邦，若意大利，若法兰西，若西班牙，若葡萄牙，若和兰[①]，若比利时，若丹马[②]，若瑞典，若那威[③]，乃至若英吉利，罔不有积尘之历史，以重累其国家若民族之生命。回溯往祀，是等国族，固皆尝有其青春之期，以其畅盛之生命，展其特殊之天才。而今已矣，声华渐落，躯壳空存，纷纷者皆成文明史上之过客矣。其较新者，惟德意志与勃牙利[④]，此次战血洪涛中，又为其生命力之所注，勃然暴发，以挥展其天才矣。由历史考之，新兴之国族与陈腐之国族遇，陈腐者必败；朝气横溢之生命力与死灰沉滞之生命力遇，死灰沉滞者必败；青春之国民与白首之国民遇，白首者必败，此殆天演公例，莫或能逃者也。

支那自黄帝以降，赫赫然树独立之帜于亚东大陆者，四千八百余年于兹矣。历世久远，纵观横览，罕有其伦。稽其民族青春之期，远在有周之世，典章文物，灿然大备，过此以往，渐向衰歇之运，然犹浸衰浸微，扬其余辉。以至于今日者，得不谓为其民族之光欤？夫人寿之永，不过百年，民族之命，垂五千载，斯亦寿之至也。印度为生释迦而兴，故自释迦生而印度死；犹太为生耶稣而立，故自耶稣生而犹太亡；支那为生孔子而建，故自孔子生而支那衰，陵夷至于今日，残骸枯骨，满目黤然，民族之精英，澌灭尽矣，而欲不亡，庸可得乎？吾青年之骤闻斯言者，未有不变色裂眦，怒其侮我之甚也。虽然，勿怒也。吾之国族，已阅长久之历史，而此长久之历史，积尘重压，以桎梏其生命而臻于衰敝者，又宁容讳？然而吾族青年所当信誓旦旦，以昭示于世者，不在龈龈辩证白首中国之不死，乃在汲汲孕育青春中国之再生。吾族今后之能否立足于世界，不在白首中国之苟延残喘，而在青春中国之投胎复活。盖尝闻之，生命者，死与再生之连续也。今后人类之问题，民族之问题，非苟生残存之问题，乃复活更生、回春再造之问题也。与吾并称为老大帝国之土耳其，则青年之政治运动，屡试不一试焉。巴尔干诸邦，则各谋离土自立，而为民族之运动，兵连祸结，干戈频兴，卒以酿今兹世界之大变焉。遥望喜马拉亚山之巅，恍见印度革命之烽烟一缕，引而弥长，是亦欲回其民族之青春也。吾华自辛亥首义，癸丑之役继之，喘息未安，风尘澒洞，又复倾动九服，是亦欲再造其神州也。而在是等国族，凡以冲决历史之桎梏，涤荡历史之积秽，新造民族之生命，挽回民族之青春者，固莫不惟其青年是望矣。建国伊始，肇锡嘉名，实维中华。中华之义，果何居乎？中者，宅中位正之谓也。吾辈青年之大任，不仅以于空间能致中华为天下之中而遂足，并当于时间而谛时中之旨也。旷观世界之历史，古往今来，变迁何极！吾人当于今岁之青春，画为中点，中以前之历史，不过如进化论仅于考究太阳、地球、动植各物乃至人类之如何发生、如何进化者，以纪人类民族国家之如何发生、如何进化也。中以后之历史，则以是为古代史之职，而别以纪人类民族国家之更生回春为其中心之的也。中以前之历史，封闭之历史，焚毁之历史，葬诸坟墓之历史也。中以后之历史，洁白之历史，新装之历史，待施绚绘之历史也。中以前之历史，白首之历史，陈死人之历史也。中以后之历史，青春之历史，活青年之历史也。青年乎！其以中立不倚之精神，肩兹砥柱中流之责任，即由今年今春之今日今刹那为时中之起点，取世界一切白首之历史，一火而摧焚之，而专以发挥青春中华之中，缀其一生之美于中以后历史之首页，为其职志，而勿逡巡不前。华者，文明开敷之谓也，华与实相为轮回，即开敷与废落相为嬗代。白首中华者，青春中华本以胚孕之实也。青春中华者，白首中华托以再生之华也。白首中华者，渐即废落之中华也。青春中华者，方复开敷之中华也。有渐即废落之中华，所以有方复开敷之中华。有前之废落以供今之开敷，斯有后之开敷以续今之废落，即废落，即开敷，即开敷，即废落，终竟如是废落，终竟如是开敷。宇宙有无尽之青春，斯宇宙有不落之华，而栽之、培之、灌之、溉之、赏玩之、享爱之者，舍青春中华之青年，更谁与归矣？青年乎，勿徒发愿，愿春常在华常好也，愿华常得青春，青春常在于华也。宜有即华不得青春，青春不在于华，亦必奋其回春再造之努力，使废落者复为开敷，开敷者终不废落，使华不能不得青春，青春不能不在于华之决心也。抑吾闻之化学家焉，土质虽腴，肥料虽多，耕种数载，地力必耗，砂土硬化，无能免也，将欲柔融之，俾再反于丰穰，惟有一种草木为能致之，为其能由空中吸收窒素肥料，注入土中而沃润之也。神州赤县，古称天府，胡以至今徒有万木秋声、萧萧落叶之悲，昔时繁华之盛，荒凉废落至于此极也！毋亦无此种草木为之交柔和润之耳。青年之于社会，殆犹此种草木之于田亩也。从此广植根蒂，深固不可复拔，不数年间，将见青春中华之参天蓊郁，错节盘根，树于世界，而神州之域，还其丰穰，复其膏腴矣。则谓此菁菁茁茁之青年，即此方复开敷之青春中华可也。

顾人之生也，苟不能窥见宇宙有无尽之青春，则自呱呱堕地，迄于老死，觉其间之春光，迅于电波石火，不可淹留，浮生若梦，直菌鹤马蜩之过乎前耳。是以川上尼父，有逝者如斯之嗟；湘水灵均，兴春秋代序之感。其他风骚雅士，或秉烛夜游；勤事劳人，或重惜分寸。而一代帝王，一时豪富，当其垂暮之年，绝诀之际，贪恋幸福，不忍离舍，每为咨嗟太息，尽其权力黄金之用，无能永一瞬之天年，而重留遗憾于长生之无术焉。秦政并吞八荒，统制四海，固一世之雄也，晚年畏死，遍遣羽客，搜觅神仙，求不老之药，卒未能获，一旦魂断，宫车晚出。汉武穷兵，蛮荒慑伏，汉代之英主也，暮年永叹，空有“欢乐极矣哀情多，少壮几时奈老何”之慨。最近美国富豪某，以毕生之奋斗，博得式之王冠，衰病相催，濒于老死，则抚枕而叹曰：“苟能延一月之命，报以千万金弗惜也。”然是又安可得哉？夫人之生也有限，其欲也无穷，以无穷之欲，逐有限之生，坐令似水年华，滔滔东去，红颜难再，白发空悲，其殆人之无奈无何者欤！涉念及此，灰肠断气，灰世之思，油然而生。贤者仁智俱穷，不肖者流连忘返，而人生之蕲向荒矣，是又岂青年之所宜出哉？人生兹世，更无一刹那不在青春，为其居无尽青春之一部，为无尽青春之过程也。顾青年之人，或不得常享青春之乐者，以其有黄金权力一切烦忧苦恼机械生活，为青春之累耳。谚云：“百金买骏马，千金买美人，万金买爵禄，何处买青春？”岂惟无处购买，邓氏铜山，郭家金穴，愈有以障翳青春之路俾无由达于其境也。罗马亚布达尔曼帝，位在皇极，富有四海，不可谓不尊矣，临终语其近侍，谓四十年间，真感愉快者，仅有三日。权力之不足福人，以视黄金，又无差等。而以四十年之青春，娱心不过三日，悼心悔憾，宁有穷耶？夫青年安心立命之所，乃在循今日主义以进，以吾人之生，洵如卡莱尔所云，特为时间所执之无限而已。无限现而为我，乃为现在，非为过去与将来也。苟了现在，即了无限矣。昔者圣叹作诗，有“何处谁人玉笛声”之句。释弓年小，窃以玉字为未安，而质之圣叹。圣叹则曰：“彼若说‘我所吹本是铁笛，汝何得用作玉笛？’我便云：‘我已用作玉笛，汝何得更吹铁笛？’天生我才，岂为汝铁笛作奴儿婢子来耶？”夫铁字与玉字，有何不可通融更易之处。圣叹顾与之争一字之短长而不惮烦者，亦欲与之争我之现在耳。诗人拜轮[⑤]，放浪不羁，时人诋之，谓于来世必当酷受地狱之苦。以余观之，现世有现世之乐，来世有来世之乐。现世有现世之青春，来世有来世之青春。为贪来世之乐与青春，而迟吾现世之乐与青春，固所不许。而为贪现世之乐与青春，遽弃吾来世之乐与青春，亦所弗应也。人生求乐，何所不可，亦何必妄分先后，区异今来也？耶曼孙曰：“尔若爱千古，当利用现在。昨日不能呼还，明日尚未确实。尔能确有把握者，惟有今日。今日之一日，适当明晨之二日。”斯言足发吾人之深省矣。盖现在者吾人青春中之青春也。青春作伴以还于大漠之乡，无如而不自得，更何烦忧之有焉。烦忧既解，恐怖奚为？耶比古达士曰：“贫不足恐，流窜不足恐，囹圄不足恐，最可恐者，恐怖其物也。”美之政雄罗斯福氏，解政之后，游猎荒山，奋其铁腕，以与虎豹熊罴相搏战。一日猎白熊，险遭吞噬，自传其事，谓为不以恐怖误其稍纵即逝之机之效，始获免焉。于以知恐怖为物，决不能拯人于危。苟其明日将有大祸临于吾躬，无论如何恐怖，明日之祸万不能因是而减其毫末。而今日之我，则因是而大损其气力，俾不足以御明日之祸而与之抗也。艰虞万难之境，横于吾前，吾惟有我、有我之现在而足恃。堂堂七尺之躯，徘徊回顾，前不见古人，后不见来者，惟有昂头阔步，独往独来，何待他人之援手，始以遂其生者？更胡为乎“念天地之悠悠，独怆然而涕下”哉？惟足为累于我之现在及现在之我者，机械生活之重荷，与过去历史之积尘，殆有同一之力焉。今人之赴利禄之途也，如蚁之就膻，蛾之投火，究其所企，克致志得意满之果，而营营扰扰已逾半生，以孑然之身，强负黄金与权势之重荷以趋，几何不为所重压而僵毙耶？盖其优于权富即其短于青春者也。耶经有云：“富人之欲入天国，犹之骆驼欲潜身于针孔。”此以喻重荷之与青春不并存也。总之，青年之自觉，一在冲决过去历史之网罗，破坏陈腐学说之囹圄，勿令僵尸枯骨，束缚现在活泼泼地之我，进而纵现在青春之我，扑杀过去青春之我，促今日青春之我，禅让明日青春之我。一在脱绝浮世虚伪之机械生活，以特立独行之我，立于行健不息之大机轴。袒裼裸裎，去来无挂，全其优美高尚之天，不仅以今日青春之我，追杀今日白首之我，并宜以今日青春之我，豫杀来日白首之我，此固人生惟一之蕲向，青年惟一之责任也矣。拉凯尔曰：“常葆青春，为人生无上之幸福，尔欲享兹幸福，当死于少年之中。”吾愿吾亲爱之青年，生于青春死于青春，生于少年死于少年也。德国史家孟孙氏，评骘锡札曰：“彼由青春之杯，饮人生之水，并泡沫而干之。”吾愿吾亲爱之青年，擎此夜光之杯，举人生之醍醐浆液，一饮而干也。人能如是，方为不役于物，物莫之伤。大浸稽天而不溺，大旱金石流土山焦而不热，是其尘垢粃糠，将犹陶铸尧、舜。自我之青春，何能以外界之变动而改易，历史上残骸枯骨之灰，又何能塞蔽青年之聪明也哉？市南宜僚见鲁侯，鲁侯有忧色，市南子乃示以去累除忧之道，有曰：“‘吾愿君去国捐俗，与道相辅而行。’君曰：‘彼其道远而险，又有江山，我无舟车，奈何？’市南子曰：‘君无形倨，无留居，以为舟车。’君曰：‘彼其道幽远而无人，吾谁与为邻？吾无粮，我无食，安得而至焉?'市南子曰:'少君之费,寡君之欲,虽无粮而乃足,君其涉于江而浮于海,望之而不见其崖,愈往而不知其所穷,送君者将自崖而反,君自此远矣。'"此其谓道,殆即达于青春之大道。青年循蹈乎此,本其理性,加以努力,进前而勿顾后,背黑暗而向光明,为世界进文明,为人类造幸福,以青春之我,创建青春之家庭,青春之国家,青春之民族,青春之人类,青春之地球,青春之宇宙,资以乐其无涯之生。乘风破浪,迢迢乎远矣,复何无计留春望尘莫及之忧哉?吾文至此,已嫌冗赘,请诵漆园之语,以终斯篇。

【注释】

① 和兰:荷兰。

② 丹马:丹麦。

③ 那威:挪威。

④ 勃牙利:匈牙利。

⑤ 拜轮:拜伦(George Gordon Byron,1788—1824),英国浪漫主义诗人。

艺术赏析

这篇文章发表在1916年9月1日出版的《新青年》第二卷第一号,陈独秀被文章回环绕梁的韵律、荡气回肠的气魄和精辟透彻的说理所深深打动,特别将它安排在第二篇,作为另一篇《敬告青年》的"发刊告白"。

在文中,李大钊从佛理、哲理、数理、易理等多角度反复唱叹宇宙无尽、青春无涯的哲理:"其变者青春之进程,其不变者无尽之青春也。其异者青春之进程,其同者无尽之青春也。其易者青春之进程,其周者无尽之青春也。其有者青春之进程,其无者无尽之青春也。其相对者青春之进程,其绝对者无尽之青春也。其色者差别者青春之进程,其空者平等者无尽之青春也。"既是青春无限,那么青年自当永往迈进,把握青春,"以青年纯洁之躬,饫尝青春之甘美,浃浴青春之恩泽,永续青春之生涯,致我为青春之我,我之家庭为青春之家庭,我之国家为青春之国家,我之民族为青春之民族。"勇敢地担当起再造青春中华之重任。

写这篇文章时,李大钊只有27岁,正值青春年华。他牺牲的时候,也只有38岁,仍是人生中最美好的年纪。人们常常感叹青春易逝,李大钊在《青春》这篇文章中也辩证地谈到了青春与白首的关系,老大、白首是从青春风华发展变化而成的,既然是变化的,那么白首也可以返老还童,恢复青春。热爱生活,珍惜青春之人,虽到了白首之年仍可保持青春活力,所以"青春不在于华,亦必奋其回春再造之努力,使废落者复为开敷,开敷者终不废落,使华不能不得青春,青春不能不在于华。"所以《青春》既是一篇青春的宣言书,也是一篇人生的宣言书,它宣示着李大钊的乐观进取,宣示着年轻生命的绽放,宣示着青年一代的责任,更宣示着再造青春中华的伟大梦想!

"青春中华"是李大钊等老一辈无产阶级革命家毕生追逐的梦想,他们以丹心碧血在黑暗中书写光明,凝筑历史。展望未来,实现中华民族伟大复兴的中国梦也是每一位中华儿女正在追逐的梦想,我们要不忘初心,牢记使命,为实现中华民族伟大复兴的中国梦倾注心血、奉献青春。

文学聚焦

《新青年》

《新青年》是“五四”新文化运动和中国现代文学和文化思想史上最重要的刊物之一。“二次革命”失败后中国时局的变化使陈独秀深受刺激，他认为在中国搞政治革命没有意义，而欲“救中国、建共和，首先得进行思想革命”。经过努力，上海群益书社应允发行由陈主编的《青年杂志》。

该杂志于1915年9月15日创刊，由陈独秀主编，上海群益书社印行(月刊)，6期为一卷。第一卷名《青年杂志》。陈独秀所写的发刊词《敬告青年》是该刊的纲领性文章。该文开明宗义指出“人权说”“生物进化论”“社会主义”这三事是近代文明的特征，要实现社会改革的这三事，关键在于新一代青年的自身觉悟和观念更新。他勉励青年崇尚自由、进步、科学，要有世界眼光，要讲求实行和进取。他总结近代欧洲强盛的原因，认为人权和科学是推动社会历史前进的两个车轮，从而首先在中国高举起科学与民主两面大旗。《敬告青年》一文成为新文化运动的宣言书。

1916年9月1日，《青年杂志》易名《新青年》出版。陈独秀在改刊后的《新青年》第一期上发表《新青年》一文，号召青年做“新青年”。他提出“新青年”的标准是：生理上身体强壮；心理上是“斩尽涤绝做官发财思想”，而“内图个性之发展，外图贡献于其群”；以自力创造幸福，而“不以个人幸福损害国家社会”。《新青年》的创刊是新文化运动兴起的标志。

李大钊发表《青春》一文，在文中揭露封建制度给中国带来的危害，并强调要寄希望于“青春中国之再生”；号召青年“冲决过去历史之网罗，破坏陈腐学说之囹圄”，“本其理性，加以努力，进前而勿顾后，背黑暗而向光明，为世界进文明，为人类造幸福。”

拓展与应用

探究思考

1. 本文由中国共产主义先驱、杰出的无产阶级革命家所写，文章有哪些突出特点？请结合课文简要分析。

2. 胡乔木评价李大钊是“中国近代史上的完人”，你怎样理解这一评价？请结合课文谈谈你的看法。

职业连线

语文实践活动：快闪——年轻，就是要奇迹！

从小有个梦想，诗和远方，一个人去旅行，背包耳机，纵横天涯，写写诗，叙叙事，我的喜怒哀乐尽在其中。现实是，我坐在办公室里，天天面对电脑，天天有数不完的数据要输入。

从小有个梦想，穿上军装，背起钢枪，守卫祖国，我是钢铁铸就的男子汉。现实是，我站在产品前努力向顾客推销。

…………

理想很丰满，现实很骨感。当梦想与现实相碰撞，是坚持梦想，还是屈服现实？若我们坚持自己的梦想并为之不断努力奋斗，会出现奇迹吗？

活动布置：

确定活动时间，确定组织者及参与者，准备小礼物、空白明信片。

活动实施：

1. 传奇 SHOW——“花式篮球”快闪。

在校园篮球场地组织十几人的花式篮球，飞快进入状态，用花式篮球吸引同学围观拍照。同时工作者身着统一服装，给围观同学派发小礼物。

2. 奇迹时刻——派发小礼物。

向同学派发出其不意的小礼物，告诉同学：人生中出现的一切，我们尽情享受，无论苦难还是喜悦。

点亮奇迹，你，敢不敢？

3. 致未来——派发明信片。

当明天成为今天，今天成为昨天，最后成为记忆中不再重要的某一天……

在明信片上写下今天的奇迹，并注明未来某一天你要翻看此明信片。写好的明信片交给天使。天使会在指定的那天交给你，你会重温今日的奇迹。

4. 选择操场、餐厅等人群聚集地为活动地点，教师全程参与指导。

活动评价：

评价内容包括前期活动的准备充分程度；学生们的策划水平及能力；活动开展过程中团队配合的情况以及执行力；对青春奋斗真谛的理解等方面做出全面评价。

1. 学生自评 ____________________

2. 同学互评 ____________________

3. 教师点评 ____________________

第二单元

名家风采

“大江东去，浪淘尽，千古风流人物”。滚滚历史长河中，总有这样一群人：他们有着精深的智慧，远大的抱负，无比坚强的毅力。他们为社会发展作出杰出贡献，为后人作出表率，对后世有着深远影响。从“见贤思齐焉”的孔子到“大勇若怯，大智如愚”的苏轼，从“我自横刀向天笑”的谭嗣同到“为中华崛起而读书”的周恩来，从“甘做‘小小螺丝钉’”的雷锋到“鞠躬尽瘁、死而后已”的焦裕禄，他们都在人类历史上留下浓墨重彩的一笔。正是因为他们的贡献，人类历史才会不断进步。他们是我们一生的挚友。

翻开书本，走进历史殿堂，感受名家风采，领悟名人精神，汲取力量与勇气。“榜样的力量是无穷的”，名人带领我们长大，带领我们去追寻生命的意义，带领我们去寻找人生的幸福。

汉书·苏武传

班固(两汉)

作者简介

班固(32—92年)，字孟坚，扶风安陵(今陕西咸阳东北)人，东汉著名史学家、文学家。他出身儒学世家，其父班彪、伯父班嗣，皆为当时著名学者。班彪曾续司马迁《史记》作《史记后传》，未成而故。班固立志继承父业，在《史记后传》基础上，进一步广搜材料，编写《汉书》，一生著述颇丰。作为史学家，《汉书》是继《史记》之后中国古代又一部重要史书，是“前四史”之一；作为辞赋家，班固是“汉赋四大家”之一，《两都赋》开创了京都赋的范例，列入《文选》第一篇；同时，班固还是经学理论家，他编辑撰成的《白虎通义》，集当时经学之大成，使谶纬神学理论化、法典化。后因有人向汉明帝诬告他私修国史，被捕入狱。因其弟班超上书解释，班固始得获释，被拜为兰台令史，经过二十多年的努力，他写成了《汉书》。汉和帝永元初年，班固随窦宪出征匈奴，不久窦宪因谋反案被诛，班固也受牵连被捕，死于狱中。《汉书》中的八“表”与“天文志”是由其妹班昭和其弟子马续补写而成的。

背景知识

苏武到匈奴出使时，正值汉匈战争最激烈的第一阶段刚刚结束。新即位的匈奴单于想用缓兵之计改善与汉朝的关系，以争取时间巩固内部，所以，他主动提出双方互相释放扣押在己处的外交使节(间谍)。当时，汉武帝很痛快地就答应了。

武字子卿，少以父①任，兄弟并为郎②。稍迁至栘中厩监③。时汉连伐胡，数通使④相窥观。匈奴留汉使郭吉、路充国⑤等，前后十馀辈。匈奴使来，汉亦留之以相当⑥。天汉元年⑦，且鞮侯单于⑧初立，恐汉袭之，乃曰：“汉天子我丈人行也。”尽归汉使路充国等。武帝嘉其义，乃遣武以中郎将使持节⑨送匈奴使留在汉者，因厚赂单于，答其善意。武与副中郎将张胜及假吏常惠等募士斥候百余人俱⑩，既至匈奴，置币遗单于。单于益骄，非汉所望也。

方欲发使送武等，会缑王与长水虞常⑪等谋反匈奴中。缑王者，昆邪王姊子也，与昆邪王⑫俱降汉，后随浞野侯⑬没胡中，及卫律⑭所将降者，阴相与谋劫单于母阏氏⑮归汉。会武等至匈奴，虞常在汉时素与副张胜相知，私候胜曰：“闻汉天子甚怨卫律，常能为汉伏弩射杀之，吾母与弟在汉，幸蒙其赏赐。”张胜许之，以货物与常。后月馀，单于出猎，独阏氏子弟在。虞常等七十馀人欲发，其一人夜亡，告之。单于子弟发兵与战，缑王等皆死，虞常生得。

单于使卫律治其事，张胜闻之，恐前语发，以状语武。武曰：“事如此，此必及我，见犯乃死，重负国。”欲自杀，胜、惠共止之。虞常果引张胜。单于怒，召诸贵人议，欲杀汉使者。左伊秩訾[16]曰："即谋单于，何以复加？宜皆降之。"单于使卫律召武受辞[17]。武谓惠等："屈节辱命，虽生，何面目以归汉！"引佩刀自刺。卫律惊，自抱持武，驰召医。凿地为坎，置煴火，覆武其上，蹈其背以出血。武气绝，半日复息。惠等哭，舆[18]归营。单于壮其节，朝夕遣人候问武，而收系张胜。

武益愈，单于使使晓武，会论虞常，欲因此时降武。剑斩虞常已，律曰："汉使张胜谋杀单于近臣，当死。单于募降者赦罪。"举剑欲击之，胜请降。律谓武曰："副有罪，当相坐[19]。"武曰："本无谋，又非亲属，何谓相坐？"复举剑拟之，武不动。律曰："苏君，律前负汉归匈奴，幸蒙大恩，赐号称王，拥众数万，马畜弥山，富贵如此。苏君今日降，明日复然。空以身膏[20]草野，谁复知之！"武不应。律曰："君因我降，与君为兄弟，今不听吾计，后虽欲复见我，尚可得乎？"武骂律曰："女为人臣子，不顾恩义，畔主背亲，为降虏于蛮夷，何以女为见？且单于信女，使决人死生，不平心持正，反欲斗两主[21]，观祸败。南越杀汉使者，屠为九郡[22]；宛王[23]杀汉使者，头县北阙；朝鲜杀汉使者，即时诛灭[24]。独匈奴未耳。若知我不降明，欲令两国相攻。匈奴之祸从我始矣。"

律知武终不可胁，白单于。单于愈益欲降之。乃幽武置大窖中[25]，绝不饮食。天雨雪。武卧啮雪与旃毛并咽之，数日不死。匈奴以为神。乃徙武北海[26]上无人处，使牧羝，羝乳[27]乃得归。别其官属常惠等，各置他所。

武既至海上，廪食不至，掘野鼠去[28]中实而食之。杖汉节牧羊，卧起操持，节旄尽落。积五六年，单于弟於靬王[29]弋射海上。武能网纺缴[30]，檠[31]弓弩，於靬王爱之，给其衣食。三岁馀，王病，赐武马畜服匿穹庐[32]。王死后，人众徙去。其冬，丁令[33]盗武牛羊，武复穷厄。

初，武与李陵俱为侍中[34]。武使匈奴明年，陵降，不敢求武。久之，单于使陵至海上，为武置酒设乐。因谓武曰："单于闻陵与子卿素厚，故使陵来说足下，虚心欲相待。终不得归汉，空自苦亡人之地，信义安所见乎？前长君为奉车[35]，从至雍棫[36]阳宫，扶辇下除[37]，触柱折辕，劾大不敬[38]，伏剑自刎，赐钱二百万以葬。孺卿从祠河东后土[39]，宦骑与黄门驸马[40]争船，推堕驸马河中溺死，宦骑亡，诏使孺卿逐捕不得，惶恐饮药而死。来时，太夫人[41]已不幸，陵送葬至阳陵。子卿妇年少，闻已更嫁矣。独有女弟[42]二人，两女一男，今复十馀年，存亡不可知。人生如朝露，何久自苦如此！陵始降时，忽忽如狂，自痛负汉，加以老母系保宫[43]。子卿不欲降，何以过陵？且陛下春秋高[44]，法令亡常，大臣亡罪夷灭者数十家，安危不可知，子卿尚复谁为乎？愿听陵计，勿复有云。"武曰："武父子亡功德，皆为陛下所成就，位[45]列将，爵通侯[46]，兄弟亲近，常愿肝脑涂地。今得杀身自效，虽蒙斧钺汤镬，诚甘乐之。臣事君，犹子事父也。子为父死亡所恨，愿无复再言。"

陵与武饮数日，复曰："子卿壹听陵言！"武曰："自分已死久矣！王必欲降武，请毕今日之欢，效死于前！"陵见其至诚，喟然叹曰："嗟呼，义士！陵与卫律之罪上通于天。"因泣下沾衿，与武决去。

数月，昭帝[47]即位。数年，匈奴与汉和亲。汉求武等，匈奴诡言武死。后汉使复至匈奴，常惠请其守者与俱，得夜见汉使，具自陈道。教使者谓单于，言天子射上林[48]中，得雁，足有系帛书，言武等在某泽中。使者大喜，如惠语以让单于。单于视左右而惊，谢汉使曰："武等实在。"

单于召会武官属，前以降及物故，凡随武还者九人。武以始元六年春至京师[49]。武留[50]匈奴凡十九岁，始以强壮出，及还，须发尽白。

【注释】

① 父：指苏武的父亲苏建，有功封平陵侯，做过代郡太守。

② 兄弟：指苏武和他的兄苏嘉、弟苏贤。郎：官名，汉代专指职位较低皇帝侍从。汉制年俸二千石以上者，可保举其子弟为郎。

③ 稍迁：逐渐提升。移(yí)中厩(jiù)：汉宫中有移园，园中有马厩(马棚)，故称。监：此指管马厩的官，掌鞍马、鹰犬等。

④ 通使：派遣使者往来。

⑤ 郭吉：元封元年(前110年)，汉武帝亲统大军十八万到北地，派郭吉到匈奴，晓谕单于归顺，单于大怒，扣留了郭吉。路充国：元封四年(前107年)，匈奴派遣使者至汉，病故，汉派路充国送丧到匈奴，单于以为是被汉杀死，扣留了路充国。事见《史记·匈奴列传》《汉书·匈奴传》。辈：批。

⑥ 相当：相抵。

⑦ 天汉元年：即公元前100年。天汉，汉武帝年号。

⑧ 且(jū)鞮(dī)侯：单于嗣位前的封号。单(chán)于：匈奴首领的称号。

⑨ 中郎将：皇帝的侍卫长。节：使臣所持信物，以竹为杆，柄长八尺，栓上旄牛尾，共三层，故又称"旄节"。

⑩ 假吏：临时委任的使臣属官。斥候：军中担任警卫的侦察人员。

⑪ 缑王：匈奴的一个亲王。长水：水名，在今陕西省蓝田县西北。虞常：长水人，后投降匈奴。

⑫ 昆(hún)邪(yé)王：匈奴一个部落的王，其地在河西(今甘肃省西北部)。

⑬ 浞(zhuō)野侯：汉将赵破奴的封号。汉武帝太初二年(前103年)率二万骑击匈奴，兵败而降，全军沦没。

⑭ 卫律：本为长水胡人，但长于汉，被协律都尉李延年荐为汉使出使匈奴。回汉后，正值延年因罪全家被捕，卫律怕受牵连，又逃奔匈奴，被封为丁零王。

⑮ 阏(yān)氏(zhī)：匈奴王后封号。

⑯ 左伊秩訾(zī)：匈奴的王号，有"左""右"之分。

⑰ 受辞：受审讯。

⑱ 舆：轿子。此用作动词，犹"抬"。

⑲ 相坐：连带治罪。古代法律规定，凡犯谋反等大罪者，其亲属也要跟着治罪，叫作连坐，或相坐。

⑳ 膏：肥美滋润，此用作动词。

㉑ 斗两主：使汉皇帝和匈奴单于相斗。斗，用为使动词。

㉒ 南越：国名，今广东、广西南部一带。屠：平定。《史记·南越列传》载，武帝元鼎五年(前112年)，南越王相吕嘉杀其国王及汉使者，叛汉。武帝发兵讨伐，活捉吕嘉，因将其地改为珠崖、南海等九郡。

㉓ 宛王：指大宛国王毋寡。北阙：宫殿的北门。《史记·大宛列传》载，汉武帝太初元年(前104年)，宛王毋寡派人杀前来求良马的汉使。武帝即命李广利讨伐大宛，大宛诸贵族乃杀毋寡而降汉。

㉔ "朝鲜"二句：《史记·朝鲜列传》载，武帝元封二年(前109年)派遣涉何出使朝鲜，涉何暗害了伴送他的朝鲜人，谎报为杀了朝鲜武将，因而被封为辽东东部都尉。朝鲜王右渠袭杀涉何。于是武帝发兵讨伐。朝鲜相杀王右渠降汉。

㉕ 乃幽武，置大窖中：又作"乃幽武置大窖中"。旃(zhān)：通"毡"，毛毡。

㉖ 北海：当时在匈奴北境，即今贝加尔湖。

㉗ 羝(dī)：公羊。乳：用作动词，生育，指生小羊。公羊不可能生小羊，故此句是说苏武永远没有归汉的希望。

㉘ 去：通"弆"(jǔ)，收藏。

㉙ 於(wū)靬(jiān)王：且鞮单于之弟，为匈奴的一个亲王。弋射：射猎。

㉚ 武能网纺缴：此句"网"前应有"结"字。缴，系在箭上的丝绳。

㉛ 檠(qíng)：矫正弓箭的工具。此作动词，犹“矫正”。

㉜ 服匿：盛酒酪的容器，类似今天的坛子。穹庐：圆顶大篷帐，犹今之蒙古包。

㉝ 丁令：即丁灵，匈奴北边的一个部族。

㉞ 李陵：字少卿，西汉陇西成纪(今甘肃秦安)人，李广之孙，武帝时曾为侍中。天汉二年(前 99 年)出征匈奴，兵败投降，后病死匈奴。侍中：官名，皇帝的侍从。

㉟ 长君：指苏武的长兄苏嘉。奉车：官名，即“奉车都尉”，皇帝出巡时，负责车马的侍从官。

㊱ 雍：汉代县名，在今陕西凤翔县南。棫(yù)阳宫：秦时所建宫殿，在雍东北。

㊲ 辇(niǎn)：皇帝的坐车。除：宫殿的台阶。

㊳ 劾(hé)：弹劾，汉时称判罪为劾。大不敬：不敬皇帝的罪名，为一种不可赦免的重罪。

㊴ 孺卿：苏武弟苏贤的字。河东：郡名，在今山西夏县北。祠：名词作动词，词类活用，“祀”，祭祀。后土：地神。

㊵ 宦骑：骑马的宦官。黄门驸马：宫中掌管车辇马匹的官。

㊶ 太夫人：指苏武的母亲。

㊷ 女弟：妹妹。

㊸ 保宫：本名“居室”，太初元年更名“保宫”，囚禁犯罪大臣及其眷属之处。

㊹ 春秋高：年老。春秋：指年龄。

㊺ 位：指被封的爵位。列将：一般将军的总称。苏武父子曾被任为右将军、中郎将等。

㊻ 通侯：汉爵位名，本名彻侯，因避武帝讳改。苏武父苏建曾封为平陵侯。

㊼ 昭帝：武帝少子刘弗陵。昭帝即位次年改元始元。始元六年(前 81 年)，与匈奴达成和议。

㊽ 上林：即上林苑。故址在今陕西省西安市附近。汉朝皇帝游玩射猎的园林。

㊾ 京师：京都，指长安。

㊿ “武留”句：苏武汉武帝天汉元年(前 100 年)出使，至汉昭帝始元六年(前 81 年)还，共十九年。

艺术赏析

《苏武传》是《汉书》中最出色的名篇之一，它记述了苏武出使匈奴，面对威胁利诱坚守节操，历尽艰辛而不辱使命的事迹，生动刻画了一个“富贵不能淫，威武不能屈”的爱国志士的光辉形象。作者采用写人物传记经常运用的纵式结构来组织文章，以顺叙为主，适当运用插叙的方法，依时间的先后进行叙述，脉络清晰，故事完整。

第一部分即文章的第 1 至第 2 段，介绍了苏武的身世、出使的背景及原因。文章一开始写道：“时汉连伐胡，数通使相窥观。匈奴留汉使郭吉、路充国等，前后十馀辈。匈奴使来，汉亦留之以相当。”苏武出使匈奴的这一背景，表明苏武出使时的严酷历史环境，同时交代了匈奴尽管“尽归汉使路充国等”却只是因为“且鞮侯单于初立，恐汉袭之”的缓兵之计，并非真心和好。所以当汉武帝派苏武护送扣留在汉朝的匈奴使者还朝，并“厚赂单于”时，“单于益骄”，这也是后来单于悍然扣留苏武一行的原因。

第二部分即文章第 3 至第 8 段，重点记述了苏武留胡十九年备受艰辛而坚持民族气节的事迹。这部分也是文章着力描写的部分，以精彩的笔墨描写了苏武反抗匈奴统治者招降的种种斗争情形。具体描写到匈奴招降共有三次：第一次是卫律软硬兼施想迫使苏武投降，被苏武正气凛然的怒斥所喝退，双方矛盾斗争激烈，场面紧张。第二次是匈奴企图用艰苦的生活条件来消磨苏武的斗志，把他囚禁于地窖中，使他备受饥寒，接着流放苏武到荒无人烟的北海让他牧羊。然而在极端恶劣的环境中，苏武不可磨灭的爱国精神再一次粉碎了匈奴的险恶用心。他手握汉节——国家民族的象征，在九死一生中维持着一个使者的使命。这时斗争是相对缓和的，直接表现的是苏武与自然环境做斗争。第三次是故友李陵劝降。这段描写不但表现了苏武可贵的气节，同时也刻画了叛将李陵的复杂心态。他那尚未泯灭的爱国之情、羞恶之心在苏武的崇高境界面前被唤醒了，其内心剖白真实感人。李陵在劝苏武时曾说："陛下春秋高，法令亡常，大臣亡罪夷灭者数十家"，这是作者借李陵之口表达对汉武帝动辄杀戮大臣的残忍行为的不满，也是《汉书》中少有的表现批判统治者的进步思想倾向之处。而苏武与李陵的对答针锋相对，波澜起伏，非常精彩，人物之声气跃然纸上。此处苏武的斗争对象是交情很深而今已是敌对阵营的故友，双方的心态都比较复杂，而作者的描写也很到位，是这部分最出彩之处。

第三部分即文章最后一段，介绍了苏武被放回国的经过。课文最后一句"留匈奴凡十九岁，始以强壮出，及还，须发尽白"，看似平实记述，细细品味却包含着作者诸多感情。人生不过百年，十九年何其太长！苏武"强壮出"，出使时正当壮年，及回归故国时已是"须发尽白"，一生大好时光都在煎熬中过去了，作者的叹惋之情溢于言表，而能为信念坚执如此确实令人敬佩！幸而虽历尽磨难，终于完成了使者的任务，维护了国家尊严，保持了民族气节，且荣归故里，作者欣慰之感也显而易见。可以说这句表达的是作者与读者共同的心声。

为了表现苏武的性格、气节及始终不渝的爱国精神，文章在记"行"时又着力于环境及细节的描写。如苏武自刺一节，被置于地坎温火之上，"蹈背出血，气绝复苏"，充满悲壮色彩。而周围人的反应是"卫律惊，自抱持武""惠等哭，舆归营""单于壮其节"。这一惊、一哭、一壮的细节描写充分衬托出苏武的铮铮铁骨及高尚情操。文章语言千锤百炼，俭省精净，刻画人物入骨三分，将史家笔法与文学语言较好地结合起来。

文学聚焦

《后汉书》简介

汉　书

《汉书》为中国第一部纪传体断代史，又称《前汉书》，此书是继《史记》之后又一部重要史书。全书记述上起西汉的汉高祖，下至新朝的王莽，共230年的历史故事。与《史记》《后汉书》《三国志》并称为"前四史"。

《汉书》体例上承袭《史记》，只是改"书"为"志"，把"世家"并入"列传"。全书有十二"纪"、八"表"、十"志"、七十"列传"，共一百篇，八十余万字。到了唐代，颜师古认为《汉书》卷帙繁重，便将篇幅较长者分为上、下卷或上、中、下卷，成为现行本《汉书》，共一百二十卷。

《汉书》中的"纪"共十二篇，是从汉高祖至汉平帝的编年大事记。虽写法与《史记》略同，但不称"本纪"，如《高帝纪》《武帝纪》及《平帝纪》等。

《汉书》中的"表"共八篇，多依《史记》旧表，而新增汉武帝以后的沿革。

《汉书》中的"志"共分十篇，是专记典章制度的兴废沿革。由于《汉书》已用"书"为大题，为避免混淆，故改《史记》中的"书"为"志"。

《汉书》中的"列传"共七十篇，仍依《史记》之法，以公卿将相为列传，同时以时代顺序为主，先专传，次类传，再次为边疆各族传和外国传，最后以乱臣贼子《王莽传》居末，体统分明。至于传的篇名，除《诸侯王传》外，一律以姓或姓名为标题。

拓展与应用

探究思考

1. 本文在写作上有什么特点？
2. 苏武在被囚禁流放以前两度要自杀，后来又想方设法要活下去，这是否矛盾？

职业连线

苏武在胡地以维护国家民族尊严作为自己的崇高使命和行为准则。我们不难明白，匈奴对苏武等人的劝降实际上是匈奴与汉朝的一次次对峙，关乎国家尊严、民族气节。从全文来看，苏武将生死全然置之度外，一心考虑的是汉朝的荣誉与利益。因而在局势变化的情况下，他的对抗方式也在发生着变化。

思考：

如果有一天我们在工作中遇到类似的情况，请你结合当今社会中的一些实例，谈谈你的观点。

秋兴八首①

杜　甫(唐)

作者简介

杜甫(712—770)，字子美，自号少陵野老，举进士不第，曾任检校工部员外郎，世称“杜工部”“杜少陵”等。汉族，河南府巩县(今河南省巩义市)人。唐代伟大的现实主义诗人，杜甫被世人尊为“诗圣”，与李白合称“李杜”。为了跟另外两位诗人李商隐与杜牧(即“小李杜”)区别开来，杜甫与李白又合称“大李杜”。759—766 年年间曾居成都，后世有杜甫草堂纪念。他忧国忧民，人格高尚，其诗大胆揭露当时社会矛盾，对穷苦人民寄予深切同情，内容深刻。他的许多优秀作品显示了唐代由盛转衰的历史过程，因被称为“诗史”。在艺术上，杜甫善于运用各种诗歌形式，尤长于律诗；他的诗歌风格多样，以沉郁为主；语言精练，具有超强的表达能力。他的诗约 1400 余首被保留了下来，诗艺精湛，在中国古典诗歌中备受推崇，影响深远，有《杜工部集》。

《秋兴八首》内容简介

背景知识

《秋兴八首》是唐大历元年(766 年)秋杜甫流寓夔州时所作的一组七言律诗，因秋而感发诗兴，故曰“秋兴”。杜甫自唐肃宗乾元二年(759 年)弃官，至当时已历七载，战乱频仍，国无宁日，人无定所，当此秋风萧飒之时，不免触景生情。因而写下这组诗。

其　一

玉露凋伤枫树林[2]，巫山巫峡气萧森[3]。
江间波浪兼天涌[4]，塞上风云接地阴[5]。
丛菊两开他日泪[6]，孤舟一系故园心[7]。
寒衣处处催刀尺[8]，白帝城高急暮砧[9]。

其　二

夔府孤城落日斜[10]，每依北斗望京华[11]。
听猿实下三声泪，奉使虚随八月槎[12]。
画省香炉违伏枕[13]，山楼粉堞隐悲笳[14]。
请看石上藤萝月[15]，已映洲前芦荻花。

其　三

千家山郭静朝晖，日日江楼坐翠微[16]。
信宿渔人还泛泛[17]，清秋燕子故飞飞。
匡衡抗疏功名薄[18]，刘向传经心事违[19]。
同学少年多不贱，五陵衣马自轻肥[20]。

其　四

闻道长安似弈棋[21]，百年世事不胜悲[22]。
王侯第宅皆新主[23]，文武衣冠异昔时[24]。
直北关山金鼓振[25]，征西车马羽书驰[26]。
鱼龙寂寞秋江冷[27]，故国平居有所思[28]。

其　五

蓬莱宫阙对南山[29]，承露金茎霄汉间[30]。
西望瑶池降王母[31]，东来紫气满函关[32]。
云移雉尾开宫扇[33]，日绕龙鳞识圣颜[34]。
一卧沧江惊岁晚[35]，几回青琐点朝班[36]。

其　六

瞿塘峡口曲江头[37]，万里风烟接素秋[38]。
花萼夹城通御气[39]，芙蓉小苑入边愁[40]。
珠帘绣柱围黄鹄[41]，锦缆牙樯起白鸥[42]。
回首可怜歌舞地[43]，秦中自古帝王州[44]。

其　七

昆明池水汉时功[45]，武帝旌旗在眼中[46]。
织女机丝虚夜月[47]，石鲸鳞甲动秋风[48]。
波漂菰米沉云黑[49]，露冷莲房坠粉红[50]。
关塞极天唯鸟道[51]，江湖满地一渔翁[52]。

其　八

昆吾御宿自逶迤[53]，紫阁峰阴入渼陂[54]。
香稻啄馀鹦鹉粒[55]，碧梧栖老凤凰枝[56]。
佳人拾翠春相问[57]，仙侣同舟晚更移[58]。
彩笔昔曾干气象[59]，白头吟望苦低垂[60]。

【注释】

① 秋兴(xìng)：因感秋而寄兴。

② 玉露：秋天的霜露，因其白，故以玉喻之。凋伤：使草木凋落衰败。

③ 巫山巫峡：即指夔州(今奉节)一带的长江和峡谷。萧森：萧瑟阴森。

④ 江：长江。兼天涌：波浪滔天。

⑤ 塞：关隘险要之地，此指夔州。接地阴：风云盖地。"接地"又作"匝地"。

⑥ 丛菊两开：杜甫此前一年秋天在云安，此年秋天在夔州，从离开成都算起，已历两秋，故云"两开"。"开"字双关，一谓菊花开，又言泪眼开。他日：往日，指多年来的艰难岁月。

⑦ 故园：此处当指长安。

⑧ 催刀尺：指赶裁冬衣。

⑨ 白帝城：即今奉节城，在瞿塘峡上口北岸的山上，与夔门隔岸相对。急暮砧：黄昏时急促的捣衣声。砧：捣衣石。

⑩ 夔(kuí)府：唐置夔州，州治在奉节，为府署所在，故称。

⑪ 京华：指京都长安。

⑫ 槎：木筏。

⑬ 画省：指尚书省。

⑭ 山楼：白帝城楼。粉堞(dié)：城上涂白色的女墙。笳：古代军中号角，其声悲壮。

⑮ 请看：言外兼有时光迅速之感。

⑯ 翠微：青山。

⑰ 信宿：再宿。

⑱ 匡衡：字稚圭，汉朝人。抗疏：指臣子对于君命或廷议有所抵制，上疏极谏。

⑲ 刘向：字子政，汉朝经学家。

⑳ 轻肥：即轻裘肥马。《论语·雍也》："赤之适齐也，乘肥马，衣轻裘。"

㉑ 闻道：听说。杜甫因离开京城日久，于朝廷政局的变化，不便直言，故云"闻道"。似弈棋：是说长安政局像下棋一样反复变化，局势不明。

㉒ 百年：指代一生。此二句是杜甫感叹自身所经历的时局变化，像下棋一样反复无定，令人伤悲。

㉓ 第宅：府第、住宅。新主：新的主人。

㉔ 异昔时：指与旧日不同。此二句感慨今昔盛衰之种种变化，悲叹自己去京之后，朝官又换一拨。

㉕ 北：正北，指与北边回纥之间的战事。金鼓振：指有战事，金鼓为军中以明号令之物。

㉖ 征西：指与西边吐蕃之间的战事。羽书：即羽檄，插着羽毛的军用紧急公文。驰：形容紧急。此二句谓西北吐蕃、回纥侵扰，边患不止，战乱频繁。

㉗ 鱼龙：泛指水族。寂寞：指入秋之后，水族潜伏，不在波面活动。《水经注》："鱼龙以秋冬为夜。"相传龙以秋为夜，秋分之后，潜于深渊。

㉘ 故国：指长安。平居：指平素之所居。末二句是说在夔州秋日思念旧日长安平居生活。

㉙ 蓬莱宫阙：指大明宫。蓬莱：汉宫名。唐高宗龙朔二年(662)，重修大明宫，改名蓬莱宫。南山：即终南山。

㉚ 承露金茎：指仙人承露盘下的铜柱。汉武帝在建章宫之西神明台上建仙人承露盘。唐代无承露盘，此乃以汉喻唐。霄汉间：高入云霄，形容承露金茎极高。

㉛ 瑶池：神话传说中女神西王母的住地，在昆仑山。降王母：《穆天子传》等书记载有周穆王登昆仑山会西王母的传说。《汉武内传》则说西王母曾于某年七月七日飞降汉宫。

㉜ 东来紫气：用老子自洛阳入函谷关事。《列仙传》记载，老子西游至函谷关，关尹喜登楼而望，见东极有紫气西迈，知有圣人过函谷关，后来果然见老子乘青牛车经过。函关：即函谷关。此二句借用典故极写都城长安城宫殿的宏伟气象。

㉝ 云移：指宫扇如云彩般地分开。雉尾：指雉尾扇，用雉尾编成，是帝王仪仗的一种。唐玄宗开元年间，萧嵩上疏建议，皇帝每月朔、望日受朝于宣政殿，上座前，用羽扇障合，俯仰升降，不令众人看见，等到坐定之后，方令人撤去羽扇。后来定为朝仪。

㉞ 日绕龙鳞：形容皇帝衮袍上所绣的龙纹光彩夺目，如日光缭绕。圣颜：天子的容貌。这二句意谓宫扇如云彩般地分开，在威严的朝见仪式中，自己曾亲见过皇帝的容颜。

㉟ 一：一自，自从。卧沧江：指卧病夔州。岁晚：岁末，切诗题之“秋”字，兼伤年华老大。

㊱ 几回：言立朝时间之短，只不过几回而已。青琐：汉未央宫门名，门饰以青色，镂以连环花纹。后亦借指宫门。点朝班：指上朝时，殿上依班次点名传呼百官朝见天子。

㊲ 瞿塘峡：峡名，三峡之一，在夔州东，为三峡门户。曲江：在长安之南，名胜之地。

㊳ 万里风烟：指夔州与长安相隔万里之遥。素秋：古人以秋属西方，其色白，故称素秋。

㊴ 花萼：即花萼楼，在长安南内兴庆宫西南隅。夹城：复道。据《长安志》记载，唐玄宗开元二十年(732 年)，从大明宫依城修筑复道，经通化门，达南内兴庆宫，直至曲江芙蓉园。通御气：此复道因系方便天子游赏而修，故曰“通御气”。

㊵ 芙蓉小苑：即芙蓉园，也称南苑，在曲江西南。入边愁：传来边地战乱的消息。唐玄宗常住兴庆宫，常和妃子们一起游览芙蓉园。史载，安禄山叛乱的消息传到长安，唐玄宗在逃往四川之前，曾登兴庆宫花萼楼饮酒，四顾凄怆。

㊶ 珠帘绣柱：指曲江行宫别院的楼亭建筑，极写其富丽华美。黄鹄：鸟名，即天鹅。《汉书·昭帝纪》：“始元元年(公元前 86 年)春，黄鹄下建章宫太液池中。”此句是说因曲江宫殿林立，池苑有黄鹄之类的珍禽。

㊷ 锦缆牙樯：指曲江中装饰华美的游船。锦缆，彩丝做的船索。牙樯，用象牙装饰的桅杆。此句说曲江上舟楫往来不息，水鸟时被惊飞。

㊸ 歌舞地：指曲江池苑。此句是说昔日繁华的歌舞之地曲江，如今屡遭兵灾，荒凉寂寞，令人不堪回首。

㊹ 秦中：此处借指长安。帝王州：帝王建都之地。

㊺ 昆明池：遗址在今西安市西南斗门镇一带，汉武帝所建。《汉书·武帝纪》载元狩三年(公元前 120 年)在长安仿昆明滇池而凿昆明池，以习水战。

㊻ 武帝：汉武帝，亦代指唐玄宗。唐玄宗为攻打南诏，曾在昆明池演习水兵。旌旗：指楼船上的军旗。

㊼ 织女：指汉代昆明池西岸的织女石像，俗称石婆。《三辅黄图》卷四引《关辅古语》曰：“昆明池中有二石人，立牵牛、织女于池之东西，以象天河。”在今斗门镇东南的北常家庄附近有一小庙，俗称石婆庙。中有石雕像一尊，即汉代昆明池的织女像。机丝：织机及机上之丝。虚夜月：空对着一天明月。

㊽ 石鲸：指昆明池中的石刻鲸鱼。《三辅黄图》卷四引《三辅故事》曰：“池中有豫章台及石鲸，刻石为鲸鱼，长三丈，每至雷雨，常鸣吼，鬣尾皆动。”汉代石鲸今尚在，现藏陕西历史博物馆。

㊾ 菰(gū)：即茭白，一种草本植物，生浅水中，叶似芦苇，根茎可食。秋天结实，皮黑褐色，状如米，故称菰米，又名雕胡米。此句是说菰米漂浮在昆明池面，菰影倒映在水中，望过去黑压压一片，像乌云一样浓密。

㊿ 莲房：即莲蓬。坠粉红：指秋季莲蓬成熟，花瓣片片坠落。中二联刻画昆明池晚秋荒凉萧瑟之景。

51 关塞：此指夔州山川。极天：指极高。唯鸟道：形容道路高峻险要，只有飞鸟可通。此句指从夔州北望长安，所见唯有崇山峻岭，恨身无双翼，不能飞越。

㊾ 江湖满地：指漂泊江湖，苦无归宿。渔翁：杜甫自比。

㊿ 昆吾：汉武帝上林苑地名，在今陕西蓝田县西。《汉书·扬雄传》："武帝广开上林，东南至宜春、鼎湖、昆吾。"御宿：即御宿川，又称樊川，在今陕西西安市长安区杜曲至韦曲一带。《三辅黄图》卷四："御宿苑，在长安城南御宿川中。汉武帝为离宫别院，禁御人不得入。往来游观，止宿其中，故曰御宿。"逶迤：道路曲折的样子。

54 紫阁峰：终南山峰名，在今陕西户县东南。阴：山之北、水之南，称阴。渼(měi)陂(bēi)：水名，在今陕西户县西，唐时风景名胜之地。陂，池塘湖泊。紫阁峰在渼陂之南，陂中可以看到紫阁峰秀美的倒影。

55 "香稻"句：即使是剩下的香稻粒，也是鹦鹉吃剩下的。此句为倒装语序。

56 "碧梧"句：即使碧梧枝老，也是凤凰所栖。同上句一样，是倒装语序。此二句写渼陂物产之美，其中满是珍禽异树。

57 拾翠：拾取翠鸟的羽毛。相问：赠送礼物，以示情意。

58 仙侣：指春游之伴侣，"仙"字形容其美好。晚更移：指天色已晚，尚要移船它处，以尽游赏之兴。

59 彩笔：五彩之笔，喻指华美艳丽的文笔。《南史·江淹传》："又尝宿于冶亭，梦一丈夫自称郭璞，谓淹曰：'吾有笔在卿处多年，可以见还。'淹乃探怀中，得五色笔一，以授之。尔后为诗绝无美句，时人谓之才尽。"干气象：谓自己的诗描绘尽了大自然的气势景象。一说指"帝王气象"，具体指自己于天宝十载(751)上《三大礼赋》得唐玄宗赞赏的事。

60 白头：指年老。望：望京华。

艺术赏析

《秋兴八首》这组诗，熔铸了夔州萧条的秋色，清凄的秋声，暮年多病的苦况，关心国家命运的深情，悲壮苍凉，意境深闳。它是八首蝉联、结构严密、抒情深挚的一组七言律诗，体现了诗人晚年的思想感情和艺术成就。

"秋兴"这个题目，意思是说因感秋而寄兴。这兴也就是过去汉儒说《诗经》中"赋比兴"的"兴"。

《秋兴八首》的结构，从全诗来说，可分两部分，而以第四首为过渡。前三首详夔州而略长安，后五首详长安而略夔州；前三首由夔州而思及长安，后五首则由思长安而归结到夔州；前三首由现实引发回忆，后五首则由回忆回到现实。至于各首之间，则亦首尾相衔，有一定次第，不能移易，八首只如一首。八首诗，章法缜密严整，脉络分明，不宜拆开，亦不可颠倒。从整体看，由诗人身在的夔州联想到长安；由暮年飘零，羁旅江上，面对满目萧条的景色而引起国家盛衰及个人身世的感叹；以对长安盛世胜事的追忆而归结到诗人现实的孤寂处境、今昔对比的哀愁。这种忧思不能看作是杜甫一时一地的偶然触发，而是自经丧乱以来，他忧国伤时感情的集中表现。目睹国家残破，而不能有所作为，其中曲折，诗人不忍明言，也不能尽言。这就是他所以望长安，写长安，婉转低回，反复慨叹的道理。

八首诗是不可分割的整体，正如一个大型抒情乐曲有八个乐章一样。这个抒情曲以忧念国家兴衰的爱国思想为主题，以夔府的秋日萧瑟，诗人的暮年多病、身世飘零，特别是关切祖国安危的沉重心情作为基调。八首中的每一首都以自己独特的表现手法，从不同角度表现基调的思想情绪。它们每一首在八首中互相支撑，构成了整体。这样不仅使整个抒情曲错综、丰富，而且抑扬顿挫，有开有阖，突出地表现了主题。

《秋兴八首》情景的和谐统一也是抒情诗里非常重要的方面。

文学聚焦

诗歌中的现实主义和浪漫主义

古代诗歌中文学流派众多，它们交相辉映，在文学史上绽放出璀璨的光芒。依据创作方法，古代诗歌大致分为两大流派，即现实主义流派和浪漫主义流派。

现实主义流派源于我国第一部诗歌总集《诗经》，继之产生的两汉乐府也是现实主义的杰出作品。此后，优秀的现实主义诗人层出不穷，如杜甫、白居易、韩愈、陆游、柳永、李清照等都是现实主义流派在不同历史时期的代表。其他如三国时的曹操，唐代"四杰"、元稹、李绅、杜荀鹤，宋代的梅尧臣、王安石、杨万里，元代的元好问、王冕，明清的于谦、袁枚等。

浪漫主义流派源于战国时代的诗人屈原，魏晋时出现了曹植、陶渊明等诗人。到了唐代，李白、王之涣、王昌龄、岑参、高适、李贺等众多浪漫主义诗人登上诗坛，宋代则有苏轼、辛弃疾两个伟大的浪漫主义词人。

现实主义和浪漫主义虽为两大流派，但又不是截然分开的。在许多诗歌作品中，两者是兼而有之的。如辛弃疾《永遇乐·京口北固亭怀古》，既有对"想当年，金戈铁马，气吞万里如虎"的英雄壮举的神往，又有"可堪回首，佛狸祠下，一片神鸦社鼓"的深沉的时代悲哀。

三吏、三别

拓展与应用

探究思考

1. 本诗的首联开门见山，点明时间、地点，于叙写景物之中为全诗定下了怎样的感情基调？(《秋兴八首》(其一))

2. 请从"景"与"情"的角度，简析本诗的首联和颔联。(《秋兴八首》(其三))

3. 首句中的"闻道"有何作用？"弈棋"该如何理解？(《秋兴八首》(其四))

4. 结合全诗分析"悲"体现在哪些方面？(《秋兴八首》(其四))

职业连线

安史之乱中，杜甫携妻子儿女四处逃难，经常食不果腹，他的幼子夭折，自己也老病缠身。此外，他还亲眼目睹了在这场战乱中百姓的生活处境，对他们充满了怜悯与同情。他一路颠沛流离，终于在蜀中暂时安顿下来，然而人处蜀中，却心系长安，时刻关注着国家政治形势的变化，关注着百姓的生活。这种推己及人的大爱就是家国情怀。

思考：

作为新时代的大学生、未来的职业者，你认为如何做才能使这种家国情怀更具有时代性？

江城子·密州出猎

苏　轼（宋）

“三曹”“三苏”“三杨”

作者简介

苏轼（1037—1101），眉州（今属四川眉山）人，字子瞻，号东坡居士。北宋文学家、书画家、美食家。苏轼出生于一个有良好文化素养的中小地主家庭，他与父亲苏洵、弟弟苏辙极负盛名，后人合称三父子为“三苏”。苏轼少年时读书刻苦，涉猎广泛，20岁进士及第。由于受儒学影响很大，他具有浓厚的忠君观念和德治仁政思想。后来，他的仕途坎坷不平，几次遭贬，被下监狱，是封建社会的失意文人。苏轼是宋代文学家的代表，是中国文学史上少有的诗、词、文兼长的大家。其文汪洋恣肆，明白畅达，与欧阳修并称“欧苏”，为“唐宋八大家”之一；其诗清新豪健，善用夸张、比喻，艺术表现独具风格，与黄庭坚并称“苏黄”；其词开豪放一派，对后世有巨大影响，与辛弃疾并称“苏辛”；其书法擅长行书、楷书，能自创新意，用笔丰腴跌宕，有天真烂漫之趣，与黄庭坚、米芾、蔡襄并称“宋四家”；画学文同，论画主张神似，提倡“士人画”。著有《苏东坡全集》和《东坡乐府》等。

背景知识

这首词作于宋神宗熙宁八年（1075年），作者在密州（今山东诸城）任知州。这首词是千古传诵的东坡豪放词代表作之一，在题材和意境方面都具有开拓意义。

老夫聊[1]发少年狂，左牵黄，右擎苍[2]，锦帽貂裘[3]，千骑卷平冈[4]。为报倾城随太守[5]，亲射虎，看孙郎。

酒酣胸胆尚开张，鬓微霜，又何妨！持节云中，何日遣冯唐[6]？会挽雕弓如满月，西北望，射天狼[7]。

【注释】

① 聊：姑且，暂且。

② 左牵黄，右擎苍：左手牵着黄狗，右臂托起苍鹰，形容围猎时用以追捕猎物的架势。

③ 锦帽貂裘：名词作动词，头戴着华美鲜艳的帽子。貂裘，身穿貂鼠皮衣，这是汉羽林军穿的服装。

④ 平冈：指山脊平坦处。

⑤ 太守：古代州府的行政长官。

⑥ 持节云中，何日遣冯唐：朝廷何日派遣冯唐去云中郡赦免魏尚的罪呢？典出《史记·冯唐列传》。汉文帝时，魏尚为云中(汉时的郡名，在今内蒙古自治区托克托县一带，包括山西西北部分地区)太守。他爱惜士卒，优待军吏，匈奴远避。匈奴曾一度来犯，魏尚亲率车骑出击，所杀甚众。后因报功文书上所载杀敌的数字与实际不合(虚报了六个)，被削职。经冯唐代为辩白后，认为判得过重，文帝就派冯唐"持节"(带着传达圣旨的符节)去赦免魏尚的罪，让魏尚仍然担任云中郡太守。苏轼此时因政治上处境不好，调密州太守，故以魏尚自许，希望能得到朝廷的信任。持节，是奉有朝廷重大使命。节，兵符，带着传达命令的符节。

⑦ 天狼：星名，一名犬星，古人认为是主侵犯的星座，这里代指辽和西夏。《楚辞·九歌·东君》："举长矢兮射天狼。"《晋书·天文志》云："狼一星，在东井(星)东南。狼为野将，主侵掠。"

艺术赏析

此词开篇"老夫聊发少年狂"，出手不凡。这首词通篇纵情放笔，气概豪迈，一个"狂"字贯穿全篇。接下去的四句写出猎的雄壮场面，表现了猎者威武豪迈的气概：词人左手牵黄犬，右臂驾苍鹰，好一副出猎的雄姿！随从武士个个也是"锦帽貂裘"，打猎装束。千骑奔驰，腾空越野，好一幅壮观的出猎场面！为报全城士民盛意，词人也要像当年孙权射虎一样，一显身手。作者以少年英主孙权自比，更是显出东坡"狂"劲和豪兴来。

上片主要写"出猎"这一特殊场合下表现出来的词人举止神态之"狂"，下片更由实而虚，进一步写词人"少年狂"的胸怀，抒发由打猎激发起来的壮志豪情。

"酒酣胸胆尚开张"，东坡为人本来就豪放不羁，再加上"酒酣"，就更加豪情洋溢了。此句以对内心世界的直抒，总结了上片对外观景象的描述。接下来，作者倾诉了自己的雄心壮志：年事虽高，鬓发虽白，却仍希望朝廷能像汉文帝派冯唐持节赦免魏尚一样，对自己委以重任，赴边疆抗敌。那时，他将挽弓如满月，狠狠抗击西夏和辽的侵扰。

文学聚焦

唐宋八大家

唐宋八大家是唐宋时期八大散文代表作家的合称，即唐代的韩愈、柳宗元和宋代的欧阳修、苏洵、苏轼、苏辙、王安石、曾巩。其中韩愈、柳宗元是唐代"古文运动"的领袖，欧阳修、"三苏"等四人是宋代"古文运动"的核心人物，王安石、曾巩是临川文学的代表人物。韩愈是"古文运动"的倡导者，他们先后掀起的古文革新浪潮，使诗文发展的陈旧面貌焕然一新。

唐宋八大家的称谓究竟始于何时？据查，明初朱右将以上八位散文家的文章编成《八先生文集》，八大家之名始于此。明中叶唐顺之所纂的《文编》，仅取唐宋八位散文家的文章，其他作家的文章一律不收，这为唐宋八大家名称的定型和流传起了一定的推动作用。以后不久，推崇唐顺之的茅坤根据朱、唐的编法选了这八位散文家的文章，辑为《唐宋八大家文钞》，唐宋八大家之称遂固定下来。

拓展与应用

探究思考

1. 请找出这首词上下片运用的典故，并说明运用典故的用意是什么？

2. “老夫聊发少年狂，左牵黄，右擎苍。锦帽貂裘，千骑卷平冈”是苏东坡；“归去，也无风雨也无晴”也是苏东坡；“小轩窗，正梳妆。相顾无言，惟有泪千行”还是苏东坡。谈谈你眼中的苏东坡。

职业连线

中国历史上具有远大政治抱负的人比比皆是，但是若再加上旷达胸襟这个条件恐怕寥寥无几人。当我们走出校园，踏入社会，进入职场后，既会有顺风顺水之时，也会有逆流而上之时。

思考：

请结合苏轼的人生理想，谈谈在挫折、灾难或困境中，人应该怀有怎样的态度？

关云长挂印封金

罗贯中（明）

作者简介

罗贯中（约 1300—约 1400 年），元末明初人，名本，字贯中，号湖海散人，山西太原人，生平不见传。

罗贯中 14 岁时母亲病故，于是辍学随父亲去苏州、杭州一带做生意。元朝末年，天下大乱，群雄并起，罗贯中也曾参与其中。“有志图王”的罗贯中在苏州结识施耐庵，以师徒相称，两人一同参加平江（即苏州）张士诚的反元起义政权，做过一段时间幕僚后离开。罗贯中曾与另一位吴王朱元璋为敌，在明朝成立之后，他放弃步入官场的机会，从事创作，所写的小说相传有数十种，留存至今的除《三国演义》外，还有《隋唐志传》《残唐五代史演义》和《三遂平妖传》。他是一位杰出的通俗小说家，被称为“中国章回小说的鼻祖”。他也写词曲、杂剧，现存的剧本有《赵太祖龙虎风云会》《忠正孝子连环谏》等。《三国演义》是罗贯中的力作，这部长篇章回小说对后世文学创作影响深远。

《三国演义》简介

背景知识

《三国演义》是中国古典四大名著之一，是中国第一部长篇章回体历史演义小说。元末明初，社会矛盾尖锐，农民起义此起彼伏，群雄割据，多年战乱后朱元璋剿灭群雄，推翻元王朝，建立明王朝。期间人民流离失所，罗贯中作为一名杂剧和话本作者，生活在社会底层的知识分子，了解和熟悉人民的疾苦，期望社会稳定、百姓安居乐业，希望结束动荡造成的悲惨局面。由此就东汉末年的历史创作了《三国演义》这部历史小说，小说描写了从东汉末年到西晋初年之间近100年的历史风云，以描写战争为主，诉说了东汉末年的群雄割据混战和魏、蜀、吴三国之间的政治、军事斗争。

且说云长领兵将近汝南，扎住营寨。当夜营外拿了两个细作人来。云长视之，内中认得一人，乃孙乾也。关公叱退左右，问乾曰："公自溃散之后，一向踪迹不闻，今何为在此处？"乾曰："某自逃难，飘泊汝南，幸得刘辟收留。今将军为何在曹操处？未识甘、糜二夫人无恙否？"关公因将上项事细说一遍。乾曰："近闻玄德公在袁绍处，欲往投之，未得其便。今刘、龚二人归顺袁绍，相助攻曹。天幸得将军到此，因特令小军引路，教某为细作，来报将军。来日二人当虚败一阵，公可速引二夫人投袁绍处，与玄德公相见。"关公曰："既兄在袁绍处，吾必星夜而往。但恨吾斩绍二将，恐今事变矣。"乾曰："吾当先往探彼虚实，再来报将军。"公曰："吾见兄长一面，虽万死不辞。今回许昌，便辞曹操也。"当夜密送孙乾去了。

次日，关公引兵出，龚都披挂出阵。关公曰："汝等何故背反朝廷？"都曰："汝乃背主之人，何反责我？"关公曰："我何为背主？"都曰："刘玄德在袁本初处，汝却从曹操，何也？"关公更不打话，拍马舞刀向前。龚都便走，关公赶上。都回身告关公曰："故主之恩，不可忘也。公当速进，我让汝南。"关公会意，驱军掩杀。刘、龚二人佯输诈败，四散去了。云长夺得州县，安民已定，班师回许昌。曹操出郭迎接，赏劳军士。

宴罢，云长回家，参拜二嫂于门外。甘夫人曰："叔叔两番出军，可知皇叔音信否？"公答曰："未也。"关公退，二夫人于门内痛哭曰："想皇叔休矣！二叔恐我妹妹烦恼，故隐而不言。"正哭间，有一随行老军听得哭声不绝，于门外告曰："夫人休哭，主人现在河北袁绍处。"夫人曰："汝何由知之？"军曰："跟关将军出征，有人在阵上说来。"夫人急召云长，责之曰："皇叔未尝负汝，汝今受曹操之恩，顿忘旧日之义，不以实情告我，何也？"关公顿首曰："兄今委实在河北，未敢教嫂嫂知者，恐有泄漏也。事须缓图，不可欲速。"甘夫人曰："叔宜上紧。"公退，寻思去计，坐立不安。

原来于禁探知刘备在河北，报与曹操。操令张辽来探关公意。关公正闷坐，张辽入贺曰："闻兄在阵上知玄德音信，特来贺喜。"关公曰："故主虽在，未得一见，何喜之有！"辽曰："兄与玄德交，比弟与兄交何如？"公曰："我与兄，朋友之交也；我与玄德，是朋友而兄弟、兄弟而主臣者也，岂可共论乎？"辽曰："今玄德在河北，兄往从否？"关公曰："昔日之言，安肯背之？文远须为我致意丞相。"张辽将关公之言回告曹操。操曰："吾自有计留之。"

且说关公正寻思间，忽报有故人相访。及请入，却不相识。关公问曰："公何人也？"答曰："某乃袁绍部下南阳陈震也。"关公大惊，急退左右，问曰："先生此来，必有所为。"震出书一缄，递与关公。公视之，乃玄德书也。其略云："备与足下，自桃园缔盟，誓以同死。今何中道相违，割恩断义？君必欲取功名，图富贵，愿献备首级，以成全功。书不尽言，死待来命。"

关公看书毕，大哭曰："某非不欲寻兄，奈不知所在也。安肯图富贵而背旧盟乎？"震曰："玄德望公甚切，公既不背旧盟，宜速往见。"关公曰："人生天地间，无终始者，非君子也。吾来时明白，去时不可不明白。吾今作书，烦公先达知兄长，容某辞却曹操，奉二嫂来相见。”震曰：“倘曹操不允，为之奈何？”公曰：“吾宁死，岂肯久留于此？”震曰：“公速作回书，免致刘使君悬望。”关公写书答云：“窃闻义不负心，忠不顾死。羽自幼读书，粗知礼义，观羊角哀、左伯桃之事，未尝不三叹而流涕也。前守下邳，内无积粟，外无援兵，欲即效死，奈有二嫂之重，未敢断首捐躯，致负所托，故尔暂且羁身，冀图后会。近至汝南，方知兄信，即当面辞曹公，奉二嫂归。羽但怀异心，神人共戮。披肝沥胆，笔楮难穷。瞻拜有期，伏惟照鉴。”陈震得书自回。

关公入内，告知二嫂。随即至相府，拜辞曹操。操知来意，乃悬回避牌于门。关公怏怏而回，命旧日跟随人役收拾车马，早晚伺候；分付宅中，所有原赐之物，尽皆留下，分毫不可带去。次日再往相府辞谢，门首又挂回避牌。关公一连去了数次，皆不得见。乃往张辽家相探，欲言其事。辽亦托疾不出。关公思曰：“此曹丞相不容我去之意。我去志已决，岂可复留？”即写书一封，辞谢曹操。书略曰：“羽少事皇叔，誓同生死，皇天后土，实闻斯言。前者下邳失守，所请三事，已蒙恩诺。今探知故主现在袁绍军中，回思昔日之盟，岂容违背？新恩虽厚，旧义难忘。兹特奉书告辞，伏惟照察。其有馀恩未报，愿以俟之异日。”写毕封固，差人去相府投递；一面将累次所受金银，一一封置库中；悬汉寿亭侯印于堂上。请二夫人上车，关公上赤兔马，手提青龙刀，率领旧日跟随人役，护送车仗，径出北门。门吏挡之，关公怒目横刀，大喝一声，门吏皆退避。关公既出门，谓从者曰：“汝等护送车仗先行，但有追赶者，吾自当之，勿得惊动二位夫人。”从者推车，望官道进发。

却说曹操正论关公之事未定，左右报关公呈书。操即看毕，大惊曰：“云长去矣！”忽北门守将飞报：“关公夺门而去，车仗鞍马二十馀人，皆望北行。”又关公宅中人来报说：“关公尽封所赐金银等物，美女十人另居内室，其汉寿亭侯印悬于堂上。丞相所拨人役皆不带去，只带原跟从人及随身行李，出北门去了。”众皆愕然。一将挺身出曰：“某愿将铁骑三千，去生擒关某，献与丞相。”众视之，乃将军蔡阳也。正是：欲离万丈蛟龙穴，又遇三千狼虎兵。

蔡阳要赶关公，毕竟如何，且听下文分解。

艺术赏析

《关云长挂印封金》这篇课文选自《三国演义》第二十六回，即“袁本初败兵折将，关云长挂印封金”。刘备在徐州被曹操打败以后，跟关羽和张飞失散了，独自投奔河北袁绍。曹操用策夺取了徐州的下邳，把关羽围困在一座土山上，派遣跟关羽有一面之交的张辽去劝降。关羽提出三个先决条件：一是降汉不降曹；二是要赡养和尊重刘备的两位夫人；三是一旦得知兄长刘备的下落，就立刻去投奔。三个条件缺一不可，曹操爱才心切，就答应了关羽的全部要求，还奏请汉献帝封他当偏将军。后来曹袁官渡交战，关羽斩杀了袁绍的大将颜良、文丑，为曹操解了白马之围，立了大功，于是曹操又上表奏请朝廷封关羽为汉寿亭侯，还专门铸成一枚大印送给关羽。也正是在这两次战斗中，刘备知道了关羽在曹操麾下，随后关羽也得知兄长刘备在袁绍那里，并且收到刘备托人送来的亲笔信，当时就写了回信交由来人带回。

关羽得知兄长的下落后，赶紧将消息告知二位嫂嫂，马上就到丞相府向曹操告辞。曹操知道他的来意，在大门上悬挂了回避的牌子，关羽一连去了好几次，都见不到曹操。张辽也推托有病不接见。关羽知道他们的用意，就写了一封信，派人送到相府。然后把历次所收受的金银都封存起来，并将汉寿亭侯的大印悬挂在大堂上，带着以前的部将，护送着两位嫂夫人，向着官渡进发，去投奔刘备了。

视才如命的曹操面对自己苦心笼络过来的人才，却这样不辞而别离开自己，可以想象当时的曹操是如何的心情，要是别人肯定是气急败坏，一定会杀掉关羽，设身处地想想这样能干的人一旦离开自己，就有可能培养一个竞争对手，放虎归山的后果是可想而知的。然而曹操是怎样做的呢？他谨遵诺言，不但不追杀关羽，而且赠予关羽以战袍、战马，更重要的是三次传令下属各个关隘都放行，关羽在过五关斩六将后，终于到了河北与兄长团聚。

曹操为什么要这样做呢？究其原因他是真正的用人大家。首先，曹操是有识才能力的。面对重情重义而能力超群的关羽，曹操是由衷赞叹与佩服的，并想方设法赚取关羽加盟，在他眼里关羽是真正的英雄，只有英雄才惺惺相惜。其次，曹操是爱才的。在关羽陷入绝境时，曹操属下张辽前去劝降，关羽提出了三个苛刻的条件，可曹操却答应了，并且还赠以赤兔马，这也是因为他具有爱才之心。再次，曹操是重才的。在关羽斩了颜良、文丑后，曹操立即表奏汉献帝，封其为“汉寿亭侯”，体现了曹操的重才之心。最后，曹操是惜才的。在曹操千方百计地挽留关羽不成时，任凭下属怎么样劝其杀之、擒之，曹操坚决遵守诺言，决意放走关羽，表现了曹操的惜才之情。

文学聚焦

《三国演义》的艺术成就

1. 塑造了众多的人物形象。全书的主要人物都是性格鲜明、形象生动的艺术典型。各类人物各有共性；同类人物各有个性。作者描写人物，善于抓住基本特征，突出某个方面，加以夸张，并用对比、衬托的方法，使人物个性鲜明生动。小说中运用这一原则的最好说明，就是向来人们所说的“三绝”，即曹操的“奸绝”——奸诈过人；关羽的“义绝”——“义重如山”；孔明的“智绝”——机智过人。小说刻画人物的主要方法是：把人物放在惊心动魄的军事、政治斗争中，放在尖锐复杂的矛盾冲突中来塑造。对于主要人物，往往通过一系列的故事情节和人物语言表现其复杂的性格。

2. 长于描述战争。全书共写大小战争四十多次，展现了一幕幕惊心动魄的战争场面。其中尤以官渡之战、赤壁之战、夷陵之战最为出色。对于决定三国兴亡的几次关键性的大战役，作者总是着力描写，并以人物为中心，写出战争的各个方面，如双方的战略战术、力量对比、地位转化等，写得丰富多彩、千变万化，各具特色，充分体现了战争的复杂性和多样性。既写出了战争的激烈、紧张、惊险，又不显得凄惨，具有昂扬的格调；有的还表现得从容不迫，动中有静，有张有弛。

3. 结构既宏伟壮阔，又严密精巧。时间长达百年，人物多至数百，事件错综，头绪纷繁。可是作者却能写得井井有条、脉络分明，各回能独立成篇，全书又是一个完整的艺术整体。它以蜀汉为中心，以三国的矛盾斗争为主线，来组织全书的故事情节，既写得曲折多变，又前后连贯；既有主有从，又主从密切配合。

4. 语言精练畅达，明白如话。今天看来，这种语言似乎半文不白，但在当时它却近于白话，用这种语言来写长篇小说，是一种创举，和过去某些小说的语言相比，是一次明显的进步。

拓展与应用

探究思考

1. 关羽知道刘备的行踪后，为何不马上告诉两位嫂嫂，试用原文语句回答。
2. 本故事是对“义绝”关羽形象的一个很好的诠释，请简要概述故事内容。
3.《三国演义》中体现关羽“忠义”的故事还有哪些？谈谈其在现实生活中的意义。

职业连线

从关羽“挂印封金”说开去

事后证明，曹操的这种识才、爱才、重才、惜才，并恪守诚信的做法，是具有极其高远眼光的，也正因为如此做法，曹操在赤壁之战失利后，败走华容道，才被重情重义的关羽网开一面，放了一马。用现代观点来看曹操不失为一名出色的“企业家”，他通过打造的“诗赋”企业文化，与员工共舞、共鸣，诚信、识才、爱才，注重团队士气打造，尤其是他厚待离职员工的做法，是当今很多企业需要学习并借鉴的。

思考：

联系作品与现实职场，你认为现代企业家应该如何对待离职的员工？

毛泽东词三首

毛泽东

作者简介

毛泽东(1893—1976 年)，字润之，笔名子任，无产阶级革命家、战略家、理论家、诗人、书法家。代表作品有《矛盾论》《实践论》《论持久战》《沁园春·雪》等，著有《毛泽东选集》。

西江月[①]·井冈山[②]

背景知识

该词是毛泽东同志为赞扬黄洋界保卫战的胜利而写的。根据可知的参考资料，创作时间大约是 1927 年 9 月 5 日前后在遂川大汾，当朱云卿把黄洋界保卫战的情况向毛泽东汇报后，他深有感触，欣然命笔写出《西江月·井冈山》。

黄洋界，距当年红军总部机关的茨坪约 12 千米，是宁冈、永新等地进入井冈山腹地的必经通道。当年红军在井冈山设有五大哨口，分别控制了井冈山的五条道路，其中黄洋界哨口最关键。敌我力量虽如此悬殊，但井冈山军民凭险抵抗，最终以少胜多取得了黄洋界保卫战的胜利。

山下旌旗在望[5]，山头鼓角[4]相闻。敌军围困万千重，我自岿然[5]不动。

早已森严壁垒[6]，更加众志成城[7]。黄洋界[8]上炮声隆，报道敌军宵遁[9]。

【注释】

① 西江月：词牌名。原为唐教坊曲名，用作词调。

② 井冈山：在江西西部及湖南东部，方圆约五百里。

③ 旌旗(jīng qí)在望：指山下的部分红军和井冈山一带的地方武装。这里用“旌旗”是为了增加诗的鲜明的形象感。作者曾说，当时没有飘扬的旗帜，旗帜是卷起的。

④ 鼓角：本指古代军中所用的战鼓和号角，此处借指军号。

⑤ 岿(kuī)然：出自西汉·刘安的《淮南子·诠言训》，“至德，道者丘山，嵬然不动，行者以为期也。”

⑥ 森严壁垒：森严，严整。壁垒，古代军营中的围墙，也就是防御工事。指阵容严整，不可侵犯。

⑦ 众志成城：《国语·周语下》中有“故谚曰：众心成城。”，意思是大家同心协力，就像城墙一样的牢固。比喻大家团结一致，就能克服困难。

⑧ 黄洋界：井冈山五大哨口之一，另四个是北面的八面山、西面的双马石、南面的朱砂冲、东面的桐木岭。

⑨ 宵遁(dùn)：指敌人乘夜逃跑。

艺术赏析

这是一首纪实性很强的井冈山黄洋界保卫战赞歌，属于小令，仅五十字的简约篇章，却能如此真实地记录了黄洋界保卫战这样的一场战役，是一首抒写井冈山革命斗争的光辉史诗，是毛泽东许多以革命战争为题材的诗词中最早的一首词。这首词题为“井冈山”，内容却不是描写山景，而是通过写井冈山革命根据地军民第二次反“会剿”战斗的关键一仗——黄洋界保卫战，热情歌颂井冈山人民武装斗争的胜利。

词的上阕写战前气氛和敌我双方的态势。

“山下旌旗在望，山头鼓角相闻。”这两句概括了红军士气高昂，严阵以待的雄壮声势，为全词的雄伟气势以及词的结尾与红军的胜利作了铺垫。黄洋界处在井冈山上很高的位置，从这里向下远望各山头，到处是红军迎风招展的战旗，到处能听到军号高鸣、战鼓齐奏。说明红军早已严阵以待。

“敌军围困万千重，我自岿然不动。”这两句用夸张的手法写敌人人多势强，气焰嚣张，红军被敌人重重包围；在这敌强我弱的严峻形势下，英勇的红军毫不畏惧，视万千敌人如虫蚁，沉着应战，泰然自若，岿然不动。衬托出红军英勇善战的大无畏英雄气概。虽然敌人在数量上占了很大的优势，把红军一层又一层地包围起来，但是“岿然”一词，充分表现了红军巍然屹立的雄姿。

词的下阕写战斗经过，军民万众一心，粉碎了敌人的围攻，战斗取得胜利。

“早已森严壁垒，更加众志成城。”这两句写红军已预料到了敌人会乘虚前来围攻，早就做好了充分准备，筑好了防御工事，戒备森严，军民团结一致、众志成城、英勇抗敌的情景，写出了红军战胜敌人的原因。

“黄洋界上炮声隆，报道敌军宵遁。”这两句写具体的战场(黄洋界)和战斗结果(有人报告说，敌人听到了红军在黄洋界打的炮声，惊慌地在夜晚逃走了)，即战斗取得了胜利。这两句也极为形象地描绘了这次保卫战的战况，巧妙地嘲笑了敌人，有力地鼓舞了红军，同时与上阕红军的备战与岿然不动的情景呼应，前后贯通，无懈可击。

忆秦娥[①]·娄山关[②]

背景知识

1935 年 1 月的遵义会议，确立了毛泽东的领导地位，会后由毛泽东、周恩来、王稼祥组成了军事指挥小组。为了继续长征，红军经娄山关北上，准备于泸州与宜宾之间渡过长江，但遇到阻碍，毛泽东果断地决定二渡赤水，折回遵义，于是再次跨越娄山关。

2 月 25 日凌晨，红军向娄山关挺进，在红花园与黔军遭遇，黔军仓皇应战，败退关口，红军沿盘山道猛烈攻击，傍晚时分终于把这座雄关控制在手中，使大部队顺利通过，迈向胜利的前程。由于这一仗意义重大，所以诗人心情无比激动，在战斗结束不久即挥笔写下此词。

此词写于 1935 年 2 月，最早发表于 1957 年 1 月的《诗刊》上。

西风烈[③]，长空雁叫霜晨月[④]。霜晨月[⑤]，马蹄声碎[⑥]，喇叭声咽[⑦]。
雄关漫道真如铁[⑧]，而今迈步从头越[⑨]。从头越，苍山如海[⑩]，残阳如血[⑪]。

【注释】

① 忆秦娥：词牌名，源于李白的词句“秦娥梦断秦楼月”。双调，仄韵格，四十六字。该词牌名最早出自李白《忆秦娥·箫声咽》词。此调别名甚多，计有秦楼月、玉交枝、碧云深、双荷叶，而秦楼月则与忆秦娥同取词中首句为之名。

② 娄山关：又称娄关、太平关，位于贵州遵义北大娄山的最高峰上，是贵州北部进入四川的重要隘口，离遵义城约 60 千米。娄山关地势极为险要，《贵州通志》说它“万峰插天，中通一线”，是四川与贵州的交通孔道。此处群峰攒聚，中通一线，地势十分险要，历来为兵家必争之地。娄山关是红军长征途中的一处天险，此处战役关系着红军的生死存亡。

③ 西风烈：烈，凛冽、猛风；西风劲厉。

④ 长空雁叫霜晨月：在霜晨残月映照下，在烟雾茫茫的长空中，有飞雁在叫唤。这两句是记拂晓情景，此时娄山关战斗已经胜利结束。

⑤ 霜晨月：叠句，类似音律上的和声，有连锁作用，详见词牌忆秦娥。

⑥ 马蹄声碎：碎，碎杂、碎乱。

⑦ 喇叭声咽：喇叭，一种管乐器，即军号。咽，呜咽、幽咽，声音因阻塞而低沉。

⑧ 雄关漫道真如铁：雄关，雄壮的关隘，即指娄山关。漫道，徒然说，枉然说。人们徒然传说娄山关坚硬如铁。

⑨ 而今迈步从头越：迈步，跨步、大踏步。从头越，即为头越。张相《诗词曲语词汇释》：“为头，犹云从头，或开始也。”有重头再开始的意思。说的是从头大踏步越过雄关，却隐约透露着当时战略任务受挫，要对长征计划从头再作部署，且有取得胜利的坚定不移的信心。

⑩ 苍山如海：青山起伏，像海的波涛。

⑪残阳如血：夕阳鲜红，像血的颜色。

艺术赏析

此词写于娄山关激战之后，以娄山关之战为题材，虽然写的是翻越娄山关的行军情景，但表达的却是胜利后的所见、所闻、所感。

开篇即简练地指出了战斗的时间、景候，还创造出一个壮烈的抒情氛围。一开始三个字“西风烈”，悲声慷慨高亢，英雄落寞之情划破寒空，直上云天。紧接着，“霜晨月”这一句的重复，固然是词牌的规定，同时又起着联系下文的作用。“马蹄声碎，喇叭声咽”两句，把红军行动生动地描绘出来了。

上阕这四句写景，实则非自然之景，而是作者眼中之景，如王国维所说的“景中有我”，实际是写情中之景，以表达景中之情，写作者之所感所想。所以，这里的景物描写其实是作者的真实感受的外化景象，是作者当时的心情投射在周围景物时所看到的事物。上阕的整体色调是灰暗的，天色未亮，凄风冷月，行军困苦，可谓没有一点亮色，基调是阴沉抑郁的，一句“马蹄声碎，喇叭声咽”让人变得心情沉郁。

下阕上来起始二句，一片的凄厉悲壮，豪气突升，一笔宕开，并不写攻占娄山关激烈的战斗，而是指明即便关山漫漫，长路艰险，但已定下从头做起。照一般的章法写来，下阕可以写人之困顿，路之艰难，以抒行军艰难之慨，进而深化这种基调，写成一首写长征路难的抒情之作。但作者没有如此，而是笔锋一转，横空出世，全词的调子来了一个大转弯。下阕的开头，虽然语调比较舒缓了，但“真如铁”三字，突出了夺取这座雄关的艰辛——作者通过“铁”这一物象的坚硬、沉重，艺术地把“艰辛”具体化、形象化，这是很精巧的构想，“真如铁”这个“铁”字用得极妙，让人有超现实之感。因而已被广泛传诵，成为佳句。

词以“苍山如海，残阳如血”这两个景句来收笔，极有韵味。前一句写山，后一句写夕阳，它点出了红军胜利越关的具体时间，还使人通过这一壮丽的图景联想到红军义无反顾、不怕牺牲的伟大精神，这也是对词的前阕及后阕首句中“真如铁”所蕴含内涵的回应。这两个色彩鲜明的比喻句既描绘了景物，又饱含着感情。

综观全词，上阕写景，下阕抒情，景中含情，情中又有景，情景一体，水乳交融。而且其结构的独特之处还在于上阕沉郁，下阕激昂，上阕取冷色调，下阕取暖色调，色彩对比强烈，感情对比亦同样强烈，上下阕的强烈对比，恰恰反映了作者的乐观主义精神和作为一代伟人指挥若定的气魄。

清平乐[①]·六盘山[②]

背景知识

1935 年 8 月，毛泽东粉碎了张国焘分裂红军的路线后，率红一方面军继续向陕北根据地挺进。9 月中旬，红军攻克天险腊子口，奇迹般越过岷山草地，进入甘肃南部。10 月 7

日，红军在宁夏六盘山的青石嘴，又击败了前来堵截的敌骑兵团，扫清了阻碍，摆脱了追敌，当天下午一鼓作气，翻越了六盘山。此词即是作者翻越六盘山时的咏怀之作。

天高云淡，望断[3]南飞雁。不到长城[4]非好汉，屈指[5]行程二万。
六盘山上高峰，红旗[6]漫卷[7]西风。今日长缨[8]在手[9]，何时缚住[10]苍龙？

【注释】

① 清平乐：词牌名，原为唐教坊曲名，取用汉乐府“清乐”“平乐”这两个乐调而命名。双调，四十六字。上阕押仄声韵，下阕换平声韵。也有全押仄声韵的。

② 六盘山：位于宁夏回族自治区南部，甘肃省东部，是陇山山脉的主峰，南北走向，长约240千米，主峰海拔2928米。六盘山上下约30千米，山势险峻，山路曲折险窄，要盘旋多重才能到达峰顶。六盘山是红军长征到达陕北前的最后一座高山。

③ 望断：望着，直到看不见。

④ 长城：借指长征的目的地。

⑤ 屈指：弯着手指头计算。

⑥ 红旗：1957年在《诗刊》创刊号上发表时作“旄头”。1961年9月为宁夏干部书写此词时改为“红旗”，手迹发表在1961年10月7日的《光明日报》。

⑦ 漫卷：任意吹卷。

⑧ 长缨：指捕缚敌人的长绳，出自“终军请缨”的典故，《汉书·终军传》：“愿受长缨，必羁南越王而致之阙下”，这里指革命武装。

⑨ 在手：在共产党领导下。

⑩ 缚住：擒住。

艺术赏析

这首词回顾了万里长征的行程，表达了红军战士们勇往直前的钢铁意志和抗战必胜的坚定信念。这是一首在战斗中前进的胜利曲，是一篇振奋人心、激扬斗志的宣言书。

上阕“天高云淡，望断南飞雁”，起笔境界辽阔，写站在六盘山高峰之上仰望所见。两句词紧扣十月天空景象：天空净朗，云层疏淡，大雁往南飞。接下来“不到长城非好汉，屈指行程二万”两句，抒情显得十分自豪。作者屈指一算，红军所行的路程已经两万里，前面已经没有险峻的高山了，预定目的地是一定会到达的。“不到长城非好汉”，还表达了中国共产党和红军北上去抗日前线的坚强意志和决心。只有北上抗日，才是真正的好男儿。

下阕的结构同上阕一样，也是前两句写景，后两句抒情。“六盘山上高峰”，点明六盘山题意，并告诉读者，作者当时是在六盘山高峰之上。高峰是作者描写的一个大的背景，这个背景前面的景物很特别——“红旗漫卷西风”，红军的红旗漫卷于西风之中，这个特别的景物，象征着胜利。从画面中能体现出红军将士的豪壮之情，这就是景中寓情。“今日长缨在手，何时缚住苍龙”是直接抒情，意思是长征胜利了，革命的主动权已掌握在中国共产党手中，“缚住苍龙”只是个时间早晚的问题，作者充满了必胜的信心。

全词大气磅礴、雄浑豪放、隽异挺拔，具有强烈的感染力量。

文学聚焦

毛泽东经典诗词 20 句

1. 横空出世，莽昆仑，阅尽人间春色。——《念奴娇·昆仑》
2. 我欲因之梦寥廓，芙蓉国里尽朝晖。——《七律·答友人》
3. 红军不怕远征难，万水千山只等闲。——《七律·长征》
4. 牢骚太盛防肠断，风物长宜放眼量。——《七律·和柳亚子先生》
5. 天若有情天亦老，人间正道是沧桑。——《七律·人民解放军占领南京》
6. 久有凌云志，重上井冈山。——《水调歌头·重上井冈山》
7. 往事越千年，魏武挥鞭，东临碣石有遗篇。萧瑟秋风今又是，换了人间。——《浪淘沙·北戴河》
8. 千里来寻故地，旧貌变新颜。——《水调歌头·重上井冈山》
9. 一万年太久，只争朝夕。——《满江红·和郭沫若同志》
10. 为有牺牲多壮志，敢教日月换新天。——《七律·到韶山》
11. 红雨随心翻作浪，青山着意化为桥。——《七律·送瘟神》
12. 冷眼向洋看世界，热风吹雨洒江天。云横九派浮黄鹤，浪下三吴起白烟。——《七律·登庐山》
13. 独有英雄驱虎豹，更无豪杰怕熊罴。——《七律·冬云》
14. 喜看稻菽千重浪，遍地英雄下夕烟。——《七律·到韶山》
15. 鹰击长空，鱼翔浅底，万类霜天竞自由。——《沁园春·长沙》
16. 东方欲晓，莫道君行早。踏遍青山人未老，风景这边独好。——《清平乐·会昌》
17. 俱往矣，数风流人物，还看今朝。——《沁园春·雪》
18. 人生易老天难老，岁岁重阳。今又重阳，战地黄花分外香。——《采桑子·重阳》
19. 天生一个仙人洞，无限风光在险峰。——《七绝·为李进同志题所摄庐山仙人洞照》
20. 中华儿女多奇志，不爱红装爱武装。——《七绝·为女民兵题照》

拓展与应用

探究思考

1.《西江月·井冈山》中有两处使用了对比修辞，请指出并分析。

2.《忆秦娥·娄山关》中："雄关漫道真如铁，而今迈步从头越"表达了什么样的感情？

3.《清平乐·六盘山》最后两句："今日长缨在手，何时缚住苍龙？"在词中所起的作用是什么？

职业连线

毛泽东诗词是促进正己修身并提升人生境界的鲜活教材。

习近平总书记曾引用王安石《洪范传》中"修其心治其身，而后可以为政于天下"的话，强调党员干部的自身修养是安邦治国的基础所在。"重莫如国，栋莫如德"。党要领导人民齐心协力实现中国梦，不但要有强大的真理力量，而且要有强大的人格力量。“腹有诗书气自华”，毛泽东是中国历史上最富魅力的伟人，也是世界历史上最具人格力量的巨人之一。毛泽东诗词是其伟岸人格的艺术展示，是中华民族宝贵的精神财富。

思考：

你从毛泽东诗词当中还体悟到了哪些精神力量？结合自身实际，谈谈自己的想法。

雅　　舍

梁实秋

作者简介

梁实秋(1902—1987 年)，中国散文家、文学评论家、翻译家。原名梁治华，浙江杭县(今余杭)人，出生于北京。1923 年留学美国。回国后，曾先后任教于东南大学、暨南大学、青岛大学、北京大学等校。创作以散文小品著称，风格朴实隽永，有幽默感，以《雅舍小品》为代表作。1949 年后曾任台湾省立师范大学文学院院长。主要著作有散文集《雅舍小品》(续集)，文学评论集《浪漫的与古典的》《文学的纪律》《秋室杂文》，译著《莎士比亚全集》等。主编《远东英汉大辞典》。

背景知识

“人生有趣”三部曲内容简介

梁实秋 1937 年到重庆，1939 年移居雅舍，1946 年返回北平。在重庆蛰伏期间的他于 1940 年创作出了风靡世界的《雅舍》。此文是一篇托物言志的散文，作者通过对所居陋室——“雅舍”的建筑方式、地理位置、内部陈设以及作者在其中居住的种种生活状况和感受的描写，含蓄地表达了作者忘怀得失、甘居淡泊的心志。全文语言典雅清朗而又富于幽默感，偶用文言词句，也是信笔而至，雅俗共赏。据统计，《雅舍》流播海内外，先后印行了三百多版，他在重庆的旧居“雅舍”也因此出名。

到四川来，觉得此地人建造房屋最是经济。火烧过的砖，常常用来做柱子，孤零零地砌起四根砖柱，上面盖上一个木头架子，看上去瘦骨嶙峋，单薄得可怜；但是顶上铺了瓦，四面编了竹篦墙，墙上敷了泥灰，远远地看过去，没有人能说不像是座房子。我现在住的“雅舍”正是这样一座典型的房子。不消说，这房子有砖柱，有竹篦墙，一切特点都应有尽有。讲到住房，我的经验不算少，什么“上支下摘”“前廊后厦”“一楼一底”“三上三下”“亭子间”“茅草棚”“琼楼玉宇”和“摩天大厦”，各式各样，我都尝试过。我不论住在哪里，只要住得稍久，对那房子便发生感情，非不得已我还舍不得搬。这“雅舍”，我初来时仅求其能蔽风雨，并不敢存奢望，现在住了两个多月，我的好感油然而生。虽然我已渐渐感觉它并不能蔽风雨，因为有窗而无玻璃，风来则洞若凉亭，有瓦而空隙不少，雨来则渗如滴漏。纵然不能蔽风雨,“雅舍”还是自有它的个性。有个性就可爱。

“雅舍”的位置在半山腰,下距马路约有七八十层的土阶,前面是阡陌螺旋的稻田。再远望过去是几抹葱翠的远山,旁边有高粱地,有竹林,有水池,有粪坑,后面是荒僻的榛莽未除的土山坡。若说地点荒凉,则月明之夕,或风雨之日,亦常有客到,大抵好友不嫌路远,路远乃见情谊。客来则先爬几十级的土阶,进得屋来仍须上坡,因为屋内地板乃依山势而铺,一面高,一面低,坡度甚大,客来无不惊叹,我则久而安之,每日由书房走到饭厅是上坡,饭后鼓腹而出是下坡,亦不觉有大不便处。

“雅舍”共是六间,我居其二。篦墙不固,门窗不严,故我与邻人彼此均可互通声息。邻人轰饮作乐,咿唔诗章,喁喁细语,以及鼾声、喷嚏声、吮汤声、撕纸声、脱皮鞋声,均随时由门窗户壁的隙处荡漾而来,破我岑寂。入夜则鼠子瞰灯,才一合眼,鼠子便自由行动,或搬核桃在地板上顺坡而下,或吸灯油而推翻烛台,或攀援而上帐顶,或在门框桌脚上磨牙,使得人不得安枕。但是对于鼠子,我很惭愧地承认,我“没有法子”。“没有法子”一语是被外国人常常引用着的,以为这话最足代表中国人的懒惰隐忍的态度。其实我对付鼠子并不懒惰。窗上糊纸,纸一戳就破;门户关紧,而相鼠有牙,一阵咬便是一个洞洞。试问还有什么法子?洋鬼子住到“雅舍”里,不也是“没有法子”?比鼠子更骚扰的是蚊子。“雅舍”的蚊风之盛,是我前所未见的。“聚蚊成雷”真有其事!每当黄昏时候,满屋里磕头碰脑的全是蚊子,又黑又大,骨骼都像是硬的。在别处蚊子早已肃清的时候,在“雅舍”则格外猖獗,来客偶不留心,则两腿伤处累累隆起如玉蜀黍,但是我仍安之。冬天一到,蚊子自然绝迹,明年夏天——谁知道我还是住在“雅舍”!

“雅舍”最宜月夜——地势较高,得月较先。看山头吐月,红盘乍涌,一霎间,清光四射,天空皎洁,四野无声,微闻犬吠,坐客无不悄然!舍前有两株梨树,等到月升中天,清光从树间筛洒而下,地上阴影斑斓,此时尤为幽绝。直到兴阑人散,归房就寝,月光仍然逼进窗来,助我凄凉。细雨濛濛之际,“雅舍”亦复有趣。推窗展望,俨然米氏章法,若云若雾,一片弥漫。但若大雨滂沱,我就又惶悚不安了,屋顶湿印到处都有,起初如碗大,俄而扩大如盆,继则滴水乃不绝,终乃屋顶灰泥突然崩裂,如奇葩初绽,砉然一声而泥水下注,此刻满室狼藉,抢救无及。此种经验,已数见不鲜。

“雅舍”之陈设,只当得简朴二字,但洒扫拂拭,不使有纤尘。我非显要,故名公巨卿之照片不得入我室;我非牙医,故无博士文凭张挂壁间;我不业理发,故丝织西湖十景以及电影明星之照片亦均不能张我四壁。我有一几一椅一榻,酣睡写读,均已有着,我亦不复他求。但是陈设虽简,我却喜欢翻新布置。西人常常讥笑妇人喜欢变更桌椅位置,以为这是妇人天性喜变之一征。诬否且不论,我是喜欢改变的。中国旧式家庭,陈设千篇一律,正厅上是一条案,前面一张八仙桌,一边一把靠椅,两旁是两把靠椅夹一只茶几。我以为陈设宜求疏落参差之致,最忌排偶。“雅舍”所有,毫无新奇,但一物一事之安排布置俱不从俗。人入我室,即知此是我室。笠翁《闲情偶寄》之所论,正合我意。

“雅舍”非我所有,我仅是房客之一。但思“天地者万物之逆旅”,人生本来如寄,我住“雅舍”一日,“雅舍”即一日为我所有。即使此一日亦不能算是我有,至少此一日“雅舍”所能给予之苦辣酸甜,我实躬受亲尝。刘克庄词:“客里似家家似寄。”我此时此刻卜居“雅舍”,“雅舍”即似我家。其实似家似寄,我亦分辨不清。

长日无俚,写作自遣,随想随写,不拘篇章,冠以“雅舍小品”四字,以示写作所在,且志因缘。

艺术赏析

《雅舍》是梁实秋先生的散文集《雅舍小品》中的名篇。本文写于抗日战争爆发的时期，国难当头，这位文人只能被迫住在一间陋室中。明明是陋室，却偏偏要称为是“雅舍”，仅是一个标题，已足以看出文章语言之诙谐和幽默风趣。这表现了梁实秋先生对战争年代的无奈，对生活环境的自我调侃之意，同时也表明了梁实秋先生开朗乐观的心态和旷达超脱的情怀。

开头一段，从四川造房的“最是经济”入题，介绍了“雅舍”的简单结构，美其名曰“雅舍”，实则“有窗而无玻璃，风来则洞若凉亭，有瓦而空隙不少，雨来则渗如滴漏”。

散文主体部分，用经济的笔墨交代雅舍榛莽丛生的荒凉环境，在化俗为雅的艺术化的过程中，不雅之舍浸透“似家”的感情，趣味盎然，迸发出苦辣酸涩的浓厚诗味。

作品首先以“荡漾”来写由门窗户壁的缝隙挤入室内的邻人声息。

其次，对于使人“不得安枕”“没有法子”的老鼠的骚扰，其不无观赏的审丑眼光，可以领略作家咀嚼生活时烦而不厌、憎而不恶、恬然自安的情怀。

再次，写到雅舍“满屋里磕头碰脑的全是蚊子”，到遭逢滂沱大雨，说“屋顶湿印到处都有，起初如碗大，俄而扩大如盆，继则滴水乃不绝，终乃屋顶灰泥突然崩裂，如奇葩初绽”。作品或以色泽鲜艳的玉蜀黍形容被蚊虫叮咬起的红肿，或以含苞初放的花朵形容屋顶灰泥被雨水浸湿行将下落的情状，采用美的意象刻画丑的事物，以美审丑，以雅写俗，可见作家不悲不悯、达观顺便的乐观态度。

同时，作品在描述世俗的雅舍生活时，又独具匠心地以典雅的文字、开阔的视野写“雅舍”的月夜。或以皎洁的月色为焦点，浓淡得宜地写出月明之夜的宁寂、清幽，意境静谧、深远；或以蒙蒙细雨为中心，借“米氏章法”稍稍点染，写出细雨之时似云似雾的意趣，空灵、优美。雅舍“月夜”或“雨天”交融的怡然恬适情景，与苦辣酸涩的趣味形成鲜明的对照，表现了作者高远的人格。

文章突出的特点是描写细致、具体，读后如临其境，倍感亲切；另一个重要的特点是文言与白话的巧妙糅合。不讲排偶，却能于参差中见出整齐；不拘格律，却有声韵谐调，语言典雅简洁。而且幽默中显得含蓄深沉，又有着难以掩饰的辛酸，反映了作者清高而又修养有致的个性。

文学聚焦

散文创作中的“绘画美”

绘画美最早是一个诗歌理论概念，早在20世纪初期，新月诗派的代表闻一多、徐志摩等人就提出了著名的“三美”原则。他们主张新格律诗须具备三美特征：音乐美、绘画美、建筑美。从绘画美意境的角度出发，不管是诗中有画，还是画中有诗，追根溯源，都有一种诗情画意之美，都可归结为绘画美。故散文创作中也可以体现绘画美，于是“绘画美”这一概念应用到散文领域。

散文绘画美具有形象性、再现性、创造性等特点。它的构成主体是具体可感的形象，一般来讲，这些形象都具有再现性，但是读者如果仅仅把它当成再现性画面，那就根本无法领会其深刻的意蕴。因为它在具有再现性的同时还凝聚了作者的情感，已经有了很强的表现力，可以把读者带入一种物我统一、虚实相生的艺术境界。一言以蔽之，散文绘画美即“文中有画，画中有诗”。

拓展与应用

探究思考

1.《雅舍》表达了作者怎样的处世哲学？

2.《雅舍》集中体现了一个“雅”字，谈谈作者是如何选择材料、安排结构的。

3. 谈谈梁实秋散文的语言特色。

职业连线

一位学术界的著名人士置身于陋室，正是帝国主义给我们民族造成深重灾难的一幅缩影，但梁实秋并没有像大多数的作家那样，奋起高呼救亡图存，对侵略者给以抨击斥责，却独出心裁地选取了一个表现角度——从苦难中寻觅诗意。比如像“雅舍”地点荒凉，却足见朋友之情谊，“雅舍”聚鼠成群，聚蚊成雷，作者却安然处之。更有甚者，作者竟在大雨滂沱之际，由屋顶崩裂联想到奇葩初绽等。

思考：

读了《雅舍》这篇文章，有人可能会说梁实秋不关心民族危亡，还在那么恶劣的环境里怡然自得，你怎么认为呢？请结合自身实际情况谈一谈。

讲故事的人

——在诺贝尔文学奖颁奖典礼上的讲话

莫　言

作者简介

莫言，原名管谟业，1955 年 2 月 17 日生于山东省高密县河涯乡平安庄（现为高密市东北乡文化发展区大栏平安村），中国当代作家，中共党员。

1978 年，开始进行文学创作。1981 年，发表处女作短篇小说《春夜雨霏霏》，崭露文学天赋。1985 年，发表成名作中篇小说《透明的红萝卜》。1986 年，发表中篇小说《红高粱》，在文坛引起轰动。1987 年，《红高粱》被张艺谋改编为同名电影，莫言担任编剧。1988 年，《红高粱》获得西柏林国际电影节金熊奖；同年发表长篇小说《天堂蒜薹之歌》。1996 年，出版长篇小说《丰乳肥臀》。1999 年，出版长篇小说《红树林》。2001 年，出版长篇小说《檀香刑》。2012 年 10 月，成为首位中国籍诺贝尔文学奖获得者。

背景知识

本篇文章是 2012 年莫言在瑞典学院领奖时发表的一篇演讲。在约 40 分钟的演讲中，莫言追忆了自己的母亲，回顾了文学创作之路，并与听众分享了三个意味深长的“故事”。

尊敬的瑞典学院各位院士，女士们、先生们：

通过电视或者网络，我想在座的各位对遥远的高密东北乡，已经有了或多或少的了解。你们也许看到了我的九十岁的老父亲，看到了我的哥哥姐姐、我的妻子女儿，和我的一岁零四个月的外孙女。但是有一个此刻我最想念的人，我的母亲，你们永远无法看到了。我获奖后，很多人分享了我的光荣，但我的母亲却无法分享了。

我母亲生于 1922 年，卒于 1994 年。她的骨灰，埋葬在村庄东边的桃园里。去年，一条铁路要从那儿穿过，我们不得不将她的坟墓迁移到距离村子更远的地方。掘开坟墓后，我们看到，棺木已经腐朽，母亲的骨殖，已经与泥土混为一体。我们只好象征性地挖起一些泥土，移到新的墓穴里。也就是从那一时刻起，我感到，我的母亲是大地的一部分，我站在大地上的诉说，就是对母亲的诉说。

我是我母亲最小的孩子。

我记忆中最早的一件事，是提着家里唯一的一把热水瓶去公共食堂打开水。因为饥饿无力，失手将热水瓶打碎，我吓得要命，钻进草垛，一天没敢出来。傍晚的时候我听到母亲呼唤我的乳名我从草垛里钻出来，以为会受到打骂，但母亲没有打我也没有骂我，只是抚摸着我的头，口中发出长长的叹息。

我记忆中最痛苦的一件事，就是跟着母亲去集体的地里拣麦穗，看守麦田的人来了，拣麦穗的人纷纷逃跑，我母亲是小脚，跑不快，被捉住，那个身材高大的看守人扇了她一个耳光，她摇晃着身体跌倒在地，看守人没收了我们拣到的麦穗，吹着口哨扬长而去。我母亲嘴角流血，坐在地上，脸上那种绝望的神情让我终生难忘。多年之后，当那个看守麦田的人成为一个白发苍苍的老人，在集市上与我相逢，我冲上去想找他报仇，母亲拉住了我，平静地对我说：“儿子，那个打我的人，与这个老人，并不是一个人。”

我记得最深刻的一件事是一个中秋节的中午，我们家难得包了一顿饺子，每人只有一碗。正当我们吃饺子时，一个乞讨的老人来到了我们家门口，我端起半碗红薯干打发他，他却愤愤不平地说：“我是一个老人，你们吃饺子，却让我吃红薯干。你们的心是怎么长的？”我气急败坏地说：“我们一年也吃不了几次饺子，一人一小碗，连半饱都吃不了！给你红薯干就不错了，你要就要，不要就滚！”母亲训斥了我，然后端起她那半碗饺子，倒进了老人碗里。

我最后悔的一件事，就是跟着母亲去卖白菜，有意无意的多算了一位买白菜的老人一毛钱。算完钱我就去了学校。当我放学回家时，看到很少流泪的母亲泪流满面。母亲并没有骂我，只是轻轻地说：“儿子，你让娘丢了脸。”

我十几岁时，母亲患了严重的肺病，饥饿、病痛、劳累，使我们这个家庭陷入了困境，看不到光明和希望。我产生了一种强烈的不祥之兆，以为母亲随时都会自己寻短见。每当我劳动归来，一进大门就高喊母亲，听到她的回应，心中才感到一块石头落了地。如果一时听不到她的回应，我就心惊胆战，跑到厨房和磨坊里寻找。有一次找遍了所有的房间也没有见到母亲的身影，我便坐在了院子里大哭。这时母亲背着一捆柴草从外面走进来。她对我的哭很不满，但我又不能对她说出我的担忧。母亲看到我的心思，她说：“孩子你放心，尽管我活着没有一点乐趣，但只要阎王爷不叫我，我是不会去的。”

我生来相貌丑陋，村子里很多人当面嘲笑我，学校里有几个性格霸蛮的同学甚至为此打我。我回家痛哭，母亲对我说：“儿子，你不丑，你不缺鼻子不缺眼，四肢健全，丑在哪里？而且只要你心存善良，多做好事，即便是丑，也能变美。”后来我进入城市，有一些很有文化的人依然在背后甚至当面嘲弄我的相貌，我想起了母亲的话，便心平气和地向他们道歉。

我母亲不识字，但对识字的人十分敬重。我们家生活困难，经常吃了上顿没下顿。但只要我对她提出买书、买文具的要求，她总是会满足我。她是个勤劳的人，讨厌懒惰的孩子，但只要是我因为看书耽误了干活，她从来没批评过我。

有一段时间，集市上来了一个说书人。我偷偷地跑去听书，忘记了她分配给我的活儿。为此，母亲批评了我。晚上当她就着一盏小油灯为家人赶制棉衣时，我忍不住把白天从说书人那里听来的故事复述给她听。起初她有些不耐烦，因为在她心目中说书人都是油嘴滑舌、不务正业的人，从他们嘴里冒不出什么好话来。但我复述的故事渐渐地吸引了她，以后每逢集日她便不再给我排活儿，默许我去集上听书。为了报答母亲的恩情，也为了向她炫耀我的记忆力，我会把白天听到的故事，绘声绘色地讲给她听。

很快的，我就不满足复述说书人讲的故事了，我在复述的过程中不断地添油加醋，我会投我母亲所好，编造一些情节，有时候甚至改变故事的结局。我的听众也不仅仅是我的母亲，连我的姐姐、我的婶婶、我的奶奶都成为我的听众。我母亲在听完我的故事后，有时会忧心忡忡地，像是对我说，又像是自言自语：“儿啊，你长大后会成为一个什么人呢？难道要靠耍贫嘴吃饭吗？”

我理解母亲的担忧，因为在村子里，一个贫嘴的孩子，是招人厌烦的，有时候还会给自己和家庭带来麻烦。我在小说《牛》里所写的那个因为话多被村子里厌恶的孩子，就有我童年时的影子。我母亲经常提醒我少说话，她希望我能做一个沉默寡言、安稳大方的孩子。但在我身上，却显露出极强的说话能力和极大的说话欲望，这无疑是极大的危险，但我说故事的能力，又带给了她愉悦，这使她陷入深深的矛盾之中。

俗话说“江山易改、本性难移”，尽管我有父母亲的谆谆教导，但我并没有改掉我喜欢说话的天性，这使得我的名字“莫言”，很像对自己的讽刺。

我小学未毕业即辍学，因为年幼体弱，干不了重活，只好到荒草滩上去放牧牛羊。当我牵着牛羊从学校门前路过，看到昔日的同学在校园里打打闹闹，我心中充满悲凉，深深地体会到一个人，哪怕是一个孩子，离开群体后的痛苦。

到了荒滩上，我把牛羊放开，让它们自己吃草。蓝天如海，草地一望无际，周围看不到一个人影，没有人的声音，只有鸟儿在天上鸣叫。我感到很孤独，很寂寞，心里空空荡荡。有时候，我躺在草地上，望着天上懒洋洋地飘动着的白云，脑海里便浮现出许多莫名其妙的幻象。我们那地方流传着许多狐狸变成美女的故事，我幻想着能有一个狐狸变成的美女与我来作伴放牛，但她始终没有出现。但有一次，一只火红色的狐狸从我面前的草丛中跳出来时，我被吓得一屁股蹲在地上。狐狸跑没了踪影，我还在那里颤抖。有时候我会蹲在牛的身旁，看着湛蓝的牛眼和牛眼中的我的倒影。有时候我会模仿着鸟儿的叫声试图与天上的鸟儿对话，有时候我会对一棵树诉说心声。但鸟儿不理我，树也不理我。许多年后，当我成为一个小说家，当年的许多幻想，都被我写进了小说。很多人夸我想象力丰富，有一些文学爱好者，希望我能告诉他们培养想象力的秘诀，对此，我只能报以苦笑。

就像中国的先贤老子所说的那样："祸兮福之所倚，福兮祸之所伏。"我童年辍学，饱受饥饿、孤独、无书可读之苦，但我因此也像我们的前辈作家沈从文那样，及早地开始阅读社会人生这本大书。前面所提到的到集市上去听说书人说书，仅仅是这本大书中的一页。

辍学之后，我混迹于成人之中，开始了"用耳朵阅读"的漫长生涯。二百多年前，我的故乡曾出了一个讲故事的伟大天才——蒲松龄，我们村里的许多人，包括我，都是他的传人。我在集体劳动的田间地头，在生产队的牛棚马厩，在我爷爷奶奶的热炕头上，甚至在摇摇晃晃地行进着的牛车上，聆听了许许多多神鬼故事、历史传奇、逸闻趣事，这些故事都与当地的自然环境、家庭历史紧密联系在一起，使我产生了强烈的现实感。

我做梦也想不到有朝一日这些东西会成为我的写作素材，我当时只是一个迷恋故事的孩子，醉心地聆听着人们的讲述。那时我是一个绝对的有神论者，我相信万物都有灵性。我见到一棵大树会肃然起敬；我看到一只鸟会感到它随时会变化成人；我遇到一个陌生人，也会怀疑他是一个动物变化而成。每当夜晚我从生产队的记工房回家时，无边的恐惧便包围了我，为了壮胆，我一边奔跑一边大声歌唱。那时我正处在变声期，嗓音嘶哑，声调难听，我的歌唱，是对我的乡亲们的一种折磨。

我在故乡生活了二十一年，其间离家最远的是乘火车去了一次青岛，还差点迷失在木材厂的巨大木材之间，以至于我母亲问我去青岛看到了什么风景时，我沮丧地告诉她："什么都没看到，只看到了一堆堆的木头。"但也就是这次青岛之行，使我产生了想离开故乡到外边去看世界的强烈愿望。

1976 年 2 月，我应征入伍，背着我母亲卖掉结婚时的首饰帮我购买的四本《中国通史简编》，走出了高密东北乡这个既让我爱又让我恨的地方，开始了我人生的重要时期。我必须承认，如果没有三十多年来中国社会的巨大发展与进步，如果没有改革开放，也不会有我这样一个作家。

在军营的枯燥生活中，我迎来了 20 世纪 80 年代的思想解放和文学热潮，我从一个用耳朵聆听故事，用嘴巴讲述故事的孩子，开始成为尝试用笔来讲述故事的人。起初的道路并不平坦，我那时并没有意识到我二十多年的农村生活经验是文学的富矿，那时我以为文学就是写好人好事，就是写英雄模范，所以，尽管也发表了几篇作品，但文学价值很低。

1984 年秋，我考入解放军艺术学院文学系。在我的恩师、著名作家徐怀中的启发指导下，我写出了《秋水》《枯河》《透明的红萝卜》《红高粱》等一批中短篇小说。在《秋水》这篇小说里，第一次出现了"高密东北乡"这个字眼儿，从此就如同一个四处游荡的农民有了一片土地，我这样一个文学的流浪汉，终于有了一个可以安身立命的场所。我必须承认，在创建我的文学领地"高密东北乡"的过程中，美国的威廉·福克纳[①]和哥伦比亚的加西亚·马尔克斯[②]给了我重要启发。我对他们的阅读并不认真，但他们开天辟地的豪迈精神激励了我，使我明白了一个作家必须要有一块属于自己的地方。一个人在日常生活中应该谦卑退让，但在文学创作中，必须颐指气使，独断专行。我追随在这两位大师身后两年，即意识到，必须尽快地逃离他们，我在一篇文章中写道：他们是两座灼热的火炉，而我是冰块，如果离他们太近，会被他们蒸发掉。根据我的体会，一位作家之所以会受到某一位作家的影响，其根本是因为影响者和被影响者灵魂深处的相似之处。正所谓“心有灵犀一点通”。所以，尽管我没有很好地去读他们的书，但只读过几页，我就明白了他们干了什么，也明白了他们是怎样干的，随即我也就明白了我该干什么和我该怎样干。

我该干的事情其实很简单，那就是用自己的方式，讲自己的故事。我的方式，就是我所熟知的集市说书人的方式，就是我的爷爷奶奶、村里的老人们讲故事的方式。坦率地说，讲述的时候，我没有想到谁会是我的听众，也许我的听众就是那些如我母亲一样的人，也许我的听众就是我自己。我自己的故事，起初就是我的亲身经历，譬如《枯河》中那个遭受痛打的孩子，譬如《透明的红萝卜》中那个自始至终一言不发的孩子。我的确曾因为干过一件错事而受到过父亲的痛打，我也的确曾在桥梁工地上为铁匠师傅拉过风箱。当然，个人的经历无论多么奇特也不可能原封不动地写进小说，小说必须虚构，必须想象。很多朋友说《透明的红萝卜》是我最好的小说，对此我不反驳，也不认同，但我认为《透明的红萝卜》是我的作品中最有象征性、最意味深长的一部。那个浑身漆黑、具有超人的忍受痛苦的能力和超人的感受能力的孩子，是我全部小说的灵魂，尽管在后来的小说里，我写了很多的人物，但没有一个人物，比他更贴近我的灵魂。或者可以说，一个作家所塑造的若干人物中，总有一个领头的，这个沉默的孩子就是一个领头的，他一言不发，但却有力地领导着形形色色的人物，在高密东北乡这个舞台上，尽情地表演。

自己的故事总是有限的，讲完了自己的故事，就必须讲他人的故事。于是，我的亲人们的故事，我的村人们的故事，以及我从老人们口中听到过的祖先们的故事，就像听到集合令的士兵一样，从我的记忆深处涌出来。他们用期盼的目光看着我，等待着我去写他们。我的爷爷、奶奶、父亲、母亲、哥哥、姐姐、姑姑、叔叔、妻子、女儿，都在我的作品里出现过，还有很多的我们高密东北乡的乡亲，也都在我的小说里露过面。当然，我对他们，都进行了文学化的处理，使他们超越了他们自身，成为文学中的人物。

我最新的小说《蛙》中，就出现了我姑姑的形象。因为我获得诺贝尔奖，许多记者到她家采访，起初她还很耐心地回答提问，但很快便不胜其烦，跑到县城里她儿子家躲起来了。姑姑确实是我写《蛙》时的模特，但小说中的姑姑，与现实生活中的姑姑有着天壤之别。小说中的姑姑专横跋扈，有时简直像个女匪，现实中的姑姑和善开朗，是一个标准的贤妻良母。现实中的姑姑晚年生活幸福美满，小说中的姑姑到了晚年却因为心灵的巨大痛苦患上了失眠症，身披黑袍，像个幽灵一样在暗夜中游荡。我感谢姑姑的宽容，她没有因为我在小说中把她写成那样而生气；我也十分敬佩我姑姑的明智，她正确地理解了小说中人物与现实中人物的复杂关系。

母亲去世后，我悲痛万分，决定写一部书献给她。这就是那本《丰乳肥臀》。因为胸有成竹，因为情感充盈，所以仅用了83天，我便写出了这部长达50万字的小说的初稿。

在《丰乳肥臀》这本书里，我肆无忌惮地使用了与我母亲的亲身经历有关的素材，但书中的母亲情感方面的经历，则是虚构或取材于高密东北乡诸多母亲的经历。在这本书的卷前语上，我写下了“献给母亲在天之灵”的话，但这本书，实际上是献给天下母亲的，这是我狂妄的野心，就像我希望把小小的“高密东北乡”写成中国乃至世界的缩影一样。

作家的创作过程各有特色，我每本书的构思与灵感触发也都不尽相同。有的小说起源于梦境，譬如《透明的红萝卜》；有的小说则发端于现实生活中发生的事件——譬如《天堂蒜薹之歌》。但无论是起源于梦境还是发端于现实，最后都必须和个人的经验相结合，才有可能变成一部具有鲜明个性的、用无数生动细节塑造出了典型人物的、语言丰富多彩、结构匠心独运的文学作品。有必要特别提及的是，在《天堂蒜薹之歌》中，我让一个真正的说书人登场，并在书中扮演了十分重要的角色。我十分抱歉地使用了这个说书人的真实姓名，当然，他在书中的所有行为都是虚构的。在我的写作中，出现过多次这样的现象，写作之初，我使用他们的真实姓名，希望能借此获得一种亲近感，但作品完成之后，我想为他们改换姓名时却感到已经不可能了，因此也发生过与我小说中人物同名者找到我父亲发泄不满的事情，我父亲替我向他们道歉，但同时又开导他们不要当真。我父亲说："他在《红高粱》中，第一句就说'我父亲这个土匪种'，我都不在意你们还在意什么？"

我在写作《天堂蒜薹之歌》这类逼近社会现实的小说时，面对着的最大问题，其实不是我敢不敢对社会上的黑暗现象进行批评，而是这燃烧的激情和愤怒会让政治压倒文学，使这部小说变成一个社会事件的纪实报告。小说家是社会中人，他自然有自己的立场和观点，但小说家在写作时，必须站在人的立场上，把所有的人都当作人来写。只有这样，文学才能发端事件但超越事件，关心政治但大于政治。

可能是因为我经历过长期的艰难生活，使我对人性有较为深刻的了解。我知道真正的勇敢是什么，也明白真正的悲悯是什么。我知道，每个人心中都有一片难用是非善恶准确定性的朦胧地带，而这片地带，正是文学家施展才华的广阔天地。只要是准确地、生动地描写了这个充满矛盾的朦胧地带的作品，也就必然地超越了政治并具备了优秀文学的品质。

喋喋不休地讲述自己的作品是令人厌烦的，但我的人生是与我的作品紧密相连的，不讲作品，我感到无从下嘴，所以还得请各位原谅。

在我的早期作品中，我作为一个现代的说书人，是隐藏在文本背后的，但从《檀香刑》这部小说开始，我终于从后台跳到了前台。如果说我早期的作品是自言自语，目无读者，从这本书开始，我感觉到自己是站在一个广场上，面对着许多听众，绘声绘色地讲述。这是世界小说的传统，更是中国小说的传统。我也曾积极地向西方的现代派小说学习，也曾经玩弄过形形色色的叙事花样，但我最终回归了传统。当然，这种回归，不是一成不变的回归，《檀香刑》和之后的小说，是继承了中国古典小说传统又借鉴了西方小说技术的混合文本。小说领域的所谓创新，基本上都是这种混合的产物。不仅仅是本国文学传统与外国小说技巧的混合，也是小说与其他的艺术门类的混合，就像《檀香刑》是小说与民间戏曲的混合，就像我早期的一些小说从美术、音乐、甚至杂技中汲取了营养一样。

最后，请允许我再讲一下我的《生死疲劳》。这个书名来自佛教经典，据我所知，为翻译这个书名，各国的翻译家都很头痛。我对佛教经典并没有深入研究，对佛教的理解自然十分肤浅，之所以以此为题，是因为我觉得佛教的许多基本思想，是真正的宇宙意识，人世中许多纷争，在佛家的眼里，是毫无意义的。这样一种至高眼界下的人世，显得十分可悲。当然，我没有把这本书写成布道词，我写的还是人的命运与人的情感，人的局限与人的宽容，以及人为追求幸福、坚持自己的信念所做出的努力与牺牲。小说中那位以一己之身与时代潮流对抗的蓝脸，在我心目中是一位真正的英雄。这个人物的原型，是我们邻村的一位农民，我童年时，经常看到他推着一辆吱吱作响的木轮车，从我家门前的道路上通过。给他拉车的，是一头瘸腿的毛驴，为他牵驴的，是他小脚的妻子。这个奇怪的劳动组合，在当时的集体化社会里，显得那么古怪和不合时宜，在我们这些孩子的眼里，也把他们看成是逆历史潮流而动的小丑，以至于当他们从街上经过时，我们会充满义愤地朝他们投掷石块。事过多年，当我拿起笔来写作时，这个人物，这个画面，便浮现在我的脑海中。我知道，我总有一天会为他写一本书，我迟早要把他的故事讲给天下人听，但一直到了2005年，当我在一座庙宇里看到“六道轮回”的壁画时，才明白了讲述这个故事的正确方法。

我获得诺贝尔文学奖后，引发了一些争议。起初，我还以为大家争议的对象是我，渐渐的，我感到这个被争议的对象，是一个与我毫不相关的人。我如同一个看戏人，看着众人的表演。我看到那个得奖人身上落满了花朵，也被掷上了石块、泼上了污水。我生怕他被打垮，但他微笑着从花朵和石块中钻出来，擦干净身上的脏水，坦然地站在一边，对着众人说：对一个作家来说，最好的说话方式是写作。我该说的话都写进了我的作品里。用嘴说出的话随风而散，用笔写出的话永不磨灭。我希望你们能耐心地读一下我的书，当然，我没有资格强迫你们读我的书。即便你们读了我的书，我也不期望你们能改变对我的看法，世界上还没有一个作家，能让所有的读者都喜欢他。在当今这样的时代里，更是如此。

尽管我什么都不想说，但在今天这样的场合我必须说话，那我就简单地再说几句。

我是一个讲故事的人，我还是要给你们讲故事。

20世纪60年代，我上小学三年级的时候，学校组织我们去参观一个苦难展览，我们在老师的引领下放声大哭。为了能让老师看到我的表现，我舍不得擦去脸上的泪水。我看到有几位同学悄悄地将唾沫抹到脸上冒充泪水。我还看到在一片真哭假哭的同学之间，有一位同学，脸上没有一滴泪，嘴巴里没有一点声音，也没有用手掩面。他睁着大眼看着我们，眼睛里流露出惊讶或者是困惑的神情。事后，我向老师报告了这位同学的行为。为此，学校给了这位同学一个警告处分。

多年之后，当我因自己的告密向老师忏悔时，老师说，那天来找他说这件事的，有十几个同学。这位同学十几年前就已去世，每当想起他，我就深感歉疚。这件事让我悟到一个道理，那就是：当众人都哭时，应该允许有的人不哭。当哭成为一种表演时，更应该允许有的人不哭。

我再讲一个故事：三十多年前，我还在部队工作。有一天晚上，我在办公室看书，有一位老长官推门进来，看了一眼我对面的位置，自言自语道：“噢，没有人？”我随即站起来，高声说：“难道我不是人吗？”那位老长官被我顶得面红耳赤，尴尬而退。为此事，我洋洋得意了许久，以为自己是个英勇的斗士，但事过多年后，我却为此深感内疚。

请允许我讲最后一个故事，这是许多年前我爷爷讲给我听的：有八个外出打工的泥瓦匠，为避一场暴风雨，躲进了一座破庙。外边的雷声一阵紧似一阵，一个个的火球在庙门外滚来滚去，空中似乎还有吱吱的龙叫声。众人都胆战心惊，面如土色。有一个人说：“我们八个人中，必定有一个人干过伤天害理的坏事，谁干过坏事，就自己走出庙接受惩罚吧，免得让好人受到牵连。”自然没有人愿意出去。又有人提议道：“既然大家都不想出去，那我们就将自己的草帽往外抛吧，谁的草帽被刮出庙门，就说明谁干了坏事，那就请他出去接受惩罚。”于是大家就将自己的草帽往庙门外抛，七个人的草帽被刮回了庙内，只有一个人的草帽被卷了出去。大家就催这个人出去受罚，他自然不愿出去，众人便将他抬起来扔出了庙门。故事的结局我估计大家都猜到了——那个人刚被扔出庙门，那座破庙轰然坍塌。

我是一个讲故事的人。

因为讲故事我获得了诺贝尔文学奖。

我获奖后发生了很多精彩的故事，这些故事，让我坚信真理和正义是存在的。

今后的岁月里，我将继续讲我的故事。

谢谢大家！

（选自：《当代作家评论》2013 年第 1 期）

【注释】

① 威廉·福克纳(1897—1962 年)：小说家，美国南方文学流派的创始人。有十几部长篇和几十部短篇的故事都描述一个虚构小县城的故事，被文学史家称为“约克纳帕塔法世系”。

② 加西亚·马尔克斯(1928—2014 年)，哥伦比亚小说家，拉丁美洲魔幻现实主义的代表作家。代表作长篇小说《百年孤独》，通过描绘一家五代人的经历，展现了海滨小城镇马孔多的百年历史。

艺术赏析

这篇演讲首先以情感作铺垫，母爱先行。作者集中笔墨用鲜活的母亲的故事，回忆自己幼年的经历，一个个故事依次展开，巧妙地交代了母亲对自己的人生及灵魂的巨大影响，紧紧抓住了全世界听众的心。其次，首尾呼应、紧扣主题。作者以讲故事开始，以讲故事结尾。文末作者说：“今后的岁月里，我将继续讲我的故事。”这种既顾及到演讲的重点，又巧妙的结尾，让听众清楚所述的主要内容，看似无心，实则巧妙安排。再者，作者诉说了一个个感人的故事，令人听了真实可信。

文学聚焦

演讲的分类

按照不同的分类标准，演讲从内容上分为：政治演讲、生活演讲、竞选演讲、学术演讲、法庭演讲等。从表达形式上分为：命题演讲、即兴演讲等。

1. 命题演讲

命题演讲是根据指定的题目或限定的主题，事先做好充分准备的演讲，一般要提前写好讲稿并经过精心设计和反复演练。命题演讲包含两种形式：一是全命题演讲，二是半命题演讲。全命题演讲一般是由演讲的组织者确定一个固定的演讲题目；半命题演讲是演讲者根据演讲活动限定演讲范围，自己拟定具体题目而进行的演讲。命题演讲的特点是：主题鲜明、针对性强、内容稳定、结构完整。

2. 即兴演讲

即兴演讲是演讲者在事先无准备的情况下就眼前场面、情境、事物、人物临时起兴发表的演讲。如婚礼祝词、欢迎致辞、丧事悼念、聚会演讲等。它的特点是：有感而发、时境感强、篇幅短小。它要求演讲者紧扣主题，抓住由头，迅速组合，言简意赅。

拓展与应用

探究思考

1. 谈谈莫言为何在演讲开篇讲述母亲和自己的故事。

2. 根据本文，谈谈你对莫言所说"江山易改、本性难移"的理解。

职业连线

语文实践活动——"谁才是真正的英雄"征文比赛

诸葛亮在《诫子书》中说："非淡泊无以明志，非宁静无以致远。"名利是身外之物，面对名利，我们要做到处之泰然，不惊不喜；失之淡然，不悲不怒。为了名利而累心累身，确实是本末倒置的傻事。大千世界，滚滚红尘，为名而生，为利而奔的人不在少数。而真正能淡泊名利、宁静致远的人，在当今社会屈指可数。曾获多项国内外大奖的袁隆平说："要淡泊名利，踏实做人，才能取得一定的成就。现在少数人搞学术腐败，就是功利心、享乐心太重，急功近利，弄虚作假，到头来害人害己，只有踏踏实实地做人、做事，才能使心灵获得真正的满足。"在金钱面前，他始终只满足于基本的生活需求，对此，他解释道："精神上丰富一点，物质上和生活上看淡一点，因为一个人的时间与精力是有限的，如果内心总想着名利，哪有心思搞科研？在吃方面以清淡和卫生为贵，在穿方面只要朴素大方就行了。如此这样才能保持身心健康，心情也才能够愉快，事业也才能取得更大的成就。"

居里夫人在《我的信念》一文中写道："我深信，在科学方面我们有对事业而不是对财富的兴趣。当皮埃尔·居里和我考虑应否在我们的发现上取得经济利益时，我们都认为这违背我们的纯粹研究观念。因而我们没有申请镭的专利，也就抛弃了一笔财富。我坚信我们是对的。诚然，人类需要寻求现实的人——他们在工作中获得很多的报酬。但是，人类也需要梦想家——他们受事业的强烈吸引，既没有闲暇也没有热情去谋求物质上的利益。"

思考：

居里夫人、袁隆平他们取得巨大成功与其对待名利的态度形成鲜明的对比，让我们深刻感受到淡泊名利也是一种美德。几年之后，同学们将踏入社会，进入职场，我们也会直面名利的诱惑，对此我们如何应对？请结合居里夫人及袁隆平的事迹，谈谈自己的感悟。

活动布置：

学生每人写作一篇不少于1000字的文章，主题是"谁才是真正的英雄"。题目自拟，严禁抄袭。

活动实施：

1. 小组内评比，选出优胜者。
2. 小组优胜者再进行评比，分出一、二、三等奖。
3. 优秀作文做成展板，并在校园展出。

活动评价：

学生作文是否是自己创作的，作文是否立意深刻新颖，展板是否吸引同学驻足。

1. 学生自评 ____________________
2. 同学互评 ____________________
3. 教师点评 ____________________

第三单元

亲情永恒

母爱似水，点点滴滴；父爱如山，浑厚深沉。

亲情似歌，美好一生；真情如金，弥足珍贵。

有一种爱，如山似水；有一种爱，血浓于水；有一种爱，刻骨铭心；有一种爱，净化灵魂……这就是源于血脉亲情、世间最伟大最无私的父爱与母爱。父母之爱，是我们人生路上的避风港，时时接纳我们，包容我们，温暖我们；父母之爱，是我们生命中的加油站，让我们奋力前行，敢于迎接风雨和挑战。就是这样一种爱，绵延千年，亘古不变；就是这样一种爱，需要儿女一生的珍爱。

岁月在不经意间从身边划过，在每个匆忙的身影背后，父亲关爱的目光越来越远，母亲熟悉的话语渐渐淡忘。每个匆忙的身影旁边，爱人的支持始终相随，友人的话语不断响起。

父母艰辛的养育、亲友默默的关怀、爱人无私的付出，不仅丰富了我们的人生，为我们的人生赋予深刻的含义，更为我们战胜挫折、走向成功提供强大的精神动力。只有理解父母、感悟亲情、懂得真情，我们才能更好地理解他人，融入社会，珍惜自己所拥有的一切，获得人生的幸福。让我们在一篇篇文字的述说中感受爱的流淌，在向爱致敬的同时，更加珍惜自己的生命，感恩父母、亲友、爱人陪伴在我们生命中的每一天。

狱中上母书

夏完淳(明)

作者简介

夏完淳(1631—1647年)，乳名端哥，别名复，字存古，号小隐，又号灵首。明松江府华亭县(今上海市松江区)人，祖籍浙江会稽。明末诗人、抗清英雄。

父亲夏允彝，江南名士。老师陈子龙，抗清将领。夏完淳自幼聪慧，“五岁知五经，七岁能诗文”，14岁从军征战抗清。弘光元年其父江南领兵激战，战败自杀殉国后，夏完淳和陈子龙继续抗清，兵败被俘，不屈而死，年仅十七岁。殉国前怒斥了洪承畴一事，称名于世。有《狱中上母书》等。

身后留有妻子钱秦篆、女儿和遗腹子，遗腹子出世后夭折。夏允彝、夏完淳父子合葬墓今存于松江区小昆山镇荡湾村华夏公墓旁。柳亚子《题〈夏内史集〉》第5首：“悲歌慷慨千秋血，文采风流一世宗。我亦年华垂二九，头颅如许负英雄。”

背景知识

夏完淳十四岁即随父亲夏允彝、老师陈子龙参加抗清活动，父亲殉国后，又佐吴易在太湖起义。永历元年(清顺治四年，1647年)七月，他被捕，械送南京；九月就义，年仅十七岁。夏完淳在南京狱中时，他自知必死，也怀着视死如归的精神，但“以身殉父”，却不能“以身报母”，留下许多遗憾，于是写下了《狱中上母书》，这是一封写给嫡母盛氏的诀别信。

不孝[①]完淳今日死矣！以身殉父，不得以身报母矣！痛自严君见背[②]，两易春秋[③]，冤酷[④]日深，艰辛历尽。本图复见天日[⑤]，以报大仇，恤死荣生[⑥]，告成黄土；奈天不佑我，钟虐先朝[⑦]，一旅[⑧]才兴，便成齑[⑨]粉。去年之举[⑩]，淳已自分必死，谁知不死，死于今日也。斤斤延此二年之命，菽水之养[⑪]无一日焉。致慈君[⑫]托迹于空门，生母[⑬]寄生于别姓，一门漂泊，生不得相依，死不得相问；淳今日又溘然先从九京：不孝之罪，上通于天！

呜呼！双慈[⑭]在堂，下有妹女，门祚[⑮]衰薄，终鲜兄弟。淳一死不足惜，哀哀八口，何以为生？虽然，已矣！淳之身，父之所遗；淳之身，君之所用。为父为君，死亦何负于双慈！但慈君推干就湿，教礼习诗，十五年如一日。嫡母慈惠，千古所难，大恩未酬，令人痛绝。慈君托之义融女兄[⑯]，生母托之昭南女弟[⑰]。

淳死之后，新妇[⑱]遗腹得雄，便以为家门之幸。如其不然，万勿置后[⑲]！会稽大望[⑳]，至今而零极矣！节义文章，如我父子者几人哉？立一不肖后如西铭先生[㉑]，为人所诟笑，何如不立之为愈耶！呜呼！大造茫茫，总归无后。有一日中兴再造，则庙食千秋，岂止麦饭豚蹄，不为馁鬼而已哉！若有妄言立后者，淳且与先文忠[㉒]在冥冥诛殛顽嚚，决不肯舍！

兵戈天地，淳死后，乱且未有定期。双慈善保玉体，无以淳为念。二十年后[23]，淳且与先文忠为北塞之举矣！勿悲勿悲！相托之言，慎勿相负！武功甥[24]将来大器，家事尽以委之。寒食[25]盂兰，一杯清酒，一盏寒灯，不至作若敖之鬼[26]，则吾愿毕矣！新妇结褵[27]二年，贤孝素著。武功甥好为我善待之。亦武功渭阳情[28]也。

语无伦次，将死言善[29]。痛哉痛哉！人生孰无死？贵得死所耳！父得为忠臣，子得为孝子。含笑归太虚，了我分内事。大道本无生[30]，视身若敝屣[31]。但为气[32]所激，缘悟天人理[33]。恶梦十七年，报仇于来世。神游天地间，可以无愧矣！

【注释】

① 不孝：作者自称。过去在写给父母的信件中或祭奠父母的悼词中，普遍地自称“不孝(子)”。

② 严君：对父亲的敬称。见背：去世。

③ 两易春秋：换了两次春秋，即过了两年。作者父亲在两年前——弘光元年(1645 年)殉国。

④ 冤酷：冤仇与惨痛。

⑤ 复见天日：指恢复明朝。

⑥ 恤死荣生：使死去的人(指其父)得到抚恤，使活着的人(指其母)得到荣封。

⑦ 钟：聚焦。虐：指上天惩罚。先朝：指明朝。

⑧ 一旅：指吴易的抗清军队刚刚崛起。夏完淳参加了吴易的军队，担任参谋。

⑨ 齑(jī)粉：碎粉末。这里比喻被击溃。

⑩ 去年之举：指隆武二年(1646 年)起兵抗清失败事。吴易兵败后，夏完淳只身流亡。

⑪ 菽水之养：代指对父母的供养。语出《礼记·檀弓》：“啜菽饮水，尽其欢，斯之谓孝”。

⑫ 慈君：作者的嫡母盛氏。托迹：藏身。空门：佛门。

⑬ 生母：作者生母陆氏，是夏允彝的妾。寄生：寄居。

⑭ 双慈：嫡母与生母。

⑮ 门祚(zuò)：家运。

⑯ 义融女兄：作者的姐姐夏淑吉，号义融。

⑰ 昭南女弟：作者的妹妹夏惠吉，号昭南。

⑱ 新妇：这里指作者的妻子。雄：男孩。

⑲ 置后：抱养别人的孩子为后嗣。

⑳ 会稽大望：这里指夏姓大族。古代传说，夏禹曾会诸侯于会稽。于是后来会稽姓夏的人就说禹是他们的祖先。

㉑ 西铭先生：张溥，别号西铭。明末文学家，复社的领袖。死于崇祯十四年(公元 1641 年)，无后，次年由钱谦益等代为立嗣。钱谦益后来投降了清朝，人们认为这有损张溥的名节。

㉒ 文忠：夏允彝死后，南明鲁王谥为文忠公。冥冥：阴间。诛殛(jí)：诛杀。顽嚚(wán yín)：愚顽而多言不正的人。

㉓“二十年后”二句：意思是如果死后再度为人，那么二十年后，还要与父亲在北方起兵反清。

㉔ 武功甥：作者姐姐夏淑吉的儿子侯檠字武功。大器：大材。

㉕ 寒食：这里指清明节，是人们上坟祭祖的时节。盂兰：旧俗的农历七月十五日燃灯祭祀，超度鬼魂，称盂兰盆会。

㉖ 若敖之鬼：没有后嗣按时祭祀的饿鬼。若敖：若敖氏，春秋时楚国公族名。这一族的后代令尹子文看到族人子越椒行为不正估计他可能会给整个家庭带来灾难，临死前，对族人哭着说：“鬼犹求食，若敖氏之鬼，不其馁而。”后来，若敖氏终于因为越椒叛楚而被灭了全族。

㉗ 结缡(lí)：代指成婚。

㉘ 渭阳情：指甥舅之间的情谊。《诗经·秦风·渭阳》有“我送舅氏，曰至渭阳”句。据说是写晋公子重耳出亡，秦穆公收容他做晋君送他归国时，他的外甥康公送他到渭水之阳，作诗赠别。后世遂用渭阳比喻甥舅。

㉙ 将死言善：语出《论语·泰伯》：“人之将死，其言也善”。

㉚ “大道”句：依照道家的说法，人本来是从无而生，死后又归于无。

㉛ 敝屣(xǐ)：破草鞋。

㉜ 气：正义之气，激：激发.

㉝ “缘悟”句：因为明白了天意与人事的关系。

艺术赏析

人生之至痛，莫过于断头之日向慈母倾诉诀别之情了。夏完淳是不是洒泪作书，不得而知；但这封信中没有一个“泪”字，足见他奉献给母亲的是高于个人哀伤的一些其他情感。

首先触动读者的是夏完淳“不得以身报母”的遗恨。慈母的恩惠，本来就难报于万一，更何况夏完淳又自感“菽水之养无一日”。做儿子的除了自省和自责之外，看来是不可能作其他解释了。但此信的一、二两节，却对不能“报母”的原因做了情理交融的陈述，读来令人感佩。夏完淳是以继承父亲的报国之志，来报答母亲的养育之恩的，他不想做一只厮守在母亲身边的碌碌无为的家雀，而要投身到反抗民族压迫的斗争风云中，一展鸿鹄之雄图，这才是真正的“报母”。如此情怀，在这封信中不是一味地明理，是寓理于真诚的、炽烈的念母之情。

信的前两节，作者袒露了回环起伏的内心波涛：他首先想到的是“不孝”“不得以身报母”，但不在此多作停留，而是笔锋一转，痛惜地回顾了“一旅才兴，便成齑粉”的抗清义举，忧国之情暂时湮没了念母之情。他痛定思痛，觉得去年不死，竟死于今日，实在是必然中的偶然，既然以身许国，迟早总是要捐躯的。以此为情感转换的契机，他又一下子想到了双慈，于是，念母之心潮陡涨，难以言表的痛楚、无法消解的遗恨，一齐拥塞在笔端，逼出了第二节的“呜呼！……何以为生”。这是感情激流凝涩的大漩，作者的内心天平几乎完全倾向于“哀哀八口”。但是，就在这一瞬间，报国之情又猛地突破一家之私，义无反顾地发出了“虽然，已矣”的庄严誓言，推出了“为父为君，死亦何负于双慈”的光彩论断。至此，难解的人生命题似乎已经解开，执著的念母之情又趁势抬起头来，故有了“但慈君推干就湿……”这样“令人痛绝”的文字，以及托养双慈的不得而已的安排。

总观上述感情的起伏变化，可体察到：夏完淳是在“剪不断，理还乱”的矛盾思绪中处理情理关系的，他终于在生命的最后关头一如既往地把握住了人生的舵柄，恰当地将“报国”与“报母”有机地融合在一起，显示了少年英雄的崇高思想境界。

与第一、第二两节相映照的是，第三节以斩钉截铁的语气，告白母亲“万勿置后”。夏完淳之所以如此决断，是因为他对这个问题看得很深，反映了年仅十七岁的夏完淳，已在大风大浪中锻炼得相当成熟，但更主要的还是满腔碧血的强有力迸射。他已经立下了破家报国的壮志，即使破釜沉舟、断绝后嗣也在所不惜。所以，他在交待这一要事时口气相当严厉：“若有妄言立后者，淳且与先文忠在冥冥诛殛顽嚚，决不肯舍！”

接下来，文意偏重于安慰家人，咏叹人生，另一侧面勾勒出夏完淳的性格风貌。他恳望双慈保重玉体；他指望寒食盂兰时节的一杯清酒、一盏寒灯；他牵挂“结褵二年、贤孝素著”的妻子；他以五言诗式的咏唱来抒发豪情，感悟哲理，冷对屠刀，神游天地。

文学聚焦

名家点评

近现代文学家郭沫若：至今读之颇有余悲，且屡读不厌。(《历史人物·夏完淳》)

南开大学、辽宁大学中文系兼职教授王充闾：本文是夏完淳在南京狱中写给生母和嫡母的绝笔信，抒发其至死不屈的决心。既是其纯真感情的流泄，更是他高尚人格的体现。文章悲壮苍凉，一唱三叹，雄强恣肆，感人至深。(《中国好文章·你不能错过的文言文(下)》)

嘉应学院中文系副教授汪平秀：临终绝笔，作者写作此信时感情如火山喷发，不能抑制，所以多用短语、短句，形成气势上的贯通，节奏上的奔跃。(《古文鉴赏辞典》)

《天津邮政史料》《天津邮政志》主编、中国邮政史家仇润喜：《狱中上母书》抒写了对抗清失败、国破家亡的深仇大恨和未能尽孝的凄婉之情，抒发了自己壮志未酬身先死的悲愤心情，和“二十年后”“北塞之举”的顽强斗志。信中，有字字血、声声泪，令人肝肠寸断的陈情；也有声铿锵、意坚强，内心悲壮激越的自白；更有“含笑归太虚”“报仇在来世”等视死如归的决心。这封信具有强烈的艺术感染力，而它出自一位十七岁的热血少年之手，尤其使人震撼。(《牍海笔踪·中国古代书信精品48篇解》)

清华大学古典文献研究中心主任傅璇琮：《狱中上母书》是夏完淳在南京狱中写给嫡母盛氏的诀别信。在这封信里，作者从传统的道德精神出发，把骨肉亲情与民族慨恨交织在一起，表现了对国仇家恨的无限悲痛和视死如归的战斗气概。陈情哀惋，嘱托殷切，终而汇为悲壮的抒怀，凄凄绵绵，忠心耿耿，坦坦荡荡，情悲而意气豪壮，辞婉而格调高昂，通篇写出了这位少年英雄的凛然正气，读来令人肃然动容。由于时代等局限，本文也表现出忠孝节义、男尊女卑等封建思想，但其主旨所显示的美的人格力量，足以惊天地、泣鬼神！(《中国古典散文基础文库·书信卷》)

拓展与应用

探究思考

1. 给下面句子断句。

武 功 甥 好 为 我 善 待 之 亦 武 功 渭 阳 情 也 语 无 伦 次 将 死 言 善 痛 哉 痛 哉!

2. 将下列文言语句翻译成现代汉语。

(1) 痛自严君见背，两易春秋，冤酷日深，艰辛历尽。

(2) 双慈在堂，下有妹女，门祚衰薄，终鲜兄弟。

(3) 立一不肖后如西铭先生，为人所诟笑，何如不立之为愈耶！

职业连线

夏完淳出生于崇祯四年，即公元1631年，这时距离明朝灭亡只有13年了，可谓内忧外患，积重难返。在文化思想与商品经济比较发达的南方，要求个性解放，反对理学桎梏的时代精神也在广泛发展，许多饱读诗书、忧国忧民的士人按照文学观念或活动地域形成各种流派或社团，与阉党进行斗争。这里面就有著名的东林党。继东林党之后，又有组织地主阶级中下层知识分子及小市民的复社和几社，而夏完淳的父亲夏允彝就是几社的创始人之一。一代奇才夏完淳就在这样的背景下诞生在大雷雨即将来临前的江南，松江华亭县(今上海市松江区)。

夏完淳出生后，夏家上下欢天喜地，亲朋好友也纷纷前来祝贺，祝贺夏允彝35岁喜得贵子，更祝贺夏家单弱的门庭终于有了生机。

夏允彝从儿子懂事起就教他四书五经、天下诗文，而且在讲授诗文的同时更注重爱国主义的教育。那些为了国家民族不惜抛头颅洒热血的民族英雄的名字和他们的佳作(例如《正气歌》《满江红》等)一起深深地铭刻在小完淳的心中，而父亲及其朋友们为匡救天下，恢复优秀儒家传统和阉党进行斗争的情景更是给了他现实的教育。夏允彝正妻、完淳的嫡母盛氏的教育与爱护也是小完淳成长道路上不可忽视的重要因素。

思考：

结合中国近代史谈谈家庭教育对爱国主义培养的重要性。

父亲是个兵(节选)

邓一光

作者简介

邓一光，1956年8月生于重庆市，蒙古族。祖籍湖北麻城。当过知青、工人、新闻记者、自由写作者、文学刊物编辑。20世纪80年代开始文学创作，主要从事小说的写作。著有长篇小说七部，中篇小说三十余部，短篇小说三十余部，电视剧剧本三部，出版有《邓一光文集》(四卷本)。作品多次被选载、介译到海外及入选各种版本的年选。

2019年9月23日，邓一光长篇小说《我是我的神》入选"新中国70年70部长篇小说典藏"。

背景知识

《父亲是个兵》是邓一光的中篇军旅小说，小说采用独特视角，以红军后代与现代人的双重眼光，重新审视父辈的生存状态。通过一系列片段情节，清晰地勾勒出一名老军人从军时和退伍后的生活，鲜活地展现了一位老兵形象。

长达十四年之久的磨砺，既考验了邓一光的耐性和毅力，也为其集聚了深厚的创作底气，奠定了扎实的创作基础。从1995年《父亲是个兵》这部带有家族史传色彩的小说出现，标志着邓一光终于找到了属于自己的文学富矿和真正意义上的文学自我，创作潜能喷涌而出。之后相继完成了《我是太阳》《走出西草地》《遍地菽麦》《大妈》《远离稼穑》《燕子飞时》

《大姨》《想起草原》等作品，一直到2003年的《江山》、2008年的《我是我的神》，构成了一个前后呼应、主题同构、形象类似的“兵系列”小说，引起文坛的极大反响与关注。“兵系列”小说是邓一光最出色的作品，是中国20世纪90年代中后期文坛的重要收获，为中国当代军旅题材的创作增添了新的风采。

父亲不是兵已经很久了。1992年父亲和一大批老兵一起摘掉了帽徽领章，彻底告别了职业军人生涯，成为一名普通得和大街上蹀躞而行的退休工人没有什么两样的老百姓。父亲因此而得到军委三总部颁发的一枚勋章。那枚勋章，据说含金量极高。

20世纪60年代末期，那时候父亲五十多岁，身强力壮，思维敏捷，刚从南京军事学院高级指挥学习班毕业。父亲的各科目成绩非常优秀，他为这个得意万分，他说他过去在部队里扫盲时学习成绩就特别出色，他说他就算一天书也没读过又怎么样？不知道是弄错了还是根本就没弄错，父亲在拿到毕业证书后没几天就接到了离职休养的命令。一个月后，父亲带着他的妻子和五个孩子搬进了雾城重庆一位彭姓买办留下的一座幽静的花园，从此再也没有走进过军营。父亲的身体很健康，直到三十年后的今天，身体状况依然良好。

父亲断断续续不戴领章帽徽的时间至少有十五年。十五年的时间绝对不算短，虽然父亲摘掉领章、帽徽之后仍然穿着军装，那样子却有点不伦不类。我一直认为军装的威风神气，完全是领章、帽徽的功劳。如果没有了领章、帽徽，那身国防绿实在呆板压抑得很。

父亲永远穿着军装，风纪扣扣得一丝不苟，在最热的季节里，他也从不解开扣子。任由黑水白汗浸透军装。父亲也不是没有便服。20世纪70年代后期，母亲为父亲做过两套中山装，买的是最好的呢料，请的是最好的裁缝，衣服做好后，我见父亲试过，样子很呆板，一点也不像父亲。好在父亲并不常穿，他根本就不穿。那两套质量不错的中山装，后来基本上成为虫子和樟脑球的战场了。

父亲脱去了军装，已经不是兵了。但是时不常的还有是兵的叔叔伯伯到家里来看望他。他们大多来自很远的地方，匆匆地来，匆匆地走。那些年纪或大或小的兵走时都对送出大门的我说，你的父亲，他是真正的兵。

父亲脱去军装的那一天，他把自己一个人关在屋里待了很久。那一天，广州军区一位少将来干休所颁发勋章。那枚勋章家里人谁也没有看到过，仿佛它在一开始就被父亲埋葬了。父亲这一生得到过许多的奖章，其中他最看重的是红星勋章，独立自由勋章和八一勋章，这三枚勋章分别放在三只小盒里，小盒里铺着枣红色的金丝绒，许多年之后，它们已失去了新鲜的光泽。父亲一直闭口不提他最后得到的那枚勋章。母亲曾经问过这件事。母亲说：“老头，你是不是领了一块金牌？”母亲之所以这么问，并没有别的什么意思。母亲在很多方面和老式的家庭主妇没有什么两样，对鸡毛蒜皮的小事爱咋咋呼呼，而对严肃的话题却漫不经心，何况院子里都在传说，那枚勋章和以往的勋章不一样，是用纯金铸的，很值钱。母亲对金子谈不上什么爱好。母亲年轻的时候热衷于工作，上了年纪以后迷上了老年迪斯科，另外还有中国画。母亲的葡萄画得炉火纯青，可见在大器晚成方面齐白石并非唯一的奇迹。对于那枚勋章，母亲只是普通的好奇罢了。

母亲这么问，当时父亲说了一句很粗鲁的话，准确地说，那是一句骂人的话。母亲听了很生气。母亲仅仅是生气，也不能把父亲怎么样。这件事说到底本来就不关她什么事，她就是想吵架也没有理由。母亲是中专生，中专生属于知识分子，知识分子吵架是要有理由的。

父亲那一天一直把自己关在屋里，他待在屋里一声不吭。出来吃过一顿饭，什么话也不说，也不怎么向他一向喜欢的红烧肘子伸筷子，吃过饭之后又回自己的房间去了，把门咣当一声碰上。但也没有发生别的什么事。那天母亲去老年大学上课，回来晚了，回来以后就忙着做疙瘩汤。我对母亲说："爸爸今天脱军装，咱们是不是买点菜回来，家里庆贺一下？"母亲诧异地看了我一眼，说："那是为什么？又不是逢年过节。"我想解释一下。我想说，对于父亲，今天比一百个年加起来还重要。但是我最终还是没有说。在母亲看来，父亲穿什么都是一回事，除了军装洗起来比较容易一些，别的没有什么损失。至少在母亲眼里，父亲脱军装算不上什么节气。

那天的天气差不多是一年中最好的，暖洋洋的。太阳在很长一段时间里都挂在那里一动不动。有点小北风，但也只能把院子里的干葡萄叶子吹到水沟里去，仅此而已。

父亲的倔犟脾气使我们一家人都吃尽了苦头，尤其是他偏狭的恋乡情结，几乎毁了我的整个前途。

父亲在他休息后的第十五个年头开始念叨他的"归去来兮"经。在这之前，他一直没有放弃过重新工作的期望。他一直以为那一纸休息命令只是暂时的，他还有复出的希望。他就那么等待着，苦苦而又痴心不改地等待着。他等那份根本不会出现的命令等了整整十五年。父亲在重新工作无望后决定回到他的出生地。他要回到他的麻城老家去做农民或者做寓公。这个念头十分强大地统治了我们家十年，直到父亲的预谋得以实现。父亲在休息前一直做军事指挥员，没有搞过政工，虽然在1945年"国共和谈"破裂以后父亲曾在极短的时间里当过参谋长，但这并不能说明他就懂得谋略。父亲的谋略才能是在他休息之后才被挖掘出来的。他那是有了大量的时间和精力来总结自己，同时也有大量未曾释放的欲念需要疏导，这就使父亲由一位勇士痛苦地变成了一位智者。父亲当然并不仅仅是自己回家乡，他还要把全家都弄回老家去。父亲甚至希望他的孩子中有一个能和他一道回到老家那根本就不怎么长草的土地上去种庄稼。在我的其他几位兄弟姊妹都当了兵之后，父亲把希望的目光对准了我。我在中学毕业后成为了一名知识青年这件事使父亲的希望有了实现的可能。父亲怂恿我回老家当知青。父亲说："当农民哪儿不能当？守在四川这个穷地方干什么？"我说："四川怎么是穷地方，四川是天府之国。"父亲不屑地反驳我说："天府在哪儿？之国在哪儿？你拿出来我看看；连个鱼也吃不上，还什么天府之国。回家乡去，家乡的鱼吃得你哭！"父亲这么说。他不但说，还付诸考察，为此他专门带着我回了一趟麻城。

我发现一踏上家乡的路，父亲的忧郁心情就一扫而光。小船载着我们渡过举水河的时候，父亲敞开大衣双手叉腰，昂首挺胸站在船头上，他心情极好地指点着告诉我，他在哪个沙丘上偷吃过四婶的花生，被爷爷打过屁股；他在哪个深潭里摸过鱼虾，差点没淹死。父亲敞开肺腑大口地呼吸着河面上腥潮的空气。父亲快乐地说："这儿一点也没变，还是老样子。"父亲眨巴眨巴眼睛小声地对我说："小子，回家第一件事就是让你饱饱地吃一顿鲜鱼，不是一条鱼是一顿，吃它几十条。"父亲从称呼他"三爹"的摇船后生的渔篓中拎出一大挂鱼，对小伙子说："剖干净，洗一洗，回头给我送去。"我看到那些一寸来长的柳条鱼，哈哈大笑起来。我觉得父亲他实在是一个懂得幽默的人。

在爷爷留下的那栋干打垒小院外面，父亲被一个小石子绊了一下，差一点跌倒。父亲把他的皮大衣往我怀里一塞，跌跌撞撞往里走，一边大声叫道："嫂子！嫂子！我回来了！"我的瞎了一双老眼的大婶战战兢兢地扶着门框走出，什么也看不见说："是三毛？是三毛吗？三毛你回来了？"父亲冲过院子，抢前一步挽住了大婶，父亲就在二月的阳光下，在老邓家遍地麦秸和鸡屎的老宅的屋檐下，扑通一声给大婶跪下了。大婶说："三毛快起来，三毛你快起来。"父亲说："不！"父亲他眼眶里涌满了泪水。父亲他就这么跪着，说什么也不肯起来。

我被那个场面给震住了。热血一股股地往我脸上涌。我的父亲一生硬骨，他打了数百次仗，负过多次伤，至今他的颅顶还残留着一粒黄豆大的弹片，腿肚里还有一粒子弹。1934年万源保卫战中，父亲中了三发子弹，三次被打倒在地，三次都爬了起来。血人似的在火海中跌撞冲杀，成为红四军的美谈。我的父亲他从来没对人说过软话，他直到八十岁的时候仍然大跨步地走路，腰板挺得笔直。

大婶是大伯离开家乡前娶进门的。大婶那年十七岁，是东冲村最俊气的妹子。大伯离开家乡时并不知道大婶已经有了身孕。在这之后的几十年里，大婶始终盼望着大伯有一天能回到家来看一眼他的骨肉。在邓氏家族三个虎背熊腰的年轻后生亡命他乡之后，一个十七岁的小媳妇脱下红色的新嫁衣，一声不响地走出她的新房，默默地操持起一家老小的苦日子。这个十七岁的小媳妇起早贪黑，没日没夜地劳作，地里的活、屋里的活全得靠她一个人。她有时候累得晕倒在地里，但她从来不对自己的公婆说。她毫无怨言地为邓家养小送老，把大伯的父母一个个安葬了，又把大伯的儿子一口口喂大了，然后为他娶来了媳妇，再安静地守在哔剥作响的灯火前，等待儿媳妇生下大伯的孙子。这个当年十七岁的小媳妇偶尔也在黄昏的时候悄悄地独自到村头的河边去等着，用她那么美丽的眼睛默默遥望着北边的那条大道。大伯当年是从那条大道上走的，他并不知道他十七岁的女人在许多黄昏用怎样美丽而忧伤的目光期待着他的归来。她就那么把她的眼睛一天天地盼瞎了。但是大伯始终没有回来，连他的遗骨也葬在不知晓的异乡了。

父亲说，你的大婶是咱们老邓家的功臣。

回到邓家老宅使父亲一直压抑着的情感得以释解。在许多场合，父亲都表现得像一个孩子。父亲在长久地给大婶下跪过后站起来，对站在院子里怯怯地望着他的侄儿媳妇大声说："明珍，给我杀鸡！给我杀最肥的鸡！"我的堂嫂那年五十多岁了，看起来，她比我的母亲还要显老。我的堂嫂恐慌地看着父亲的目光在搜寻着院子里那几只茫然无知的鸡婆，小声说："都是生蛋的鸡呢。"父亲说："吃就吃生蛋的鸡，不生蛋的鸡谁吃？"父亲说完，顽皮地看着大婶笑，一副很得意的样子。我很同情堂嫂，在父亲去爷爷奶奶坟地的时候，我给了堂嫂五块钱，让她去别家买两只鸡来。但这种阴谋没有得逞。父关在喝过第一勺滚烫的鸡汤之后狐疑地皱了皱眉头，抬起眼盯着堂嫂说："这味不对。这不是老邓家的鸡！"堂嫂吓得满脸惊恐，差一点打翻了汤碗。以后有好几天，堂嫂都躲着父亲，她一看见父亲就忍不住要全身发抖。

父亲回家一共办了三件事。头一件是给爷爷奶奶上坟。父亲去上坟，没有带我去。这是一件至今令我疑惑不解的事。于情于理，我从千里之外回到祖籍，我是邓家的一个子孙，说什么都该去给祖宗烧炷香磕个头的。可是父亲却不叫我去。父亲换下了军装，带着一把长柄锄，在走出大门时深深地吸了一口气。父亲在二月的阳光下给我的大婶下跪，他这一生中只给这么一个女人下跪，这个意义当然是非同寻常的。他是在替爷爷奶奶、替他的大哥、替他的二哥、替老邓家所有的男人下跪。父亲在邓家老宅满是麦秸和鸡屎的屋檐下倾金山、倒玉柱般地扑通一声跪下去，无论是祖坟里还是异乡别土里的邓氏亡魂都长长地叹了一口气，从此安宁。父亲走出院子，独自一人去了祖坟，在那里整整待了一天。父亲在那里做了些什么，没人知道。我不相信父亲只做些拔草培土的事情，这不是他。我总觉得，父亲和邓家祖坟之间，一定还有一些别的秘密，而那些秘密，父亲是打算恪守到最后的，甚至连他曾一度信赖且寄托过重望的我，也不打算告诉。

父亲做的第二件事是召集了邓氏家族中最亲近的人开了一个会。这个会是在夜里开的，这样就显得有点神秘。父亲要我主持这个家族会议，这是父亲带我回乡"阴谋"中的主体部分。父亲对邓家的颓败和自甘衰败十分痛心，他处心积虑地想让邓家的威风重新得到发扬。他固执地认为，一切的不尽如人意都是由于邓家人缺乏一个有胆有识且有文化的组织者。这是一个至关重要的人物，而这个人物的最佳人选就是他的二儿子——我。父亲的阴谋在他强大和刚愎自用的自我中一步步得以实现。如果不是因为偶然中我得知父亲准备在家乡为我找一个身体结实的媳妇，让我在家乡死心塌地安家落户，那么他的一整套计划早就实现了。父亲差一点毁了我。他让我回家来组织和发动那些邓姓农民。他斩钉截铁地说："农民和你想象的不一样。农民什么也不是，他就是农民！"按照父亲的战略意图，我的文化知识和无牵无挂足以造成一种新势力，能为邓家人提供一个新的家族核心。它是需要有想法的人来充当火种手的。父亲肯定地认为，如果不出差错，二儿子将在他的有生之年夺取大队支部书记或大队长的位置，如果这样，拿他的话来说："邓家人就有救了。"父亲正是怀着这样的复杂心情大声叱骂他的堂兄弟和叔伯侄儿们，挨个儿指着鼻子把他们骂得狗血淋头。父亲血压升高，心跳加剧，差一点倒了下去。而我的堂叔堂兄们则一边点头哈腰，一边唯恐落后地一支接一支吸着父亲带回去的"红牡丹"牌香烟，直到把它们全都吸光。我的直觉告诉我，他们谁也没有认真去听父亲骂了一些什么，也不管父亲为什么要骂，但即使这样，因为有了"红牡丹"，他们是很喜欢听父亲训话的。

父亲干的第三件事最具有传奇色彩，它让我再度看到了父亲身上被岁月尘土掩埋了很久的光辉。我不由得肃然起敬。我吃惊地发现，父亲他作为一名军人的全部良好素质并没有消磨掉，它们只不过是在悄悄地潜伏着，等待着一切可能充分发挥的机会。

一百吨日本尿素在运往管理区的途中被一大群手执扁担打杵的东冲村人劫住了。司机从驾驶台里钻出来大声喊道："你们要干什么？你们疯啦？！"没有人听他的，东冲村男男女女老老少少举着扁担挑着箩筐没命地往前拥，从车上拖下成袋的化肥再把它们运走。在整个事件中指挥者只有一人，那就是我的父亲。

几百名脸上涂了锅底黑的农民突然出现在公路两旁，令司机和押送化肥的管理区技术员大惊失色，他们怎么也不会相信，打死也不会相信，在共产党领导的地方会出现这种揭竿而起拦路行剪的暴民行为。父亲完全像指挥一场战斗一样向大队干部布置了这场"化肥劫案"。一辆牛拉车歪倒在公路当中，赶牛车的小伙子趟在车上呼呼大睡，长长一溜化肥车只能停在公路上。司机目瞪口呆地看着疯了似的农民一拥而上，身手矫健地攀上汽车，踢死猪娃似的往车下踢化肥袋。车下的人则配合默契，肩扛箩挑，迅速将战利品运下公路，顺着羊肠子一般的田埂消失掉。空气中弥漫着浓烈刺鼻的尿素味，同时弥漫的还有老区久违的同仇敌忾精神。司机如果对历史稍微有点兴趣就会发现，这个场面和五十年前发生在这一带的众多事件有着十分相似的共同处，他还会领悟一个道理，农民一旦被组织起来，就会发挥出最大的积极性和创造性。遗憾的是司机根本没能领悟这一点，只会一个劲地在那里喊："你们这是干什么？你们疯啦？！"没人理会他，人们全都处在一种极端的兴奋和突然产生的责任感中，唯恐做了群众运动的落后分子。司机并不知道，此刻，在远离公路几百米的一个高地上，一个指挥过数百场战斗的职业军人正披着一袭英国呢大衣冷静地注视着一切。当两辆八吨装的卡车被卸运一空之后，他在心里对自己说，这场战斗应该结束了。

艺术赏析

这部军旅小说采用独特视角，以红军后代与现代人的双重眼光，重新审视父辈的生存状态。通过一系列片段情节，清晰地勾勒出一名老军人从军时和退伍后的生活，鲜活展现了一位老军人一生的戎马生涯。

语言质朴平实，贴近生活，却又不失文雅。

本文采用回忆体及倒叙兼插叙的独特文章结构和细节描写的方法塑造了栩栩如生的人物形象，让"父亲"这个军人形象的品格和精神成为我们学习的榜样。

文学聚焦

鲁迅文学奖

"鲁迅文学奖"是以中国新文化运动的伟大旗手鲁迅先生命名的文学奖项，创立于1986年。它是为鼓励优秀中篇小说、短篇小说、报告文学、诗歌、散文、杂文、文学理论和评论作品的创作，鼓励优秀外国文学作品的翻译，推动社会主义文学事业的繁荣与发展而设立的，是中国具有最高荣誉的文学大奖之一。

评选标准：

1. 坚持思想性与艺术性完美统一的原则。所选作品应有利于倡导爱国主义、集体主义、社会主义的思想和精神，有利于倡导改革开放和现代化建设的思想和精神，有利于倡导民族团结、社会进步、人民幸福的思想和精神，有利于倡导用诚实劳动争取美好生活的思想和精神。对于体现时代精神和历史发展趋势、反映现实生活，塑造社会主义新人形象的催人奋进、给人鼓舞的优秀作品，应重点关注。要兼顾题材、主题、风格的多样化。

2. 重视作品的艺术品位。鼓励在继承我国优秀文学传统和借鉴外国优秀文化基础上的探索和创新，尤其鼓励那些具有中国作风和中国气派，为人民群众所喜闻乐见的富有艺术感染力的作品。

3. 重视作品的社会影响力。各奖项评委会，可根据本条例的要求，结合该文学体裁门类的特点，听取读者意见，提出具体要求。

拓展与应用

探究思考

仔细品读以下小说语言，谈谈自己的感受。

(1) 我被那个场面给镇住了。热血一股股地往我脸上涌。我的父亲一生硬骨，他打了数百仗，负过多次伤，至今他的颅顶还残留着一粒黄豆大的弹片，腿肚里还有一粒子弹。一九三四年万源保卫战中，父亲中了三发子弹，三次被打倒在地，三次都爬了起来，血人似的在火海中跌撞冲杀，成为红四军美谈。我的父亲他从来没对人说过软话，他直到八十岁的时候仍然大跨步地走路，腰板挺得笔直。

(2) 父亲干的第三件事最具有传奇色彩，它让我再度看到了父亲身上被岁月尘土掩埋了很久的光辉。我不由得肃然起敬。我吃惊地发现，父亲他作为一名军人的全部良好素质并没有消磨掉，它们只不过是在悄悄地潜伏着，等待着一切可能充分发挥的机会。

职业连线

在抗日战争和解放战争中，中国涌现出了一大批英雄人物，在战争年代，他们是伟大的英雄、国家的栋梁，在和平时期，他们以自己的军人品格影响着下一代，军国之情与亲情相互交织、奏响着一部部可歌可泣的新时代诗篇，这是我们父辈军人留给我们的伟大财产，是金钱所无法替代的。

思考：

父辈留给我们的传承，不但有军国之情，更有父子亲情，你认为应该如何处理好两种情感之间的关系？

曾国藩家书（二则）

曾国藩(清)

作者简介

曾国藩(1811—1872年)初名子城，字伯涵，号涤生。1811年出生于湖南长沙府湘乡荷叶塘白杨坪(今属湖南省娄底双峰县荷叶镇)。他推崇程朱理学，认为程朱理学正统于孔孟之道，后君臣应以习之。尤其他曾主张或奏明皇上，提出治理天下之办法，涉及吏治与廉洁、选材与用材、物质与财用、兵力与兵法等。他从理论乃至实践上都极力标榜封建伦理道德，来维护地主阶级的根本利益。他为建湘军呕心沥血，精心操劳练出了一支战斗力赛过绿营的正规军，为镇压太平天国立下了赫赫战功，为清王朝东拼西杀，征战毕生，直至卒死在两江总督的宝座上。

曾国藩是中国历史上最有影响的人物之一，他从湖南一个偏僻的小山村以一介书生入京赴考，中进士留京师后十年七迁，连升十级，37 岁任礼部侍郎，官至二品。历尽艰辛为清王朝平定了天下，被封为一等勇毅侯，成为清代以文人而封武侯的第一人，后历任两江总督、直隶总督，官居一品，死后被谥“文正”。

背景知识

曾国藩所处的时代，是清王朝由乾嘉盛世转为没落、衰败，内忧外患接踵而来的动荡年代，由于曾国藩等人的力挽狂澜，一度出现“同治中兴”的局面，曾国藩正是这一过渡时期的重心人物，在政治、军事、文化、经济等各个方面产生了令人瞩目的影响，成为近代中国最显赫和最有争议的历史人物。

作为中国近代史上地位显赫而又最有争议的一位人物，其所著的《曾国藩家书》是研究曾国藩其人及这一时期历史的重要资料。曾氏家书行文从容镇定，形式自由，随想而至，挥笔自如，在平淡家常事中蕴含真知良言。尽管曾氏著作留传下来的太少，但仅一部家书足以体现他的学识造诣和道德修养，从而赢得“道德文章冠冕一代”的称誉，并使其成为中国封建社会最后一尊精神偶像。

曾国藩的家庭教育思想，主要体现在他写给儿子纪泽、纪鸿以及诸弟的家书中。曾国藩的家书，共有 330 多封，是历史上家书保存下来最多的一个。全书分为治家类、修身类、劝学类、理财类、济急类、交友类、用人类、行军类、旅行类、杂务类，共 10 大类。

曾氏家族，向来治家极严，也很有章法。曾国藩受家风熏陶，对子弟也要求极严，并谆谆加以教诲。他的家庭教育指导思想中，有许多可取之处。诸如在教子弟读书、做学问、勤劳、俭朴、自立、有恒、修身、作官等方面，都继承和发扬了中华民族的传统美德。

曾国藩是最好的儿子，能使父母宽心；是最好的哥哥，教导和照顾弟妹，体贴入微；曾国藩更是仁慈的父亲，是儿女的好榜样。他的家书讲求人生理想、精神境界和道德修养，在骨肉亲情日渐淡漠、邻里亲戚形同陌路的现代社会里，确实有劝世化俗的价值，值得每个人一读。大多数官宦之家，盛不过三代，而曾氏家族却代代有英才，出现了像曾纪泽、曾广均、曾约农、曾宝荪、曾宪植等一批著名的外交家、诗人、教育家、科学家和革命家。

曾国藩具有高深的学问素养，是一个“办事(干出事业)兼传教(留下思想学说)之人”(毛泽东)。他一生勤奋读书，推崇儒家学说，讲求经世致用的实用主义，成为继孔子、孟子、朱熹之后又一个“儒学大师”；他革新桐城派的文学理论，其诗歌散文主持了道(光)、咸(丰)、同(治)三朝的文坛。

一、字谕纪鸿儿

家中人来营者，多称尔举止大方，余为少慰。凡人多望子孙为大官，余不愿为大官，但愿为读书明理之君子。勤俭自持，习劳习苦，可以处乐，可以处约。此君子也。余服官二十年，不敢稍染官宦气习，饮食起居，尚守寒素家风，极俭也可，略丰也可，太丰则吾不敢也。

凡仕宦之家，由俭入奢易，由奢返俭难。尔年尚幼，切不可贪爱奢华，不可惯习懒惰。无论大家小家、士农工商，勤苦俭约，未有不兴，骄奢倦怠，未有不败。尔读书写字不可间断，早晨要早起，莫坠高曾祖考以来相传之家风。吾父吾叔，皆黎明即起，尔之所知也。

凡富贵功名，皆有命定，半由人力，半由天事。惟学作圣贤，全由自己作主，不与天命相干涉。吾有志学为圣贤，少时欠居敬工夫，至今犹不免偶有戏言戏动。尔宜举止端庄，言不妄发，则入德之基也。手谕。

父涤生字 九月廿九夜在江西抚州门外

二、字谕纪泽儿

十九日曾六来营，接尔初七日第五号家信并诗一首，具悉次日入闱，考具皆齐矣，此时计已出闱还家。

余于初八日至河口，本拟由铅山入闽，进捣崇安，已拜疏矣。光泽之贼，窜扰江西，连陷沪溪、金溪、安仁三县，即在安仁屯踞，十四日派张凯章往剿。十五日余亦回驻弋阳，等安仁破灭后，余乃由泸溪云际关入闽也。

尔七古诗，气清而词亦稳，余阅之欣慰。凡作诗最宜讲究声调。余所选钞五古九家，七古六家，声调皆极铿锵，耐人百读不厌。余所未钞者，如左太冲、江文通、陈子昂、柳子厚之五古，鲍明远、高达夫、王摩诘、陆放翁之七古，声调亦清越异常。尔欲作五古、七古，须熟读五古、七古各数十篇，先之以高声朗诵以昌其气，继之以密咏恬吟以玩其味，二者并进，使古人之声调拂拂然若与我之喉舌相习，则下笔为诗时，必有句调凑赴腕下，诗成自读之，亦自觉琅琅可诵，引出一种兴会来。古人云，“新诗改罢自长吟”，又云“煅诗未就且长吟”，可见古人惨淡经营之时，亦纯在声调上下工夫。盖有字句之诗，人籁也；无字句之诗，天籁也。解此者，能使天籁人籁凑泊而成，则于诗之道思过半矣。

尔好写字，是一好气习。近日墨色不甚光润，较去年春夏已稍退矣。以后作字，须讲究墨色。古来书家，无不善使墨者，能令一种神光活色浮于纸上，固由临池之勤、染翰之多所致，亦缘于墨之新旧浓淡，用墨之轻重疾徐，皆有精意运乎其间，故能使光气常新也。

余生平有三耻：学问各途，皆略涉其涯涘，独天文算学，毫无所知，虽恒星五纬亦不认识，一耻也；每作一事，治一业，辄有始无终，二耻也；少时作字，不能临摹一家之体，遂致屡变而无所成，迟钝而不适于用，近岁在军，因作字太钝，废阁殊多，三耻也。尔若为克家之子，当思雪此三耻。

推步算学纵难通晓，恒星五纬观认尚易。家中言天文之书，有“十七史”中各《天文志》，及《五礼通考》中所辑《观象授时》一种，每夜认明恒星二三座，不过数月，可毕识矣。

凡做一事，无论大小易难，皆宜有始有终。

作字时先求国匀，次求敏捷。若一日能作楷书一万，少或七八千，愈多愈熟，则手腕毫不费力。将来以之为学则手钞群书，以之从政则案无留牍，无穷受用皆自写字之匀而且捷生出。三者皆足以弥吾之缺憾矣。

今年初次下场，或中或不中，无甚关系。榜后即当看《诗经注疏》，以后穷经读史，二者迭进。国朝大儒，如顾、阎、江、戴、段、王数先生之书，亦不可不熟读而深思之。光阴难得，一刻千金！

以后写安禀来营，不妨将胸中所见、简编所得，驰骋议论，俾余得以考察尔之进步，不宜太寥寥，此谕。

谕纪泽咸丰八年八月二十日书于弋阳军中

（选自曾国藩. 曾国藩全集[M]. 北京：光明日报出版社，2015.）

艺术赏析

1. **字谕纪鸿儿**

这封信文字虽短，但内容丰富，情意真挚，用语浅直，倾注了曾氏疼子爱子的一片慈父之心。笔者以为，此信可称得上曾氏上千封家信中最堪铭记传诵的一篇。

曾氏的小儿子纪鸿此时年方九岁。曾氏在一连生了四个女儿后，直到三十八岁才生纪鸿，对这个儿子他自然极为疼爱。

曾氏以一种较为少有的温婉语气，给九岁小儿子单独写了这样一封信，谆谆告诫儿子习劳习苦，不要沾染官家气息，保持寒素家风；读书写字不能间断，早上要早起，以此培养勤奋的习惯。曾氏希望儿子重点放在德行的修养上，不必过多地考虑功名之事，因为功名不能完全由自己做主，而德行是可以由自己来修炼的。并以举止端庄、不说妄语作为培养德行的基础。

曾氏此信的特点是不仅讲明道理，而且提出了具体的措施。这些措施都是极平易简单的，不难做到，只要坚持下去，就可以使自己一步步地向"君子"靠拢。

以极具操作性的简易行为去实现崇高远大的目标，曾氏这种独特的教育方法在此信里得到充分的体现。

信中"凡人多望子孙为大官，余不愿为大官，但愿为读书明理之君子"这句话，百余年来广为传诵在士人之间。

2. **字谕纪泽儿**

曾国藩教子有方。他对子女读书、做人的训导，要求十分严格。但又不是一味督责，而视是身教重于言教。

这封家信督促纪泽习文作诗，不放空言，而是根据自己的切身体会，以研究、讨论的姿态对儿子进行指导。曾国藩认为："盖有字句之诗，人籁也；无字句之诗，天籁也。解此者，能使天籁人籁凑泊而成，则于诗之道思过半矣。"深得传统诗学之精髓，表现出极高的诗学修养。

曾国藩在信中讲述自己生平三耻：对天文算学的无知；做事治业的有始无终；写字迟钝而不适于用。其实，曾国藩的能力和文书比一般人都高明，讲述自己的"三耻"，是希望儿子能弥补自己的缺憾，用这种方法激励儿子奋发上进，同时，严于律己，也给孩子树立了榜样。

曾纪泽后来在经史、诗文、书画、地理、天文、外交等方面所取得的成就，与其父教子有方是分不开的。

文学聚焦

《曾国藩家书》家庭教育的方法：家勤人勉，永不贫贱

《曾国藩家书》书中的核心思想为：八宝、八本、三致祥。而“正心、诚意、齐家、治国、平天下”的儒家传统思想，则始终贯穿其中。他的家书不仅是当时被众人倡导的教育准则，也为现在孩子的为人处世提供了良好的教育理念，值得我们学以致用。

1. 以身传教为主

曾国藩重身教，轻言教。

身教子女勤奋。他每天兢兢业业，从早到晚都在勤奋工作，即使到了晚年，身体欠佳、右目失明，仍然坚持不懈，给子女树立了良好的榜样。

身教子女简朴。就算有优渥的家庭条件，曾国藩的日常饮食，却一直保持着一荤为主，穿戴也是出名的简朴。

2. 养成子女勤俭朴实的习惯

曾国藩让孩子们都住在老家，告诫他们每天的饭菜不能过于丰盛，身上的衣服不能过于华丽，住的地方门上更不能挂“相府”“侯府”的匾，外出也要遵循轻车简从的原则。

3. 归正子女学习的态度和方法

曾国藩教育子女读书除了应试的目的外，更要有经世致用的理想，让他们成为饱读诗书、明白道理的君子，能够做到勤俭、懂得约束、能屈能伸的有德之人。在学习态度上，教育子女应该“专一永恒”，有了目标之后，一定要一心一意朝着目标前进。在学习方法上，认为读书要有计划，在兼重看、读、写、作四种基本方法时，还总结出速、熟、恒、思四大要点。

4. 教育子女谦虚处世

曾国藩劝诫子女为人要谦逊，才能长远发展；告诫子女面对人生的各种状况，要能够昂昂自若不被打倒；要经常进行自我反省和检讨。

拓展与应用

探究思考

1. 作者认为什么样的诗才是好诗？他要纪泽怎样作诗？
2. 作者自述生平有三耻，指的是哪三耻？
3. 找出作者教育儿子做事要持之以恒的句子。
4. 两则家书分别写给两个儿子，内容上有什么区别？

职业连线

曾国藩终生注重家庭教育，他把教育子弟的重点放在修“心”、修“身”、修“行”上。修“心”是人心、智心的砥砺，是人道德品质的培养。曾国藩提倡修“心”，是要其子弟做到“慎独”“不忮不求”“孝友”“仁”“敬”“ 谦”“恕”等。修“身”是通过保养和修炼以获得健康的体魄，为此，曾国藩反复教育子弟要劳逸适度，惩忿窒欲，眠食有恒，耕作时习。曾国藩也注重修“行”，要求自家子弟言谈举止朴实，待人谦敬、宽容，为人不能清高、刻薄，生活上也要去奢侈之风。

为求达上述目标，曾国藩有一整套教育子弟的方法。训诫，是曾国藩最重要和最基本的家教方法。他把为人处世之道、修身养性之方直接地教导、告诫子弟，明确要求子弟为或不为，开诚布公，循循善诱。他常把一些对子弟的要求通过警句和隽语的形式加以概括，以期引起子弟的重视。通过对祖宗嘉言懿行的称赞，令子弟弘扬祖德，也是曾国藩教育子弟的方法之一。他将祖父相传之家法概括为“早”(早起)、“扫”(洒扫)、“考”(祭祀祖宗)、“宝”(善待亲族邻里)、“书”(读书)、“蔬”(种菜)、“鱼”(养鱼)、“猪”(养猪)，作为治家之道的八字诀，叮嘱家人时时留心，躬身实践。曾国藩时常对自己的言行进行剖析，把自己行为的对错得失告诉家人，以作为曾门子弟的借鉴，这也是他家教的方法之一。他曾给儿子写信，反省自己的不足。他说：“一家能勤能敬，虽乱世亦有兴旺气象；一身能勤能敬，虽愚人亦有贤智风味。吾生平于此二字少工夫，今谆谆则训吾昆弟子侄，务宜刻刻遵守。至要至要。”对家人的缺点和错误，曾国藩能直接批评，使受批评者因受到指责而感到羞愧。批评之后，他还能指出改正的方向，态度严肃中肯且平和，令家人心悦诚服。

思考：

结合自己的理解和经历，谈一谈父母的影响、家庭的教育在一个人的职业发展中有什么作用？

读书示小妹十八生日书

贾平凹

作者简介

贾平凹(1952—)当代作家，原名贾平娃。陕西丹凤人。1975年西北大学中文系毕业后任陕西人出版社文艺编辑、《长安》文学月刊编辑。1982年后从事专业创作。任中国作家协理事、作协陕西分会副主席等职。著有小说集《兵娃》《姐妹本纪》《山地笔》《野火集》《商州散记》《小月前本》《腊月·正月》《天狗》《晚唱》《贾平凹获奖中篇小说集》《贾平凹自选集》，长篇小说《商州》《州河》《浮躁》《废都》《白夜》，自传体长篇《我是农民》等。散文集《月迹》《心迹》《爱的踪迹》《贾平凹散文自选集》，诗集《空白》以及《平文论集》等。他的《腊月·正月》获中国作协第3届全国优秀中篇小说奖；《满月》获1978年全国优秀短篇小说奖。他于1988年获美国飞马文学奖。1997年获法国女评外国文学奖。贾平凹小说描写新时期西北农村，特别是改革开放后的变革，视野开阔，具有丰富的当代中国社会文化心理内蕴，富于地域风土特色，格调清新隽永，自然。

背景知识

本来，在小妹十八岁生日时，作者完全可以遵从世俗的习惯给她以物质的馈赠或一般地致信问候、祝贺与勉励，但他没有这样做，而是给她写去了一封凝聚着自己人生感悟与思考的长信，是给小妹生日祝贺的一件重要的精神礼品。在信中，作者回顾了自己早年读书求学时的艰难，剖析了自己走上社会之后的心路历程，以及在人生奋斗过程之中最终的价值选择，这就是读书、明理、做人。具言之，在当今社会形形色色的物质诱惑与价值导向中，如何升官发财、扬名天下均是次要的，读有益的书，懂得做人的道理，做一个对社会有用的人，才是一个人的安身立命之本。显然，作者这里已经越出了一般家书的私语层次，而上升为一个当代知识分子对于中国优秀人文传统的一种捍卫与坚守。而这，亦不仅仅是作者对小妹的教诲，也是作者面对世纪末精神状况持续沙化的中国社会所作的一种价值宣言。因此，其言虽浅，其意味则很深长。

七月十七日，是你十八岁生日，辞旧迎新，咱们家又有一个大人了。贾家在乡里是大户，父辈那代兄弟四人，传到咱们这代，兄弟十个，姊妹七个；我是男儿老八，你是女儿最小的。分家后，众兄众姐都英英武武有用于社会，只是可怜了咱俩。我那时体单力孱，面又丑陋，十三岁看去老气犹如二十，村人笑为痴傻，你又三岁不能言语，只会哇哇啼哭，父母年纪已老，恨无人接力，常怨咱这一门人丁不达。从那时起，我就羞于在人前走动，背着你在角落玩耍；有话无人可说，言于你你又不能回答，就喜欢起书来。书中的人对我最好，每每读到欢心处，我就在地上翻着跟斗，你就乐得直叫，读到伤心处，我便哭了，你见我哭了，也便爬在我身上哭。但是，更多的是在沙地上，我筑好一个沙城让你玩，自个躺在一边读书，结果总是让你尿湿在裤子上，你又是哭，我不知如何哄你，就给你念书听，你竟不哭了，我感激得抱住你，说："我小妹也是爱书人啊！"东村的二旦家，其父是老先生，家有好多藏书，我背着你去借，人家不肯，说要帮着推磨子。我便将你放在磨盘顶上，教你拨着磨眼，我就抱着磨棍推起磨盘转，一个上午，给人家磨了三升包谷，借了三本书，我乐得去亲你，把你的脸蛋都咬出了一个红牙印儿。你还记得那本《红楼梦》吗？那是你到了四岁，刚刚学会说话，咱们到县城姨家去，我发现柜里有一本书，就蹲在那里看起来，虽然并不全懂，但觉得很有味道。天快黑了，书只看了五分之一，要回去，我就偷偷将书藏在怀里。三天后，姨家人来找，说我是贼，我不服，两厢骂起来，被娘打了一个耳光，我哭了，你也哭了，娘也抱住咱们哭，你那时说："哥哥，我长大了，一定给你买书！"小妹，你那一句话，给了兄多大安慰，如今我一坐在书房，看着满架书籍，我就记想起那时的可怜了。

咱们不是书香门第，家里一直不曾富绰，即使现在，父母和你还在乡下，地分了，粮是不短缺了，钱却有出没入，兄虽每月寄点，也只能顾住油盐酱醋，比不得会做生意的人家。但是，穷不是咱们的错，书却会使咱们位低而人品不微，贫困而志向不贱。这个社会，天下在振兴，民族在发奋，咱们不企图作官，以仕图之路作功于国家，但作为凡人百姓，咱们却只有读书习文才能有益于社会啊。你也立志写作，兄很高兴，你就要把书看重，什么都不要眼红，眼红读书，什么朋友都可抛弃，但书之友不能一日不交。贫困倒是当作家的准备条件，书是忌富，人富则思惰，你目下处境正好逼你静心地读书，深知书中的精义。这道理人往往以为不信，走过来方才醒悟，小妹可将我的话记住，免得以后"悔之不及"。

兄在外已经十年，自不敢忘了读书，所作一二篇文章，尽肤浅习作，愈使读书不已。过了二月二十一日，已到了而立之年，才更知立身难，立德难，立文难。夜读《西游记》，悟出"取经唯诚，伏怪以力"，不觉怀多感激，临风而叹息。兄在你这般年纪，读书目过能记，每每是借来之书，读得也十分注重，而今桌上、几上、案上、床上，满是书籍，却常常读过十不能记下四五，这全是年龄所致也，我至今只有以抄写辅助强记，但你一定要珍惜现在年纪，多多读书啊。

既有条件，读书万万不能狭窄。文学书要读，政治书要读，哲学、历史、美学、天文、地理、医药、建筑、美术、乐理……凡能找到的书，都要读读。若读书面窄，借鉴就不多，思路就不广，触一而不能通三。但是，切切又不要忘了精读，掌握真正的本事，全在于精读。世上好书，浩如烟海，一生不可能读完，且又有的书虽好，但不能全为之喜爱，如我一生不喜食肉，但肉却确实是世上的好东西。你若喜欢上一本书了，不妨多读：第一遍可囫囵吞枣读，这叫享受；第二遍就静心坐下来读，这叫吟味；第三遍便要一句一句想着读，这叫深究。三遍读过，放上几天，再去读读，常又会有再新再悟的地方。你真真正正爱上这本书了，就在一个时期多找些这位作家的书来读，读他的长篇，读他的中篇，读他的短篇，或者散文，或者诗歌，或者理论，再读外人对他的评论，所写的传记，也可再读读和他同期作家的一些作品。这样，你知道他的文了，更知道他的人了，明白当时是什么社会，如何的文坛，他的经历、性格、人品、爱好等等是怎样促使他的风格的形成。大凡世上，一个作家都有自己一套写法，都是有迹而可觅导，当然有的天分太高了，便不是一时一阵便可理得清。兄读中国的庄子、太白、东坡诗文，读外国的泰戈尔、川端康成、海明威之文，便至今于起灭转接之间不可测识。说来，还是兄读书太少，悟觉浅薄啊！如此这番读过，你就不要理他了，将他丢开，重新进攻另一个大家。文学是在突破中前进的，你要时时注意，前人走到了什么地方，同辈人走到了什么地方。任何一个大家，你只能继承，不能重复，你要读他的作品时，就将他拉到你的脚下来读。这不是狂妄，这正是知其长，知其短，师精神而弃皮毛啊。虚无主义可笑，但全然跪倒来读，他可以使你得益，也可能使你受损，永远跟在他的屁股后了。这你要好好记住。

在家时，逢小妹生日，兄总为你梳那一双细辫，亲手为你剥娘煮熟的鸡蛋。一走十年，竟总是忘了你生日的具体时间，这你是该骂我了。今年一入夏，我便时时提醒自己，到时一定要祝贺你成人。邻居妇人要我送你一笔大钱，说我写书，稿费易如就地俯拾，我反驳，又说我“肥猪也哼哼”，咳，邻人只知是钱！人活着不能没钱，但只要有一碗饭吃，钱又算个什么呢？如今稿费低贱，家岂是以稿费发得？！读书要读精品，写书要立之于身，功于天下，哪里是邻居妇人之见啊！这么多年，兄并不敢奢侈，只是简朴，唯恐忘了往昔困顿，也是不忘了往昔，方将所得数钱尽买了书籍。所以，小妹生日，兄什么也不送，仅买一套名著十册给你寄来，乞妹快活。

1983 年 7 月初写于静虚村

（选自：贾平凹. 贾平凹散文大系(第二卷)[M]. 桂林：漓江出版社出版，1993.）

艺术赏析

文章是作者为妹妹过生日写的信。妹妹比他小十岁，幼时靠他照看，兄妹俩便有更深的感情。妹妹过十八岁生日时，作者也离家十年了，该怎样表示对妹妹的祝贺呢？邻居说是该送一大笔钱，而作者寄去一套名著，写了这封信，其寓意是“一大笔钱”不能比的。

课文采用书信体和第二人称的写法，通过作者对往昔读书生活的回味，向即将跨入成人行列的妹妹讲述自己读书和做人的经验，其中始终充溢着深厚的手足之情和人生的诸多感慨。

文章结构层次：

第一部分(1)：作者在回忆读书、借书、偷书这些往事的过程中，向妹妹讲述了自己喜欢读书及一些读书的经验和做人的经验。

第二部分(2～3)：作者阐发自己对生活方式与人生境界的理解，在记叙与议论中穿插进抚今追昔的感慨。

第三部分(4)：具体阐发读书之道。

第四部分(5)：回到现实，表达对妹妹的期盼之情。

本文的写作特色：本文语言洗练，无赘语，多短语，表述畅达有力，直沁肺腑；语言风格和布局谋篇在一定程度上继承了古典书信散文的美学风格；善于捕捉和再现事物精微与传神之处，运用细节描写，在富有生活气息的琐事中传达出浓浓的手足亲情。

文学聚焦

贾平凹散文

《贾平凹散文》是于 2005 年由人民文学出版社出版的图书，作者是贾平凹。书中除精选了作者的代表性散文作品外，还辅以若干幅反映作者人生历程的珍贵照片。本书为《中华散文插图珍藏版》文学丛书之一。贾平凹的散文内容浩瀚，五彩缤纷，社会人生的独特体察、个人内心的情绪变化、偶然感悟的哲理等皆可入文。有《月迹》《心迹》《爱的踪迹》《贾平凹散文自选集》。

贾平凹的大部分散文都闪烁着哲理的火花。这种哲理多出自作家生活的体验和感悟，而非前人言论的重复，哲理的诠释过程也就是文章的重心，极富情致和个性，代表作有《丑石》《一棵小桃树》《文竹》等。这些作品在简短的篇幅中，既没有玄奥的言词，也没有空洞的说教，只是以一个经历者的身份讲述一个个富有哲理的故事。娓娓动听，从容不迫，决不自以为是，不炫耀、不张扬。

拓展与应用

探究思考

1. 题目中的“示”和“书”分别是什么意思？
2. 用完整的一句话来说说题目的意思。
3. 作者小时候读书的条件怎样？从哪些事情可以看出作者小时候读书不易？

职业连线

贾平凹为妹妹过生日写信，妹妹比他小十岁，幼时靠他照看，兄妹俩便有更深的感情。妹妹过十八岁生日时，作者也离家十年了，该怎样表示对妹妹的祝贺呢？邻居说是该送一大笔钱，而作者寄去一套名著，写了这封信，其寓意是“一大笔钱”不能比的。

思考：

品读这封信，你认为作者对于妹妹深远的关爱之情体现在哪些地方？我们如何才能做到“写书立之于身，功于天下”的襟怀？

爱尔克的灯光

巴　金

作者简介

巴金(1904—2005 年)，原名李尧棠，字芾甘(fèi，取自“蔽芾甘棠”)，汉族，四川成都人，祖籍浙江嘉兴。现代文学家、出版家、翻译家。同时也被誉为是“五四”新文化运动以来最有影响的作家之一，是 20 世纪中国杰出的文学大师、中国当代文坛的巨匠。

巴金 1927 年完成第一部中篇小说《灭亡》，1929 年《灭亡》在《小说月报》发表后引起强烈反响。巴金的代表作有“激流三部曲”《家》《春》《秋》，“爱情三部曲”《雾》《雨》《电》以及散文集《随想录》。1931 年，《时报》连载了著名的长篇小说“爱情三部曲”。其中《家》是巴金的代表作，也是我国现代文学史上最卓越的作品之一。1938 年和 1940 年，巴金分别出版了长篇小说《春》和《秋》，完成了“激流三部曲”。1940 年至 1945 年，他写了“抗战三部曲”《火》(共三部，第二部名为《冯文淑》，第三部名为《田惠世》)，抗战后期创作了中篇小说《憩园》和《第四病室》。1946 年完成中篇小说《寒夜》。他的短篇小说以《神・鬼・人》最为著名。

背景知识

爱尔克的灯光原指一个欧洲的古老故事，姐姐爱尔克等待出海远航的弟弟，为怕弟弟找不到回家的方向，总是点上一盏灯为弟弟引航，最终姐姐直到死去也没有等到弟弟回来。巴金的经历跟这个故事很像，他出了远门不久姐姐就去世了，所以引用了这个标题。文中提到了三种灯光，故居大门内亮起的昏暗的灯光，是旧家庭、旧礼教走向没落，崩溃的象征；爱尔克的灯光，象征着旧生活的悲剧和希望的破灭(爱尔克并没有等到弟弟归来)；而“我的心灵之灯”则是作者对新生活的信念和对理想的追求的象征。

巴金在另一篇散文《灯》中也曾复述过这个传说，“孤寂的海上的灯塔挽救了许多船只的沉没，任何航行的船只都可以得到那灯光的指引。哈立希岛上的姐姐为着弟弟点在窗前的长夜孤灯，虽然不曾唤回那个航海远去的弟弟，可是不少捕鱼归来的邻人都得到了它的帮助。”

本文原载 1941 年 4 月 19 日重庆《新蜀道》，后收入散文集《龙・虎・狗》。作者编定文集时收入《巴金文集》第十卷。

1959 年收入文集时作者注：1956 年 12 月我终于走进了这个“公馆”。“长宜子孙”四个字果然跟着“照壁”一起消灭了。

傍晚，我靠着逐渐暗淡的最后的阳光的指引，走过十八年前的故居。这条街、这个建筑物开始在我的眼前隐藏起来，像在躲避一个久别的旧友。但是它们的改变了的面貌于我还是十分亲切。我认识它们，就像认识我自己。还是那样宽的街，宽的房屋。巍峨的门墙代替了太平缸和石狮子，那一对常常做我们坐骑的背脊光滑的雄狮也不知逃进了哪座荒山。然而大门开着，照壁上"长宜子孙"四个字却是原样地嵌在那里，似乎连颜色也不曾被风雨剥蚀。我望着那同样的照壁，被一种奇异的感情抓住了，仿佛要在这里看出过去的十九个年头，不，我仿佛要在这里寻找十八年以前的遥远的旧梦。

守门的卫兵用怀疑的眼光看我。他不了解我的心情。他不会认识十八年前的年轻人。他却用眼光驱逐一个人的许多亲密的回忆。

黑暗来了。我的眼睛失掉了一切。于是大门内亮起了灯光。灯光并不曾照亮什么，反而增加了我心上的黑暗。我只得失望地走了。我向着来时的路回去。已经走了四五步，我忽然掉转头，再看那个建筑物。依旧是阴暗中的一线微光。我好像看见一个盛满希望的水碗一下子就落在地上打碎了一般，我痛苦地在心里叫起来。在这条被夜幕覆盖着的近代城市的静寂的街中，我仿佛看见了哈立希岛上的灯光。那应该是姐姐爱尔克点的灯吧。她用这灯光来给她航海的兄弟照路，每夜灯光亮在她的窗前，她一直到死都在等待——那个出远门的兄弟回来。最后她带着失望进入坟墓。

街道仍然是清静的。忽然一个熟悉的声音在我耳边轻轻地唱起了这个欧洲的古传说。在这里不会有人歌咏这样的故事。应该是书本在我心上留下的影响。但是这个时候我想起了自己的事情。

十八年前在一个春天的早晨，我离开这个城市、这条街的时候，我也曾有一个姐姐，也曾答应过有一天回来看她，跟她谈一些外面的事情。我相信自己的诺言。那时我的姐姐还是一个出阁才只一个多月的新嫁娘，都说她有一个性情温良的丈夫，因此也会有长久的幸福的岁月。

然而人的安排终于被"偶然"破坏了。这应该是一个"意外"。但是这"意外"却毫无怜悯地打击了年轻的心。我离家不过一年半光景，就接到了姐姐的死讯。我的哥哥用了颤抖的、哭诉的笔叙说一个善良女性的悲惨结局，还说起她死后受到的冷落待遇。从此那个做过她丈夫的所谓温良的人改变了，他往一条丧失人性的路走去。他想往上爬，结果却不停地向下面落，终于到了用鸦片烟延续生命的地步。对于姐姐，她生前我没有好好地爱过她，死后也不曾做过一样纪念她的事。她寂寞地活着，寂寞地死去。死带走了她的一切，这就是在我们那个地方的旧式女子的命运。

我在外面一直跑了十八年。我从没有向人谈过我的姐姐。只有偶尔在梦里我看见了爱尔克的灯光。一年前在上海我常常睁起眼睛做梦。我望着远远的在窗前发亮的灯，我面前横着一片大海，灯光在呼唤我，我恨不得腋下生出翅膀，即刻飞到那边去。沉重的梦压住我的心灵，我好像在跟许多无形的魔鬼手挣扎。我望着那灯光，路是那么远，我又没有翅膀。我只有一个渴望：飞！飞！那些熬煎着心的日子！那些可怕的梦魇！

但是我终于出来了。我越过那堆积着像山一样的十八年的长岁月，回到了生我养我而且让我刻印了无数儿时回忆的地方。我走了很多的路。

十九年，似乎一切全变了，又似乎都没有改变。死了许多人，毁了许多家。许多可爱的生命葬入黄土。接着又有许多新的人继续扮演不必要的悲剧。浪费，浪费，还是那许多不必要的浪费——生命，精力，感情，财富，甚至欢笑和眼泪。我去的时候是这样，回来时看见的还是一样的情形。关在这个小圈子里，我禁不住几次问我自己：难道这十八年全是白费的？

难道在这许多年中间所改变的就只是装束和名词?我痛苦地搓自己的手,不敢给一个回答。

在这个我永不能忘记的城市里,我度过了无数个傍晚。我花费了自己不少的眼泪和欢笑,也消耗了别人不少的眼泪和欢笑。我匆匆地来,也将匆匆地去。用留恋的眼光看我出生的房屋,这应该是最后的一次了。我的心似乎想在那里寻觅什么。但是我所要的东西绝不会在那里找到。我不会像我的一个姑母或者嫂嫂,设法进到那所已经易了几个主人的公馆,对着园中的老树垂泪,慨叹着一个家族的盛衰。摘吃自己栽种的树上的苦果,这是一个人的本分。我没有跟着那些人走一条路,我当然在这里找不到自己的脚迹。几次走过这个地方,我所看见的还只有那四个字:“长宜子孙”。

“长宜子孙”这四个字的年龄比我的不知大了多少。这也该是我祖父留下的东西吧。最近在家里我还读到他的遗嘱。他用空空两手造就了一份家业。到临死还周到地为儿孙安排了舒适的生活。他叮嘱后人保留着他修建的房屋和他辛苦地搜集起来的书画。但是儿孙们回答他的还是同样的字:分和卖。我很奇怪,为什么这样聪明的老人还不明白一个浅显的道理:财富并不“长宜子孙”,倘使不给他们一个生活技能,不向他们指示一条生活道路?“家”这个小圈子只能摧毁年轻心灵的发育成长,倘使不同时让他们睁起眼睛去看广大世界;财富只能毁灭崇高的理想和善良的气质,要是它只消耗在个人的利益上面。

“长宜子孙”,我恨不能削去这四个字!许多可爱的年轻生命被摧践了,许多有为的年轻心灵被囚禁了。许多人在这个小圈子里面憔悴地捱着日子。这就是“家”!“甜蜜的家”!这不是我应该来的地方。爱尔克的灯光不会把我引到这里来的。

于是在一个春天的早晨,依旧是十八年前的那些人把我送到门口,这里面少了几个,也多了几个。还是和那次一样,看不见我姐姐的影子,那次是我没有等待她,这次是我找不到她的坟墓。一个叔父和一个堂兄弟到车站送我,十八年前他们也送过我一段路程。

我高兴地来,痛苦地去。汽车离站时我心里的确充满了留恋。但是清晨的微风,路上的尘土,马达的叫吼,车轮的滚动,和广大田野里一片盛开的菜子花,这一切驱散了我的离愁。我不顾同行者的劝告,把头伸到车窗外面,去呼吸广大天幕下的新鲜空气。我很高兴,自己又一次离开了狭小的家,走向广大的世界中去!

忽然在前面田野里一片绿的蚕豆和黄的菜花中间,我仿佛又看见了一线光,一个亮,这还是我常常看见的灯光。这不会是爱尔克的灯里照出来的,我那个可怜的姐姐已经死去了。这一定是我的心灵的灯,它永远给我指示我应该走的路。

(选自:巴金. 巴金文集(第十卷)[M]. 北京:人民文学出版社,1961.)

艺术赏析

从内容上看,文章大致可分为五个部分。

第一部分,从第一自然段到第四自然段。这一部分主要写作者回到18年前的故居,在门外徘徊时的所思所感。当作者看到故居照壁上“长宜子孙”四个字嵌在那里时,不禁感慨万千,回想起18年前的往事。

第二部分,从第五自然段到第七自然段。这一部分作者集中笔墨写了自己对一位被旧制度吞噬掉生命的姐姐的深切怀念,指出生活在这个封建家庭中的子孙,只能是“寂寞地活着,寂寞地死去”。

第三部分，从第八自然段到第九自然段。这一部分作者满怀激愤之情，抨击了旧社会、旧制度摧残人才、浪费生命的罪恶。

第四部分，从第十自然段至第十二自然段。这一部分作者批判了“长宜子孙”对子孙们的迫害，并指出“爱尔克的灯光不会把我引到这里来的。”

第五部分，从第十三自然段至文章结束。这一部分主要写作者再次离开狭小的家，在“心灵的灯”的指引下，走向广大的世界。

文中多处运用了象征艺术手法。在作品中，灯光是贯穿全篇的线索。本文出现了三种灯光，不同的灯光有着不同的象征意义：大门内昏暗的灯光是“阴暗中的一线微光”，它与罪恶的过去和必然灭亡的未来相联系，象征着大家庭的没落和崩溃，同时也是窒息人的生命的封建礼教制度彻底衰亡的象征；欧洲古传说中“爱尔克的灯光”，这一灯光在引出作者思念姐姐的感情的同时，也象征着希望的破灭和生活的悲剧，同时也暗示青年人只有冲出家庭走向世界才能找到生活的真正意义；第三种灯光出现在作品的结尾，是作者“心灵的灯”，是追求理想和光明的象征。

记叙、抒情、议论相结合是本文艺术上的另一特色。本文中对过去生活的回忆和记叙，触发了作者强烈的爱憎感情，进而引发了作者对旧家庭衰败的感慨和议论，从而使作者由对往事的回忆和对姐姐的怀念发展到对人生哲理的积极探索。由于作者将记叙、抒情和议论有机地结合起来，才使本文中的“情”真挚感人、“理”精辟透彻，充满了迷人的魅力。

文学聚焦

巴金“激流三部曲”

《家》是“激流三部曲”中的第一部，作品取材于中国的一个封建的大家庭，通过这个大家庭的没落与分化来描写封建宗法制度的崩溃和革命潮流在青年一代中的激荡，这部作品奠定了巴金在中国文坛中的巨匠地位。

《春》是“激流三部曲”中的第二部，主要展现了封建家庭内部的罪恶、迂腐、丑陋和对青少年的迫害，并号召青少年能勇敢走出封建制度的囚笼，大胆追求民主与自由。《春》与“激流三部曲”第一部《家》虽然反映的主题是一致的，但在内容上两者是有区别的。

《秋》是“激流三部曲”之一，这部长篇巨制蜚声海内外，通过一个大家庭的没落和分化，描绘出封建宗法制度的崩溃和革命潮流在青年一代中掀起的改变旧生活的故事。

拓展与应用

探究思考

1. 作者为什么说“这不会是爱尔克的灯里照出来的”？
2. 作者“心灵的灯”的象征意义是什么？

职业连线

《爱尔克的灯光》是一篇感情浓烈的抒情散文。1923 年 5 月，为了反抗封建礼教，追求生活理想，作者毅然冲出了封建家庭的牢笼，到上海、南京等地求学，探索社会的出路；1941年1月，作者第一次回到故乡成都时，巴金已成为一个反封建的斗士，他以自己的笔倾诉着对封建制度的恨和对光明的不懈追求，影响了一代青年知识分子走向革命；但令作者悲哀的是，十八年后，他的故乡依然笼罩在旧制度的阴影下，于是饱含深情地写下了这篇短文，进一步揭示了封建礼教对青年一代的毒害，表达了对旧制度的强烈憎恨，通过对“财富并不‘长宜子孙’”的这一思想的分析，指出青年人应该有自己的生活理想、自己的生活技能，从旧家中冲出一条血路，到社会中去寻找光明之路。

思考：

作为当代大学生你的生活理想是什么？你认为自己应该掌握哪些生活技能？

哭小弟

宗　璞[1]

作者简介

宗璞，原籍河南唐河，生于北京，中共党员。1947年开始发表作品，1962年加入中国作家协会。曾在《文艺报》《世界文学》编辑部工作，中国社科院外国文学研究所副研究员。中国作协第四届理事，第五届全委会委员、主席团委员，第六、第七届名誉委员。

主要作品有《宗璞散文小说选》，散文集《丁香结》，长篇小说《南渡记》，翻译《缪塞诗选》(合译)《拉帕其尼的女儿》等。所作《弦上的梦》获1978年全国优秀短篇小说奖，《三生石》获1977—1980年全国优秀中篇小说奖，散文集《丁香结》获全国优秀散文(集)奖。她的作品多写知识阶层，文字优雅，富于学养，含蓄蕴藉。

背景知识

20世纪80年代初，一批五十岁上下的知识分子过早夭亡的消息时有所闻。于是，“人到中年”“关心中年知识分子”的话题开始引人注目。追溯中年知识分子过早夭亡的根源，原因有诸多方面。

宗璞在小弟去世后，她怎么也不相信这个事实，同时又联想到一些中年知识分子的英年早逝，强忍悲痛，写下了这篇浸透泪水的悼念散文。

我面前摆着一张名片，是小弟前年出国考察时用的。名片依旧，小弟却再也不能用它了。

小弟去了。小弟去的地方是千古哲人揣摩不透的地方，是各种宗教企图描绘的地方，也是每个人都会去，而且不能回来的地方。但是现在怎么轮得到小弟！他刚五十岁，正是精力充沛，积累了丰富的学识经验、大有作为的时候。有多少事等他去做呵！医院发现他的肿瘤已经相当大，需要立即做手术，他还想去参加一个技术讨论会，问能不能开完会再来。他在手术后休养期间，仍在看研究所里的科研论文，还做些小翻译。直到卧床不起，他手边还留着几份国际航空材料，总是“想再看看”。他也并不全想的是工作。已是滴水不进时，他忽然说想吃虾，要对虾。他想活，他想活下去呵！

可是他去了，过早地去了。这一年多，从他生病到逝世，真像是个梦，是个永远不能令人相信的梦。我总觉得他还会回来，从我们那冬夏一律显得十分荒凉的后院走到我窗下，叫一声“小姊——”。

可是他去了，过早地永远地去了。

我长小弟三岁。从我有比较完整的记忆起，生活里便有我的弟弟，一个胖胖的、可爱的小弟弟，跟在我身后。他虽然小，可是在玩耍时，他常常当老师，照顾着小朋友，让大家坐好，他站着上课，那神色真是庄严。他虽然小，在昆明的冬天里，孩子们都生冻疮，都怕用冷水洗脸，他却一点不怕。他站在山泉边，端着一个大盆的样子，至今还十分清晰地在我眼前。

“小姊，你看，我先洗。”他高兴地叫道。

在泉水缓缓地流淌中，我们从小学、中学、高中再到大学，大部时间都上一个学校。毕业后就各奔前程了。不知不觉间，听到人家称小弟为强度专家，不知不觉间，他担任了总工程师的职务。在那动荡不安的年月里，很难想象一个人的将来。这几年，父亲[②]和我倒是常谈到，只要环境许可，小弟是会为国家做出点实际的事的。却不料，本是最年幼的他，竟先我们而离去了。

去年夏天，得知他患病后，因为无法得到更好的治疗，我于8月20日到西安。记得有一辆坐满了人的车来接我。我当时奇怪何以如此兴师动众，原来他们都是去看小弟的。到医院后，有人进病房握手，有人只在房门口默默地站一站，他们怕打扰病人，但他们一定得来看一眼。

手术时，有航空科学研究院、623所、631所的代表，弟妹、侄女和我在手术室外，还有一辆轿车在医院门口。车里有许多人等着，他们一定要等着，准备随时献血。小弟如果需要把全身的血都换过，他的同志们也会给他。但是一切都没有用。肿瘤取出来了，有一个半成人的拳头大，一面已经坏死。我忽然觉得一阵胸闷，几乎透不过气来——这是在穷乡僻壤为祖国贡献着才华、血汗和生命的人呵，怎么能让这致命的东西在他身体里长到这样大！

我知道黄土高原上生活的艰苦，也知道住在这黄土高原上的人工作之劳累，还可以想象每一点工作的进展都要经过十分恼人的迂回曲折。但我没有想到，小弟不但生活在这里，战斗在这里，而且把性命交付在这里了。他手术后回京在家休养，不到半年，就复发了。

那一段焦急的、悲痛的日子，我不忍写，也不能写。每一念及，便泪下如绠[③]，纸上一片模糊。记得每次看病，候诊室里都像公共汽车上一样拥挤，等呵等呵，盼呵盼呵，我们知道病情不可逆转，只希望能延长时间，也许会有新的办法。航空界从莫文祥同志[④]起，还有空军领导同志都极关心他，各个方面包括医务界的朋友们也曾热情相助，我还往海外求医。然而错过了治疗时机，药石再难奏效。曾有个别的医生不耐烦地当面对小弟说，治不好了，要他“回陕西去”。小弟说起这话时仍然面带笑容，毫不介意。他始终没有失去信心，他始终没有丧失生的愿望，他还没有累够。

小弟生于北京，1952年从清华大学航空系毕业。他填志愿到西南，后来分配在东北，之后又调到成都、调到陕西。虽然他的血没有流在祖国的土地上，但他的汗水洒遍全国，他的精力的一点一滴都献给祖国的航空事业了。个人的功绩总是有限的，也许燃尽了自己，也不能给人一点光亮，可总是为以后绚烂的光辉做了一点积累吧。我不大明白各种工业的复杂性，但我明白，任何事业不是只坐在北京就能够建树的。

我曾经非常希望小弟调回北京，分我侍奉老父的重担。他是儿子，三十年在外奔波，他不该尽些家庭的责任么？多年来，家里有什么事，大家都会这样说："等小弟回来""问小弟"。有时只要想到有他可问，也就安心了。现在还怎能得到这样的心安？风烛残年的父亲想儿子，尤其这几年母亲去世后，他的思念是深的，苦的，我知道，虽然他不说，现在他永远失去他的最宝贝的小儿子了。我还曾希望在我自己走到人生的尽头，跨过那一道痛苦的门槛时，身旁的亲人中能有我的弟弟，他素来的可倚可靠会给我安慰。哪里知道，却是他先迈过了那道门槛呵！

1982 年 10 月 20 日上午 7 时，他去了。

这一天本在意料之中，可是我怎能相信这是事实呢！他躺在那里，但他已经不是他了，已经不是我那正当盛年的弟弟，他再不会回答我们的呼唤，再不会劝阻我们的哭泣。你到哪里去了，小弟！自 1974 年沅君姑母[⑤]去世起，我家屡遭丧事，而这一次小弟的远去最是违反常规，令人难以接受！我还不得不把这消息告诉当时也在住院的老父，因为我无法回答他每天的第一句问话："今天小弟怎么样？"我必须告诉他，这是我的责任。再没有弟弟可以依靠了，再不能指望他来分担我的责任了。

父亲为他写了挽联："是好党员，是好干部，壮志未酬，洒泪岂只为家痛。能娴[⑥]科技，能娴艺文，全才罕遇，招魂也难再归来！"我那唯一的弟弟，永远地离去了。

他是积劳成疾，也是积郁成疾。他一天三段紧张地工作，参加各式各样的会议。每有大型试验，他事先检查到每一颗螺丝钉，每一块胶布。他是三机部科技委员会委员，他曾有远见地提出多种型号研究。有一项他任主任工程师的课题研制获国防工办和三机部科技一等奖。同时他也是 623 所党委委员，需要在会议桌上坦率而又让人能接受地说出自己对各种事情的意见。我常想，能够"双肩挑"，是我们 20 世纪 50 年代到 60 年代初期出来的知识分子的特点。我们是在"又红又专"的要求下长大的。当然，有的人永远也没有能达到要求，像我。大多数人则挑起过重的担子，在崎岖的、荆棘丛生的，有时是此路不通的山路上行走。他们不只是生活艰苦，过于劳累，还要担惊受怕，心里塞满想不通的事，谁又能经得起呢！

小弟入医院前正负责组织航空工业部系统的一个课题组，他任主任工程师。他的一个同志写信给我说，1981 年夏天，西安一带出奇的热，几乎所有的人晚上都到室外乘凉，只有"我们的老冯"坚持伏案看资料，"有一天晚上，我去他家汇报工作，得知他经常胃痛，有时从睡眠中痛醒，工作中有时会痛得大汗淋漓，挺一会儿，又接着做了。天啊！谁又知道这是癌症！我只淡淡地说该上医院看看；回想起来，我心里很内疚，我对不起老冯，也对不起您！"

这位不相识的好同志的话使我失声痛哭！我也恨自己，恨自己没有早想到癌症对我们家族的威胁，即使没有任何症状，也该定期检查。云山阻隔，我一直以为小弟是健康的。其实他早感不适，已去过他该去的医疗单位。区一级的说他胃下垂，县一级的说是肾游走。以小弟之为人，当然不会大惊小怪，惊动大家，后来在弟妹的催促下，乘工作之便到西安检查，才做手术。如果早一年有正确的诊断和治疗，小弟还可以再为祖国工作二十年！

往者已矣，小弟一生从没有“埋怨”过谁，也没有“埋怨”过自己，这是他的美德之一。他在病中写的诗中有两句：“回首悠悠无恨事，丹心一片向将来。”他没有恨事。他虽无可以彪炳史册[7]的丰功伟绩，却有一个普通人的认真的、勤奋的一生。历史正是由这些人写成的。

小弟白面长身，美丰仪，喜文艺，娴诗词，且工书法篆刻。父亲在挽联中说他是“全才罕遇”，实非夸张。如果他有三次生命，他的多方面的才能和精力也是用不完的，可就这一辈子，也没有得以充分地发挥和施展。他病危弥留的时间很长，他那颗丹心，那颗让祖国飞起来的丹心，顽强地跳动，不肯停息。他不甘心！

这样壮志未酬的人，不只是他一个呵！

我哭小弟，哭他在剧痛中还拿着那本航空资料“想再看看”，哭他的“胃下垂”“肾游走”，我也哭蒋筑英抱病奔波，客殇成都[8]，我也哭罗健夫[9]不肯一个人坐一辆汽车！我还哭那些没有见诸报章的过早离去的我的同辈人，他们几经雪欺霜冻，好不容易奋斗着张开几片花瓣，尚未盛开，就骤然凋谢。我哭我们这迟开而早谢的一代人！

已经是迟开了，让这些迟开的花朵尽可能延长他们的光彩吧。

这些天，读到许多关于这方面的文章，也读到了《痛惜之余的愿望》，稍得安慰。我盼“愿望”能成为事实。我想需要“痛惜”的事应该是越来越少了。

小弟，我不哭！

1982年11月

（选自：张玮．中国当代作家选集丛书：宗璞[M]．北京：人民文学出版社，1991．）

【注释】

① 宗璞(1928—)，原名冯钟璞，生于北京，当代著名女作家。著有小说《红豆》《三生石》，散文集《丁香结》等。

② 父亲：即现当代著名哲学家冯友兰(1895—1990年)

③ 泪下如绠[gěng]：形容眼泪之多。绠：汲水桶上的绳索。

④ 莫文祥：曾任航空工业部部长。

⑤ 沅君：指冯沅君(1900—1974年)，现代女作家，中国古代文学研究专家。曾任中山大学教授，山东大学副校长。

⑥ 娴：熟练。

⑦ 彪炳史册：形容伟大的业绩永垂史册。彪炳：照耀。

⑧ 客殇(shāng)成都：死在成都。光学专家蒋筑英(1938—1982年)是在成都出差时突发疾病而去世的。殇：原指未成年而死，这里是英年早逝之意。

⑨ 罗建夫(1935—1982年)：电子专家，全国劳动模范。

艺术赏析

《哭小弟》这篇文章全文结构之巧、感情之深、语言之细是一般文章远远不及的，更不是一句简单的、纯粹的“催人泪下”就能统而概之的。

首先，结构巧妙是《哭》一文的第一个特点。《哭小弟》是一篇感人肺腑、催人泪下的悼念性散文。作者通过对小弟的一生事迹和病逝经过的回忆，边叙事边抒情，自然而然地达到了悼念的目的，这是文章结构巧妙的表现之一。另外，作者在行文中，把小弟的一生事迹和病逝经过切割成许多点和块，然后以“哭”字为焦点，以忆念为引线，将它们重新组合成一个各种材料交叉积迭，抒情与叙事交互为用的有机整体。现实与追忆交相往复，这就避免了叙事的刻板、抒情的空洞，增强了文章内涵的丰富性、立体感，而且充分体现出作者伏案写作此文时那种思绪万千、难以控制的痛切之情，这是文章结构巧妙的表现之二。文章结构巧妙的第三个表现在于文眼“哭”。这篇文章虽在题目中突出了一个“哭”字，但全文正文中“哭”字并不多，全都加起来也超不过十个。而仅在文章倒数第四自然段一段中，就出现了七个“哭”，这一连几个“哭”由点及面，由浅入深地把文章全面铺开，从而深化了主题。让读者深刻体会到那一代“迟开而早谢”、壮志未酬的知识分子，绝不只小弟一个！小弟的无私奉献精神只是千万“迟开而早谢的花朵”中的一个代表。可见作者如此巧妙的安排是不无道理的。

其次，感情深厚、催人泪下是第二个特点。《哭》这篇悼念性散文的凝练的感情，就可以从文眼“哭”字入手。标题中一个“哭”字写出了小弟的病逝给家人、朋友带来的痛苦已到了无法用言语表达的程度。另外，文中所用的“哭”字虽寥寥无几，但通过对往事的点滴回忆，却事事透露出“我”的丧弟之痛。记事真实，抒情真挚，真事与真情交融，字字句句浸透泪水，字里行间无处不“哭”。正所谓平凡出真情，姐姐对小弟的生平回忆如此真切，如此细腻，如此清晰，犹如往事历历在目，可见姐弟情深似海。如此般骨肉情深，而今分离，阴阳相隔，怎叫人不为之所动？

最后，语言细腻是第三个特点。例如，文中第二、三、四节开头第一句都表示同一个意思——小弟病逝了。但仔细分析“去了”“过早地去”与“过早地永远地去了”这三个短语的差别，便能体会到感情上是逐层深入的。细腻的语言准确地表达了人物的内心世界。

文学聚焦

人物传记

人物传记是人物志的主体，是地方志中的重要内容。人物传记的特征有二个：其首要特征是真实，另一个显著特征是生动。

“人物传记”中的“人物”都是历史、文化等领域的名人(政治家、历史学家、经济学家、文学家、甚至艺术家等)。

记载人物经历的作品称传记，其中文学性较强的作品即是传记文学。传记文学的基本特征是：以历史上或现实生活中的人物为描写对象，所写的主要人物和事件必须符合史实，不允许虚构；在局部细节和次要人物上则可以运用想象或夸张，作一定的艺术加工，但这种加工也必须符合人物性格和生活的特定逻辑。

拓展与应用

探究思考

1. 分析文章以“哭”字为中心点的放射性结构艺术特点。

2. 文章是如何把记事、抒情、议论融为一体的？

职业连线

语文实践活动:“爱要大声说出来”微视频录制

中国人在情感表达方面很多时候是含蓄的，尤其不善于向家人表达“爱”。可是，如果心中的爱不用语言和行动去表达，怎么能打通心与心间的沟壑呢？录制微视频，把自己想说的话说给父母听。

活动过程：

1. 完成《弟子规》《孝经》的自读，从中感悟古人对“孝”的定义，并与今天的社会现实相比较，谈谈自己对“孝”的理解。

2. 在深层次理解“孝”的基础上，用手机录制微视频，并发送给父母。

3. 同学相互交流父母的反应。

活动评价：

通过此次活动学生是否加深对“孝”的理解；父母与学生的关系是否更亲近。

1. 学生自评 ______________________

2. 同学互评 ______________________

3. 教师点评 ______________________

第四单元

爱情哲学

爱情是文学作品中一个永恒的话题。古往今来多少文人墨客都极尽才情歌颂爱情的美好，用各种作品和形式来表达自己的爱情观。从《诗经》“执子之手，与子偕老”中我们看到了坚贞执着的爱情；从白居易《长恨歌》的“在天愿作比翼鸟，在地愿为连理枝”中我们感受到了相依相存的爱情；从英国剧作家威廉·莎士比亚创作的戏剧《罗密欧与朱丽叶》的故事中我们读到了浪漫凄美的爱情；从裴多菲《我愿意是急流》中我们品味到了甘于奉献的爱情……

爱情到底是什么？有人说爱情是纯洁的天使，有人说爱情是高尚的信仰，有人说爱情是奶糖，也有人说爱情是黄连，是三生石畔、奈河桥上饮下的一碗孟婆汤。人世的许多东西，须得经历过，有了那份不可言说的心境，才会更深层次地懂得。在几千年的文学长河中，有无数动人的爱情故事触动着我们的心。今天让我们一起来感受一下吧。

诗经二首

作者简介

《诗经》的作者绝大部分已经无法考证，传为尹吉甫采集、孔子编订。相传周代设有采诗之官，每年春天，摇着木铎深入民间收集民间歌谣，把能够反映人民欢乐疾苦的作品整理后交给太师(负责音乐之官)谱曲，演唱给周天子听，作为施政的参考。这些没有记录作者姓名的民间作品，占据诗经的多数部分，如十五国风。周代贵族文人的作品构成了诗经的另一部分。

桃　夭

《诗经·国风·周南》

背景知识

《周南·桃夭》诗句简洁明朗、短小精悍。诗以盛开的桃花象征即将出嫁的女子，盛开的桃花娇艳美丽，出嫁的新娘全身喜气，两相对比，色彩鲜明，气氛热烈，表达了对出嫁女子建立幸福家庭的美好祝愿。诗中桃花、女子两个形象有机结合，从桃花写到桃儿，再到桃叶，完整地概括了女子即将迎来的幸福生活，人与物得到准确、生动的展现，毫无瑕疵地融为一体，二者相应，和谐又美丽，传达出一种激动、喜悦的信息。

桃之夭夭①，灼灼其华②。
之子于归③，宜其室家④。
桃之夭夭，有蕡其实⑤。
之子于归，宜其家室。
桃之夭夭，其叶蓁蓁⑥。
之子于归，宜其家人。

(选自：朱熹. 诗经集传[M]. 上海：上海古籍出版社，1987.)

【注释】

① 夭夭：花朵怒放，美丽而繁华的样子。

② 灼灼：花朵色彩鲜艳如火，明亮鲜艳的样子。华：同“花”。

③ 之子：这位姑娘。于归：姑娘出嫁。古代把丈夫家看作女子的归宿，故称“归”。于：去，往。

④ 宜：和顺、亲善。

⑤ 蕡(fén)：草木结实很多的样子。此处指桃实肥厚肥大的样子。有蕡即蕡蕡。

⑥ 蓁(zhēn)：草木繁密的样子，这里形容桃叶茂盛。

艺术赏析

《桃夭》是《诗经·周南》第六篇。全诗三章，每章四句。

清姚际恒评论此诗说："桃花色最艳，故以喻女子，开千古辞赋咏美人之祖"。自古，漂亮的女子总是受到超常的宠爱，文学更是不吝字墨，推波助澜。无论是"去年今日此门中，人面桃花相映红"，还是"玉腕枕香腮，桃花藕上开"，读起来，总不如"桃之夭夭，灼灼其华"更意浓神近，耐人寻味。

诗中塑造的形象十分生动。拿鲜艳的桃花比喻少女的美丽，实在是写得好。"桃之夭夭，灼灼其华。之子于归，宜其室家"，细细吟咏，一种喜气洋洋、让人快乐的气氛，充溢字里行间。嫩嫩的桃枝，鲜艳的桃花。那姑娘今朝出嫁，把欢乐和美带给她的婆家，多么美好。这种情绪，这种祝愿，反映了人民群众对生活的热爱，对幸福、和美的家庭的追求。此外，这首诗反映了这样一种思想，一个姑娘，不仅要有艳如桃花的外貌，还要有"宜室""宜家"的内在美。这首诗祝贺人新婚，但不像一般贺人新婚的诗那样，或者夸耀男方家世如何显赫，或者显示女方陪嫁如何丰盛，而是再三再四地讲"宜其家人"，要使家庭和美，确实高人一筹。

野有蔓草

《诗经·国风·郑风》

背景知识

《野有蔓草》是一首恋歌。《毛诗序》认为这首诗是美好心愿的诗意想象，序中说："野有蔓草，思遇时也。君之泽不下流，民穷于兵革，男女失时，思不期而会焉。"《郑笺》说："蔓草而有露，谓仲春之月，草始生，霜为露也。"《周礼》说："仲春之月，令会男女。于是时也，奔者不禁。若无故而不用令者，罚之。司男女之无夫家者而会之。"春秋时候，战争频繁，人口稀少。统治者为了繁育人口，规定超龄的男女还未结婚的，允许在仲春时候自由相会，自由同居。《风》中许多首诗都反映了这一情况。

野有蔓草①，零露漙兮②。
有美一人，清扬婉兮③。
邂逅相遇④，适我愿兮⑤。
野有蔓草，零露瀼瀼⑥。
有美一人，婉如清扬。
邂逅相遇，与子偕臧⑦。

（选自：朱熹．诗经集传[M]．上海：上海古籍出版社，1987.）

【注释】

① 野：郊外田野。蔓(màn)：茂盛。

② 零露：降落的露水，比喻容易消失的事物。漙(tuán)：形容露水多。

③ 清扬：形容眼睛清澄明亮。婉：美丽。

④ 邂逅：没有事先相约，碰巧相遇。

⑤ 适：指女子出嫁。

⑥ 瀼(ráng)：形容露水多；瀼瀼：露水多的样子。

⑦ 偕：同。臧(zāng)：善，好。偕臧：相爱。

艺术赏析

《野有蔓草》是《诗经·郑风》第二十篇。全诗二章，每章六句，为先秦时代郑地汉族民歌。这是一首浪漫的情歌，良辰美景，邂逅丽人；一见钟情，两情相悦，表达爱情的甜蜜和幸福。诗以田野郊外，草蔓露浓为背景，自然情景交融，人不期而遇，情也就不期而至了。诗风清新质朴，意境优美，具有恒久的艺术魅力。

文学聚焦

诗　　经

《诗经》是中国古代诗歌的开端，我国第一部诗歌总集，收集了西周初年至春秋中叶(前11世纪至前6世纪)的诗歌，现存305篇。《诗经》在先秦时期称为《诗》，或取其整数称《诗三百》。西汉时被尊为儒家经典，始称《诗经》，并沿用至今。《诗经》在中国文学发展史上占有崇高地位，对中国两千年来的文学发展具有深远的影响。

《诗经》在内容上分为《风》《雅》《颂》三个部分。《风》是周代各地的歌谣；《雅》是周人的正声雅乐，又分《小雅》和《大雅》；《颂》是周王庭和贵族宗庙祭祀的乐歌，又分为《周颂》《鲁颂》和《商颂》。

《诗经》的艺术技法被总结成“赋，比，兴”，与“风，雅，颂”合称“六义”。一般认为风、雅、颂是诗的分类和内容题材；赋、比、兴是诗的表现手法。赋、比、兴的运用，既是《诗经》艺术特征的重要标志，也开启了中国古代诗歌创作的基本手法。关于赋、比、兴的意义，历来说法众多。简言之，赋就是铺陈直叙，即诗人把思想感情及其有关的事物平铺直叙地表达出来。比就是比方，以彼物比此物。兴则是触物兴词，客观事物触发了诗人的情感，引起诗人歌唱，所以大多在诗歌的发端。

孔子曾概括《诗经》宗旨为“无邪”，并教育弟子读《诗经》以作为立言、立行的标准。至汉武帝时，《诗经》被儒家奉为经典。《诗经》内容丰富，反映了劳动与爱情、战争与徭役、压迫与反抗、风俗与婚姻、祭祖与宴会，甚至天象、地貌、动物、植物等方方面面，是周代社会生活的一面镜子。

拓展与应用

探究思考

1. 结合作品谈谈你对赋、比、兴手法的理解。
2. 爱情是永恒的主题，你认为有永恒的爱情吗？

职业连线

一颗开花的树

席慕蓉

如何让你遇见我
在我最美丽的时刻
为这
我已在佛前求了五百年
求佛让我们结下一段尘缘
佛于是把我化作一棵树
长在你必经的路旁
阳光下
慎重地开满了花
朵朵都是我前世的盼望
当你走近
请你细听
那颤抖的叶是我等待的热情
而当你终于无视地走过
在你身后落了一地的
朋友啊
那不是花瓣
那是我凋零的心

思考：

席慕蓉在谈创作《一颗开花的树》这首诗歌时曾谈到，在她看来，生命是不断的经过、经过、经过，她写的都是生命现场里所得到的触动，尽管有些触动要等到一二十年后才恍然大悟。

今天我们读《桃夭》《野有蔓草》也是在读一种生命中的触动，你能谈谈你生命中的这种触动吗？

长干行①

李　白(唐)

作者简介

李白(701—762 年),字太白,号青莲居士,祖籍陇西成纪(今甘肃安秦一带),隋末其先人迁碎叶城(今吉尔吉斯斯坦北部托克马克附近),李白即诞生于此。5 岁时,随父迁入绵州彰明县青莲乡(今四川江油市),二十岁时只身出川,开始了广泛漫游,南到洞庭湘江,东至吴越,寓居在安陆(今湖北省安陆市)。他到处游历,希望结交朋友,干谒社会名流,从而得到引荐,一举登上高位,去实现政治理想和抱负。可是,十年漫游,却一事无成。天宝初应诏入京,供奉翰林,一年后遭谗离去,从此漫游各地。天宝十四年(公元 755 年)冬,安禄山叛乱,他这时正隐居庐山,适逢永王李璘的大军东下,邀李白下山入幕府。后来李璘反叛肃宗,被消灭,李白受牵连,被判处流放夜郎(今贵州省境内),中途遇赦放还,往来于浔阳(今江西九江)、宣城(今安徽宣城)等地。代宗宝应元年(公元 762 年),病死于安徽当涂县。

李白的诗歌充满浪漫色彩,感情奔放豪迈,想象奇特丰富,词采瑰玮绚丽,风格飘逸自然。他广泛地从当时的民间文艺和秦、汉、魏以来的乐府民歌中汲取丰富营养,形成独特风貌,具有超乎寻常的艺术天才和磅礴雄伟的艺术力量,是继屈原之后最伟大的浪漫主义诗人,有“诗仙”之称,存诗千余首,有《李太白集》30 卷。李白与杜甫齐名,世称“李杜”。其作品中,对光明的向往与对黑暗的抨击构成强烈的对比,表现出李白正直、傲岸的性格。李白诗作体裁以古体、绝句见长。

背景知识

此诗为李白初游金陵时所作,时间在唐玄宗开元十三年(725 年)秋末之后不久。诗人李白写过许多反映妇女生活的作品,《长干行》就是其中杰出的诗篇。

长干是地名,在今江苏南京。乐府旧题有《长干曲》,郭茂倩《乐府诗集》卷七二载有古辞一首,五言四句,写一位少女驾舟采菱、途中遇潮的情景。与李白同时的崔颢有《长干曲》,崔国辅有《小长干曲》,也都是五言四句的小乐府体,所描绘的都是长江中下游一带男女青年的生活场景。这些诗歌内容都较简单。李白《长干行》的篇幅加长了,内容也比较丰富,以一位居住在长干里的商妇自述的口气,叙述了她的爱情生活,倾吐了对于远方丈夫的殷切思念,塑造了一个具有丰富深挚情感的少妇形象,具有动人的艺术力量。

妾发初覆额,折花门前剧。
郎骑竹马来,绕床②弄青梅。
同居长干里③,两小无嫌猜。
十四为君妇,羞颜未尝开。

低头向暗壁，千唤不一回。
十五始展眉，愿同尘与灰。
常存抱柱信[4]，岂上望夫台。
十六君远行，瞿塘滟滪堆[5]。
五月不可触，猿声天上哀[6]。
门前迟行迹[7]，一一生绿苔[8]。
苔深不能扫，落叶秋风早。
八月蝴蝶来[9]，双飞西园草。
感此伤妾心，坐愁红颜老。
早晚[10]下三巴，预将书报家。
相迎不道远，直至长风沙[11]。

（选自：李白．李白全集注评[M]．郁贤皓，注评．南京：凤凰出版社，2018.）

【注释】

① 长干行：属乐府《杂曲歌辞》调名。

② 床：井栏，后院水井的围栏。

③ 长干里：在今南京市，当年系船民集居之地，故《长干曲》多抒发船家女子的感情。

④ 抱柱信：典出《庄子·盗跖》，写尾生与一女子相约于桥下，女子未到而突然涨水，尾生守信而不肯离去，抱着柱子被水淹死。

⑤ 滟滪堆：三峡之一瞿塘峡峡口的一块大礁石，农历五月涨水没礁，船只易触礁翻沉。

⑥ 天上哀：哀一作"鸣"。

⑦ 迟行迹：迟一作"旧"。

⑧ 生绿苔：绿一作"苍"。

⑨ 蝴蝶来：一作"蝴蝶黄"。清王琦《李太白文集注》云："杨升庵谓蝴蝶或白或黑，或五彩皆具，唯黄色一种至秋乃多，盖感金气也，引太白'八月蝴蝶黄'一句，以为深中物理，而评今本'来'字为浅。琦谓以文义论字，终以'来'字为长。"作"黄"字亦有道理。

⑩ 早晚：多早晚，犹何时。三巴：地名，即巴郡、巴东、巴西，在今四川东部地区。

⑪ 长风沙：地名，在今安徽省安庆市的长江边上，距南京约 350 千米。

艺术赏析

这首诗通过对商妇的各个生活阶段生动具体的描绘，在读者面前展开了一幅幅鲜明生动的画面。开头的六句，宛若一组民间孩童嬉戏的风情画卷。"十四为君妇"以下八句，又通过心理描写生动细腻地描绘了小新娘出嫁后的新婚生活。在接下来的诗句中，更以浓重的笔墨描写闺中少妇的离别愁绪，诗情到此形成了鲜明转折。"门前迟行迹"以下八句，通过节气变化和不同景物的描写，将一个思念远行丈夫的少妇形象，鲜明地跃然于纸上。最后两句则透露了李白特有的浪漫主义色彩。这阕诗的不少细节描写是很突出且富于艺术效果的。如"妾发初覆额"以下几句，写男女儿童天真无邪的游戏动作，活泼可爱。"青梅竹马"成为至今仍在使用的成语。又如"低头向暗壁，千唤不一回"，写女子初结婚时的羞怯，非常细腻真切。诗人注意到表现女子不同阶段心理状态的变化，而没有作简单化的处理。再如"门前迟行迹，一一生绿苔”，“八月蝴蝶来，双飞西园草”，通过具体的景物描写，展示了商妇内心世界深邃的感情活动，深刻动人。

文学聚焦

中国浪漫主义流派

中国浪漫主义流派的成员，最早也可以追溯到《诗经》中那些浪漫主义诗篇的无名作者。之后，便是我国的第一个大诗人屈原，他早在战国时代就把浪漫主义诗歌创作推上了一个高峰。在魏晋南北朝，先后出现了曹植、左思、郭珍、鲍照等浪漫主义诗人。唐代的李白，可称浪漫主义大师，他继屈原之后，又掀起了一个浪漫主义诗歌创作的高峰。除他之外，唐代还有王之涣、王昌龄、岑参、李贺等优秀的浪漫主义诗人。宋代词坛上的苏轼和辛弃疾，是浪漫主义词家的杰出代表。清代的龚自珍，是古代最后一个有一定影响的浪漫主义诗人。

浪漫主义流派的特点为：着重表现对内心情绪的抒发，对理想的追求。在形式上，浪漫主义并不注重对现实的刻意临摹和揭示，喜欢用瑰丽的语言、奇特的想象来表达对人生理想的追求；艺术手法上，运用多种修辞手法，如夸张、比喻等，来制造或神奇险怪、或奇妙虚幻的艺术境界。

拓展与应用

探究思考

1. 从本诗的女性视角，谈一谈你所感受到的这位商妇的情感心理变化。
2. 简单分析这首诗歌中李白抒情诗的艺术个性。

职业连线

上　邪

汉乐府

上邪！我欲与君相知，长命无绝衰。
山无棱，江水为竭，冬雷震震，夏雨雪，天地合，乃敢与君绝。

《上邪》是《铙歌十八曲》之一，属于乐府《鼓吹曲辞》。《上邪》的抒情极富浪漫主义色彩，其间的爱情欲火犹如岩浆喷发不可遏制，气势雄放，激情逼人。《上邪》对后世的影响很大。敦煌曲子词中的《菩萨蛮》在思想内容和艺术表现手法上明显地受到它的启发：“枕前发尽千般愿，要休且待青山烂。水面上秤锤浮，直待黄河彻底枯。白日参辰现，北斗回南面，休即未能休，且待三更见日头。”

《长干行》和《上邪》对坚贞专一爱情幸福的追求是如出一辙的。物质浮华的时代，感情倏忽而来，转瞬即逝，无法坚定。真正的爱，不是瞬间的感动，而是一种恒久的责任。彼此尊重，彼此牺牲，彼此成就。

思考：

浓烈或浅淡都是爱情的滋味，你更向往哪种？说出你的理由。

钗头凤·红酥手

陆　游（宋）

作者简介

陆游(1125—1210 年)，字务观，号放翁，汉族，越州山阴(今绍兴)人，南宋文学家、史学家、爱国诗人。

陆游生逢北宋灭亡之际，少年时即深受家庭爱国思想的熏陶。宋高宗时，参加礼部考试，因受秦桧排斥而仕途不畅。宋孝宗即位后，赐进士出身，历任福州宁德县主簿、敕令所删定官、隆兴府通判等职，因坚持抗金，屡遭主和派排斥。乾道七年(1171 年)，应四川宣抚使王炎之邀，投身军旅，任职于南郑幕府。次年，幕府解散，陆游奉诏入蜀，与范成大相知。宋光宗继位后，升为礼部郎中兼实录院检讨官，不久即因“嘲咏风月”罢官归居故里。嘉泰二年(1202 年)，宋宁宗诏陆游入京，主持编修孝宗、光宗《两朝实录》和《三朝史》，官至宝章阁待制。书成后，陆游长期蛰居山阴，嘉定二年(1210 年)与世长辞，留绝笔《示儿》。

陆游一生笔耕不辍，诗词文俱有很高成就，其诗语言平易晓畅，章法整饬谨严，兼具李白的雄奇奔放与杜甫的沉郁悲凉，尤以饱含爱国热情对后世影响深远。陆游亦有史才，他的《南唐书》“简核有法”，史评色彩鲜明，具有很高的史料价值。

背景知识

《钗头凤·红酥手》此词描写了词人与原配唐婉的爱情悲剧。陆游的原配夫人是同郡唐姓士族的一个大家闺秀唐氏。陆家曾以一只精美无比的家传凤钗作信物，与唐家定亲。陆游大约在二十岁与唐婉结婚。婚后感情很好。不料唐婉的才华横溢以及陆游耽于情爱引起了陆母的不满，后陆母认为唐婉耽误陆游前程并且进门一年未有孕，命令儿子休了唐婉。陆游曾另筑别院安置唐婉，其母察觉后，命陆游另娶王氏为妻，二人终于被迫分离。唐婉而后由家人作主嫁给了都城绍兴府皇家后裔同郡士人赵士程。多年后，陆游去游览沈园，正巧遇到唐婉夫妇也在园中。唐婉征得丈夫赵士程同意，亲手向陆游敬了一杯酒。陆游饮后，信笔于园壁之上题下一词。

全词记述了偶然相遇的情景，表达了他们眷恋之深和相思之切，抒发了作者怨恨愁苦而又难以言状的凄楚痴情，是一首别开生面、催人泪下的作品。

红酥手，黄縢酒①，满城春色宫墙②柳。东风恶，欢情薄。一怀愁绪，几年离索③。错，错，错。

春如旧，人空瘦，泪痕红浥④鲛绡⑤透。桃花落，闲池阁。山盟⑥虽在，锦书⑦难托。莫，莫，莫。

【注释】

① 黄縢(téng)酒:即黄封酒,以黄纸封口的官酿酒。

② 宫墙:围墙。

③ 离索:"离群索居"的简括,这里指离散。

④ 浥(yì):湿润。

⑤ 鲛绡(jiāo xiāo):神话传说鲛人所织的绡,极薄,后用以泛指薄纱,这里指手帕。绡:生丝,生丝织物。

⑥ 山盟:旧时常用山盟海誓,指对山立盟,指海起誓。这里指爱情誓言。

⑦ 锦书:前秦窦滔妻苏氏曾织锦为回文诗赠其夫,后以锦书称夫妻间表达爱情的书信。

艺术赏析

唐婉的一滴清泪,缠绵悱恻了整个南宋文学史。一首谁读谁落泪的《钗头凤》是数不尽的爱的缠绵。

这首词始终围绕着沈园这一特定的空间来安排自己的笔墨,上片追叙今昔相聚之异,下片直书别后相思之苦。由追昔到抚今,而以"东风恶"转折;下片回到现实,以"春如旧"与上片"满城春色"句相呼应,以"桃花落,闲池阁"与上片"东风恶"句相照应,把同一空间不同时间的情事和场景历历如绘地叠映出来。全词多用对比的手法,如上片越是把往昔夫妻共同生活时的美好情景写得逼切如现,就越使得他们被迫离异后的凄楚心境深切可感,也就越显出"东风"的无情和可憎,从而形成感情的强烈对比。

再如上片写"红酥手",下片写"人空瘦",在形象、鲜明的对比中,充分地表现出"几年离索"给唐氏带来的巨大精神折磨和痛苦。全词节奏急促,声情凄紧,再加上"错,错,错"和"莫,莫,莫"先后两次感叹,荡气回肠,大有恸不忍言、恸不能言的情致。

文学聚焦

婉约词

婉约词是指自花间词以下,以温庭筠、柳永、李清照、周邦彦等词人为代表的词派,他们的词表情达意一般崇尚含蓄婉转,充分发挥了词"专主情致"的特点,修辞委婉、表情柔腻。婉约词在取材方面,多写儿女之情、离别之绪,在表现方法上多用含蓄蕴藉方法将情绪予以表达,其风格是绮丽的。婉约词出现较早,从唐五代以温庭筠(花间鼻祖)为代表的"花间派"开始,继有宋初的欧阳修、晏殊,与欧阳修、晏殊同时期的柳永,虽在词的表现方法上大有改进,但仍未脱离婉约风格。之后,又有秦观、贺铸、李清照继起。

拓展与应用

探究思考

1. 比较陆游的词和唐婉词作的差异。

2. 试着分析当时为什么会发生这样的爱情悲剧?

职业连线

钗头凤·世情薄

唐　婉

世情薄，人情恶，雨送黄昏花易落。
晓风干，泪痕残。欲笺心事，独语斜阑。难，难，难。
人成各，今非昨，病魂常似秋千索。
角声寒，夜阑珊。怕人寻问，咽泪装欢。瞒，瞒，瞒。

1156年，唐婉再次来到沈园瞥见陆游的题词，不由感慨万千，于是和了一阕《钗头凤·世情薄》。同年秋，便抑郁而终。陆游闻知此事，悲痛欲绝，心灵遭受深深的创伤，终生难以释怀，沈园从此成了他对唐婉思念的承载，成了他梦魂萦绕之地。后陆游余生常常入园中凭吊，并留下十多篇沈园诗文。这种深挚无告，凄然而又令人慕然的爱情，成为爱情的千古绝唱。

思考：

你曾用文字记载过你的爱情吗？试着用一首诗或词来描绘一下吧。

伤　逝

——涓生的手记

鲁　迅

作者简介

鲁迅(1881—1936年)，原名周樟寿，后改名周树人，字豫山，后改豫才。“鲁迅”是他1918年发表《狂人日记》时所用的笔名，也是他影响最为广泛的笔名。浙江绍兴人，著名文学家、思想家、革命家，“五四”新文化运动的重要参与者，中国现代文学的奠基人，新文化运动的领导人。代表作品有《呐喊》《彷徨》《朝花夕拾》《野草》《华盖集》《中国小说史略》等。

鲁迅一生在文学创作、文学批评、思想研究、文学史研究、翻译、美术理论引进、基础科学介绍和古籍校勘与研究等多个领域具有重大贡献。他对于“五四”运动以后的中国社会思想文化发展具有重大影响，蜚声世界文坛。

背景知识

“五四”时期，诉说婚姻不自由的痛苦，是许多青年的公意，争取恋爱婚姻自由已成为当时个性解放的重要内容。因此，20世纪20年代的小说创作，描写男女恋爱的占了全数的百分之八九十，其中最多的是写婚姻不自由。鲁迅对个性解放的反封建意义，是予以充分肯定的，但同时也敏锐地发现隐藏在恋爱婚姻自由背后的危机。早在1923年底，鲁迅就在

《娜拉走后怎样》的演讲中指出，妇女要解放应该用"剧烈的战斗"去争取经济权。到了1925年，鲁迅的世界观已处在根本转变的前夕，这时他则主张用"火与剑"的方式去彻底变革社会制度了。1925年10月写的《伤逝》，不同于当时流行的歌颂恋爱至上的作品，也不同于传统名著中以死殉情的悲剧。鲁迅用小说的形式，把妇女婚姻和青年知识分子的问题跟整个社会制度和经济制度的变革联系起来，以启示广大青年摆脱个性解放和个人奋斗的束缚，探索新的道路。

如果我能够，我要写下我的悔恨和悲哀，为子君，为自己。

会馆里的被遗忘在偏僻里的破屋是这样的寂静和空虚。时光过得真快，我爱子君，仗着她逃出这寂静和空虚，已经满一年了。事情又这么不凑巧，我重来时，偏偏空着的又只有这一间屋。依然是这样的破窗，这样的窗外的半枯的槐树和老紫藤，这样的窗前的方桌，这样的败壁，这样靠壁的板床。深夜中独自躺在床上，就如我未曾和子君同居以前一般，过去一年中的时光全被消灭，全未有过，我并没有曾经从这破屋子搬出，在吉兆胡同创立了满怀希望的小小的家庭。

不但如此。在一年之前，这寂静和空虚是并不这样的，常常含着期待；期待子君的到来。在久待的焦躁中，一听到皮鞋的高底尖触着砖路的清响，是怎样地使我骤然生动起来呵！于是就看见带着笑涡的苍白的圆脸，苍白的瘦的臂膊，布的有条纹的衫子，玄色的裙。她又带了窗外的半枯的槐树的新叶来，使我看见，还有挂在铁似的老干上的一房一房的紫白的藤花。

然而现在呢，只有寂静和空虚依旧，子君却决不再来了，而且永远，永远地！……

子君不在我这破屋里时，我什么也看不见。在百无聊赖中，随手抓过一本书来，科学也好，文学也好，横竖什么都一样；看下去，看下去，忽而自己觉得，已经翻了十多页了，但是毫不记得书上所说的事。只是耳朵却分外地灵，仿佛听到大门外一切往来的履声，从中便有子君的，而且橐橐地逐渐临近，——但是，往往又逐渐渺茫，终于消失在别的步声的杂沓中了。我憎恶那不像子君鞋声的穿布底鞋的长班① 的儿子，我憎恶那太像子君鞋声的常常穿着新皮鞋的邻院的搽雪花膏的小东西！

莫非她翻了车么？莫非她被电车撞伤了么？……

我便要取了帽子去看她，然而她的胞叔就曾经当面骂过我。

蓦然，她的鞋声进来了，一步响于一步，迎出去时，却已经走过紫藤棚下，脸上带着微笑的酒窝。她在她叔子的家里大约并未受气；我的心宁帖了，默默地相视片时之后，破屋里便渐渐充满了我的语声，谈家庭专制，谈打破旧习惯，谈男女平等，谈伊孛生②，谈泰戈尔，谈雪莱……她总是微笑点头，两眼里弥漫着稚气的好奇的光泽。壁上就钉着一张铜板的雪莱半身像，是从杂志上裁下来的，是他的最美的一张像。当我指给她看时，她却只草草一看，便低了头，似乎不好意思了。这些地方，子君就大概还未脱尽旧思想的束缚，——我后来也想，倒不如换一张雪莱淹死在海里的纪念像或是伊孛生的罢；但也终于没有换，现在是连这一张也不知哪里去了。

"我是我自己的，他们谁也没有干涉我的权利！"

这是我们交际了半年，又谈起她在这里的胞叔和在家的父亲时，她默想了一会之后，分明地，坚决地，沉静地说了出来的话。其时是我已经说尽了我的意见，我的身世，我的缺点，很少隐瞒；她也完全了解的了。这几句话很震动了我的灵魂，此后许多天还在耳中发响，而且有说不出的狂喜，知道中国女性，并不如厌世家所说那样的无法可施，在不远的将来，便要看见辉煌的曙色的。

送她出门，照例是相离十多步远；照例是那鲇鱼须的老东西的脸又紧贴在脏的窗玻璃上了，连鼻尖都挤成一个小平面；到外院，照例又是明晃晃的玻璃窗里的那小东西的脸，加厚的雪花膏。她目不邪视地骄傲地走了，没有看见；我骄傲地回来。

“我是我自己的，他们谁也没有干涉我的权利！”这彻底的思想就在她的脑里，比我还透澈，坚强得多。半瓶雪花膏和鼻尖的小平面，于她能算什么东西呢？

我已经记不清那时怎样地将我的纯真热烈的爱表示给她。岂但现在，那时的事后便已模糊，夜间回想，早只剩了一些断片了；同居以后一两月，便连这些断片也化作无可追踪的梦影。我只记得那时以前的十几天，曾经很仔细地研究过表示的态度，排列过措辞的先后，以及倘或遭了拒绝以后的情形。可是临时似乎都无用，在慌张中，身不由己地竟用了在电影上见过的方法了。后来一想到，就使我很愧恧，但在记忆上却偏只有这一点永远留遗，至今还如暗室的孤灯一般，照见我含泪握着她的手，一条腿跪了下去……

不但我自己的，便是子君的言语举动，我那时就没有看得分明；仅知道她已经允许我了。但也还仿佛记得她脸色变成青白，后来又渐渐转作绯红，——没有见过，也没有再见的绯红；孩子似的眼里射出悲喜，但是夹着惊疑的光，虽然力避我的视线，张皇地似乎要破窗飞去。然而我知道她已经允许我了，没有知道她怎样说或是没有说。

她却是什么都记得：我的言辞，竟至于读熟了的一般，能够滔滔背诵；我的举动，就如有一张我所看不见的影片挂在眼下，叙述得如生，很细微，自然连那使我不愿再想的浅薄的电影的一闪。夜阑人静，是相对温习的时候了，我常是被质问，被考验，并且被命复述当时的言语，然而常须由她补足，由她纠正，像一个丁等的学生。

这温习后来也渐渐稀疏起来。但我只要看见她两眼注视空中，出神似的凝想着，于是神色越加柔和，笑窝也深下去，便知道她又在自修旧课了，只是我很怕她看到我那可笑的电影的一闪。但我又知道，她一定要看见，而且也非看不可的。

然而她并不觉得可笑。即使我自己以为可笑，甚而至于可鄙的，她也毫不以为可笑。这事我知道得很清楚，因为她爱我，是这样地热烈，这样地纯真。

去年的暮春是最为幸福，也是最为忙碌的时光。我的心平静下去了，但又有别一部分和身体一同忙碌起来。我们这时才在路上同行，也到过几回公园，最多的是寻住所。我觉得在路上时时遇到探索、讥笑、猥亵和轻蔑的眼光，一不小心，便使我的全身有些瑟缩，只得即刻提起我的骄傲和反抗来支持。她却是大无畏的，对于这些全不关心，只是镇静地缓缓前行，坦然如入无人之境。

寻住所实在不是容易事，大半是被托辞拒绝，小半是我们以为不相宜。起先我们选择得很苛酷，——也非苛酷，因为看去大抵不像是我们的安身之所；后来，便只要他们能相容了。看了二十多处，这才得到可以暂且敷衍的处所，是吉兆胡同一所小屋里的两间南屋；主人是一个小官，然而倒是明白人，自住着正屋和厢房。他只有夫人和一个不到周岁的女孩子，雇一个乡下的女工，只要孩子不啼哭，是极其安闲幽静的。

我们的家具很简单，但已经用去了我的筹来的款子的大半；子君还卖掉了她唯一的金戒指和耳环。我拦阻她，还是定要卖，我也就不再坚持下去了；我知道不给她加入一点股份去，她是住不舒服的。

和她的叔子，她早经闹开，至于使他气愤到不再认她做侄女；我也陆续和几个自以为忠告，其实是替我胆怯，或者竟是嫉妒的朋友绝了交。然而这倒很清静。每日办公散后，虽然已近黄昏，车夫又一定走得这样慢，但究竟还有二人相对的时候。我们先是沉默的相视，接着是放怀而亲密的交谈，后来又是沉默。大家低头沉思着，却并未想着什么事。我也渐渐清醒地读遍了她的身体，她的灵魂，不过三星期，我似乎于她已经更加了解，揭去许多先前以为了解而现在看来却是隔膜，即所谓真的隔膜了。

子君也逐日活泼起来。但她并不爱花，我在庙会时买来的两盆小草花，四天不浇，枯死在壁角了，我又没有照顾一切的闲暇。然而她爱动物，也许是从官太太那里传染的罢，不一月，我们的眷属便骤然加得很多，四只小油鸡，在小院子里和房主人的十多只在一同走。但她们却认识鸡的相貌，各知道哪一只是自家的。还有一只花白的叭儿狗，从庙会买来，记得似乎原有名字，子君却给它另起了一个，叫作阿随。我就叫它阿随，但我不喜欢这名字。

这是真的，爱情必须时时更新，生长，创造。我和子君说起这，她也领会地点点头。

唉唉，那是怎样的宁静而幸福的夜呵！

安宁和幸福是要凝固的，永久是这样的安宁和幸福。我们在会馆里时，还偶有议论的和意思的误会，自从到吉兆胡同以来，连这一点也没有了；我们只在灯下对坐的怀旧谭中，回味那时以后的和解的重生一般的乐趣。

子君竟胖了起来，脸色也红活了；可惜的是忙。管了家务便连谈天的工夫也没有，何况读书和散步。我们常说，我们总还得雇一个女工。

这就使我也一样地不快活，傍晚回来，常见她包藏着不快活的颜色，尤其使我不乐的是她要装作勉强的笑容。幸而探听出来了，也还是和那小官太太的暗斗，导火线便是两家的小油鸡。但又何必硬不告诉我呢？人总该有一个独立的家庭。这样的处所，是不能居住的。

我的路也铸定了，每星期中的六天，是由家到局，又由局到家。在局里便坐在办公桌前抄，抄，抄些公文和信件；在家里是和她相对或帮她生白炉子，煮饭，蒸馒头。我学会了煮饭，就在这时候。

但我的食品却比在会馆里时好得多了。做菜虽不是子君的特长，然而她于此却倾注着全力；对于她的日夜的操心，使我也不能不一同操心，来算作分甘共苦。况且她又这样地终日汗流满面，短发都粘在脑额上；两只手又只是这样地粗糙起来。

况且还要饲阿随，饲油鸡……都是非她不可的工作。我曾经忠告她：我不吃，倒也罢了；却万不可这样地操劳。她只看了我一眼，不开口，神色却似乎有点凄然；我也只好不开口。然而她还是这样地操劳。

我所预期的打击果然到来。双十节的前一晚，我呆坐着，她在洗碗。听到打门声，我去开门时，是局里的信差，交给我一张油印的纸条。我就有些料到了，到灯下去一看，果然，印着的就是：

奉

局长谕史涓生着毋庸到局办事

秘书处启　　十月九号

这在会馆里时，我就早已料到了；那雪花膏便是局长的儿子的赌友，一定要去添些谣言，设法报告的。到现在才发生效验，已经要算是很晚的了。其实这在我不能算是一个打击，因为我早就决定，可以给别人去抄写，或者教读，或者虽然费力，也还可以译点书，况且《自由之友》的总编辑便是见过几次的熟人，两月前还通过信。但我的心却跳跃着。那么一个无畏的子君也变了色，尤其使我痛心；她近来似乎也较为怯弱了。

“那算什么。哼，我们干新的。我们……”她说。

她的话没有说完；不知怎地，那声音在我听去却只是浮浮的；灯光也觉得格外黯淡。人们真是可笑的动物，一点极微末的小事情，便会受着很深的影响。我们先是默默地相视，逐渐商量起来，终于决定将现有的钱竭力节省，一面登“小广告”去寻求抄写和教读，一面写信给《自由之友》的总编辑，说明我目下的遭遇，请他收用我的译本，给我帮一点艰辛时候的忙。

“说做，就做罢！来开一条新的路！”

我立刻转身向了书案，推开盛香油的瓶子和醋碟，子君便送过那黯淡的灯来。我先拟广告；其次是选定可译的书，迁移以来未曾翻阅过，每本的头上都满漫着灰尘了；最后才写信。

我很费踌躇，不知道怎样措辞好，当停笔凝思的时候，转眼去一瞥她的脸，在昏暗的灯光下，又很见得凄然。我真不料这样微细的小事情，竟会给坚决的、无畏的子君以这么显著的变化。她近来实在变得很怯弱了，但也并不是今夜才开始的。我的心因此更缭乱，忽然有安宁的生活的影像——会馆里的破屋的寂静，在眼前一闪，刚刚想定睛凝视，却又看见了昏暗的灯光。

许久之后，信也写成了，是一封颇长的信；很觉得疲劳，仿佛近来自己也较为怯弱了。于是我们决定，广告和发信，就在明日一同实行。大家不约而同地伸直了腰肢，在无言中，似乎又都感到彼此的坚忍倔强的精神，还看见从新萌芽起来的将来的希望。

外来的打击其实倒是振作了我们的新精神。局里的生活，原如鸟贩子手里的禽鸟一般，仅有一点小米维系残生，决不会肥胖；日子一久，只落得麻痹了翅子，即使放出笼外，早已不能奋飞。现在总算脱出这牢笼了，我从此要在新的开阔的天空中翱翔，趁我还未忘却了我的翅子的扇动。

小广告是一时自然不会发生效力的；但译书也不是容易事，先前看过，以为已经懂得的，一动手，却疑难百出了，进行得很慢。然而我决计努力地做，一本半新的字典，不到半月，边上便有了一大片乌黑的指痕，这就证明着我的工作的切实。《自由之友》的总编辑曾经说过，他的刊物是决不会埋没好稿子的。

可惜的是我没有一间静室，子君又没有先前那么幽静，善于体贴了，屋子里总是散乱着碗碟，弥漫着煤烟，使人不能安心做事，但是这自然还只能怨我自己无力置一间书斋。然而又加以阿随，加以油鸡们。加以油鸡们又大起来了，更容易成为两家争吵的引线。加以每日的“川流不息”的吃饭；子君的功业，仿佛就完全建立在这吃饭中。吃了筹钱，筹来吃饭，还要喂阿随，饲油鸡；她似乎将先前所知道的全都忘掉了，也不想到我的构思就常常为了这催促吃饭而打断。即使在坐中给看一点怒色，她总是不改变，仍然毫无感触似的大嚼起来。

使她明白了我的工作不能受规定的吃饭的束缚，就费去五星期。她明白之后，大约很不高兴罢，可是没有说。我的工作果然从此较为迅速地进行，不久就共译了五万言，只要润色一回，便可以和做好的两篇小品，一同寄给《自由之友》去。只是吃饭却依然给我苦恼。菜冷，是无妨的，然而竟不够；有时连饭也不够，虽然我因为终日坐在家里用脑，饭量已经比先前要减少得多。这是先去喂了阿随了，有时还并那近来连自己也轻易不吃的羊肉。她说，阿随实在瘦得太可怜，房东太太还因此嗤笑我们了，她受不住这样的奚落。

于是吃我残饭的便只有油鸡们。这是我积久才看出来的，但同时也如赫胥黎[③]的论定"人类在宇宙间的位置"一般，自觉了我在这里的位置：不过是叭儿狗和油鸡之间。

后来，经多次的抗争和催逼，油鸡们也逐渐成为肴馔，我们和阿随都享用了十多日的鲜肥；可是其实都很瘦，因为它们早已每日只能得到几粒高粱了。从此便清静得多。只有子君很颓唐，似乎常觉得凄苦和无聊，至于不大愿意开口。我想，人是多么容易改变呵！

但是阿随也将留不住了。我们已经不能再希望从什么地方会有来信，子君也早没有一点食物可以引它打拱或直立起来。冬季又逼近得这么快，火炉就要成为很大的问题；它的食量，在我们其实早是一个极易觉得的很重的负担。于是连它也留不住了。

倘使插了草标[④]到庙市去出卖，也许能得几文钱吧，然而我们都不能，也不愿这样做。终于是用包袱蒙着头，由我带到西郊去放掉了，还要追上来，便推在一个并不很深的土坑里。

我一回寓所，觉得又清静得多多了；但子君的凄惨的神色，却使我很吃惊。那是没有见过的神色，自然是为阿随。但又何至于此呢？我还没有说起推在土坑里的事。

到夜间，在她的凄惨的神色中，加上冰冷的分子了。

"奇怪。——子君，你怎么今天这样儿了？"我忍不住问。

"什么？"她连看也不看我。

"你的脸色……"

"没有什么，——什么也没有。"

我终于从她言动上看出，她大概已经认定我是一个忍心的人。其实，我一个人，是容易生活的，虽然因为骄傲，向来不与世交来往，迁居以后，也疏远了所有旧识的人，然而只要能远走高飞，生路还宽广得很。现在忍受着这生活压迫的苦痛，大半倒是为她，便是放掉阿随，也何尝不如此。但子君的见识却似乎只是浅薄起来，竟至于连这一点也想不到了。

我拣了一个机会，将这些道理暗示她；她领会似的点头。然而看她后来的情形，她是没有懂，或者是并不相信的。

天气的冷和神情的冷，逼迫我不能在家庭中安身。但是，往哪里去呢？大道上，公园里，虽然没有冰冷的神情，冷风究竟也刺得人皮肤欲裂。我终于在通俗图书馆里觅得了我的天堂。

那里无须买票；阅书室里又装着两个铁火炉。纵使不过是烧着不死不活的煤的火炉，但单是看见装着它，精神上也就总觉得有些温暖。书却无可看：旧的陈腐，新的是几乎没有的。

好在我到那里去也并非为看书。另外时常还有几个人，多则十余人，都是单薄衣裳，正如我，各人看各人的书，作为取暖的口实。这于我尤为合适。道路上容易遇见熟人，得到轻蔑的一瞥，但此地却绝无那样的横祸，因为他们是永远围在别的铁炉旁，或者靠在自家的火炉边的。

那里虽然没有书给我看，却还有安闲容得我想。待到孤身枯坐，回忆从前，这才觉得大半年来，只为了爱——盲目的爱，而将别的人生的要义全盘疏忽了。第一，便是生活。人必生活着，爱才有所附丽。世界上并非没有为了奋斗者而开的活路；我也还未忘却翅子的扇动，虽然比先前已经颓唐得多……

屋子和读者渐渐消失了，我看见怒涛中的渔夫，战壕中的兵士，摩托车[5]中的贵人，洋场上的投机家，深山密林中的豪杰，讲台上的教授，昏夜的运动者和深夜的偷儿……子君，——不在近旁。她的勇气都失掉了，只为着阿随悲愤，为着做饭出神；然而奇怪的是倒也并不怎样瘦损……

冷了起来，火炉里的不死不活的几片硬煤，也终于烧尽了，已是闭馆的时候。又须回到吉兆胡同，领略冰冷的颜色去了。近来也间或遇到温暖的神情，但这却反而增加我的苦痛。记得有一夜，子君的眼里忽而又发出久已不见的稚气的光来，笑着和我谈到还在会馆时候的情形，时时又很带些恐怖的神色。我知道我近来的超过她的冷漠，已经引起她的忧疑来，只得也勉力谈笑，想给她一点慰藉。然而我的笑貌一上脸，我的话一出口，却即刻变为空虚，这空虚又即刻发生反响，回响我的耳目里，给我一个难堪的恶毒的冷嘲。子君似乎也觉得的，从此便失掉了她往常的麻木似的镇静，虽然竭力掩饰，总还是时时露出忧疑的神色来，但对我却温和得多了。

我要明告她，但我还没有敢，当决心要说的时候，看见她孩子一般的眼色，就使我只得暂且改作勉强的欢容。但是这又即刻来冷嘲我，并使我失却那冷漠的镇静。

她从此又开始了往事的温习和新的考验，逼我做出许多虚伪的温存的答案来，将温存示给她，虚伪的草稿便写在自己的心上。我的心渐被这些草稿填满了，常觉得难于呼吸。我在苦恼中常常想，说真实自然须有极大的勇气的；假如没有这勇气，而苟安于虚伪，那也便是不能开辟新的生路的人。不独不是这个，连这人也未尝有！

子君有怨色，在早晨，极冷的早晨，这是从未见过的，但也许是从我看来的怨色。我那时冷冷地气愤和暗笑了；她所磨炼的思想和豁达无畏的言论，到底也还是一个空虚，而对于这空虚却并未自觉。她早已什么书也不看，已不知道人的生活的第一着是求生，向着这求生的道路，是必须携手同行，或奋身孤往的了，倘使只知道捶着一个人的衣角，那便是虽战士也难于战斗，只得一同灭亡。

我觉得新的希望就只在我们的分离；她应该决然舍去，——我也突然想到她的死，然而立刻自责、忏悔了。幸而是早晨，时间正多，我可以说我的真实。我们的新的道路的开辟，便在这一遭。

我和她闲谈，故意地引起我们的往事，提到文艺，于是涉及外国的文人，文人的作品：《诺拉》《海的女人》[6]。称扬诺拉的果决……也还是去年在会馆的破屋里讲过的那些话，但现在已经变成空虚，从我的嘴传入自己的耳中，时时疑心有一个隐形的坏孩子，在背后恶意地、刻毒地学舌。

她还是点头答应着倾听，后来沉默了。我也就断续地说完了我的话，连余音都消失在虚空中了。

“是的。”她又沉默了一会，说，“但是，……涓生，我觉得你近来很两样了。可是的？你，——你老实告诉我。”

我觉得这似乎给了我当头一击，但也立即定了神，说出我的意见和主张来：新的路的开辟，新的生活的再造，为的是免得一同灭亡。

临末，我用了十分的决心，加上这几句话：

“……况且你已经可以无须顾虑，勇往直前了。你要我老实说；是的，人是不该虚伪的。我老实说罢：因为，因为我已经不爱你了！但这于你倒好得多，因为你更可以毫无挂念地做事……”

我同时预期着大的变故的到来，然而只有沉默。她脸色陡然变成灰黄，死了似的；瞬间便又苏生，眼里也发了稚气的闪闪的光泽。这眼光射向四处，正如孩子在饥渴中寻求着慈爱的母亲，但只在空中寻求，恐怖地回避着我的眼。

我不能看下去了，幸而是早晨，我冒着寒风径奔通俗图书馆。

在那里看见《自由之友》，我的小品文都登出了。这使我一惊，仿佛得了一点生气。我想，生活的路还很多，——但是，现在这样也还是不行的。

我开始去访问久已不相闻问的熟人，但这也不过一两次；他们的屋子自然是暖和的，我在骨髓中却觉得寒冽。夜间，便蜷伏在比冰还冷的冷屋中。

冰的针刺着我的灵魂，使我永远苦于麻木的疼痛。生活的路还很多，我也还没有忘却翅子的扇动，我想。——我突然想到她的死，然而立刻自责，忏悔了。

在通俗图书馆里往往瞥见一闪的光明，新的生路横在前面。她勇猛地觉悟了，毅然走出这冰冷的家，而且，——毫无怨恨的神色。我便轻如行云，漂浮空际，上有蔚蓝的天，下是深山大海，广厦高楼，战场，摩托车，洋场，公馆，晴明的闹市，黑暗的夜……

而且，真的，我预感得这新生面便要来到了。

我们总算度过了极难忍受的冬天，这北京的冬天；就如蜻蜓落在恶作剧的坏孩子的手里一般，被系着细线，尽情玩弄、虐待，虽然幸而没有送掉性命，结果也还是躺在地上，只争着一个迟早之间。

写给《自由之友》的总编辑已经有三封信，这才得到回信，信封里只有两张书券[⑦]：两角的和三角的。我却单是催，就用了九分的邮票，一天的饥饿，又都白挨给于己一无所得的空虚了。

然而觉得要来的事，却终于来到了。

这是冬春之交的事，风已没有这么冷，我也更久地在外面徘徊；待到回家，大概已经昏黑。就在这样一个昏黑的晚上，我照常没精打采地回来，一看见寓所的门，也照常更加丧气，使脚步放得更缓。但终于走进自己的屋子里了，没有灯火；摸火柴点起来时，是异样的寂寞和空虚！

正在错愕中，官太太便到窗外来叫我出去。

“今天子君的父亲来到这里，将她接回去了。”她很简单地说。

这似乎又不是意料中的事，我便如脑后受了一击，无言地站着。

“她去了么？”过了些时，我只问出这样一句话。

“她去了。”

“她，——她可说什么？”

“没说什么。单是托我见你回来时告诉你，说她去了。”

我不信；但是屋子里是异样的寂寞和空虚。我遍看各处，寻觅子君；只见几件破旧而黯淡的家具，都显得极其清疏，在证明着它们毫无隐匿一人一物的能力。我转念寻信或她留下的字迹，也没有；只是盐和干辣椒、面粉、半株白菜，却聚集在一处了，旁边还有几十枚铜元。这是我们两人生活材料的全部，现在她就郑重地将这留给我一个人，在不言中，教我借此去维持较久的生活。

我似乎被周围所排挤，奔到院子中间，有昏黑在我的周围；正屋的纸窗上映出明亮的灯光，他们正在逗着孩子推笑。我的心也沉静下来，觉得在沉重的迫压中，渐渐隐约地现出脱走的路径：深山大泽，洋场，电灯下的盛筵；壕沟，最黑最黑的深夜，利刃的一击，毫无声响的脚步……

心底有些轻松，舒展了，想到旅费，并且嘘一口气。

躺着，在合着的眼前经过的预想的前途，不到半夜已经现尽；暗中忽然仿佛看见一堆食物，这之后，便浮出一个子君的灰黄的脸来，睁了孩子气的眼睛，恳托似的看着我。我一定神，什么也没有了。

但我的心却又觉得沉重。我为什么偏不忍耐几天，要这样急急地告诉她真话的呢？现在她知道，她以后所有的只是她父亲——儿女的债主——的烈日一般的严威和旁人的赛过冰霜的冷眼。此外便是虚空。负着虚空的重担，在严威和冷眼中走着所谓人生的路，这是怎么可怕的事呵！而况这路的尽头，又不过是——连墓碑也没有的坟墓。

我不应该将真实说给子君，我们相爱过，我应该永久奉献她我的说谎。如果真实可以宝贵，这在子君就不该是一个沉重的空虚。谎语当然也是一个空虚，然而临末，至多也不过这样地沉重。

我以为将真实说给子君，她便可以毫无顾虑、坚决地毅然前行，一如我们将要同居时那样。但这恐怕是我错误了。她当时的勇敢和无畏是因为爱。

我没有负着虚伪的重担的勇气，却将真实的重担卸给她了。她爱我之后，就要负了这重担，在严威和冷眼中走着所谓人生的路。

我想到她的死……我看见我是一个卑怯者，应该被摈于强有力的人们，无论是真实者，虚伪者。然而她却自始至终，还希望我维持较久的生活……

我要离开吉兆胡同，在这里是异样的空虚和寂寞。我想，只要离开这里，子君便如还在我的身边；至少，也如还在城中，有一天，将要出乎意料地访我，像住在会馆时候似的。

然而一切请托和书信，都是一无反响；我不得已，只好访问一个久不问候的世交去了。他是我伯父的幼年的同窗，以正经出名的拔贡[8]，寓京很久，交游也广阔的。

大概因为衣服的破旧罢，一登门便很遭门房的白眼。好容易才相见，也还相识，但是很冷落。我们的往事，他全都知道了。

“自然，你也不能在这里了，”他听了我托他在别处觅事之后，冷冷地说，“但哪里去呢？很难。——你那，什么呢，你的朋友吧，子君，你可知道，她死了。”

我惊得没有话。

“真的？”我终于不自觉地问。

“哈哈。自然真的。我家的王升的家，就和她家同村。”

“但是，——不知道是怎么死的？”

“谁知道呢。总之是死了就是了。”

我已经忘却了怎样辞别他，回到自己的寓所。我知道他是不说谎话的；子君总不会再来的了，像去年那样。她虽是想在严威和冷眼中负着虚空的重担来走所谓人生的路，也已经不能。她的命运，已经决定她在我所给与的真实——无爱的人间死灭了！

自然，我不能在这里了；但是，“哪里去呢？”

四围是广大的空虚，还有死的寂静。死于无爱的人们的眼前的黑暗，我仿佛一一看见，还听得一切苦闷和绝望的挣扎的声音。

我还期待着新的东西到来，无名的，意外的。但一天一天，无非是死的寂静。

我比先前已经不大出门，只坐卧在广大的空虚里，一任这死的寂静侵蚀着我的灵魂。死的寂静有时也自己战栗，自己退藏，于是在这绝续之交，便闪出无名的，意外的，新的期待。

一天是阴沉的上午，太阳还不能从云里面挣扎出来；连空气都疲乏着。耳中听到细碎的步声和咻咻的鼻息，使我睁开眼。大致一看，屋子里还是空虚；但偶然看到地面，却盘旋着一匹小小的动物，瘦弱的，半死的，满身灰土的……

我一细看，我的心就一停，接着便直跳起来。

那是阿随。它回来了。

我得离开吉兆胡同，也不单是为了房主人们和他家女工的冷眼，大半就为着这阿随。但是，“哪里去呢？”新的生路自然还很多，我约略知道，也间或依稀看见，觉得就在我面前，然而我还没有知道跨进那里去的第一步的方法。

经过许多回的思量和比较，也还只有会馆是还能相容的地方。依然是这样的破屋，这样的板床，这样的半枯的槐树和紫藤，但那时使我希望，欢欣，爱，生活的，却全都逝去了，只有一个虚空，我用真实去换来的虚空存在。

新的生路还很多，我必须跨进去，因为我还活着。但我还不知道怎样跨出那第一步。有时，仿佛看见那生路就像一条灰白的长蛇，自己蜿蜒地向我奔来，我等着，等着，看着临近，但忽然便消失在黑暗里了。

初春的夜，还是那么长。长久的枯坐中记起上午在街头所见的葬式，前面是纸人纸马，后面是唱歌一般的哭声。我现在已经知道他们的聪明了，这是多么轻松简洁的事。

然而子君的葬式却又在我的眼前，是独自负着虚空的重担，在灰白的长路上前行，而又即刻消失在周围的严威和冷眼里了。

我愿意真有所谓鬼魂，真有所谓地狱，那么，即使在孽风怒吼之中，我也将寻觅子君，当面说出我的悔恨和悲哀，祈求她的饶恕；否则，地狱的毒焰将围绕我，猛烈地烧尽我的悔恨和悲哀。

我将在孽风和毒焰中拥抱子君，乞她宽容，或者使她快意……

但是，这却更虚空于新的生路；现在所有的只是初春的夜，竟还是那么长。我活着，我总得向着新的生路跨出去，那第一步，——却不过是写下我的悔恨和悲哀，为子君，为自己。

我仍然只有唱歌一般的哭声，给子君送葬，葬在遗忘中。

我要遗忘；我为自己，并且要不再想到这用了遗忘给子君送葬。

我要向着新的生路跨进第一步去，我要将真实深深地藏在心的创伤中，默默地前行，用遗忘和说谎做我的前导……

一九二五年十月二十一日毕

（选自：鲁迅.鲁迅全集：第二卷[M].北京：人民文学出版社，1981.）

【注释】

① 长班：旧时官员的随身仆人，有时也指一般的听差。

② 伊孛生：多译为易卜生，挪威作家，被认为是现代现实主义戏剧的创始人。代表作：《玩偶之家》《人民公敌》等。

③ 赫胥黎：英国生物学家，代表作品有《人类在自然界的位置》《脊椎动物解剖学手册》《进化论和伦理学》等。

④ 草标：旧时在被卖的人或物品上插上草束，作为出售的标志。

⑤ 摩托车：当时对小汽车的称呼。

⑥《诺拉》：多译为《玩偶之家》。《海的女人》：多译为《海的夫人》。它们都是易卜生的著名剧作。

⑦ 书券：购书用的代替钱币的纸券，可以按照券面金额到指定书店选书。旧时有的报刊用它代替现金支付写稿酬劳。

⑧拔贡：拔贡是科举制度中由地方贡入国子监的生员之一种。清朝制度，初定六年一次，乾隆中改为逢酉一选，也就是十二年考一次，优选者以小京官用，次选以教谕用。每府学二名，州、县学各一名，由各省学政从生员中考选，保送入京，作为拔贡。

艺术赏析

《伤逝》是鲁迅于1925年创作的一部以爱情为题材反映“五四”时期知识分子命运的短篇小说。小说以主人公涓生哀婉悲愤的内心独白的方式，讲述了他和子君冲破封建势力的重重阻碍，追求婚姻自主建立起了一个温馨的家庭，但不久爱情归于失败，最终以一“伤”一“逝”结局。

小说通过涓生、子君始以争取个性解放婚姻自主，终却落到悲剧结局的描写，反映了个人和社会的冲突：离开整个社会的解放，个性的解放和婚姻自主是无法实现的。小说语言优美凝练，富有诗的情韵。开头结尾部分有些语句的故意重复，不仅在结构上起着贯通前后的作用，而且有物是人非之感，加强了抒情气氛，有助于主题的表达。有些句子写得委婉含蓄，寓意深刻，发人深思，深化了主题。

文学聚焦

日记体小说

日记体小说是小说体裁的一种独特形式，它是以日记形式作为小说基本结构的小说类型。这类小说在叙述方式上多采用第一人称，以记叙主人公所见、所闻、所感的方式叙述事件、展开情节、刻画人物。如鲁迅的《狂人日记》、茅盾的《腐蚀》等。这种类型的小说非常适合表现丰富复杂的内心活动。作者不重在事件过程的叙述，而是把笔力集中于人物的心灵历程和感情波澜的抒写，展示主人公悲欢离合的感情世界，具有浓烈的抒情色彩。

《玩偶之家》简介　　人生有趣三部曲内容简介

拓展与应用

探究思考

1. 造成涓生和子君爱情悲剧的原因是什么？他们如果不分手，能不能找到其他的出路和解决办法呢？

2. 如何理解涓生所说的"人必生活着，爱才有所附丽。"你如何看待"爱情"和"面包"的关系?

3. 鲁迅对人性的把握细腻、精准，你从文中的哪些地方可以感受得到?找出来，谈一谈。

职业连线

语文实践活动——"歌颂爱情"舞台剧表演

没有恋爱过的青年，对爱情充满了梦幻般的憧憬与期待，而品味过爱情酸甜苦辣的人则有着不同的体验和理解。

本次活动通过收集有关爱情主题故事，改编文本，排练与表演舞台剧，提高同学们的艺术欣赏能力，同时树立正确的爱情观和价值观。

活动布置:

以小组为单位选择一篇有关于爱情的文学作品，题材不限，内容要以叙述为主。

活动实施:

1. 分析作品，改编剧本。由教师统一指导各组学生进行剧本改编，确定作品思想、人物形象、动作语言、舞台背景等。

2. 舞台剧排练。注意如何通过面部表情、身体语言、声音等塑造人物形象及表现情感张力。

3. 舞台剧表演。组织同学们观看，并记录下感悟。

活动评价:

大家谈谈对剧本改编、舞台表演过程的体会以及对作品呈现出来的爱情观和价值观的感悟，并评选出"最佳改编剧本奖"和"最佳舞台表演奖"。

1. 学生自评 ______________________________

2. 同学互评 ______________________________

3. 教师点评 ______________________________

致橡树

舒婷

作者简介

舒婷，女，原名龚佩瑜，1952 年出生于福建石码镇，中国当代女诗人，朦胧诗派的代表人物。她从小随父母定居于厦门，1969 年下乡插队，1972 年返城当工人，1979 年开始发表诗歌作品，1980 年至福建省文联工作，从事专业写作。2016 年 12 月，舒婷当选中国作家协会第九届全国委员会委员。

背景知识

《致橡树》是舒婷创作于1977年3月的爱情诗。是朦胧诗派的代表作之一。作为新时期文学的发轫之作，作者通过木棉树对橡树的“告白”，来否定世俗的、不平等的爱情观，呼唤自由、平等独立、风雨同舟的爱情观，喊出了爱情中男女平等、心心相印的口号，发出新时代女性的独立宣言，表达对爱情的憧憬与向往。《致橡树》是舒婷的成名作，舒婷自己也承认：“十年来写了不少散文随笔，总量已经远远超过诗歌。可是大多数读者只记得我写诗，常常把我的名字等同于《致橡树》。”

在《真水无香》一书中，她回忆了《致橡树》的原型和创作过程。1975年，福建有位曾经在写作上给予舒婷很大帮助的归侨老诗人蔡其矫，到鼓浪屿做客，那天晚上，舒婷陪他散步时，蔡其矫向她说起这辈子碰到的女孩。在20世纪70年代公开谈喜欢女孩子是件大胆的事。蔡其矫说，有的漂亮的女孩子，没有才气；有的有才气的女孩子，又不漂亮；又漂亮又有才气的女孩子，又很凶悍。他觉得找一个十全十美的女孩子很难。舒婷说，当时她听了后很生气，觉得那是大男子主义思想，男性与女性应当是平等的，于是，当天晚上，她就写了首诗《橡树》交给蔡其矫，后来发表时改作《致橡树》。

致　橡　树

我如果爱你——
绝不像攀援①的凌霄花，
借你的高枝炫耀自己；
我如果爱你——
绝不学痴情的鸟儿，
为绿荫重复单调的歌曲；
也不止像泉源，
常年送来清凉的慰藉②；
也不止像险峰，
增加你的高度，
衬托你的威仪。
甚至日光，
甚至春雨。

不，这些都还不够！
我必须是你近旁的一株木棉，
作为树的形象和你站在一起。
根，紧握在地下；
叶，相触在云里。
每一阵风过，
我们都互相致意，

但没有人，
听懂我们的言语。
你有你的铜枝铁干，
像刀，像剑，也像戟；
我有我红硕的花朵，
像沉重的叹息，
又像英勇的火炬。

我们分担寒潮、风雷、霹雳；
我们共享雾霭③、流岚④、虹霓⑤。
仿佛永远分离，
却又终身相依。
这才是伟大的爱情，
坚贞就在这里：
爱——
不仅爱你伟岸的身躯，
也爱你坚持的位置，
足下的土地。

（原载《诗刊》1979 年 4 月号）

【注释】

① 攀援：同“攀缘”，比喻投靠有权有势的人往上爬。
② 慰藉：安慰。
③ 雾霭：雾气。
④ 流岚：这里指云雾。
⑤ 虹霓：指彩虹。

艺术赏析

诗人以橡树为对象表达了爱情的热烈、诚挚和坚贞。通过拟物化的艺术手法，用木棉树的内心独白，热情而坦诚地歌唱自己的人格理想以及要求比肩而立、各自独立又深情相对的爱情观。

第一节“我如果爱你，绝不像攀援的凌霄花，借你的高枝炫耀自己；我如果爱你，绝不学痴情的鸟儿，为绿荫重复单调的歌曲；也不止像泉源，常年送来清凉的慰藉；也不止像险峰，增加你的高度，衬托你的威仪。甚至日光，甚至春雨。”表达木棉她既不想高攀对方，借对方的显赫来炫耀虚荣，也不想一厢情愿地湮没在对方冷漠浓荫下，独自唱那单恋的痴曲。

第二节“不，这些都还不够！我必须是你近旁的一株木棉，作为树的形象和你站在一起。”说明木棉偏要打破爱情中只提倡为对方牺牲的藩篱，鲜明地表示不当附属品，不成为对方的陪衬和点缀，而是必须与对方站在同等的地位上。“根，紧握在地下；叶，相触在云里。每一阵风过，我们都互相致意，但没有人，听懂我们的言语。”表明了恋人之间的并肩携手，心心相印。“你有你的铜枝铁干，像刀，像剑，也像戟；”象征男性——伟岸挺拔，刚强不屈，锋芒锐利，具有阳刚气概；“我有我红硕的花朵，像沉重的叹息，又像英勇的火炬。”象征女性——健康活泼，美丽动人，深沉博大，坚韧不屈，具有柔韧气质。诗中提出了现代女性所应有的爱情观，那就是男女真正意义上的平等，心心相印，互敬互爱，志同道合。男女独立的人格不但不失去应有的光辉，而且在相互的掩映下更加璀璨。

第三节“我们分担寒潮、风雷、霹雳；我们共享雾霭、流岚、虹霓。仿佛永远分离，却又终身相依。”表明恋人要“同甘苦，共患难。”正是爱情双方都置身在同一现实环境中，无论是生活的艰辛还是幸福的境遇，他们都一同分享。“这才是伟大的爱情，坚贞就在这里：爱——不仅爱你伟岸的身躯，也爱你坚持的位置，足下的土地。”作者想要表达爱情的坚贞不仅表现在使自己忠实于对方的“伟岸的身躯”，仅达到外貌的倾慕和形体的结合，而要更进一步，把对方的工作岗位、信念和理想也纳入自己的爱情怀抱。站在同一阵地，有着同一种生活信念。

在艺术表现上，诗歌采用了内心独白的抒情方式，便于坦诚、开朗地直抒诗人的心灵世界，同时，以整体象征的手法构造意象(全诗以橡树、木棉的整体形象对应象征爱情双方的独立人格和真挚爱情)，使得哲理性很强的思想意念得以在亲切可感的形象中生发、诗化，因而这首诗富于理性气质。

文学聚焦

面朝大海，春暖花开

朦　胧　诗

朦胧诗，是兴起于20世纪70年代末80年代初的一种诗歌流派，以舒婷、北岛、顾城、梁小斌、江河、食指、芒克等先驱者为代表。所谓朦胧诗，是指以内在精神世界为主要表现对象，采用整体形象象征、逐步意向感发的艺术策略和方式来掩饰情思，从而使诗歌文本处在表现自己和隐藏自己之间，呈现为诗境模糊朦胧、主题多义莫名这样一些特征。它以“叛逆”的精神，打破了当时现实主义创作原则一统诗坛的局面，为诗歌注入了新的生命力，同时也给新时期文学带来了一次意义深远的变革。他们在诗作中以现实意识思考人的本质，肯定人的自我价值和尊严，注重创作主体内心情感的抒发，在艺术上大量运用隐喻、暗示、通感等手法，丰富了诗的内涵，增强了诗歌的想象空间。“朦胧诗”并没有形成统一的组织形式，也未曾发表宣言，然而却以各自独立又呈现出共性的艺术主张和创作实绩，构成一个“崛起的诗群”，曾在当时文坛引起争论。

舒婷在当时以真挚清新的风格博得了读者的欢迎。舒婷的诗情感丰富细腻，而又始终有一种清纯明净的气息。她的诗其实并不怎么复杂，只不过执着于表达个人的内心情感而采用了多种隐曲的修辞手法，正因为此，她的诗在当时具有打开人们心灵窗户的功效。舒婷可能是最早正视个人内心情感的女性诗人，她的诗中总是隐约呈现着一种不可知而又不可抗拒的外在力量，而一种女性的哀愁带着祈祷穿越于其中，最终获得无可奈何的解脱，这可能就是舒婷的诗最具魅力之处。她的代表作如《致橡树》《会唱歌的鸢尾花》等，就表现了这种特点。

拓展与应用

探究思考

1. 20 世纪 70 年代，舒婷写下了《致橡树》，提出新的爱情观："不仅爱你伟岸的身躯，也爱你坚持的位置，足下的土地。"你认为幸福的爱情婚姻需要如何经营呢？

2. 尝试着用作者的手法，自己写一首类似的小诗。

职业连线

徐志摩写："我将在茫茫人海中寻找我唯一之灵魂伴侣。得之，我幸；不得，我命。如此而已。"

张爱玲写："我要你知道，在这个世界上总有一个人是等着你的，不管在什么时候，不管在什么地方，反正你知道，总有这么一个人。"

方文山在周杰伦的歌曲里写道："繁华如三千东流水，我只取一瓢，爱了解。"

网红歌曲《往后余生》写道："往后余生，风雪是你，平淡是你，清贫也是你，荣华是你，心底温柔是你，目光所致，也是你。"

思考：

你有这样的好句子吗？说来一起听听。

聊斋志异·连城

蒲松龄（清）

作者简介

蒲松龄，(1640—1715 年)，字留仙，一字剑臣，别号柳泉居士，世称聊斋先生，自称异史氏。济南府淄川（现山东省淄博市淄川区洪山镇蒲家庄）人。清代杰出文学家，优秀短篇小说家。除《聊斋志异》外，蒲松龄还有大量诗文、戏剧、俚曲以及有关农业、医药方面的著述存世，总近 200 万言。

《聊斋志异》刊行后，遂风行天下。在其后一个时期里，仿效之作丛出，造成了志怪传奇类小说的再度繁荣。《聊斋志异》的许多篇章不断被改编为戏曲、电影、电视剧，影响深远。《聊斋志异》很早就走向了世界，蒲松龄为中国、为世界创造了宝贵的精神财富。

背景知识

蒲松龄出身于一个没落的地主家庭，父亲蒲槃原是一个读书人，因在科举上不得志，便弃儒经商，曾积累了一笔可观的财产。等到蒲松龄成年时，家境早已衰落，生活十分贫困。蒲松龄一生热衷功名，醉心科举，但他除了十九岁时应童子试曾连续考中县、府、道三个第一，补博士弟子员外，以后屡受挫折，一直郁郁不得志。他一面教书，一面应考了四十年，到七十一岁时才援例出贡，补了个岁贡生，四年后便死去了。一生中的坎坷遭遇使蒲松龄对当时政治的黑暗和科举的弊端有了一定的认识，生活的贫困使他对广大劳动人民的生活和思想有了一定的了解和体会。因此，他以自己的切身感受写了很多著作。

乔生名年，字大年，晋宁人①。少负才名。年二十余犹淹蹇②。为人有肝胆③。与顾生善，顾卒，时恤其妻子。邑宰以文相契重④；宰终于任，家口淹滞不能归⑤，生破产扶柩，往返二千余里。以故士林益重之⑥，而家由此益替⑦。史孝廉有女字连城，工刺绣，知书。父娇爱之⑧。出所刺“倦绣图”，征少年题咏⑨，意在择婿。生献诗云：“慵鬟高髻绿婆娑⑩，早向兰窗绣碧荷。刺到鸳鸯魂欲断，暗停针线蹙双蛾。”又赞挑绣之工云⑪：“绣线挑来似写生⑫，幅中花鸟自天成⑬。当年织锦非长技，幸把回文感圣明⑭。”女得诗喜，对父称赏。父贫之。女逢人辄称道；又遣媪矫父命⑮，赠金以助灯火⑯。生叹曰：“连城我知己也！”倾怀结想，如渴思啖。

无何，女许字于鹾贾之子王化成⑰，生始绝望；然梦魂中犹佩戴之⑱。未几，女病瘵⑲，沉痼不起⑳。有西域头陀㉑，自谓能疗，但须男子膺肉一钱捣合药屑。史使人诣王家告婿。婿笑曰：“痴老翁欲我剜心头肉耶㉒？”使返。史乃言于人曰：“有能割肉者妻之。”生闻而往，自出白刃，刲膺授僧㉓，血濡袍袴，僧敷药始止。和药三丸。三日服尽，疾若失。史将践其言㉔，先告王。王怒，欲讼官。史乃设筵招生，以千金列几上，曰：“重负大德，请以相报。”因具白背盟之由。生怫然曰㉕：“仆所以不爱膺肉者，聊以报知己耳，岂货肉哉！”拂袖而归。女闻之，意良不忍，托媪慰谕之。且云：“以彼才华，当不久落㉖。天下何患无佳人？我梦不祥，三年必死，不必与人争此泉下物也㉗。”生告媪曰：“‘士为知己者死’㉘，不以色也。诚恐连城未必真知我，但得真知我，不谐何害㉙？”媪代女郎矢诚自剖㉚。生曰：“果尔，相逢时当为我一笑，死无憾矣！”媪既去，逾数日，生偶出，遇女自叔氏归，睨之。女秋波转顾，启齿嫣然㉛。生大喜曰：“连城真知我者！”会王氏来议吉期㉜，女前症又作，数月寻卒。生往临吊㉝，一恸而绝。史舁送其家。

生自知已死，亦无所戚。出村去，犹冀一见连城。遥望南北一道，行人连续如蚁㉞，因亦混身杂迹其中。俄顷，入一廨署，值顾生，惊问：“君何得来？”即把手将送令归。生太息言：“心事殊未了。”顾曰：“仆在此典牍㉟，颇得委任。倘可效力，不惜也。”生问连城。顾即导生旋转多所，见连城与一白衣女郎，泪睫惨黛㊱，藉坐廊隅㊲。见生至，骤起似喜，略问所来。生曰：“卿死，仆何敢生！”连城泣曰：“如此负义人，尚不吐弃之，身殉何为？然已不能许君今生，愿矢来世耳。”生告顾曰：“有事君自去，仆乐死不愿生矣。但烦稽连城托生何里，行与俱去耳㊳。”顾诺而去。白衣女郎问生何人，连城为缅述之。女郎闻之，若不胜悲。连城告生曰：“此妾同姓，小字宾娘，长沙史太守女㊴。一路同来，遂相怜爱。”生视之，意态怜人。方欲研问，而顾生已反。向生贺曰：“我为君平章已确㊵，即教小娘子从君返魂，好否？”两人各喜。方将拜别，宾娘大哭曰：“姊去，我安归？乞垂怜救，妾为姊捧帨耳㊶。”连城凄然，无所为计，转谋生。生又哀顾。顾难之，峻辞以为不可。生固强之。乃曰：“试妄为之㊷。”去食顷而还，摇手曰：“何如！诚万分不能为力矣！”宾娘闻之，宛转娇啼，惟依连城肘下，恐其即去。惨怛无术㊸，相对默默；而睹其愁颜戚容㊹，使人肺腑酸柔㊺。顾生愤然曰:“请携宾娘去,脱有愆尤[46],小生拚身受之!”宾娘乃喜,从生出。生忧其道远无侣。宾娘曰:“妾从君去,不愿归也。”生曰:“卿大痴矣。不归,何以得活也?他日至湖南,勿复走避[47],为幸多矣。”适有两媪摄牒赴长沙[48],生属之[49],宾娘泣别而去。

途中,连城行蹇缓,里余辄一息,凡十余息,始见里门。连城曰:“重生后,惧有反复。请索妾骸骨来,妾以君家生,当无悔也。”生然之。偕归生家。女惕惕若不能步[50],生伫待之。女曰:“妾至此,四肢摇摇,似无所主。志恐不遂,尚宜审谋。不然,生后何能自由?”相将入侧厢中。嘿定少时[51],连城笑曰:“君憎妾耶?”生惊问其故。赧然曰:“恐事不谐,重负君矣。请先以魂报也。”生喜,极尽欢恋。因徘徊不敢遽出,寄厢中者三日。连城曰:“谚有之:‘丑妇终须见姑嫜。’戚戚于此,终非久计。”乃促生入。才至灵寝[52],豁然顿苏。家人惊异,进以汤水。生乃使人要史来[53],请得连城之尸,自言能活之。史喜,从其言。方舁入室,视之已醒。告父曰:“儿已委身乔郎矣[54],更无归理。如有变动,但仍一死!”史归,遣婢往役给奉。王闻之,具词申理。官受赂,判归王。生愤懑欲死,亦无奈之[55]。连城至王家,忿不饮食,惟乞速死。室无人,则带悬梁上。越日益惫,殆将奄逝。王惧,送归史。史复舁归生。王知之,亦无如何,遂安焉。连城起,每念宾娘,欲遣人往侦之[56],以道远而艰于行。一日,家人曰:“门前有车马。”夫妇出视,则宾娘已在中庭矣。相见悲喜并作。太守亲诣送女,生延入。太守曰:“小女子赖君复生,誓不他适,今从其志。”生叩谢如礼。孝廉亦至,叙宗好焉[57]。

异史氏曰:“一笑之知,许之以身,世人或议其痴;彼田横五百人[58]岂尽愚哉!此知希之贵[59],贤豪所以感结而不能自已也。顾茫茫海内,遂使锦绣才人[60],仅倾心于蛾眉一笑也,亦可慨矣!”

(选自:蒲松龄.聊斋志异选.北京:人民文学出版社,1956)

【注释】

① 晋宁:州县名。唐置晋宁县,元为晋宁州,明清因之。州治在今云南省晋宁县。

② 淹蹇:滞留困顿,谓科举不得志。

③ 有肝胆:忠义诚信,勇于为人尽力。

④ 契重:投合,尊重。

⑤ 淹滞:困阻,久留。

⑥ 士林:读书人中间。“之”字据二十四卷抄本补。

⑦ 替:衰败。

⑧ 娇爱:娇养。

⑨ 征:征集。题咏:题诗赞咏。

⑩ “慵鬟”四句:此诗即图题咏,大意谓:闺中少女早起即于窗前刺绣,先绣绿荷,待绣到荷底鸳鸯时,不禁怅然神驰,不知不觉停下针线,伤神地皱拢双眉。因绣久困倦,那髻鬟边的秀发也不免有些披拂散乱。慵鬟,困倦时的发鬟。婆娑,飘拂不整貌。兰窗,少女卧室的窗户。魂欲断,谓魂驰神往。暗停,默默停下。

⑪ 挑绣:挑花和刺绣;绣花时的两道工艺。

⑫ 写生:指画家对实物的描摹。

⑬ 天成:天然生成。

《聊斋志异·连城》译文

⑭“当年织锦”二句：意思是与连城刺绣之美相比，当年苏蕙把回文图诗织在锦缎上也算不得技巧高明，她不过侥幸取得女皇武则天的赏识罢了。据《晋书·列女·窦滔妻传》，晋窦滔妻苏蕙，字若兰，善属文。滔仕前秦苻坚为秦州刺史，被徒流沙。苏氏在家织锦为回文旋图诗以寄。诗长八百四十一字，可宛转循环以读，词甚凄惋。唐武则天为作《璇玑图诗序》，称其“五彩相宣，莹心晖目”。

⑮ 矫：假托。

⑯ 助灯火：资助乔生读书费用。

⑰ 许字：许婚。鹾(cuó)贾：盐商。《礼记·曲礼》：“盐曰咸鹾。”

⑱ 佩戴：佩恩戴德；意思是感念不忘。

⑲ 瘵(zhài)：痨病，即肺病。

⑳ 沉痼：病势积久难医。

㉑ 西域：此据二十四卷抄本，底本作“西城”。头陀：梵文音泽，泛指一切僧众，此特指行脚乞食僧人。

㉒ 心头肉：比喻关系性命之物。唐聂夷中《咏田家》诗：“医得眼前疮，剜却心头肉。”此指“膺肉”。

㉓ 刲(kuī)：割。

㉔ 践其言：履行自己的诺言。指以女妻乔生。

㉕ 怫(fú)然：生气的样子。

㉖ 落：沉沦。

㉗ 泉下物：指死人。谓己不久将死。

㉘ 士为知己者死：《汉书·司马迁传》报任安书中有“士为知己用，女为悦己容。”

㉙ 不谐：不能成事，指不能结为夫妻。何害：何妨。

㉚ 矢诚自剖：发誓自明心迹。

㉛ 嫣(yān)然：形容美笑。

㉜ 吉期：好日子；指完婚日期。

㉝ 临吊：哭吊。哭死者叫临，慰问其亲属叫吊。

㉞ 连续：此从二十四卷抄本，底本作“连绪”。

㉟ 典牍：主管文书案卷。

㊱ 泪睫惨黛：犹言愁眉泪眼。惨：悲伤。黛：眉。

㊲ 藉坐廊隅：在廊下一角，席地而坐。

㊳ 行：将。

㊴ 太守：知府、知州的古称。明清于长沙置府。

㊵ 平章已确：商办已妥。平章：商量处理。

㊶ 捧帨：犹言奉巾栉、侍盥沐；意为居妾媵之位，给役侍奉。帨：佩巾，古代妇女用以擦拭不洁。《礼记·内则》规定“少事长，贱事贵”都有“盥卒授巾”的礼节。

㊷ 试妄为之：试办一下看看。妄，姑妄。表示下循规章和没有把握。

㊸ 惨怛(dá)：忧伤，悲痛。

㊹ 愁颜：此从二十四卷抄本，底本作“愁艳”。

㊺ 肺腑酸柔：犹言心酸肠软。

㊻ 脱有愆尤：假若有罪责、过失。

㊼ 走避：此从二十四卷抄本，底本作“去避”。

㊽ 摄牒：携带公文。指出公差。

㊾ 生属之：乔生把携带宾娘的事嘱托两媪。属：同“嘱”，意谓嘱托。据二十四卷抄本补，底本无“之”字。

㊿ 惕惕：忧惧貌。

51 嘿定：沉默定息。嘿：同默。

52 灵寝：灵床，即停尸床。

53 要：邀。

54 委身：托身，许身。

55 无奈之：无可奈何。

56 往侦：此从二十四卷抄本，底本作“参”。

57 叙宗好：叙同宗之族谊。孝廉与太守同姓史。

58 “彼田横五百人”二句：此为作者以田横部下五百人忠于田横，赞扬乔生“士为知己者死”的精神。田横，秦末齐人。拒项羽，复齐地，自立为齐王。刘邦称帝后，田横率五百士逃往海岛。刘邦怕他作乱，下诏强迫他入洛阳，并答应把他封王封侯。田横行至距洛阳三十里的尸乡，因耻于向刘邦称臣，与从者皆自杀。岛上五百人闻讯后也全部自杀。事见《史记·田儋列传》等。

59 “此知希之贵”二句：意谓正因知己难求，所以贤豪之士对知遇之德感结于心。知希之贵，语本《老子》“知我者希，则我者贵”，而有变化。韩愈《祭田横墓文》说：“事有旷百世而相感者，余不知其何心；非今世之所稀，孰为使余歔而不可禁！”“贤豪感结”，盖隐指此类感慨。

60 锦绣才人：才学富艳、诗文精美的读书人。此指乔生。柳宗元《乞巧文》：“骈四俪六，锦心绣口。”

艺术赏析

《连城》是《聊斋志异》描写爱情的优秀篇章之一。这篇小说突破了“一见钟情”“郎才女貌”“男女欢恋”的旧有框架，把爱情建立在互为“知己”的基础上，热情歌颂男女主人公为情而死，为情而生，倾心相爱，生死不渝的坚贞爱情，抨击了封建礼教和封建专制制度。其思想的深刻和艺术的圆熟，都令人叹赏。

委曲动人的情节是这篇小说最突出的特点。征诗择婿、割肉疗疾、殉情冥追、还魂自尽，故事情节委曲复杂，引人入胜，令人泣下。通过几经反复、曲折，出生入死，把一对倾心相爱、为情而死、为情而生的青年男女写得十分动人，使读者为之感动不已。乔生对爱情的热烈、深沉、执着追求和不惜牺牲的精神品格被写得酣畅饱满、淋漓尽致，同时又层次分明地写出了连城性格的发展：由既追求爱情又不敢违背封建礼教，到在冥间先结夫妻、还阳后以死抗争，从而使一个血肉丰满、真实感人的“大家”出身的钟情少女活现于纸上。生动的情节造成了生动的人物，情节引人入胜，人物栩栩如生，事与人相互辉映，达到了人物与情节的高度艺术统一。

在这篇小说里，情节不仅是作品的内容，而且是刻画人物、表现主题的主要艺术手段。每一个重要情节同时牵动几个人，使其表现出不同的性格特征。例如在征诗择婿这一情节里，史孝廉的爱女与贪利、连城的爱才与对爱情的追求、乔生的过人才学与重知遇之感，都各自表现了出来。割肉疗疾的情节更具表现力，在这一重要情节里，不仅乔生的性格表现得充分、突出，其他几人的性格也得到了相当突出的展示。乔生的割肉和怒斥表现了他对连城真挚深沉的爱、自我牺牲精神和斗争的勇敢坚决。王化成的见死不救还嘲笑岳丈，连城愈后又仗势争夺，暴露了他的无情、自私、占有欲强烈的商人市侩本性。史孝廉在王化成面前的退让和以金钱赔偿乔生，显示出他的软弱与迂腐。连城无可奈何地“托媪慰谕”，反映了她既爱乔生、不满包办婚姻，但又受封建礼教束缚、缺乏强烈反抗精神的“大家闺秀”

的性格特征。在一个情节里，将乔与王、史、连城的性格作了不同的对比，使各自的性格特征分外鲜明，从而塑造出几个栩栩如生的艺术形象。

文学聚焦

志怪小说

志怪小说是中国古典小说形式之一，以记叙神异鬼怪故事传说为主体内容，产生和流行于魏晋南北朝，与当时社会宗教迷信和玄学风气以及佛教、道教的传播有直接的关系。虽然很多志怪小说中表现了宗教迷信思想，但也保存了一些具有积极意义的民间故事和传说。志怪小说的内容很庞杂，大致可分为三类：炫耀地理博物的琐闻，如托名东方朔的《神异经》、张华的《博物志》；记述正史以外的历史传闻故事，如托名班固的《汉武故事》《汉武帝内传》；讲说鬼神怪异的迷信故事，如东晋干宝的《搜神记》、曹丕的《列异传》、葛洪的《神仙传》、陶潜的《后搜神记》等。志怪小说对唐代传奇产生了直接的影响。也有另外一种分类类型：专记四方山川、动植异物、异人为主的地理博物体志怪小说。

汉代以后，儒教、道教和佛教逐渐盛行，鬼神迷信的说教广宣流布，所以志怪的书特别多。六朝作品中就有不少以“志怪”命名的。如祖台之的《志怪》、曹毗的《志怪》、孔约的《孔氏志怪》，还有蒲松龄的《聊斋志异》。(“志怪”一词出于《庄子·逍遥游》：“齐谐者，志怪者也。”)

拓展与应用

探究思考

1. 曲折动人的情节是这篇小说最突出的特点。找出文中有哪些故事情节？

2. 在这篇小说里，情节不仅是作品的内容，而且是刻画人物、表现主题的主要艺术手段。每一个重要情节同时牵动几个人，使其表现出不同的性格特征。从找出的故事情节中分析一下故事中男女主人公的性格特征。

职业连线

《从前慢》

木　心

记得早先少年时
大家诚诚恳恳
说一句　是一句

清早上火车站

长街黑暗无行人
卖豆浆的小店冒着热气

从前的日色变得慢
车，马，邮件都慢
一生只够爱一个人

从前的锁也好看
钥匙精美有样子
你锁了 人家就懂了

蒲松龄在文章最后写道“一笑之知，许之以身”，这是因为“知遇”的稀奇和珍贵，爱能够长久坚守的秘诀大概就藏在这份懂得和信任里。所以乐府《古相思曲》写道“只缘感君一回顾，使我思君朝与暮。”

思考：

木心的这首诗，表达了作者怎样的爱情观？

第五单元

地灵人杰

民俗是一个时代、一个地域的人群共同的生活方式，是决定着人的命运、性格的一种不可忽视的重要力量。民俗作为一种文化，它对作家的审美观、创作倾向有着潜移默化的影响。作家所处的地域环境、民族信仰、习俗等对他们的浸润，都使得他们在有意无意中将民俗作为关注和描述的对象与借鉴，他们对民俗的描画与书写使民俗和文学成为完美融合的一体。

文学与民俗的这种密切的关系最早可以追溯到先秦时期的文学创作，譬如《诗经》里就大量地反映了我国古代劳动人民的原始民俗。楚辞中也有反映我国古代南方民族的社会风俗，如《九歌》中的祭祀场面。古典文学名著《红楼梦》中也出现了抓阄、放风筝（放晦气）及重阳吃螃蟹等风俗描写。

历史发展到今天，我们对民风民俗的关注并未随着现代化程度的提高而减少，在近现代乃至当代的文学作品中依然可以看到其中各种民俗的描写。陈忠实的《白鹿原》就是一部民俗文化十分浓厚的作品，作品充分描述及定位了礼仪民俗，集中将有礼志士的宽广情怀和礼仪引起的民族气节展现出来。此外，沈从文湘西小说中的风土人情，汪曾祺的高邮“风俗画”小说都充满了诗性风俗的美好。

俗话说“千里不同风，百里不同俗”，你是否了解自己家乡的民俗呢？

边城(节选)

沈从文

作者简介

沈从文(1902—1988年),原名沈岳焕,湖南凤凰县人,中国著名作家、历史文物研究者。14岁高小毕业后投身行伍,浪迹湘川黔交界地区。1924年开始进行文学创作,撰写出版了《长河》《边城》等小说。1931年至1933年在青岛大学任教,抗日战争爆发后到西南联大任教,1946年回到北京大学任教,新中国成立后在中国历史博物馆和中国社会科学院历史研究所工作,主要从事中国古代历史与文物的研究,著有《中国古代服饰研究》。1988年病逝于北京,享年86岁。

从1926年出版第一本创作集《鸭子》开始,沈从文先后出版了70余种作品集,被人称为多产作家。主要代表作有:短篇小说《丈夫》《贵生》《三三》,中长篇小说《边城》《长河》。《边城》是沈从文的代表作,入选20世纪中文小说100强,排名第二位,仅次于鲁迅的《呐喊》。他的作品中以反映湘西下层人民生活的作品最具特色,作品充满了对人性的隐忧和对生命的哲学思考,给人教益和启示。凭借独特的创作风格,沈从文在中国文坛中被誉为"乡土文学之父"。

《边城》简介

背景知识

《边城》完成于1931年,那时正是沈从文爱情事业双丰收的季节。当时社会虽然动荡不安,但总体上还是稍显和平,这个时候中国有良知的文人,都在思考着人性的本质,沈从文自然是走在前沿的,于是,他希望通过自己对湘西的印象,描写一个近似于桃花源的湘西小城,给都市文明中迷茫的人性指一条明路。人间尚有纯洁自然的爱,人生需要皈依自然的本性。

关于这篇小说的创作动机,作者说:"我要表现的本是一种'人生的形式',一种'优美、健康而又不悖乎人性的人生形式'。我本意不在领导读者去桃源旅行,却想借着桃源上行七百里路酉水流域一个小城小市中几个愚夫俗子,被一件普通人事牵连在一处时,各人应得的一分哀乐,为人类'爱'字作一度恰如其分的说明。""边城"不只是一个地理概念(远离中原的边远小城),还同时是一个时间概念、文化概念,是一种特殊的文化、特殊的价值(社会传统美德)的象征。

三

两省接壤处,十余年来主持地方军事的,注重在安辑保守,处置极其得法,并无变故发生。水陆商务既不至于受战争停顿,也不至于为土匪影响,一切莫不极有秩序,人民也莫不安分乐生。这些人,除了家中死了牛,翻了船,或发生别的死亡大变,为一种不幸所绊倒,觉得十分伤心外，中国其他地方正在如何不幸挣扎中的情形，似乎就还不曾为这边城人民所感到。

边城所在一年中最热闹的日子，是端午、中秋和过年。三个节日过去三五十年前，如何兴奋了这地方人，直到现在，还毫无什么变化，仍旧是那地方居民最有意义的几个日子。

端午日，当地妇女、小孩子，莫不穿了新衣，额角上用雄黄蘸酒画了个王字。任何人家到了这天必可以吃鱼吃肉。大约上午十一点钟，全茶峒人就吃了午饭，把饭吃过后，在城里住家的，莫不倒锁了门，全家出城到河边看划船。河街有熟人的，可到河街吊脚楼门口边看，不然就站在税关门口与各个码头上看。河中龙船以长潭某处作起点，税关前作终点，作比赛竞争。因为这一天军官、税官以及当地有身份的人，莫不在税关前看热闹。划船的事各人在数天以前就早有了准备，分组分帮，各自选出了若干身体结实、手脚伶俐的小伙子，在潭中练习进退。船只的形式，与平常木船大不相同，形体一律又长又狭，两头高高翘起，船身绘着朱红颜色长线，平常时节多搁在河边干燥洞穴里，要用它时，才拖下水去。每只船可坐十二个到十八个桨手，一个带头的，一个鼓手，一个锣手。桨手每人持一支短桨，随了鼓声缓促为节拍，把船向前划去。带头的坐在船头上，头上缠裹着红布包头，手上拿两支小令旗，左右挥动，指挥船只的进退。擂鼓打锣的，多坐在船只的中部，船一划动便即刻蓬蓬镗镗把锣鼓很单纯地敲打起来，为划桨水手调理下桨节拍。一船快慢既不得不靠鼓声，故每当两船竞赛到剧烈时，鼓声如雷鸣，加上两岸人呐喊助威，便使人想起小说故事上梁红玉老鹳河时水战擂鼓种种情形，牛皋水擒杨幺时也是水战擂鼓。凡把船划到前面一点的，必可在税关前领赏，一匹红、一块小银牌，不拘缠挂到船上某一个人头上去，皆显出这一船合作的光荣。好事的军人，且当每次某一只船胜利时，必在水边放些表示胜利庆祝的五百响鞭炮。

赛船过后，城中的戍军长官，为了与民同乐，增加这节日的愉快起见，便把三十只绿头长颈大雄鸭颈脖上缚了红布条子，放入河中，尽善于泅水的军民人等，下水追赶鸭子。不拘谁把鸭子捉到，谁就成为这鸭子的主人。于是长潭换了新的花样，水面各处是鸭子，各处有追赶鸭子的人。

船与船的竞赛，人与鸭子的竞赛，直到天晚方能完事。

掌水码头的龙头大哥顺顺，年青时节便是一个泅水的高手，入水中去追逐鸭子，在任何情形下总不落空。但一到次子傩送年过十二岁时，已能入水闭气汆着到鸭子身边，再忽然从水中冒水而出，把鸭子捉到，这做爸爸的便解嘲似的说："好，这种事有你们来做，我不必再下水了。"于是当真就不下水与人来竞争捉鸭子。但下水救人呢，当作别论。凡帮助人远离患难，便是入火，人到八十岁，也还是成为这个人一种不可逃避的责任！

天保、傩送两人皆是当地泅水划船好选手。

端午又快来了，初五划船，河街上初一开会，就决定了属于河街的哪只船当天入水。天保恰好在那天应向上行，随了陆路商人过川东龙潭送节货，故参加的就只有傩送。十六个结实如牛犊的小伙子，带了香烛、鞭炮，同一个用生牛皮蒙好、绘有朱红太极图的高脚鼓，到了搁船的河上游山洞边，烧了香烛，把船拖入水后，各人上了船，燃着鞭炮，擂着鼓，这船便如一支箭似的，很迅速地向下游长潭射去。

那时节还是上午，到了午后，对河渔人的龙船也下了水，两只龙船就开始预习种种竞赛的方法。水面上第一次听到了鼓声，许多人从这鼓声中，感到了节日临近的欢悦。住临河吊脚楼对远方人有所等待、有所盼望的，也莫不因鼓声想到远人。在这个节日里，必然有许多船只可以赶回，也有许多船只只合在半路过节，这之间，便有些眼目所难见的人事哀乐，在这小山城河街间，让一些人开心，也让一些人皱眉。

蓬蓬鼓声掠水越山到了渡船头那里时，最先注意到的是那只黄狗。那黄狗汪汪地吠着，受了惊似的绕屋乱走，有人过渡时，便随船渡过河东岸去，且跑到那小山头向城里一方面大吠。

翠翠正坐在门外大石上用棕叶编蚱蜢、蜈蚣玩，见黄狗先在太阳下睡着，忽然醒来便发疯似的乱跑，过了河又回来，就问它骂它：

“狗，狗，你做什么！不许这样子！”

可是一会儿，那声音被她发现了，她于是也绕屋跑着，且同黄狗一块儿渡过了小溪，站在小山头听了许久，让那点迷人的鼓声，把自己带到一个过去的节日里去。

四

还是两年前的事。五月端阳，渡船头祖父找人作了代替，便带了黄狗同翠翠进城，过大河边去看划船。河边站满了人，四只朱色长船在潭中滑着，龙船水刚刚涨过，河中水皆泛着豆绿色，天气又那么明朗，鼓声蓬蓬响着，翠翠抿着嘴一句话不说，心中充满了不可言说的快乐。河边人太多了一点，各人皆尽张着眼睛望河中，不多久，黄狗还在身边，祖父却挤得不见了。

翠翠一面注意划船，一面心想“过不久祖父总会找来的”。但过了许久，祖父还不来，翠翠便稍稍有点儿着慌了。先是两人同黄狗进城前一天，祖父就问翠翠：“明天城里划船，倘若一个人去看，人多怕不怕？”翠翠就说：“人多我不怕，但自己只是一个人可不好玩。”于是祖父想了半天，方想起一个住在城中的老熟人，赶夜里到城里去商量，请那老人来看一天渡船，自己却陪翠翠进城玩一天。且因为那人比渡船老人更孤单，身边无一个亲人，也无一只狗，因此便约好了那人早上过家中来吃饭，喝一杯雄黄酒。第二天那人来了，吃了饭，把职务委托那人以后，翠翠等便进了城。到路上时，祖父想起什么似的，又问翠翠，“翠翠，翠翠，人那么多，好热闹，你一个人敢到河边看龙船吗？”翠翠说：“怎么不敢？可是一个人玩有什么意思。”到了河边后，长潭里的四只红船，把翠翠的注意力完全占去了，身边祖父似乎也可有可无了。祖父心想：“时间还早，到收场时，至少还得三个时刻。溪边的那个朋友，也应当来看看年青人的热闹，回去一趟，换换地位还赶得及。”因此告诉翠翠，“人太多了，站在这里看，不要动，我到别处去有事情，无论如何总赶得回来伴你回家。”翠翠正为两只竞速并进的船迷着，祖父说的话毫不思索就答应了。祖父知道黄狗在翠翠身边，也许比他自己在她身边还稳当，于是便回家看船去了。

祖父到了那渡船处时，见代替他的老朋友，正站在白塔下注意听远处鼓声。

祖父喊他，请他把船拉过来，两人渡过小溪仍然站到白塔下去。那人问老船夫为什么又跑回来，祖父就说想替他一会儿故把翠翠留在河边，自己赶回来，好让他也过河边去看看热闹，且说，“看得好，就不必再回来，只需见了翠翠问她一声，翠翠到时自会回家的。小丫头不敢回家，你就伴她走走！”但那替手对于看龙船已无什么兴味，却愿意同老船夫在这溪边大石上各自再喝两杯烧酒。老船夫十分高兴，于是把葫芦取出，推给城中来的那一个。两人一面谈些端午旧事，一面喝酒，不到一会，那人却在岩石上被烧酒醉倒了。

人既醉倒了，无从入城，祖父为了责任又不便与渡船离开，留在河边的翠翠便不能不着急了。

河中划船的决了最后胜负后，城里军官已派人驾小船在潭中放了一群鸭子，祖父还不见来。翠翠恐怕祖父也正在什么地方等着她，因此带了黄狗各处人丛中挤着去找寻祖父，结果还是不得祖父的踪迹。后来看看天快要黑了，军人扛了长凳出城看热闹的，皆已陆续扛了那凳子回家。潭中的鸭子只剩下三五只，捉鸭人也渐渐的少了。落日向上游翠翠家中那一方落去，黄昏把河面装饰了一层薄雾。翠翠望到这个景致，忽然起了一个怕人的想头，她想："假若爷爷死了？"

她记起祖父嘱咐她不要离开原来地方那一句话，便又为自己解释这想头的错误，以为祖父不来必是进城去或到什么熟人处去，被人拉着喝酒，故一时不能来的。正因为这也是可能的事，她又不愿在天未断黑以前，同黄狗赶回家去，只好站在那石码头边等候祖父。

再过一会，对河那两只长船已泊到对河小溪里去不见了，看龙船的人也差不多全散了。吊脚楼有娼妓的人家，已上了灯，且有人敲小鼙鼓弹月琴唱曲子。另外一些人家，又有划拳行酒的吵嚷声音。同时停泊在吊脚楼下的一些船只，上面也有人在摆酒炒菜，把青菜萝卜之类，倒进滚热油锅里去时发出"吵——"的声音。河面已朦朦胧胧，看去好像只有一只白鸭在潭中浮着，也只剩一个人追着这只鸭子。

翠翠还是不离开码头，总相信祖父会来找她，同她一起回家。

吊脚楼上唱曲子声音热闹了一些，只听到下面船上有人说话，一个水手说："金亭，你听你那婊子陪川东庄客喝酒唱曲子，我赌个手指，说这是她的声音！"另一个水手就说："她陪他们喝酒唱曲子，心里可想我。她知道我在船上！"先前那一个又说："身体让别人玩着，心还想着你；你有什么凭据？"另一个说："有凭据。"于是这水手吹着唿哨，作出一个古怪的记号，一会儿，楼上歌声便停止了。歌声停止后，两个水手皆笑了。两人接着便说了些关于那个女人的一切，使用了不少粗鄙字眼，翠翠很不习惯把这种话听下去，但又不能走开。且听水手之一说，楼上妇人的爸爸是在棉花坡被人杀死的，一共杀了十七刀。翠翠心中那个古怪的想头，"爷爷死了呢？"便仍然占据到心里有一会儿。

两个水手还正在谈话，潭中那只白鸭慢慢地向翠翠所在的码头边游来，翠翠想："再过来些我就捉住你！"于是静静地等着，但那鸭子将近岸边三丈远近时，却有个人笑着，喊那船上水手。原来水中还有个人，那人已把鸭子捉到手，却慢慢地"踹水"游近岸边的。船上人听到水面的喊声，在隐约里也喊道："二老，二老，你真能干，你今天得了五只吧。"那水上人说："这家伙狡猾得很，现在可归我了。""你这时捉鸭子，将来捉女人，一定有同样的本领。"水上那一个不再说什么，手脚并用地拍着水傍了码头。湿淋淋地爬上岸时，翠翠身旁的黄狗，仿佛警告水中人似的，汪汪地叫了几声，那人方注意到翠翠。码头上已无别的人，那人问：

"是谁？"

"我是翠翠。"

"翠翠又是谁？"

"是碧溪岨撑渡船的孙女。"

"你在这儿做什么？"

"我等我爷爷。我等他来好回家去。"

"等他来他可不会来，你爷爷一定到城里军营里喝了酒，醉倒后被人抬回去了！"

“他不会。他答应来，他就一定会来的。”

“这里等也不成。到我家里去，到那边点了灯的楼上去，等爷爷来找你好不好？”

翠翠误会邀他进屋里去那个人的好意，正记着水手说的妇人丑事，她以为那男子就是要她上有女人唱歌的楼上去，本来从不骂人，这时正因等候祖父太久了，心中焦急得很，听人要她上去，以为欺侮了她，就轻轻地说：

“你个悖时砍脑壳的！”

话虽轻轻的，那男的却听得出，且从声音上听得出翠翠年纪，便带笑说：“怎么，你骂人！你不愿意上去，要待在这儿，回头水里大鱼来咬了你，可不要叫喊救命！”

翠翠说：“鱼咬了我，也不关你的事。”

那黄狗好像明白翠翠被人欺侮了，又汪汪地吠起来。那男子把手中白鸭举起，向黄狗吓了一下，“老兄，你要怎么！”便走上河街去了。黄狗为了自己被欺侮还想追过去，翠翠便喊：“狗，狗，你叫人也看人叫！”翠翠意思仿佛只在告给狗“那轻薄男子还不值得叫”，但男子听去的却是另外一种好意，男的以为是她要狗莫向好人叫，放肆地笑着，不见了。

又过了一阵，有人从河街拿了一个废缆做成的火炬，喊叫着翠翠的名字来找寻她，到身边时翠翠却不认识那个人。那人说：老船夫回到家中，不能来接她，故搭了过渡人口信来，问翠翠要她即刻就回去。翠翠听说是祖父派来的，就同那人一起回家，让打火把的在前引路，黄狗时前时后，一同沿了城墙向渡口走去。翠翠一面走一面问那拿火把的人，是谁告他就知道她在河边。那人说是二老告他的，他是二老家里的伙计，送翠翠回家后还得回转河街。

翠翠说：“二老他怎么知道我在河边？”

那人便笑着说：“他从河里捉鸭子回来，在码头上见你，他说好意请你上家里坐坐，等候你爷爷，你还骂过他！”

翠翠带了点儿惊讶轻轻地问：“二老是谁？”

那人也带了点儿惊讶说：“二老你都不知道？就是我们河街上的傩送二老！就是岳云！他要我送你回去！”

傩送二老在茶峒地方不是一个生疏的名字！

翠翠想起自己先前骂人那句话，心里又吃惊又害羞，再也不说什么，默默地随了那火把走去。

翻过了小山岨，望得见对溪家中火光时，那一方面也看见了翠翠方面的火把，老船夫即刻把船拉过来，一面拉船，一面哑声儿喊问：“翠翠，翠翠，是不是你？”翠翠不理会祖父，口中却轻轻地说：“不是翠翠，不是翠翠，翠翠早被大河里鲤鱼吃去了。”翠翠上了船，二老派来的人，打着火把走了，祖父牵着船问：“翠翠，你怎么不答应我，生我的气了吗？”

翠翠站在船头还是不作声。翠翠对祖父那一点儿埋怨，等到把船拉过了溪，一到了家中，看明白了醉倒的另一个老人后，就完事了。但另一件事，属于自己不关祖父的，却使翠翠沉默了一个夜晚。

五

两年日子过去了。

这两年来两个中秋节，恰好都无月亮可看，凡在这边城地方，因看月而起整夜男女唱歌的故事，皆不能如期举行，故两个中秋留给翠翠的印象，极其平淡无奇。两个新年却照例可以看到军营里与各乡来的狮子龙灯，在小教场迎春，锣鼓喧天很热闹。到了十五夜晚，城中舞龙耍狮子的镇筸兵士，还各自赤裸着肩膊，往各处去欢迎炮仗烟火。城中军营里，税关局长公馆，河街上一些大字号，莫不预先截老毛竹筒，或镂空棕榈树根株，用洞硝拌和磺炭钢砂，一千捶八百捶把烟火做好。好勇取乐的军士，光赤着个上身，玩着灯打着鼓来了，小鞭炮如落雨的样子，从悬到长竿尖端的空中落到玩灯的肩背上，锣鼓催动急促的拍子，大家皆为这事情十分兴奋。鞭炮放过一阵后，用长凳绑着的大筒灯火，在敞坪一端燃起了引线，先是咝咝地流泻白光，慢慢的这白光便吼啸起来，作出如雷如虎惊人的声音，白光向上空冲去，高至二十丈，下落时便洒散着满天花雨。玩灯的兵士，在火花中绕着圈子，俨然毫不在意的样子。翠翠同他的祖父，也看过这样的热闹，留下一个热闹的印象，但这印象不知为什么原因，总不如那个端午所经过的事情甜而美。

翠翠为了不能忘记那件事，上年一个端午又同祖父到城边河街去看了半天船，一切玩得正好时，忽然落了行雨，无人衣衫不被雨湿透。为了避雨，祖孙二人同那只黄狗，走到顺顺吊脚楼上去，挤在一个角隅里。有人扛凳子从身边过去，翠翠认得那人是去年打了火把送她回家的人，就告给祖父：

“爷爷，那个人去年送我回家，他拿了火把走路时，真像个喽啰！”

祖父当时不作声，等到那人回头又走过面前时，就一把抓住那个人，笑嘻嘻地说：

“嗨嗨，你这个人！要你到我家喝一杯也不成，还怕酒里有毒，把你这个真命天子毒死！”那人一看是守渡船的，且看到了翠翠，就笑了。“翠翠，你长大了！二老说你在河边大鱼会吃你，我们这里河中的鱼，现在可吞不下你了。”

翠翠一句话不说，只是抿起嘴唇笑着。

这一次虽在这喽啰长年口中听到个“二老”名字，却不曾见及这个人。从祖父与那长年谈话里，翠翠听明白了二老是在下游六百里外青浪滩过端午的。但这次不见二老却认识了“大老”，且见着了那个一地出名的顺顺。大老把河中的鸭子捉回家里后，因为守渡船的老家伙称赞了那只肥鸭两次，顺顺就要大老把鸭子给翠翠。且知道祖孙二人所过的日子十分拮据，节日里自己不能包粽子，又送了许多尖角粽子。

那水上名人同祖父谈话时，翠翠虽装作眺望河中景致，耳朵却把每一句话听得清清楚楚。那人向祖父说翠翠长得很美，问过翠翠年纪，又问有没有人家。祖父则很快乐地夸奖了翠翠不少，且似乎不许别人来关心翠翠的婚事，故一到这件事便闭口不谈。

回家时，祖父抱了那只白鸭子同别的东西，翠翠打火把引路。两人沿城墙走去，一面是城，一面是水。祖父说：“顺顺真是个好人，大方得很。大老也很好。这一家人都好！”翠翠说：“一家人都好，你认识他们一家人吗？”祖父不明白这句话的意思所在，因为今天太高兴一点，便笑着说：“翠翠，假若大老要你做媳妇，请人来做媒，你答应不答应？”翠翠就说：“爷爷，你疯了！再说我就生你的气！”

祖父话虽不说了，心中却很显然的还转着这些可笑的不好的念头。翠翠着了恼，把火炬向路两旁乱晃着，向前快快地走去了。

“翠翠，莫闹，我摔到河里去，鸭子会走脱的！”

“谁也不稀罕那只鸭子！”

祖父明白翠翠为什么事不高兴，祖父便唱起摇橹人驶船下滩时催橹的歌声，声音虽然哑沙沙的，字眼儿却稳稳当当毫不含糊。翠翠一面听着一面向前走去，忽然停住了发问：

"爷爷，你的船是不是正在下青浪滩呢？"

祖父不说什么，还是唱着，两人皆记顺顺家二老的船正在青浪滩过节，但谁也不明白另外一个人的记忆所止处。祖孙二人便沉默的一直走还家中。到了渡口，那代理看船的，正把船泊在岸边等候他们。几人渡过溪到了家中，剥粽子吃，到后那人要进城去，翠翠赶即为那人点上火把，让他用火把照路。人过了小溪上小山时，翠翠同祖父在船上望着，翠翠说：

"爷爷，看喽啰上山了啊！"

祖父把手攀引着横缆，注目溪面的薄雾，仿佛看到了什么东西，轻轻地吁了一口气。祖父静静的拉船过对岸家边时，要翠翠先上岸去，自己却守在船边，因为过节，明白一定有乡下人上城里看龙船，还得乘黑赶回家去。

六

白日里，老船夫正在渡船上同个卖皮纸的过渡人有所争持。一个不能接受所给的钱，一个却非把钱送给老人不可。正似乎因为那个过渡人送钱气派，使老船夫受了点压迫，这撑渡船人就俨然生气似的，迫着那人把钱收回，使这人不得不把钱捏在手里。但船拢岸时，那人跳上了码头，一手铜钱向船舱里一撒，却笑眯眯的匆匆忙忙走了。老船夫手还得拉着船让别人上岸，无法去追赶那个人，就喊小山头的孙女：

"翠翠，翠翠，帮我拉着那个卖皮纸的小伙子，不许他走！"

翠翠不知道是怎么回事，当真便同黄狗去拦那第一个下山人。那人笑着说：

"不要拦我！……"

正说着，第二个商人赶来了，就告给翠翠是什么事情。翠翠明白了，更拉着卖纸人衣服不放，只说："不许走！不许走！"黄狗为了表示同主人的意见一致，也便在翠翠身边汪汪汪的吠着。其余商人皆笑着，一时不能走路。祖父气吁吁地赶来了，把钱强迫塞到那人手心里，且搭了一大束草烟到那商人担子上去，搓着两手笑着说："走呀！你们上路走！"那些人于是全笑着走了。

翠翠说："爷爷，我还以为那人偷你东西同你打架！"

祖父就说：

"他送我好些钱。我才不要这些钱！告他不要钱，他还同我吵，不讲道理！"

翠翠说："全还给他了吗？"

祖父抿着嘴把头摇摇，装成狡猾得意神气笑着，把扎在腰带上留下的那枚单铜子取出，送给翠翠。且说：

"他得了我们那把烟叶，可以吃到镇筸城"！

远处鼓声又蓬蓬的响起来了，黄狗张着两个耳朵听着。翠翠问祖父，听不听到什么声音。祖父一注意，知道是什么声音了，便说：

"翠翠，端午又来了。你记不记得去年天保大老送你那只肥鸭子。早上大老同一群人上川东去，过渡时还问你。你一定忘记那次落的行雨。我们这次若去，又得打火把回家；你记不记得我们两人用火把照路回家？"

翠翠还正想起两年前的端午一切事情哪。但祖父一问，翠翠却微带点儿恼着的神气，把头摇摇，故意说："我记不得，我记不得。"其实她那意思就是"我怎么记不得？"

祖父明白那话里意思，又说："前年还更有趣，你一个人在河边等我，差点儿不知道回来，我还以为大鱼会吃掉你！"

提起旧事，翠翠嗤的笑了。

“爷爷，你还以为大鱼会吃掉我？是别人家说我，我告给你的！你那天只是恨不得让城中的那个爷爷把装酒的葫芦吃掉！你这种记性！”

“我人老了，记性也坏透了。翠翠，现在你人长大了，一个人一定敢上城去看船不怕鱼吃掉你了。”

“人大了就应当守船哩。”

“人老了才当守船。”

“人老了应当歇憩！”

“你爷爷还可以打老虎，人不老！”祖父说着，于是，把膀子弯曲起来，努力使筋肉在拘束中显得又有力又年青，且说：“翠翠，你不信，你咬。”

翠翠睨着腰背微驼白发满头的祖父，不说什么话。远处有吹唢呐的声音，她知道那是什么事情，且知道唢呐方向，要祖父同她下了船，把船拉过家中那边岸旁去。为了想早早地看到那迎婚送亲的喜轿，翠翠还爬到屋后塔下去眺望。过不久，那一伙人来了，两个吹唢呐的，四个强壮乡下汉子，一顶空花轿，一个穿新衣的团总儿子模样的青年，另外还有两只羊，一个牵羊的孩子，一坛酒，一盒糍粑，一个担礼物的人。一伙人上了渡船后，翠翠同祖父也上了渡船，祖父拉船，翠翠却傍花轿站定，去欣赏每一个人的脸色与花轿上的流苏。拢岸后，团总儿子模样的人，从扣花抱肚里掏出了一个小红纸包封，递给老船夫。这是规矩，祖父再不能说不接收了。但得了钱祖父却说话了，问那个人，新娘是什么地方人，明白了，又问姓什么，明白了，又问多大年纪，一起皆弄明白了。吹唢呐的一上岸后又把唢呐呜呜喇喇吹起来，一行人便翻山走了。祖父同翠翠留在船上，感情仿佛皆追着那唢呐声音走去，走了很远的路方回到自己身边来。

祖父掂着那红纸包封的分量说：“翠翠，宋家堡子里新嫁娘年纪还只十五岁。”

翠翠明白祖父这句话的意思所在，不作理会，静静的把船拉动起来。

到了家边，翠翠跑回家去取小小竹子做的双管唢呐，请祖父坐在船头吹“娘送女”曲子给她听，她却同黄狗躺到门前大岩石上荫处看天上的云。白日渐长，不知什么时节，祖父睡着了，翠翠同黄狗也睡着了。

（选自：沈从文. 边城[M]. 太原：北岳文艺出版社，2005.）

艺术赏析

《边城》寄托着沈从文“美”与“爱”的美学理想，是他的作品中最能表现人性美的一部小说。《边城》极力讴歌的传统文化中保留至今的美德，是相对于现代社会传统美德受到破坏，到处充溢着物欲金钱主义的浅薄、庸俗和腐化堕落的现实而言的。《边城》描写的湘西，自然风光秀丽、民风淳朴，人们不讲等级、不谈功利，人与人之间真诚相待、相互友爱。祖父对孙女的爱、翠翠对傩送纯真的爱、天保兄弟对翠翠真挚的爱以及兄弟间诚挚的手足之爱，这些都代表着未受污染的农业文明的传统美德。作者极力状写湘西自然之明净，也是为了状写湘西人的心灵之明净。

《边城》采用了兼具抒情诗和小品文的优美笔触描绘了湘西特有风土民情。主要表现在以下两个方面：

一是细腻的心理描写。心理描写是对人物在特定环境中的意志、愿望和思想感情等内心活动的描绘。本文通过人物的幻想、梦境来披露人物心理。翠翠离奇的“胡思乱想”，让人感到渐渐有了自己心思的少女的孤单寂寞，以及爱情的幼芽带给心灵的躁动；翠翠“顶美顶甜”的梦境，展示出对朦胧爱情的甜蜜感受和潜意识里对爱情的向往。

二是诗画般的环境描写。小说中的环境描写，不仅烘托了人物的心理活动，使人物的情感沉浸在富有诗情画意的氛围中，而且为我们展示出湘西边陲特有的清新秀丽的自然风光。在作者笔下，啼声婉转的黄莺、繁密的虫声、美丽的黄昏、如银的月色……奇景如画，美不胜收。这些又都随着人物感情世界的波动而自然展开。或是以黄昏的温柔、美丽和平静，反衬翠翠爱情萌动的内心的躁动、落寞和薄薄的凄凉；或是以柔和的月光、溪面浮着的一层薄薄的白雾、虫的清音重奏，烘托翠翠对傩送情歌的热切期待，以及少女爱情的纯洁和朦胧。

文学聚焦

京派小说与作家

京派小说是20世纪30年代一个独特的文学流派，主要成员有周作人、废名、沈从文、李健吾、朱光潜等。沈从文是京派作家的第一人。称之为“京派”，是因为这些作家在当时的京津两地进行文学活动。其作品较多在京津刊物上发表，其艺术风格在本质上较为一致之故。主要刊物有《文学杂志》《文学季刊》《大公报·文艺》。

“京派”的基本特征是关注人生，但和政治斗争保持距离，强调艺术的独特品格。他们的思想是讲求“纯正的文学趣味”所体现出的文学本体观，以“和谐”“节制”“恰当”为基本原则的审美意识。

京派作家以表现“乡村中国”为主要内容，作品富有文化意蕴。京派作家多数是现实主义派，对现实主义有所发展变化，发展了抒情小说和讽刺小说。使小说诗化、散文化，现实主义而又带有浪漫主义气息。

拓展与应用

探究思考

1. 本文是围绕哪个传统节日展开描写与叙述的？每节主要写了哪些事？
2. 理清课文的情节结构，从自然、风俗与人性三方面体会边城的美。
3. 你觉得翠翠是个怎样的姑娘？从哪里可以看出来？
4. 赏读《蒹葭》这首古诗，对比古代女子和翠翠的心理，试比较二者对爱情的表达有何不同。

蒹　葭

蒹葭苍苍，白露为霜。所谓伊人，在水一方。
溯洄从之，道阻且长。溯游从之，宛在水中央。
蒹葭萋萋，白露未晞。所谓伊人，在水之湄。

溯洄从之，道阻且跻。溯游从之，宛在水中坻。
蒹葭采采，白露未已。所谓伊人，在水之涘。
溯洄从之，道阻且右。溯游从之，宛在水中沚。

职业连线

审视现实，我们也不由得感叹，在今天这个物质化的时代，商品经济的大潮越来越使人商品化、庸俗化，冷漠、自私、唯利渐渐充满了我们生活的空间。读沈从文的《边城》，激起了我们心底对“未被近代文明污染”的美好人性和宁静和谐生活的呼唤。

思考：

我们怎样才能构建和谐的、如“边城”般的美好社会。

平凡的世界（节选）

路　遥

作者简介

路遥（1949—1992 年），本名王卫国，中国当代作家，出生于陕西省清涧县一个贫困的农民家庭，7 岁时因为家里困难被过继给延川县农村的伯父。曾在延川县立中学学习，1969 年回乡务农。这段时间里他做过许多临时性的工作，并在农村一小学中教过一年书。1973 年进入延安大学中文系学习，其间继续文学创作。大学毕业后，任《陕西文艺》（今为《延河》）编辑。1980 年发表《惊心动魄的一幕》，获得第一届全国优秀中篇小说奖。1982 年发表中篇小说《人生》，该小说被改编为电影。1991 年完成百万字的长篇巨著《平凡的世界》，该小说以其恢宏的气势和史诗般的品格，全景式地表现了改革时代中国城乡的社会生活和人们思想情感的巨大变迁，还未完成即在中央人民电台广播，路遥因此而获得茅盾文学奖。1992 年 11 月 17 日上午，路遥因肝硬化腹水医治无效在西安逝世，年仅 42 岁。

《平凡的世界》内容简介

背景知识

《平凡的世界》是从 1975 年开始创作的，而 20 世纪 80 年代中后期的文化背景是各种文学新思潮风起云涌，现代派、意识流等文学观念风靡一时，文学创作在形式和技巧上的求变、求新令人目不暇接。

与此相反，传统现实主义创作却受到“冷落”。甚至有批评家认为，路遥的另一部小说《人生》的现实主义创作手法是落伍的，但路遥仍然坚持创作完成了这部小说。

路遥三年准备、三年创作，为了扩充视野、掌握资料，他进行了大量的阅读，包括近百部长篇小说、前后近十年的报纸以及其他相关书籍，过着“早晨从中午开始”的生活，同时他还奔波于社会各阶层体验生活。第一部初稿的写作是在一个偏僻的煤矿医院开始的，从他的创作随笔《早晨从中午开始》可以看到他对文学事业执着的信心和付出的代价：“写作整个进入狂热状态，身体几乎不存在；生命似乎就是一种纯粹的精神形式，日常生活变为机器人性质”。第二部初稿的写作是在黄土高原腹地的一个偏僻小县城进行的，因为生活没有规律，路遥身体严重透支，最后病倒了。他后来吃了百余副汤药，身体略有恢复，依靠一股精神力量继续写作。第三部的初稿在榆林宾馆进行。1988 年 5 月 25 日，路遥终于完成了《平凡的世界》的全部创作。

惊蛰过后很长一段日子，尽管节令也已经又越过了春分，但连绵的黄土高原依然是冬天的面貌。山野里草木枯黑，一片荒凉。只是夜晚的时间倒明显地缩短了。

一直到了四月初，清明节的前一天，突然刮起了一场铺天盖地的大黄风。风刮得天昏地暗，甚至大白天都要在房子里点亮灯。根据往常的经验，这场黄风是天气变暖的先兆。是的，从节令来看，也应该有些春天的迹象了。

清明那一天，黄风停了。但天空仍然弥漫着尘埃，灰漠漠一片笼罩着天地。以后紧接着的几天，气候突然转暖了。人们惊异地发现，街头和河岸边的柳树不知不觉地抽出了绿丝；桃杏树的枝头也已经缀满了粉红的花蕾。如果留心细看，那向阳山坡的枯草间，已经冒出了一些青草的嫩芽。同时，还有些别的树木的枝条也开始泛出鲜亮的活色，鼓起了青春的苞蕾，像刚开始发育的姑娘一样令人悦目。

孙少平的日子过得和往常差不多：吃黑高粱面馍；看借来的课外书；在城里的各个地方转悠。他继续把看完的书又借给郝红梅看。他们两个人现在的交往，倒比开始时自然多了，并且对对方的一些情况也有所了解。

时间长了一些，班上同学之间也开始变得熟悉起来。他和乡里来的一些较贫困的学生初步建立起了某种友谊关系。由于他读书多，许多人很爱听他讲书中的故事。这一点使孙少平非常高兴，觉得自己并不是什么都低人一等。加上气候变暖，校园里已经桃红柳绿，他的心情开朗了许多。而且他的单衣薄裳现在穿起来倒也正合适，不冷不热。除过肚子照样填不饱外，其他方面应该说相当令人满意了。

这天下午劳动，全班学生在学校后面的一条拐沟里挖他们班种的地。不到一个小时，孙少平就感到饿得头晕眼花。他有气无力地抡着镢头，尽量使自己不落在别人的后面。

好不容易熬到快要收工的时候，他们村的润生突然来到他眼前，说：“少平，我姐中午来找我，说让我把你带上，下午到我二爸家去一下。她说有个事要给你说。我姐还说让你下午别在学校灶上吃，到我二爸家去吃饭……”润生说完这话，就又回到他挖地的地方去了。

孙少平一下子被这意外的邀请弄得不知所措。

润生的姐姐叫他有什么事呢？而且还叫他到她二爸家去！

这使他感到惶恐不安——润生他二爸是县革委会的副主任，在县上可是一个大人物。有时他二爸路过回村子，坐的都是吉普车呢。记得当时他常常想走近去看看停在公路边的小车，都吓得不敢去，何况现在要叫他去他们家吃饭呢！

不过，他对润生的姐姐润叶倒怀有一种亲切的感情。尽管润叶她爸是他们村的支部书记，她二爸又是县上的领导，门第当然要高得多，但润叶姐不管对村里的什么人都特别好。

而最主要的是，润叶姐小时候和他大哥一块耍大，又一起念书念到小学。后来润叶姐到县城上了中学，而哥哥因为家穷回村当了农民。但润叶姐对哥哥还像以前一样好。后来润叶姐在县上的城关小学教了书，成了公家人，每次回村来，还总要到他们家来串门，和哥哥拉家常话。她每次来他们家都不空手，总要给他祖母带一些城里买的吃食。最叫全村人惊讶的是，她每次回村来，还提着点心来看望她户族里一个傻瓜叔叔田二。田二自己傻不说，还有个傻儿子，父子俩经常在窑里屙尿，臭气熏天，村里人一般谁也不去他家踏个脚踪；而润叶姐却常提着点心去看他们，这不得不叫全村人夸赞她的德行了。

相比之下，润叶她爸倒没有她在村里威信高。由于少平的父亲和哥哥性子都很耿直，少不了常和书记顶顶碰碰，因此他们两家的关系并不怎么好。但润叶姐却始终和他们家保持着一种亲密关系。也许因为这一点，平时书记才没有过分地和他们一家人过不去。少平在内心一直对润叶姐充满了尊敬和感激。

按说，润叶姐要求他的事，他都应该按她说的做。但现在叫他到她二爸家去吃饭，他倒的确有点惶恐和为难了。他想到他穿这么一身破烂衣服，要跑到尊贵的县领导家里去做客，由不得一阵阵心跳耳热。

一直到收工回了宿舍，学校马上要开饭的时候，孙少平还是拿不定主意。他想他如果不去，就太对不起润叶姐了，况且润叶姐还有话要对他说呢；他不去，说不定还会误了润叶姐的什么事。如果去，他又感到有点惧怕。他长这么大，还没到这么大的领导家里去过，更不要说还要在人家家里吃饭。另外，他感到他的这身衣服也太丢人了。

他突然想到了一个折中的办法：他先不去润叶姐二爸家吃饭；等他在学校吃完饭后，过一段时间，他直接到城关小学去找润叶。这样既见了润叶姐，又可以不去她二爸家。至于城关小学，他知道就在中学下面不远的地方，他前一段瞎转悠的时候，还到这小学的操场上去过。

他这样决定以后，又想到润生说不定马上就要叫他来了，因此不能待在宿舍里，得找个地方去躲一躲。

他很快出了宿舍，来到院子里。

到哪里去呢？现在还没开饭——就是开了饭，他也要等别人吃完以后才去。这期间还有一段时间，反正总得找个去处。

他于是出了南边总务处旁边的一个小门，来到学校围墙外面。他沿着墙根向西面的一个小沟汊走去。

孙少平在这小山沟里消磨了一阵时间，并且还折了一枝发绿的柳枝，做了一只哨子，噙在嘴里吹着——他身上显然还有些孩子气。

他约莫别人已经打完饭后，才又从那个小门进了校园，来到饭场上。他走到馍筐前，看见里面只留了两个黑面馍——这说明郝红梅已经把自己的两个拿走了。

他取了这两个黑馍，向宿舍走去。他想，等他吃完这两个馍，再喝一点开水，就去小学找润叶姐呀；也许那时润叶姐还没从她二爸家返回学校，但这不要紧，他可以在她门外等一等。

孙少平这样想着，拿着两个黑馍走到了他宿舍的门口。

他在门口一下子愣住了：他看见润叶姐正坐在他宿舍的炕边沿上，望着他发笑——显然在等他回来。

少平一下子连话也说不出来了。倒是润叶姐走上前来，仍然笑着说："我让润生叫你到我二爸家去，你怎么不来呢？"

"我……"他不知说什么才对。

润叶姐敏捷地一把从他手里夺过那两个黑馍，问："哪个是你的碗？"

他指了指自己的碗。

她把馍放在他碗里，说："走，跟我吃饭去！"

"我……"

润叶已经过来，扯着他的袖口拉他了。

现在没办法拒绝了，少平只好跟着润叶姐起身了。他一路相跟着和润叶姐进了县革委会的大门。进了大门后，他两只眼睛紧张地扫视着这个神圣的地方。县革委会一层层窑洞沿着一个个斜坡一行行排上去，最上面蹲着一座大礼堂，给人一种非常壮观的景象。在晚上，要是所有的窑洞都亮起灯火，简直就像一座宏伟的大厦。

现在，少平看见最上面一排窑洞的砖墙边上，润生探出半截身子正看着他们往上走。润生抽着纸烟，不老练地弹着烟灰。田福堂的这个宝贝儿子刚一进城，就把干部子弟的派势都学会了。

少平跟润叶进了她二爸家的院子，润生走过来对他说："我到宿舍找了你两回，你到哪里去了？"

少平有点不好意思，说："我……去给学校还镢头去了。"他一边撒谎，一边瞥了一眼这家著名人物的院子：一共四孔窑洞，一个不大的独院；墙那边看来还住着另外几家领导，格局和这院子一模一样。院子东边有个小房，旁边垒一堆炭块，显然是厨房。院子西边有个小花坛，一位穿灰毛线衣的人正拿把铁锹翻土。他以为这就是润叶她二爸。仔细一看，是位头发花白的老干部，他并没见过。

他心慌意乱地跟润叶进了边上的一孔窑洞。润生说他要去看电影，和他打了个照面就走了。

润叶让他坐在一个方桌前，接着就出去为他张罗饭去了。

现在他一个人坐在这陌生的地方，心还在咚咚地跳着。两只手似乎没个搁处，只好规规矩矩放在自己的腿膝盖上。还好，这屋子里没人。他环顾四周，发现这窑洞里不盘炕，放着一些箱子、柜子和其他杂物。窑洞不小，留出很大一块空间。这张方桌的四周摆着一圈椅子、凳子，显然是专门吃饭的地方。

正在这时，他听见外面有个女的和润叶说话。听见润叶叫这人二妈，少平便知道这是田主任的爱人——听说她在县医院当大夫，动手术非常能行，老百姓到县医院治病，都抢着找徐大夫。

听见徐大夫声音很大地喊着说："爸，你怎不穿棉衣？小心感冒！"又听见一个老人瓮声瓮气地回答说："我不冷……"少平估计这就是他刚才在院子花坛边看见的那个翻土的老头——原来这是田主任的老丈人。

不一会，润叶便端着一个大红油漆盘子进来了。

他赶忙站起来。润叶把盘子放在方桌上，然后把一大碗猪肉烩粉条放在他面前，接着又把一盘雪白的馒头也放在了桌子上。她亲切地用手碰了碰他的胳膊，说："快坐下吃！我们已经吃过了，你吃你的，我出去刷一下碗筷。不要怕，好好吃，我知道你在学校吃不好……"她拿着木盘出去了。

孙少平的喉眼骨剧烈地耸动起来。肉菜和白馍的香味使他有些眩晕。

他坐下来，拿起筷子，先长长地吐了一口气。他什么也不想了，闷着头大口大口地吃起来，感谢润叶姐把他一个人留在这里，否则他吃这顿好饭会有多别扭！

他把一大碗猪肉粉条刨了个净光，而且还吞咽了五个馒头。他本来还可以吃两个馒头，但克制住了——这已经吃得不像话了！

他放下碗筷，感到肚子隐隐地有些不舒服。他吃得太多太快了；他那消化高粱面馍的胃口，经不住这种意外的宠爱。

他从凳子上立起身来，在脚地上走了两步。这时，润叶姐进来了，她后边还跟进来一个姑娘，对他笑了笑。

润叶姐对他说："这是晓霞，我二爸的女子。你不认识？她也是才上高中的。"

"你和润生是一个班的吧？"田晓霞大方地问他。

"嗯……"少平一下子感到脸像炭火一般发烫。他首先意识到的是他的一身烂脏衣服。他站在这个又洋又俊、穿戴漂亮的女同学面前，觉得自己就像一个叫花子到她家门上讨吃来了。

润叶收拾他的碗筷，晓霞热情地给他泡茶。

晓霞把茶杯放在他面前，说："咱们是一个村的老乡！你以后没事就到我们家来玩。我长了十七岁，还没回过咱村呢！什么时间我跟你和润生一起回一次咱们双水村……我是高一二班的，听润生说过咱村还来了两个同学，都分在高一一班了，也没去认识你们。你看，我这个老乡真是太不像话了！"

晓霞用一口标准的普通话连笑带说。她的性格很开朗，一看就知道人家是见过大世面的人！少平同时发现，田晓霞外面的衫子竟然像男生一样披着，这使他感到无比惊讶。

他立在脚地上，仍然紧张得火烧火燎。等润叶把他的碗筷送到厨房重新返回来的时候，他赶快对她说："姐，没什么事我就走呀……"

润叶大概也看出了他的窘迫，笑着说："我还没跟你说话呢！"

少平这才想起，润叶姐不光是叫他来吃饭的，她还有事要给他说哩！

润叶姐看来很理解他的难处，马上又说："那好，我去送送你，咱们路上再说。"

"喝点水再走吧！"晓霞把水杯往他面前挪了挪。

"我不渴！"他像农民一样笨拙地说。

晓霞露出两排白牙齿笑了，说："那我这杯水算是给你白倒了！"

少平立刻意识到这是一句略带揶揄意味的玩笑话。这种玩笑话实际上是一种亲切的表示。不过，这却使他更拘束了，竟然满脸通红，无言对答。

晓霞看他这样难为情，赶忙笑着给他点了点头，就出去了。

他于是就和润叶姐相跟着起身回学校去。

当他们走到县革委会大门口的时候，迎面碰上了回家的田主任。少平认识润叶她二爸——他有时路过常回村子里来。"你还没吃饭哩？"润叶问她二爸。

"刚开完会……"这位县领导五官很像他哥田福堂，只是头发背梳着，脸面也比他哥和善多了。

"这是谁家的娃娃？"田主任指着他问润叶。

“这就是咱村少安他弟弟嘛！也是今年才上的高中……”润叶说。

“噢……孙玉厚的二小子！都长这么大了。和你爸一样，大个子！……是不是和晓霞一个班？”他扭头问润叶。

“和晓霞不一个班，和润生是一个班。”润叶回答他。“咱村里还有谁家的娃娃来上高中了？”田主任又问少平。少平拘束地抠着手指头，说：“还有金波。”

“金波？他的娃娃……”

少平头“轰”地响了一声，知道他回答问题不准确。润叶嘿嘿笑了，赶忙对二爸说：“金波是金俊海的小子。”田主任也笑了，说：“噢噢，俊海在地区运输公司开车……天这么黑了，到家里吃饭去嘛！”他招呼少平说。润叶说：“已经吃过了。我去送送他！”

“那好。常来啊……”田主任竟然伸出了手要和少平握手。

少平慌得赶紧把手伸了出去。田主任握了握他的手，笑着点点头，就背抄起胳膊转身回家去了。

少平在衣服襟子上把右手冒出的汗水揩了揩，就跟润叶来到通往中学的石坡路上。

走了一段路以后，润叶突然问他：“你这个星期六回不回家去？”

“回。”他回答说。

“你回去以后，给你哥说，让他最近抽个空，到我这里来一下……”她说话的时候，也不看他，头低着，用脚把一颗碎石块踢得老远。

少平一时想不开她叫他哥来做什么。既然润叶姐不明说，他也不好问。他只是随便说：“家里一烂包，怕他抽不开身……”

“不管怎样，无论如何叫他最近来一次！一定把这话给他捎到！叫他到城里后，直接到小学来找我！”她态度坚决地对他说。

少平知道，他哥看来非来不行了，就认真地对润叶姐说：“我一定把你的话捎给他！”

“这就好……”她亲切地看了他一眼。

天开始模模糊糊地黑起来了。城市的四面八方，灯火已经闪闪烁烁。风温和地抚摸着人的脸颊。隐隐地可以嗅到一种泥土和青草芽的新鲜味道。多么好呀，春夜！

现在，润叶姐把他送到了学校的大门口。她站定，说：“你快回去……”说完这话后，便从自己的衣袋里摸出个什么东西，一把塞进他的衣袋，旋即就转过身走了。走了几步她才又回过头说：“那点粮票你去换点细粮吧……”

少平还没有反应过来这是怎么一回事，润叶姐就已经消失在坡下的拐弯处了。

他呆呆地立在黑暗中，把手伸进自己的衣袋，紧紧地捏住了那个小纸包。他鼻子一酸，眼睛顿时被泪水模糊了……

（选自：路遥. 平凡的世界[M]. 北京：北京十月文艺出版社，2012.）

艺术赏析

《平凡的世界》是用温暖的现实主义的方式来讴歌普通劳动者的文学作品。与《人生》相比，《平凡的世界》更具有人性的高度，作家把苦难转化为一种前行的精神动力。描写苦难的新时期作家不乏其人，但真正把苦难转化为一种精神动力的作家却并不多，路遥当属其中之一。这部小说在展示普通小人物艰难生存境遇的同时，极力书写了他们克服重重困难的美好心灵与坚韧不拔的奋斗精神。作品中的主人公孙少安、孙少平是挣扎在贫困线上的青年人，但他们自强不息，依靠自己的顽强毅力与命运抗争，追求自我的道德完善。其中：孙少安是立足于乡土矢志改变命运的奋斗者；而孙少平是拥有现代文明知识、渴望融入城市的“出走者”。他们的故事构成了中国社会普通人人生奋斗的两极经验。

《平凡的世界》还传达出一种温暖的情怀。一是作者对作品中的人物寄予了同情心，对普通百姓的生活方式做到了极大的尊重和认同。不要说作品的主人公，就是作品中的一些消极人物，如乡土哲学家田福堂，游手好闲的王满银，善于见风使舵的孙玉亭，甚至傻子田二，他们的身上都直接或间接地折射出人性的光彩。二是作品处处展现温暖的亲情与友情，是一部温暖人心的小说。小说中有大量关于人间亲情的描写，其中最典型的莫过于孙玉厚一家了——孙玉厚勤劳朴素、忍辱负重，他的儿女孙少安、孙少平、孙兰香等自强自立、善解人意、善于帮助别人。小说还书写了同学之情、朋友之情、同事之情、乡邻之情等人间美好的情感。三是作品中的爱情写得很美，被赋予无比美好的内涵和想象空间，这在20世纪80年代后期“无性不成书”的长篇小说创作风气中是难能可贵的，如孙少平和田晓霞在杜梨树下近乎柏拉图式的恋爱，就写得很纯美，让人为之感动。

这部小说所传达出的精神内涵，正是对中华民族千百年来“自强不息、厚德载物”精神传统的自觉继承。这样的小说对底层奋斗者而言，无疑具有“灯塔效应”。这样，我们就不难理解路遥的《平凡的世界》能产生如此广泛而深刻的社会影响的原因。

文学聚焦

现实主义小说

现实主义小说是现实主义文艺的基本创作方法之一，侧重如实地反映现实生活，客观性较强。它提倡客观地、冷静地观察现实生活，按照生活的本来样式精确细腻地加以描写，力求真实地再现典型环境中的典型人物。

现实主义文学思潮是西欧资本主义制度确立和发展时期的产物，由于资本主义制度种种弊病的暴露，人们的浪漫热情和“理想王国”的幻想破灭了，于是形成了一种冷静务实的社会心理。现实主义文学就是这种尖锐复杂的阶级矛盾和社会心理在文学上的反映。在思想方面，辩证法、唯物主义哲学、空想社会主义学说以及自然科学的新成就，都对现实主义文学的兴起产生了不同的影响。现实主义文学继承了古希腊以来的文学优良传统，而18世纪的启蒙文学又为19世纪现实主义的勃兴做了直接准备。现实主义文学的基本特征是：反映生活的真实性；强烈的暴露性和批判性；人道主义思想；描写典型环境中的典型性格。

拓展与应用

探究思考

1. 诵读课文，找出文中描写孙少平心理的句子、语段，初步感知孙少平在做客前、中、后的心理感受及其变化，这样描写可以勾勒出他什么样的性格特点？

2. 环境描写除了有渲染气氛、推动情节发展的作用外，还可以表现作者的情感，暗示人物的心理，刻画人物的性格。请从选文中找出三处环境描写来分析此处展现了少平什么样的心理？

3. 你最喜欢小说中的哪个人物？联系具体的情节说说原因。

职业连线

作为路遥笔下的主人公孙少平，从黄土地上走出来只身闯进城市，带着对生活的自信和热情，经受着贫穷和困难的磨砺，谱写了一首铮铮铁骨而又蕴藏着侠胆柔情的男子汉赞歌。同样是今天的青少年，同样的富有青春和朝气的热血男儿，如何能够从孙少平的身上汲取力量，立足平凡的岗位创造出不平凡的生活和未来？

思考：

请结合自己的职业规划，谈谈如何创造自己的不平凡。

秦　腔

贾平凹

作者简介

贾平凹(1952 年—)，原名贾平娃，陕西丹凤人，当代著名作家。1975 年毕业于西北大学中文系，出版作品有《贾平凹文集》24 卷，代表作有《废都》《秦腔》《古炉》《高兴》《带灯》《老生》《极花》《山本》等长篇小说 16 部。中短篇小说《美穴地》《五魁》及散文《丑石》《商州三录》《天气》等。作品获多项国内外大奖，并被翻译成多种外文。

《秦腔》(小说)内容简介

背景知识

秦腔，别称梆子腔，中国西北地区传统戏剧，国家级非物质文化遗产之一。古时陕西、甘肃一带属秦国，所以称之为“秦腔”。因为早期秦腔演出时，常用枣木梆子敲击伴奏，故又名“梆子腔”。秦腔成形后，流传全国各地，因其整套成熟、完整的表演体系，对各地的剧种产生了不同程度的影响，并直接影响了梆子腔成为梆子腔剧种的始祖。秦腔的表演技艺朴实、粗犷、豪放，富有夸张性，生活气息浓厚，技巧丰富。2006 年 5 月 20 日，经国务院批准，秦腔列入第一批国家级非物质文化遗产名录。

秦腔是关中地区的民间艺术精粹，但长时间里，没有能完满表现其活力且与其地位、风格相称的诗文作品。到了 20 世纪 80 年代，有土生土长的陕西作家贾平凹出现，遂有了这篇光辉之作。此外作者还创作了同名小说《秦腔》。

山川不同，便风俗区别，风俗区别，便戏剧存异；普天之下人不同貌，剧不同腔，京、豫、晋、越、黄梅、二黄、四川高腔，几十种品类；或问：历史最悠久者，文武最正经者，是非最汹汹者？曰：秦腔也。正如长处和短处一样突出便见其风格，对待秦腔，爱者便爱得要死，恶者便恶得要命。外地人——尤其是自夸于长江流域的纤秀之士，最害怕秦腔的震撼。评论说得婉转的是：唱得有劲；说得直率的是：大喊大叫。于是，便有柔弱女子，常在戏台下以绒堵耳，又或在平日教训某人："你要不怎么怎么样，今晚就让你去看秦腔！"秦腔成了惩罚的代名词。所以，别的剧种可以去各省走动，唯秦腔则如秦人一样，死不离窝。严重的乡土观念，也使其离不了窝。可能还在西北几个地方变腔走调地有些市场，却绝对冲不出往东南而去的潼关呢。

但是，几百年来，秦腔却没有被淘汰，被沉沦，这使多少人大惑而不得其解。其解是有的，就在陕西这块土地上。如果是一个南方人，坐车轰轰隆隆往北走，渡过黄河，进入西岸，八百里秦川大地，原来竟是一抹黄褐的平原。辽阔的地平线上，一处一处用木椽夹打成一尺多宽墙的土屋，粗笨而庄重；冲天而起的白杨、苦楝、紫槐，枝干粗壮如桶，叶却小似铜钱，迎风正反翻覆……你立即就会明白了：这里的地理构造竟与秦腔的旋律惟妙惟肖地一统！再去接触一下秦人吧，活脱脱的一群秦始皇兵马俑的复出：高个，浓眉，眼和眼间隔略远，手和脚一样粗大，上身又稍稍见长于下身。当他们背着沉重的三角形状的犁铧，赶着山包一样团块组合式的秦川公牛，端着脑袋般大小的耀州瓷碗，蹲在立的、卧的石磙子碌碡上吃着牛肉泡馍，你不禁又要改变起世界观了，啊！这是块多么空旷而实在的土地，在这块土地摸爬滚打的人群是多么"二愣"的民众。那晚霞烧起的黄昏里，落日在地平线上欲去不去的痛苦的妊娠，五里一村，十里一镇，高音喇叭里传播的秦腔互相交织、冲撞，这秦腔原来是秦川的天籁、地籁、人籁的共鸣啊！于此，你不渐渐感觉到了南方戏剧的秀而无骨吗？不深深地懂得秦腔为什么形成和存在而占却时间、空间的位置吗？

八百里秦川，以西安为界，咸阳、兴平、武功、周至、凤翔、长武、岐山、宝鸡，两个专区十几个县为西府。三原、泾阳、高陵、户县、合阳、大荔、韩城、白水，一个专区十几个县为东府。秦腔，就源于西府。在西府，民性敦厚，说话多用去声，一律咬字沉重，对话如吵架一样，哭丧又一呼三叹。呼喊远人更是特殊，前声拖十二分的长，末了方极快地道出内容。声韵的发展，使会远道喊人的人都从此有了唱秦腔的天才。老一辈的能唱，小一辈的能唱，男的能唱，女的能唱。唱秦腔成了做人最体面的事，任何一个乡下男女，只有唱秦腔，才有出人头地的可能，大凡有出息的，是个人才的，哪一个何曾未登过台，起码也能吼一阵乱弹呢！

农民是世上最劳苦的人，尤其是在这块平原上，生时落草在黄土炕上，死了被埋在黄土堆下。秦腔是他们大苦中的大乐，当老牛木犁疙瘩绳，在田野已经累得筋疲力尽，立在犁沟里大喊大叫来一段秦腔，那心胸肺腑，关关节节的困乏便一尽儿涤荡净了。秦腔与他们，要和"西凤"白酒、长线辣子、大叶卷烟、牛肉泡馍一样成为生命的五大要素。若与那些年长的农民聊起来，他们想象的伟大的共产主义生活，首先便是这五大要素。他们有的是吃不完的粮食，他们缺的是高超的艺术享受，他们教育自己的子女，不会是那些文豪们讲的，幼年不是祖母讲着动人的迷丽的童话，而是一字一板传授着秦腔。他们大都不识字，但却出奇地能一本一本整套背诵出剧本，虽然那常常是之乎者也的字眼从那一圈胡子的嘴里吐出来十分别扭。有了秦腔，生活便有了乐趣，高兴了，唱"快板"，高兴得像被烈性炸药爆炸了一样，要把整个身心粉碎在天空！痛苦了，唱"慢板"，揪心裂肠的唱腔却表现了多么有情有味的美来，美给了别人享受，美也熨平了自己心中愁苦的皱纹。当他们在收获时节的土场上，在月在中天的庄院里大吼大叫唱起来的时候，那种难以想象的狂喜、激动、雄壮，与那些献身于诗歌的文人，与那些有吃有穿却总感空虚的都市人相比，常说的什么伟大的永恒的爱情是多么渺小、有限和虚弱啊！

我曾经在西府走动了两个秋冬，所到之处，村村都有戏班，人人都会清唱。在黎明或者黄昏的时分，一个人独独地到田野里去，远远看着天幕下一个一个山包样隆起的十三个朝代帝王的陵墓，细细辨认着田埂上、荒草中那一截一截汉唐时期石碑上的残字，高高的土屋上的窗口里就飘出一阵冗长的二胡声，几声雄壮的秦腔叫板，我就痴呆了，感觉到那村口的尘土里，一头叫驴的打滚是那么有力，猛然发现了自己心胸中一股强硬的气魄随同着胳膊上的肌肉疙瘩一起产生了。

每到农闲的夜里，村里就常听到几声锣响：戏班排演开始了。演员们都集合起来，到那古寺庙里去。吹、拉、弹、奏、翻、打、念、唱、提袍甩袖，吹胡瞪眼，古寺庙成了古今真乐府，天地大梨园。导演是老一辈演员，享有绝对权威，演员是一家几口，夫妻同台，父子同台，公公儿媳也同台。按秦川的风俗：父和子不能不有其序，爷和孙却可以无道，弟与哥嫂可以嬉闹无常，兄与弟媳则无正事不能多言。但是一到台上，秦腔面前，人人平等，兄可以拜弟媳为帅为将，子可以将老父绳绑索捆。寺庙里有窗无扇，屋梁上蛛丝结网，夏天蚊虫飞来，成团成团在头上旋转，薰蚊草就墙角燃起，一声唱腔一声咳嗽。冬天里四面透风，柳木疙瘩火当中架起，一出场一脸正经，一下场凑近火堆，热了前怀，凉了后背。排演到什么时候，什么时候都有观众，有抱着二尺长的烟袋的老者，有凳子高、桌子高趴满窗台的孩子。庙里一个跟斗未翻起，窗外就哇地一声叫倒好，演员出来骂一声：谁说不好的滚蛋！他们抓住窗台死不滚去，倒要连声讨好："翻得好！翻得好！"更有殷勤的，跑回来偷拿了红薯、土豆，在火堆里煨熟给演员作夜餐，赚得进屋里有一个安全位置。排演到三更鸡叫，月儿偏西，演员们散了，孩子们还围了火堆弯腰踢腿，学那一招一式。

一出戏排成了，一人传出，全村振奋，扳着指头盼那上演日期。一年十二个月，正月元宵日，二月龙抬头，三月三，四月四，五月五日过端午，六月六日晒丝绸，七月过半，八月中秋，九月初九，十月初一，再是那腊月五豆，腊八，二十三……月月有节，三月一会，那戏必是上演的。戏台是全村人的共同的事业，宁肯少吃少穿也要筹资集款，买上好的木石，请高强的工匠来修筑。村子富不富，就比这戏台阔不阔。一到演出，半下午人就扛凳子去占地位了，未等戏开，台下坐的、站的人头攒拥，台两边阶上立的、卧的是一群顽童。那锣鼓就叮叮咣咣地闹台，似乎整个世界要天翻地覆了。各类小吃趁机摆开，一个食摊上一盏马灯，花生、瓜子、糖果、烟卷、油茶、麻花、烧鸡、煎饼，长一声短一声叫卖不绝。锣鼓还在一声儿敲打，大幕只是不拉，演员偶尔从幕边往下望望，下边就喊："开演呀，场子都满了！"幕布放下，只说就要出场了，却又叮叮咣咣不停。台下就乱了，后边的喊前边的坐下，前边的喊后边的为什么不说最前边的立着；场外的大声叫着亲朋子女名字，问有坐处没有，场内的锐声回应快进来；有要吃煎饼的喊熟人去买一个，熟人买了站在场外一扬手，"日"的一声，隔人头甩去，不偏不倚目标正好；左边的喊右边的踩了他的脚，右边的叫左边的挤了他的腰，一个说："狗年快完了，你还叫啥哩？"一个说："猪年还没到，你便拱开了！"言语伤人，动了手脚；外边的趁机而入，一时四边向里挤，里边向外拱，人的旋涡涌起，如四月的麦田起风，根儿不动，头身一会儿倒西，一会儿倒东，喊声、骂声、哭声一片；有拼命挤将出来的，一出来方觉世界偌大，身体胖肿，但差不多却光了脚，乱了头发。大幕又一挑，站出戏班头儿，大声叫喊要维持秩序，立即就跳出一个两个所谓“二杆子”人物来。这类人物多是头脑简单、四肢发达，却十二分忠诚于秦腔，此时便拿了枝条儿，哪里人挤，哪里打去，如凶神恶煞一般。人人恨骂这些人，人人又都盼有这些人，叫他们是秦腔宪兵。宪兵者越发忠于职责，虽然彻夜不得看戏，但大家一夜满足了，他们也就满足了一夜。

终于台上锣鼓停了，大幕拉开，角色出场。但不管男的女的，出来偏不面对观众，一律背身掩面，女的就碎步后移，水上漂一样，台下就叫：“瞧那腰身，那肩头，一身的戏哟！”是男的就摇那帽翎，一会双摇，一会单摇，一边上下飞闪，一边纹丝不动，台下便叫：“绝了，绝了！”等到那角色儿猛一转身，头一高扬，一声高叫，声如炸雷豁啷啷直从人们头顶碾过，全场一个冷颤，从头到脚，每一个手指尖儿，每一根头发梢儿都麻酥酥的了。如果是演《救裴生》那慧娘站在台中往下蹲，慢慢地，慢慢地，慧娘蹲下去了，全场人头也矮下去了半尺，等那慧娘往起站，慢慢地，慢慢地，慧娘站起来了，全场人的脖子也全拉长了起来。他们不喜欢看生戏，最欢迎看熟戏，那一腔一调都晓得，哪个演员唱得好，就摇头晃脑跟着唱，哪个演员走了调，台下就有人要纠正。说穿了，看秦腔不为求新鲜，他们只图过过瘾。

在这样的地方，这样的环境，这样的气氛，面对着这样的观众，秦腔是最逞能的，它的艺术的享受，是和拥挤而存在，是有力气而获得的。如果是冬天，那风在刮着，像刀子一样，如果是夏天，人窝里热得如蒸笼一般，但只要不是大雪、冰雹、暴雨，台下的人是不肯撤场的。最可贵的是那些老一辈的秦腔迷，他们没有力气挤在台下，也没有好眼力看清演员，却一溜一排地蹲在戏台两侧的墙根，吸着草烟，慢慢将唱腔品赏。一声叫板，便可以使他们坠入艺术之宫，“听了秦腔，肉酒不香”他们是体会得最深。那些大一点的，脾性野一点的孩子，却占领了戏场周围所有的高空，杨树上、柳树上、槐树上，一个枝杈一个人。他们常常乐而忘了险境，双手鼓掌时竟从树上掉下来，掉下来自不会损伤，因为树下是无数的人头，只是招致一顿臭骂罢了。更有一些爬在了场边的麦秸积上，夏天四面来风，好不凉快，冬日就趴个草洞，将身子缩进去，露一个脑袋。也正是“有闲阶级”享受不了秦腔吧，他们常就瞌睡了，一觉醒来，月在西天，戏毕人散，只好苦笑一声悄然没声儿地溜下来回家敲门去了。

当然，一次秦腔演出，是一次演员亮相，也是一次演员受村人评论的考场。每每角色一出场，台下就一片嘁嘁喳喳：这是谁的儿子，谁的女子，谁家的媳妇，娘家何处？于是乎，谁有出息，谁没能耐，一下子就有了定论。有好多外村的人来提亲说媒，总是就在这个时候进行。据说有一媒人将一女子引到台下相台上一个男演员，事先夸口这男的如何俊样，如何能干，但戏演了过半，那男的还未出场，后来终于出来，是个持枪的伪兵，还未走到中台，扮游击队长的演员挥枪一指，“叭”的一声，那伪兵就倒地而死，爬着钻进了后幕。那女子当下“哼”一声，闭了嘴，一场亲事自然了了，这是喜中之悲一例。据说还有一例，一个老头在脖子上架了孙孙去看戏，孙孙吵着要回家，老头好说好劝只是不忍半场而去，便破费买了半斤花生，他眼盯着台上，手在下边剥花生，然后一颗一颗扬手喂到孙孙嘴里，但喂着喂着，竟将一颗塞进孙孙鼻孔，吐不出，咽不下，口鼻出血，连夜送到医院动手术，花去了七十元钱。但是，以秦腔引喜的事却不计其数。每个村里，总会有那么个老汉，夜里看戏，第二天必是头一个起床往戏台下跑。戏台下一片石头、砖头，一堆堆瓜子皮、糖果纸、烟屁股，他掀掀这块石头，踢踢那堆尘土，少不了要捡到一角两角甚至三元四元钱币来，或者一只鞋，或者一条手帕。这是村里钻刁人干的营生，而馋嘴的孩们有的则夜里趁各家锁门之际，去地里摘那香瓜来吃，或去谁家院里将桃杏装在背心兜里回来分红。自然也少不了有那些青春妙龄的少男少女，则往往在台下混乱之中眼送秋波，或者悄悄退出，相依相偎到黑黑的渠畔树林子里去了……

秦腔在这块土地上，有着神圣的不可动摇的基础。凡是到这些村庄去下乡，到这些人家去做客，他们最高级的接待是陪着看一场秦腔，实在不逢年过节，他们就会要合家唱会乱弹，你只能点头称好，不能耻笑，甚至不能有一点不入神的表示。他们一生最崇敬的只有两种人：一是国家领导人，一是当地的秦腔名角。即是在任何地方，这些名角没有在场，只要发现了名角的父母，去商店买油是不必排队的，进饭馆吃饭是会有座位的，就是在半路上挡车，只要喊一声：我是某某的什么，司机也便要“嘎”地停车。但是，谁要侮辱一下秦腔，他们要争死争活地和你论理，以至大打出手，永远使你记住教训。每每村里过红白丧喜之事，那必是要包一台秦腔的，生儿以秦腔迎接，送葬以秦腔致哀，似乎这人生的世界，就是秦腔的舞台。人只要在舞台上，生、旦、净、丑，才各显了真性，恶的夸张其丑，善的凸现其美，善的使他们获得美的教育，恶的也使丑化作了美的艺术。

广漠旷远的八百里秦川，只有这秦腔，也只能有这秦腔，能使八百里秦川的劳作农民喜怒哀乐。秦人自古是大苦大乐之民众，他们的家乡交响乐，除了大喊大叫的秦腔还能有别的吗？

1983年5月2日草于五味村

（选自：贾平凹.贾平凹散文自选集[M].桂林：漓江出版社，1987.）

艺术赏析

贾平凹早期散文以阴柔之美为主体风格。但本篇是个例外，贾平凹在此把自己彻底关中化了，其文字风格与秦腔的火爆高亢、猛烈粗砺保持了完美的一致，他好像是在用吼秦腔的方式写秦腔。这种文字与表达对象在风格上的一致，使本文获得了独特的艺术品格，质朴而不失精彩。

文中作者很少正面写秦腔艺术本身，而是将更多笔墨放在描写秦腔的自然地理环境、人文社会环境、演出环境，人们看秦腔的态度和演出的效果，演员的社会地位和声誉等，但我们读完全文，却对秦腔有了极为真切、深刻的印象和认识。作者的真意乃在写秦人，写他们的生存状态和精神面貌。

作者是撰文高手，他能把传统古文、农民的方言口语、现代白话文很自然地融合在一起，于拙朴平淡中有传神生动的精妙刻画和不动声色的幽默夸张。在这些看似技巧的东西背后，其实有作者对人生、社会和艺术通达洞明的理解。平和宁静的思想心境，朴素自然的生活态度，顺势守拙的人生智慧才能达到这样的境界。

文学聚焦

寻根文学

寻根文学指的是以“文化寻根”为主题的文学形式。

20世纪80年代中期，中国文坛上兴起了一股“文化寻根”的热潮，作家们开始致力于对传统意识、民族文化心理的挖掘，他们的创作被称为“寻根文学”。1985年韩少功先在一篇纲领性的论文《文学的“根”》中声明：“文学有根，文学之根应深植于民族传统的文化土壤中，”他提出应该“在立足现实的同时又对现实世界进行超越，去揭示一些决定民族发展和人类生存的迷。”在这样的理论之下作家开始进行创作，理论界便将他们称之为“寻根派”。代表作家及作品有：阿城的“三王”（《棋王》《树王》《孩子王》），韩少功的《爸爸爸》《女女女》，郑义的《老井》，贾平凹的《商州系列》，王安忆的《小鲍庄》，李锐的“厚土系列”，莫言的“红高粱系列”等。

寻根文学在对中国传统文化的继承上无疑起了一定的推动作用，同时，很多寻根文学作家也在创作时吸收了现代主义甚至后现代主义的表现方式，在促进中国文学的发展上功不可没。但是，寻根文学也带有“复古”倾向，在思想倾向和价值判断上，显然表现得复杂而暧昧。大多数作家往往抓住某种民俗、习惯便刻意进行渲染，却忽略了对“民族性”的真正解剖；潜入僻远、原始、蛮荒，缺乏对当代生活的指导意义，忽略对现实社会人生问题、矛盾的揭示，从而导致了作品与当代现实的疏离，造成了几年后寻根文学的衰微。虽然寻根文学在中国文学史上只是“昙花一现”，但是它毕竟如一颗流星曾经划破过20世纪文学的茫茫夜空，完成了一次对文学苍茫宇宙的浪漫叩问。

拓展与应用

探究思考

1. 本文以“秦腔”为题，但把笔墨放到排练、观众等方面，这样安排的用意是什么？

2. 你听过秦腔吗？本文的描写和你的欣赏感受一样吗？

3. 文章中哪些地方体现出“文字风格与秦腔的火爆高亢、猛烈粗砺相一致”？哪些地方有调侃的味道？

职业连线

语文实践活动：“家乡的名片”民俗文化推广节

四十岁生日时，湖南卫视主持人汪涵就开始思考将来与这个世界告别时的身份到底是什么，不是明星，也不是节目主持人，他更希望人们记住他的是一个语言保护者。于是他独自出资465万元，在湖南发起方言调查“響應”计划，“響應”其实就是对应的“乡音”。他们计划用5年到10年时间，对湖南53个调查地的方言进行搜集研究，用声像方式保存方言资料，进行数据库整理后无偿捐献给湖南省博物馆，作为永久的人文类史料保存起来。

每一个人都应该有一种情怀，就是对故乡传统文化的热爱；每个人都应该有一种责任，就是对故乡传统文化的保护与传承。希望通过学生在课外收集家乡民间风俗的过程，培养学生的写作能力及热爱家乡的文化情感。

活动布置:

在传统文化日渐消失、传承遭遇瓶颈的当下，同学们以地域为单位自由组合，结合自己的家乡文化，搜索家乡的传统民俗。

1. 民俗文化作品类：剪纸、编织、戏剧脸谱绘制、刺绣、布艺(香囊、布老虎、古制作)、十字绣、泥塑、雕刻、花灯、折纸等。

2. 民族文艺类：民族歌曲、民族舞蹈、戏曲、相声、快板书、二人转、民族乐器(琵琶、二胡、古筝)演奏等。

活动实施:

1. 收集资料。学生分组上网查阅或在家乡实地走访，收集民间风俗。

2. 采风活动。实地观察体验，记录民间风俗活动的过程，可拍摄照片、录制视频、排练小品、撰写调查报告、准备手抄报等。

3. 分组讨论。为了更好地展示家乡的民俗文化艺术，每个小组选定2～4件作品，并为每件作品撰写简介，制作家乡的民俗文化作品，展示其民族特色、文艺风采。

4. 成果展示。在展示课上，各小组派代表汇报自己的成果，交流课外采风感想，介绍家乡民俗实例，表演民间风俗小品。

活动评价:

活动中对家乡风俗文化的收集与展示是否能够体现风俗所蕴涵的意义，展示效果是否达到了宣传家乡民俗文化的作用。

1. 学生自评 ____________________

2. 同学互评 ____________________

3. 教师点评 ____________________

父亲的草原母亲的河

席慕蓉

作者简介

席慕蓉(1943—)，蒙古族，全名穆伦·席连勃，当代诗人、散文家、画家。原籍内蒙古察哈尔部。1963年，席慕蓉在台湾师范大学美术系毕业。1966年在比利时布鲁塞尔皇家艺术学院完成进修，获得比利时皇家金牌奖、布鲁塞尔市政府金牌奖等多项奖项。著有诗集、散文集、画册及选本等五十余种，《七里香》《无怨的青春》《一棵开花的树》等诗篇脍炙人口，成为经典。席慕蓉的作品多写爱情、人生、乡愁，写得极美，淡雅剔透，抒情灵动，饱含着对生命的挚爱真情，影响了整整一代人的成长历程。

背景知识

《父亲的草原母亲的河》是由席慕蓉作词、乌兰托嘎作曲的一首蒙古民族音乐风格的歌曲。这部作品表达了一个游子对家乡的深深眷恋以及热爱之情。说起这部作品的创作，其背后还有一个感人的故事。诗人席慕蓉祖籍内蒙古，父母都是蒙古人，因为战争的原因辗转去了很多地方，其间席慕蓉在重庆出生。席慕蓉的父母后来在台湾定居，一直渴望回到家乡，但这个愿望始终没能实现。父母临死前唯一的愿望就是希望女儿替他们再一次回到蒙古高原，再看一眼梦中的家乡。1999 年，席慕蓉终于来到了内蒙古高原，她饱含泪水终于实现了父母的愿望和自己心中的念想。也是这一年，通过乌兰托嘎，即这部作品的曲作者，蒙古族歌唱家德德玛与席慕蓉结识。在德德玛的建议下席慕蓉写下了这首感人肺腑的长诗，由蒙古族作曲家乌兰托嘎谱曲，这首脍炙人口的作品终于问世。2000 年初，德德玛在内蒙古春节晚会上演唱了这首歌曲，很快这部作品便响彻了内蒙古高原。

父亲曾经，形容草原的清香，
让他在天涯海角也总不能相忘；
母亲总爱，描摹那大河浩荡，
奔流在蒙古高原，我遥远的家乡。

如今，终于见到这辽阔大地，
站在这芬芳的草原上，我泪落如雨。
河水，在传唱着祖先的祝福，
保佑漂泊的孩子，找到回家的路。

啊，父亲的草原，
啊，母亲的河！
虽然已经不能用母语来诉说，
请接纳我的悲伤、我的欢乐。
我也是草原的孩子啊，心里有一首歌，
歌中有我父亲的草原、母亲的河！

艺术赏析

歌词属于音乐文学，是可唱的歌诗，具有一种诗化的抒情美。《父亲的草原　母亲的河》这部作品的歌词之所以能让人们称赞，是因为它感情真挚，实实在在地抒发了作者的情思。作品的歌词分为三段：第一段，“父亲曾经，形容草原的清香，让他在天涯海角也总不能相忘，母亲总爱，描摹那大河浩荡，奔流在蒙古高原，我遥远的家乡”。笔者在前边说到这部作品的词作者是带着父母未了的心愿来到蒙古高原，第一段歌词恰好体现了这一点，所以这段歌词一定是带有回忆和思念性质的。诗人(席慕蓉)用简短的四句话就将蒙古高原的景象生动地展现在人们面前,同时,“曾经”和“总爱”两个词的出现带有浓烈的追忆色彩,一下就将人们带入诗人设立的情境之中,并引出接下来的感情发展。第二段,“如今终于见到这辽阔的大地,站在这芬芳的草原上,我泪落如雨。河水,在传唱着祖先的祝福,保佑漂泊的孩子,找到回家的路”。第二段歌词把人们从追忆拉回了现实,诗人来到了蒙古高原,没有任何华丽的词语修饰,从一个“终于”足以看出诗人等这一天实在是等得太久了,以至于来到这里之后泪水全然难以控制。这一段的歌词虽然是叙述性的,但其中饱含的深情着实令人久久不能平静。第三段,“啊,父亲的草原,啊,母亲的河!虽然已经不能用母语来诉说,请接纳我的悲伤、我的欢乐,我也是草原的孩子啊,心里有一首歌,歌中有我父亲的草原、母亲的河!”。到了这一段歌词,终于到了一个情感高潮,也是诗人心中的呐喊。整篇歌词语言凝练、层次清晰、感情真挚,是一首具有文学价值的歌诗。

文学聚焦

蒙古族民歌

蒙古族民歌在相当长的历史时期内,一直是蒙古族音乐文化的基础,也是蒙古族整个文学艺术的主流。“逐水草而居”是蒙古族传统的生活方式,也是游牧文化的基础。蒙古族民歌乃是最生动、简便,最为群众喜闻乐见的音乐艺术形式,一部蒙古族音乐史,从某种意义上说就是一部蒙古族民歌的历史。2008年6月7日,经国务院批准蒙古族民歌列入第二批国家级非物质文化遗产名录。

蒙古族民歌主要分为两大类:礼仪歌和牧歌。蒙古族民歌以声音宏大雄厉,曲调高亢悠扬而闻名。其内容丰富,有描写爱情和娶亲嫁女的,有赞颂马、草原、山川、河流的,也有歌颂草原英雄人物的,这些民歌反映了蒙古族的风土人情。

蒙古族民歌从音乐特点来讲,大致分为“长调”和“短调”两大类。长调民歌是反映蒙古族游牧生活的牧歌式体裁,有较长的篇幅,节奏自由,气息宽广,情感深沉,并有独特而细腻的颤音装饰。长调民歌用蒙古语歌唱,其节奏舒缓自由,字少腔长,且因地区不同而风格各异。锡林郭勒草原的长调民歌,声音嘹亮悠长,流行的有《小黄马》《走马》等。呼伦贝尔草原的长调民歌则热情奔放,流行的有《辽阔草原》《盗马姑娘》等。阿拉善地区的民歌节奏缓慢,流行的有《富饶辽阔的阿拉善》《辞行》等。科尔沁草原的民歌以抒情为主,流行的有《思乡曲》《威风矫健的马》《翠玲》《孟阳》等。长调民歌在一些长音的演唱上,可以根据演唱者的情绪自由延长,从旋律风格及唱腔上具有辽阔、豪爽、粗犷的草原民歌特色。与长调民歌明显不同的是,短调民歌篇幅较短小,曲调紧凑,节奏整齐、鲜明,音域相对窄一些。短调一般是两行,有韵的两句式或四句式,节拍比较固定。歌词简单,但不呆板,其特点在音韵上广泛运用叠字。短调民歌主要流行于蒙汉杂居的半农半牧区。往往是即兴歌唱,灵活性很强。流行的有《锡巴喇嘛》《成吉思汗的两匹青马》《美酒醇如香蜜》《拉骆驼的哥哥十二属相》等。短调民歌流行在沃野千里的河套平原。土默川平原及自治区其他农业和半农半牧区的民歌,都是短调民歌。短调民歌也叫爬山调、山曲儿,多用汉语演唱。

拓展与应用

探究思考

1. 了解席慕蓉创作歌词的背景。
2. 品味歌词的大意，感受作者抒发的情感。

职业连线

《父亲的草原母亲的河》表达了一个游子对家乡的深深眷恋以及热爱之情。你出门在外求学、工作，是不是也经常想家，试着谈谈你的乡愁，通过演讲的形式给大家介绍一下自己的家乡吧，并结合所学专业谈谈如何为自己的家乡振兴贡献一份力量。

活　着（节选）

余　华

作者简介

余华，1960 年 4 月 3 日生于浙江杭州，浙江省嘉兴市海盐县人，中国当代作家，中国作家协会委员会委员。1983 年，发表首部短篇小说《第一宿舍》。1987 年，发表《十八岁出门远行》《四月三日事件》《一九八六年》等短篇小说，确立了先锋作家的地位；同年，赴北京鲁迅文学院进修。1990 年，首部长篇小说《在细雨中呼喊》出版。1992 年，出版长篇小说《活着》。1995 年，创作的长篇小说《许三观卖血记》在《收获》杂志发表。1998 年，凭借小说《活着》获得意大利文学最高奖——格林扎纳·卡佛文学奖。2003 年，英文版《许三观卖血记》获美国巴恩斯·诺贝尔新发现图书奖。2004 年，被授予法兰西文学和艺术骑士勋章。2005 年至 2006 年，先后出版长篇小说《兄弟》的上下部，该书因极端现实主义的写作，曾在中国引起争议。2008 年 5 月，出版随笔集《没有一条道路是重复的》；10 月，凭借小说《兄弟》获得法国国际信使外国小说奖。2013 年，发表长篇小说《第七天》，并凭借该书获得第十二届华语文学传媒大奖年度杰出作家奖。2015 年，出版首部杂文集《我们生活在巨大的差距里》。2018 年 1 月，凭借小说《活着》获得作家出版社超级畅销奖；7 月，出版杂文集《我只知道人是什么》。2021 年，出版长篇小说《文城》。

背景知识

《活着》是余华的代表作之一，讲述了在大时代背景下，徐福贵的人生和家庭不断经受着苦难，所有亲人都先后离他而去，到了最后，仅剩下年老的他和一头老牛相依为命。

《活着》是作者听到了一首美国民歌《老黑奴》，歌中那位老黑奴经历了一生的苦难，家人都先他而去，而他依然友好地对待这个世界，没有一句抱怨的话。这首歌深深地打动了作者，作者决定写下一篇这样的小说，于是就有了1992年的《活着》。写人对苦难的承受能力，对世界乐观的态度。人是为活着本身而活着的，而不是为了活着之外的任何事物所活着。

我和苦根在一起过了半年，村里包产到户了，日子过起来也就更难。我分到一亩半地。我没法像从前那样混在村里人中间干活，累了还能偷偷懒。现在田里的活是不停地叫唤我，我不去干，就谁也不会去替我。

年纪一大，人就不行了，腰是天天都疼，眼睛看不清东西。从前挑一担菜进城，一口气便到了城里，如今是走走歇歇，歇歇走走，天亮前两个小时我就得动身，要不去晚了菜会卖不出去，我是笨鸟先飞。这下苦了苦根，这孩子总是睡得最香的时候，被我一把拖起来，两只手抓住后面的箩筐，跟着我半开半闭着眼睛往城里走。苦根是个好孩子，到他完全醒了，看我挑着担子太沉，老是停住歇一会，他就从两只箩筐里拿出两颗菜抱到胸前，走到我前面，还时时回过头来问我："轻些了吗？"

我心里高兴啊，就说："轻多啦。"

说起来苦根才刚满五岁，他已经是我的好帮手了。我走到哪里，他就跟到哪里，和我一起干活，他连稻子都会割了。

我花钱请城里的铁匠给他打了一把小镰刀，那天这孩子高兴坏了，平日里带他进城，一走过二喜家那条胡同，这孩子忽地一下蹿进去，找他的小伙伴去玩，我怎么叫他，他都不答应。那天说是给他打镰刀，他扯住我的衣服就没有放开过，和我一起在铁匠铺子前站了半晌，进来一个人，他就要指着镰刀对那人说："是苦根的镰刀。"

他的小伙伴找他去玩，他扭了扭头得意扬扬地说："我现在没工夫跟你们说话。"

镰刀打成了，苦根睡觉都想抱着，我不让，他就说放到床下面。早晨醒来第一件事便是去摸床下的镰刀。我告诉他镰刀越使越快，人越勤快就越有力气，这孩子眨着眼睛看了我很久，突然说："镰刀越快，我力气也就越大啦。"

苦根总还是小，割稻子自然比我慢多了，他一看到我割得快，便不高兴，朝我叫"福贵，你慢点。"

村里人叫我福贵，他也这么叫，也叫我外公，我指指自己割下的稻子说："这是苦根割的。"

他便高兴地笑起来，也指指自己割下的稻子说："这是福贵割的。"

苦根年纪小，也就累得快，他时时跑到田埂上躺下睡一会，对我说："福贵，镰刀不快啦。"

他是说自己没力气了。他在田埂上躺一会，又站起来神气活现地看我割稻子，不时叫道："福贵，别踩着稻穗啦。"

旁边田里的人见了都笑，连队长也笑了，队长也和我一样老了，他还在当队长，他家人多，分到了五亩地，紧挨着我的地。队长说："这小子真他娘的能说会道。"

我说："是凤霞不会说话欠的。"

这样的日子苦是苦，累也是累，心里可是高兴，有了苦根，人活着就有劲头。看着苦根一天一天大起来，我这个做外公的也一天比一天放心。到了傍晚，我们两个人就坐在门槛上，看着太阳掉下去，田野上红红一片闪亮着，听着村里人吆喝的声音，家里养着的两只母鸡在我们面前走来走去，苦根和我亲热，两个人坐在一起，总是有说不完的话，看着两只母鸡，我常想起我爹在世时说的话，便一遍一遍去对苦根说："这两只鸡养大了变成鹅，鹅养大了变成羊，羊养大了又变成牛。我们啊，也就越来越有钱啦。"

苦根听后咯咯直笑，这几句话他全记住了，多次他从鸡窝里掏出鸡蛋来时，总要唱着说这几句话。

鸡蛋多了，我们就拿到城里去卖。我对苦根说："钱积够了我们就去买牛，你就能骑到牛背上去玩了。"

苦根一听眼睛马上亮了，他说："鸡就变成牛啦。"

从那时以后，苦根天天盼着买牛这天的来到，每天早晨他睁开眼睛便要问我："福贵，今天买牛吗？"

有时去城里卖了鸡蛋，我觉得苦根可怜，想给他买几颗糖吃吃，苦根就会说："买一颗就行了，我们还要买牛呢。"

一转眼苦根到了七岁，这孩子力气也大多了。这一年到了摘棉花的时候，村里的广播说第二天有大雨，我急坏了，我种的一亩半棉花已经熟了，要是雨一淋那就全完蛋。一清早我就把苦根拉到棉花地里，告诉他今天要摘完，苦根仰着脑袋说："福贵，我头晕。"

我说："快摘吧，摘完了你就去玩。"

苦根便摘起了棉花，摘了一阵他跑到田埂上躺下，我叫他，叫他别再躺着，苦根说："我头晕。"

我想就让他躺一会吧，可苦根一躺下便不起来了，我有些生气，就说："苦根，棉花今天不摘完，牛也买不成啦。"

苦根这才站起来，对我说："我头晕得厉害。"

我们一直干到中午，看看大半亩棉花摘了下来，我放心了许多，就拉着苦根回家去吃饭，一拉苦根的手，我心里一怔，赶紧去摸他的额头，苦根的额头烫得吓人。我才知道他是真病了，我真是老糊涂了，还逼着他干活。回到家里，我就让苦根躺下。村里人说生姜能治百病，我就给他熬了一碗姜汤，可是家里没有糖，想往里面撒些盐，又觉得太委屈苦根了，便到村里人家那里去要了点糖，我说："过些日子卖了粮，我再还给你们。"

那家人说："算啦，福贵。"

让苦根喝了姜汤，我又给他熬了一碗粥，看着他吃下去。我自己也吃了饭，吃完了我还得马上下地，我对苦根说："你睡上一觉会好的。"

走出了屋门，我越想越心疼，便去摘了半锅新鲜的豆子，回去给苦根煮熟了，里面放上盐。把凳子搬到床前，半锅豆子放在凳上，叫苦根吃，看到有豆子吃，苦根笑了，我走出去时听到他说："你怎么不吃啊。"

我是傍晚才回到屋里的，棉花一摘完，我累得人架子都要散了。从田里到家才一小段路，走到门口我的腿便哆嗦了，我进了屋叫："苦根，苦根。"

苦根没答应，我以为他是睡着了，到床前一看，苦根歪在床上，嘴半张着能看到里面有两颗还没嚼烂的豆子。一看那嘴，我脑袋里嗡嗡乱响了，苦根的嘴唇都青了。我使劲摇他，使劲叫他，他的身体晃来晃去，就是不答应我。我慌了，在床上坐下来想了又想，想到苦根会不会是死了，这么一想我忍不住哭了起来。我再去摇他，他还是不答应，我想他可能真是死了。我就走到屋外，看到村里一个年轻人，对他说："求你去看看苦根，他像是死了。"

那年轻人看了我半晌，随后拔脚便往我屋里跑。他也把苦根摇了又摇，又将耳朵贴到苦根胸口听了很久，才说："听不到心跳。"

村里很多人都来了，我求他们都去看看苦根，他们都去摇摇，听听，完了对我说："死了。"

苦根是吃豆子撑死的，这孩子不是嘴馋，是我家太穷，村里谁家的孩子都过得比苦根好，就是豆子，苦根也是难得能吃上。我是老昏了头，给苦根煮了这么多豆子，我老得又笨又蠢，害死了苦根。

往后的日子我只能一个人过了，我总想着自己日子也不长了，谁知一过又过了这些年。我还是老样子，腰还是常常疼，眼睛还是花，我耳朵倒是很灵，村里人说话，我不看也能知道是谁在说。我是有时候想想伤心，有时候想想又很踏实，家里人全是我送的葬，全是我亲手埋的，到了有一天我腿一伸，也不用担心谁了。我也想通了，轮到自己死时，安安心心死就是，不用盼着收尸的人，村里肯定会有人来埋我的，要不我人一臭，那气味谁也受不了。我不会让别人白白埋我的，我在枕头底下压了十元钱，这十元钱我饿死也不会去动它的，村里人都知道这十元钱是给替我收尸的那个人，他们也都知道我死后是要和家珍他们埋在一起的。

这辈子想起来也是很快就过来了，过得平平常常，我爹指望我光耀祖宗，他算是看错人了，我啊，就是这样的命。年轻时靠着祖上留下的钱风光了一阵子，往后就越过越落魄了，这样反倒好，看看我身边的人，龙二和春生，他们也只是风光了一阵子，到头来命都丢了。做人还是平常点好，争这个争那个，争来争去赔了自己的命。像我这样，说起来是越混越没出息，可寿命长，我认识的人一个挨着一个死去，我还活着。

(选自：余华.活着[M].北京：作家出版社，2012.)

艺术赏析

主题思想：《活着》展现了一个又一个人的死亡过程，掀起一波又一波无边无际的苦难波浪，表现了一种面对死亡过程的可能的态度。活着本身很艰难，延续生命就得艰难地活着，正因为异常艰难，活着才具有深刻的含义。没有比活着更美好的事，也没有比活着更艰难的事。

艺术特色：通过艺术心理学的角度，《活着》的材料与形式之间存在着内在的不一致，但是作者以精心布置的形式克服了题材，达到了材料和形式的和谐统一，从而实现了情感的升华，使读者的灵魂在苦难中得到了净化，获得了艺术的审美。

余华用类似新写实主义小说的叙事风格——零度介入的方式来展现《活着》的悲剧美。作者可以排除主体对苦难人生作明确的价值判断和情感渗透，好像站在"非人间的立场"，客观冷静地叙述人间的苦难。客观中立的叙事立场、温情深沉的情感基调在文本中的运用，使得《活着》成为余华作品风格的转型标志。

小说运用象征的手法，就是用死亡象征着活着。可能很少有人会遭遇白发人送黑发人的痛苦，而白发人将黑发人一一送走的事情可能只在小说中可以看到。艺术的真实会让人相信世间不但有过活生生的福贵，而且将来还会有很多。

死亡的重复发生，既给人物心灵巨大打击，也给读者出乎意料的震撼。余华把重复发生的死亡事件镶嵌在日常琐碎的生活里，放大了“苦难”的广度和深度，使渺小而软弱的人物面对巨大的“苦难”形成的力量悬殊，从而产生一种强烈的命运感；同时，也放大了人物身上所具有的闪光的精神力量，从而使整部作品充满了艺术张力。作品中死亡的重复发生，除了福贵的父亲、母亲、妻子家珍的死存在合理的因素，其他人物的死亡无不处于偶然：儿子有庆死于抽血过多，女儿凤霞死于生孩子，女婿二喜死于建筑事故，外孙苦根吃豆子撑死。最后福贵所有的亲人都一个个死去，只剩下他一个孤零零的老头和一头同样年迈的老黄牛，但他那样乐观豁达地活着，完全出乎人的意料。小说通过这些出乎意料的死亡重复，更加彰显了活着的意义和难得可贵。

文学聚焦

余华小说中的苦难意识

余华小说所刻画的苦难世界中，人们在生存困境和精神异化的双重压迫下，呈现出贫困与饥饿、暴力与死亡交织的生存状态。余华一方面通过对贫困与饥饿生存图景的描摹，展现出底层老百姓连最基本的生存需要也无法得到保障的状态，深化对苦难的表达，另一方面，通过直面暴力、血腥、死亡的场景，无情地揭露现实的虚伪面具和丑陋伤疤，将苦难渲染到极致。

对自然灾害和事故、犯罪等人为祸乱的描写经常出现在余华的作品中，比如《许三观卖血记》中水灾带来了饥荒之年、《活着》中福贵身边的亲人接连去世、《兄弟》(上)更是写出了人的精神异化，以及普通老百姓所遭受到的迫害。自然灾害虽然都给人们带来了深重的苦难，但并不是表达的重点，而是意在凸显人性的流露与现实的荒诞。余华小说中塑造的人物除了受到外界天灾人祸带来的摧残外，还要饱尝“精神苦难”的折磨，比如《现实一种》中的两兄弟被复仇的欲望所驱使等，他通过描摹人性的罪恶和人对欲望无止境的追求，呈现出“精神苦难”对人的腐蚀和由此带来的无边的苦难，体现出对人生存境遇一以贯之的关注，同时也流露出对人类灵魂丑恶角落的反思和批判意识。

拓展与应用

探究思考

1.《活着》讲述了一个什么样的故事？

2.“人是为活着本身而活着的，而不是为了活着之外的任何事物所活着”，请结合作品谈谈你对这句话的理解。

职业连线

人生总有许多苦难，人不断地承受着生活给予的苦难，没有任何的办法，只有默默地承受，但人不能被苦难打到，要让不屈的灵魂顽强隐忍地生活，追求活着本身的真正意义。

思考：

结合自己或他人的经历，谈谈苦难在人生历程中的意义是什么？

尘埃落定(节选)

阿　来

作者简介

阿来，1959年出生于四川省阿坝藏族羌族自治州马尔康市，中国当代作家，中国作家协会第十届全国委员会副主席。1982年开始诗歌创作。20世纪80年代中后期，转向小说创作。1994年冬，完成首部长篇小说《尘埃落定》，1998年，《尘埃落定》由人民文学出版社出版，2000年，凭借《尘埃落定》获得第五届茅盾文学奖。2009年3月，当选四川省作家协会主席，兼任中国作家协会第八届全国委员会主席团委员；同年，出版长篇小说《空山》。2014年，出版长篇非虚构作品《瞻对》。2018年，凭借《蘑菇圈》获得第七届鲁迅文学奖中篇小说奖。2019年，长篇小说《云中记》创作完成；同年，《尘埃落定》入选"新中国70年70部长篇小说典藏"。2021年4月，担任第四届宝珀理想国文学奖评委；同年，担任首批四川生态环境保护大使。

背景知识

《尘埃落定》是藏族作家阿来的一部长篇小说，首次出版于1998年。小说描写一个声势显赫的康巴藏族土司，在酒后和汉族太太生了一个傻瓜儿子。这个人人都认定的傻子与现实生活格格不入，但却有超时代的预感和举止，并成为土司制度兴衰的见证人。小说展现了独特的藏族风情及土司制度的浪漫和神秘。

阿来从小在藏族地区长大，在谈到《尘埃落定》的创作思路时，坦言自己受到藏族文化的深刻影响，无论是人物形象的塑造，创作方法的借鉴，语言的运用等，都和一种藏族精神紧密结合在一起。"傻子二少爷"形象的塑造就受到阿古顿巴的影响。小说写于1994年，由于阿来没有名气，被十几家出版社退稿。1998年，在阿来已经不抱希望的时候，人民文学出版社将该书出版。

我害怕老鼠。

他们却说少爷是病了。

我没有病，只是害怕那些眼睛明亮、门齿锋利的吱吱叫的小东西。但他们还是坚持说我病了。我也没有什么办法不让他们那样想。我能做的就是，母亲来时，我就紧紧把卓玛的手握住。每天，管家都叫小家奴索郎泽郎和小行刑人尔依等在门口。我一出门，两个和我一样大的小厮就一步不离跟在身后。

卓玛说："少爷还不是土司呢，就比土司威风了。"

我说："我害怕。"

卓玛不耐烦了，说："看你傻乎乎的样子吧。"一双眼睛却不断溜到银匠身上。银匠也从院子里向上面的我们张望。我看见他一锤子砸在自己手上，忍不住笑了。我好久没有笑过了，好久没有笑过的人才知道笑使人十分舒服，甚至比要一个女人还要舒服。于是，我就干脆躺在地上大笑。看见的人都说，少爷真是病了。

为了我的病，门巴喇嘛和济嘎活佛之间又展开了竞赛。他们都声称能治好我的病。门巴喇嘛近水楼台，念经下药，诵经为主，下药为辅，没有奏效。轮到济嘎活佛上场，也是差不多的手段，下药为主，诵经为辅。我不想要这两个家伙治好病——如果我真有病的话。吃药时，我闭上眼睛就能看到药从口中下到胃里，随即就滑到肠子里去了。也就是说，药根本不能到达害怕老鼠那个地方，它们总是隔着一层胃壁就从旁边滑过去了。看到两个家伙那么宝贝他们的药物，那样子郑重其事，我感到十分好笑。门巴喇嘛的药总是一种乌黑的丸子，一粒粒装在漂亮的盒子里头，叫人觉得里面不是药而是宝石一类的东西。活佛的药全是粉末，先在纸里包了，然后才是好多层的黄色绸子，他的胖手掀开一层又一层仿佛无穷无尽的绸子，我觉得里面就要蹦出来整个世界了，结果却是一点灰色的粉末。活佛对着它们念念有词，做出十分珍贵的样子，而我肚子里正在害怕的地方也想笑。那些粉末倒进口中，像一大群野马从干燥的大地上跑过一样，胃里混浊了，眼前立即尘土飞扬。

问两个有法力的医生我得了什么病。门巴喇嘛说："少爷碰上了不干净的东西。"济嘎活佛也这样说。他们说不干净的东西有两个含意：一个是秽的，另一个是邪祟的。我不知道他们说的是哪一种，也懒得问。索郎泽郎能把两个医生的声音模仿得惟妙惟肖，说："少爷，我看你是碰到了不干净的东西。"说完，索郎泽郎和我一起开怀大笑。将来的行刑人笑是不出声的，他的笑容有点羞怯。索郎泽郎的笑声则像大盆倾倒出去的水哗哗作响。瞧，两个小厮我都喜欢。我对两个人说："我喜欢你们，我要你们一辈子都跟在我屁股后面。"我告诉他们我没有碰上不干净的东西。我们在一起时，总是我一个人说话。索郎泽郎没有什么话说，所以不说话。小尔依心里有好多话，又不知从何说起，他这种人适合送到庙里学习经典，但他生来就是我们家的行刑人。两个小厮跟在我身后，在秋天空旷的田野里行走。秋天的天空越来越高，越来越蓝。罂粟果实的味道四处弥漫，整个大地都像醉了一般。我突然对小尔依说："带我到你家里看看。"

小尔依脸刷一下白了，他跪下，说："少爷，那里有些东西可比老鼠还要叫人害怕呀！"

他这一说，我就更要去了。我并不是个胆小的人。过去我也并不害怕老鼠，只有母亲知道那是为了什么。所以，我坚持要到行刑人家里看看。索郎泽郎问小尔依他们家里有什么东西叫人害怕。

"刑具，"他说，"都是沾过血的。"

"还有什么？"

他的眼睛四处看看，说："衣服，沾了血的死人衣服。"

我说："你在前面带路吧。"

想不到行刑人家里比任何一个人家里更显得平和安详。院子里晒着一些草药，行刑人根据他们对人体的特别的了解，是这片土地上真正的外科医生。小尔依的母亲接受不了嫁给一个行刑人的命运，生下儿子不久就死了。行刑人家里的女人是小尔依的八十岁的奶奶。她知道我是谁后，便说："少爷，我早该死了。可是没有人照顾你家的两个行刑人，男人是要女人照顾的，我不能死呀。"

小尔依对她说少爷不是来要她的命的。

她说，老爷们不会平白无故到一个奴才家里。她眼睛已经不大好了，还是摸索着把一把把铜茶壶擦得闪闪光亮。

我们参观的第一个房间是刑具室。最先是皮鞭，生牛皮的、熟牛皮的、藤条的、里面编进了金线的，等等，不一而足。这些东西都是历代麦其土司们赏给行刑人的。再往下是各种刀子，每一种不同大小、不同形状的刀子可不是为了好看，针对人体的各个部位有着各自的妙用。宽而薄的，对人的颈子特别合适。窄而长的，很方便就可以穿过肋骨抵达里面一个个热腾腾的器官。比新月还弯的那一种，适合对付一个人的膝盖。接下来还有好多东西。比如专门挖眼睛的勺子。再比如一种牙托，可以治牙病，但也可以叫人一下子失去全部牙齿。这样的东西装满了整整一个房间。

索郎泽郎很喜欢这些东西。他对小尔依说："可以随便杀人，太过瘾了。"

小尔依说："杀人是很痛苦的，那些人犯了法，可他们又不是行刑人的仇人"小尔依看了我一眼，小声地说，"再说，杀了的人里也有冤枉的。"

我问："你怎么知道？"

麦琪家将来的行刑人回答："我不知道，我还没有杀过人。但长辈们都说有。"他又指指楼上，说："听说从那些衣服上也能知道。"

那些衣服在行刑人家的一个阁楼上。阁楼是为了存放死人衣服而在后来加上去的。一架独木楼梯通向上面。在这楼梯前，小尔依的脸比刚才更白了："少爷，我们还是不上去吧？"我心里也怕，便点了点头。索郎泽郎却叫起来："少爷！你是害怕还是傻？到了门前也不去看看，我再不跟你玩了。"

他说我傻，我看他也傻得可以，他以为想跟我玩就玩，不想跟我玩就不玩。我对他说："你这句话先记在我脑子里。要知道你不是在跟我玩，而是在服侍我。"我很高兴他听了这句话就呆在那里了，把个傻乎乎的嘴巴张得大大的。小尔依呆呆地站在我身旁。

我努努嘴，小尔依就苍白着脸爬上了梯子。梯子高的一头就搭在那间阁楼的门口。门口上有着请喇嘛来写下的封门的咒语。咒语上洒了金粉，在太阳下闪闪发光。我脚跟脚爬上去。我的头顶到了小尔依的脚。小尔依回过头来说："到了。"他问我是不是真要打开。他说："说不定真有什么冤魂，那样，它们就会跑出来。"索郎泽郎在底下骂小尔依，说他那样子才像一个冤魂。我看了看小尔依，觉得索郎泽郎骂得对，他那样子确实有点像。小尔依对我说："我是不怕的，我害怕真有什么东西伤着了少爷。"

两个小厮一个胆大，一个会说话。胆大的目中无人，会体贴上意的胆子又小了一点。我只好两个都喜欢。行刑人家的房子在一个小山包上。比土司官寨低，但比其他房子高。站在独木楼梯上，我看到下面的大片田野，是秋天了，大群的野鸽子在盘旋飞翔。我们这时是在这些飞翔着的鸽群的上边，看到河流到了很远的天边。我说："打开！"

小尔依把门上的锁取下来。我听见索郎泽郎也和我一样喘起了粗气。只有小尔依还是安安静静的，用耳语似的声音说："我开了。"他的手刚刚挨着那小门，门就咿呀响着打开了。一股冷风扑面而来，我，小尔依，还有索郎泽郎都颤抖了一下。我们三人走进去，挤在从门口射进来的那方阳光中间。衣服一件件挂在横在屋子里的杉木杆上，静静披垂着，好像许多人站着睡着了一样。衣服颈圈上都有淡淡的血迹，都已经变黑了。衣服都是好衣服。都是人们过节时候才穿的。临刑人把好衣服穿在身上，然后死去，沾上了血迹又留在人间。

我撩起一件有獭皮镶边的，准备好了在里面看见一张干瘪的面孔，却只看到衣服的缎里子闪着幽暗的光芒。索郎泽郎大胆地把一件衣服披在身上也没有生什么事，没有碰到什么出奇的事，使人非常失望。

（选自：阿来. 尘埃落定[M]. 北京：人民文学出版社，1998.）

艺术赏析

小说讲述了一个声势显赫的藏族老麦琪土司，在酒后和汉族太太生了一个傻瓜儿子。这个人人都认定的傻子与现实生活格格不入，然而就是这个傻子却有着超时代的预感和举止，不以常理出牌，在其余土司遍种罂粟时突然建议改种麦子，结果鸦片供过于求，无人问津，阿坝地区笼罩在饥荒和残废的阴影下。大批饥民投奔麦琪麾下，麦琪家族的领地和人口达到空前的规模，傻子少爷因此而娶到了美貌的妻子塔娜，也开辟了康巴地区第一个边贸集市。傻子少爷回琪其土司官寨，受到英雄般的待遇，也遭到大少爷的嫉妒和打击，一场家庭内部关于继承权的腥风血雨悄然拉开了帷幕。最后在解放军进剿国民党残部的隆隆炮声中，麦琪家的官寨坍塌了。纷争、仇杀消失了，一个旧的世界终于尘埃落定。

《尘埃落定》的美感，首先是具有浓郁的藏族文化生活的自然美。自然美首先在于自然物本身的属性，如形状、色彩、体积以及对称、和谐、典型性等。所以“美的对象是被置于一个上升的阶梯之上的；从轮廓、颜色和声调，从光、声音到花朵、水、海洋，从鸟、地上的动物到人。”同时，自然美是心灵美的反映，在西方美学史上，黑格尔是这种观点的代表，他说：“自然美只是属于心灵美的那种美的反映，它所反映的是一种不完善的形态，而按照它的实体，这种形态原已包含在心灵里。”再者，自然美在于“自然的人化”，提出这种看法的是 20 世纪 50 年代美学讨论中主张“美是客观性和社会性的统一”的一派。“自然的人化”就是人通过生产劳动的实践，改造了自然界，于是自然界成了“人化的自然”。最后，自然美还在于人和自然相契合而产生的审美意象。

藏族的生活离我们很远，但却充满魅力。而《尘埃落定》中，罂粟花、大草原……一系列实体给我们展现了藏族康巴的绚美风景；并且因为阿来在康巴生活过一段日子，所以这种形态是深深印在心灵中的，可见这些也是人与自然相契合而产生的审美意象。

《尘埃落定》中还展现出了康巴文化的社会美，社会美和自然美一样，是意象世界，不同的是自然美是见之于自然物和自然风景，而社会美则是见之于社会生活领域。

在一定历史时期，一个地区的人民群众都有自己相对固定的生活方式，人们称之为民俗。俗话说“十里不同风，百里不同俗”，又说“相沿成风，相染成俗”。当这种相对固定的生活方式显示出审美价值时，就称之为风情。

文学聚焦

诗化小说

诗化小说，一种追求诗美效果的小说。是小说和诗融合、渗透后出现的一种边缘体裁。作家不再让事件捆绑、摆布自己的心灵，常常在小说中像诗那样运用情绪的流动、内心的独白、放射性的结构，使思维空间大大开拓，自由地表现自己的旨蕴意念。它的抒情性的因素突破了严密的结构框架，冲淡了完整的情节密度。

诗化小说具有诗的审美目标，它或表现为整体构思上寓于诗情，或表现为局部的描写充满诗意。它是作家经过精心提炼而创造的某个独特形象、细节、特定氛围、场景，充满浓郁的抒情气息，凝聚丰蕴的哲理意味。这类小说不注重叙事功能，不以情节冲突来塑造人物性格，而是重视创造意境。它凭借诗的隐喻、象征和主情性，让时间、心理变得交融浑然，情节淡化而富有哲理性的诗意美。

有着诗意美的小说，具有一种从有限的形象画面，升华到无限的思想、理念的升腾力，一种从具体的人物情节提高到普遍的意蕴、诗情的概括力，它既有生活的具体实感、美感，又有引人思索的丰厚、博大的思想内涵。阿来的语言似乎同样具有超凡的魅力，不难看出，在他的小说中还具有曾为诗人的影子。而便是这如诗般的语言，才使他的文章别具风味，也使文章的艺术效果更为生动，且独具匠心。

拓展与应用

探究思考

1. “尘埃落定”是一个象征性的题目，是对小说内容、主旨的一种诗化表述，请用自己的语言概括故事内容及主旨。

2. 结合文本分析傻子少爷的人物形象。

3. 阿来曾一度被认为是藏族的曹雪芹，试着找出《尘埃落定》与《红楼梦》的相同之处。

职业连线

《尘埃落定》展现给我们的是一个“傻子”眼里的世界。小说以一个麦琪土司家的“傻子”二少爷的视角，记述了藏族土司在内争外斗中由盛而衰直至灭亡消失的过程。在“傻子”的眼里，人们紧紧抓住或者穷其一生都努力想要抓住的金钱、身份、地位和权力不过就是一颗尘埃，最终都会落定，了无痕迹。

思考：

即将走上工作岗位的你如何看待金钱、身份、地位和权力？

第六单元

崇敬生命

人与自然的关系历来是文学作品中一个具有永恒探讨价值的主题，大自然是一个有机整体，人类身为这个有机整体中的一个组成部分，理应顺应自然、亲和自然。

中华民族传统的道家思想就讲究“天人合一”，强调“人和自然在本质上是相通的，故一切人事均应顺乎自然规律，达到人与自然和谐”。这种思想对中国后世文人的审美观产生了重大影响。有山水诗开创者谢灵运的“山水含清晖，清晖能娱人”；亦有田园诗人陶渊明的“少无适俗韵，性本爱丘山”。这些经典佳句充分展示了人对山水的亲近，山水怡情养性的功能。另外，与山水亲近还可丰富学识，培养和提高审美情趣以及模山范水的能力，古今诗文大家、艺术巨匠大抵都有“读万卷书，行万里路”的经历。

在西方，随着工业文明的机器轰鸣，人们开始对环境肆无忌惮地破坏，在这样的背景下，自然文学随之崛起，作家们对以火车和铁路为代表的工业化乃至整个现代化进行反思和批判，他们提出，只有净化大自然并接受大自然的净化，才是拯救自然、拯救人类的唯一途径。

现在的我们要清楚地认识到：人与自然是生命共同体，人类必须尊重自然、顺应自然、保护自然。

盘古开天

徐　整(三国)

作者简介

徐整，字文操，豫章(今江西南昌)人，是三国时期东吴的太常卿。据《隋书》记载，他撰有《毛诗谱》，注有《孝经默注》，另著有中国上古传说的《三五历记》及《五运历年纪》。《三五历记》为所知记载盘古开天传说的最早著作。

背景知识

盘古是中国神话体系中最古老的神，且是中国神话众多创世神中唯一因创世而致身死的神。盘古神话的产生很古老，长期流传在人们口头，直到三国时期才被徐整创作的《三五历记》记录成书。

盘古神话是河南省桐柏县、泌阳县的地方传统民间文学，也是国家级非物质文化遗产。

盘古山位于河南省桐柏、泌阳两县交界，海拔459米。传说此山就是当年的创世大神"盘古"开天辟地、繁衍人类、造化万物的地方。盘古山山势巍峨挺拔、高耸入云，人们为了纪念传说中的人类始祖盘古，就在高峰处修建了盘古庙，在庙内塑有盘古像。

盘古神话虽未见于先秦古籍，但它和《山海经》所记的烛龙神话却有相似之处，古史学者刘起釪也进一步肯定了《山海经》中烛龙、烛阴的故事是"盘古神话"的原型。

开天辟地是一个古代汉族神话传说，认为盘古开辟天地后才有世界，后来用"开天辟地"指有史以来。见《艺文类聚》卷一引三国时期吴国的徐整《三五历记》。《隋书·音乐志中》："开天辟地，峻岳夷海。"《何典》第一回："自从盘古皇手里开天辟地以来，便分定了上中下三个太平世界。"

根据民间神话传说，古时盘古生在黑暗团中，他不能忍受黑暗，用神斧劈向四方，逐渐使天空高远，大地辽阔。他为不使天地重新合并，继续施展法术。每当盘古的身体长高一尺，天空就随之增高一尺，经过一万八千年的努力，盘古变成一位顶天立地的巨人，而天空升得高不可及，大地也变得厚实无比。

盘古生前完成开天辟地的伟大业绩，死后永远留给后人无穷无尽的宝藏，成为中华民族崇拜的英雄。

天地浑沌如鸡子，盘古生其中。万八千岁，天地开辟，阳清为天，阴浊为地。盘古在其中，一日九变，神于天，圣于地。天日高一丈，地日厚一丈，盘古日长一丈，如此万八千岁。天数极高，地数极深，盘古极长，后乃有三皇。数起于一，立于三，成于五，盛于七，处于九，故天去地九万里。

元气蒙鸿，萌芽兹始，遂分天地，肇立乾坤，启阴感阳，分布元气，乃孕中和，是为人也。首生盘古，垂死化身，气成风云，声为雷霆；左眼为日，右眼为月。四肢五体为四极五岳；血液为江河；筋脉为地里；肌肉为田土；发为星辰；皮肤为草木；齿骨为金石；精髓为珠玉；汗流为雨泽；身之诸虫，因风所感，化为黎甿。

艺术赏析

这篇神话传说讲的是盘古开天辟地的故事。课文脉络清晰，描写盘古用他的整个身体创造了美丽的宇宙的过程。课文处处充满了神奇的想象，用生动准确的语言塑造了盘古雄伟、高大的形象，赞美了他为开辟天地而勇于献身的精神。

盘古精神首先可以概括为开创精神、创新精神，这对于改革开放创造和谐幸福的新世界是非常必要的。其次，盘古精神包含唯物辩证法的实事求是精神。同时，盘古精神就是劳动创造世界、劳动创造一切的信念，就是不怕困难、刻苦坚持、长期奋斗、自我牺牲、为民造福的精神。

盘古传说是中国神话史上流传千百年的经典古老文化体系，是古代文人著作文献、古籍创作的重要源泉，也是几千年来中国民间家喻户晓的传说。盘古是神话世界中的顶端存在，是中华文化史上诞生的第一个远古神灵，他从混沌中出生，再在洪荒后逝去，从创立世界、创造万物到教化众生、演化生灵、传承物种，都是人与自然生存发展演变而成的。

文学聚焦

神话传说

神话传说，是民间传说中不可思议或超自然故事的统称。

神话传说和民间传说也是一个民族和国家的宝贵精神财富，在文学史上有着重要的地位。它的题材内容和各种神话人物对历代文学创作及各民族史诗的形成具有多方面的影响，特别是它丰富奔放、瑰奇多彩的想象和对自然事物形象化的理解，与后世作家的艺术虚构及浪漫主义创作方法的形成都有直接的渊源关系，为后世的创作提供了丰富的题材。不仅如此，神话传说还具有丰富的美学价值与历史价值，因其故事本身与远古的生活和历史有密切关系，它是研究人类早期社会的婚姻家庭制度、原始宗教、风俗习惯等很重要的文献资料。

神话传说包括神话与传说两个部分。一个侧重人神起源、万物初始的来历，一个侧重口头流传的关于世界来源的说法及英雄故事。

远古口头文学作品，反映了当时的人们对自然的认识和征服自然的愿望。这些用奇丽的幻想来组织的故事，富有浪漫主义色彩，如女娲补天、后羿射日等。

神话故事是以古今生物，如神、鬼、人、仙、佛、妖、精、上帝、天使、龙、凤等超自然元素为基础的故事。由于其中有亦实亦虚的人物与各种违背当代常识的元素，故被一些人称为迷信，但也被部分人变为宗教和信仰。

神话传说的艺术规则为后世文学的发展提示了方向。神话传说所开创的为人生的主题，事实上成为我国文学发展的主流。神话传说赋予情感、赋予形象、赋予想象的特征，也极大地影响着后世文学的发展。

拓展与应用

探究思考

1. 你听过或读过哪些中国古代神话故事？
2. 按照本文的神话故事，天地没有分开时是什么样的？
3. 概括整体内容，说说你对盘古的印象。

职业连线

网络文学促进“文化就业”，“写文”成年轻人的重要职业选择

2020 届全国高校毕业生人数再创新高，达到 874 万人，同比增长 40 万人。线上文娱产业因为主要通过 PC 端、移动端等设备呈现相关内容，获得了额外的发展机会。其中，网络文学作为新兴线上文娱形式，获得发展之余也承担起了更多促进“文化就业”的社会责任。

网络文学头部平台阅文集团发布的 2020 年第一季度内容生态数据显示，当季度平台新增作家数量 33 万人，环比增长 129%。其中，年轻用户创作积极性最高，30 岁以下作家占比超过 70%。结合热门创作品类，不难看出大多数新增作家此前并非职业作家，短小精悍的内容成为他们试水首选，网文行业已成“斜杠青年”的重要创收渠道。

其实，网络文学通过近些年的发展，内容生态进一步繁荣。同时，也成为许多文化从业者的就业首选。阅文集团作为行业头部平台，则成为促进“文化就业”的排头兵。数据显示，截至 2019 年 12 月底，其平台作家人数已高达 810 万人。换句话说，这 810 万职业作家、业余作家都可能通过网络文学获得就业机会。

网络文学发展近二十载，内容生态持续繁荣。随着行业的进一步发展，将会有更多的商业模式被挖掘出来。未来，网络文学行业也将出现更多的就业可能，并辐射产业上下游，促进文化革新。

思考：

新的时代、新的契机，你捕捉到机会了吗？

春江花月夜[①]

张若虚(唐)

作者简介

张若虚(生卒年不详，约在 660 年—720 年)，扬州(今江苏扬州)人，唐朝诗人，曾任兖州兵曹。又与贺知章、张旭、包融并称“吴中四士”。诗作大部散佚，《全唐诗》仅存其诗二首，其一为《春江花月夜》，乃千古绝唱，是一篇脍炙人口的名作，有“以孤篇压全唐”之誉；闻一多评价《春江花月夜》是“诗中的诗，顶峰上的顶峰”。它的另一首诗是《代答闺梦还》。

背景知识

关于此诗的具体创作年份已难以考证，而对此诗的创作地点则有三种说法：扬州文化研究所所长韦明铧认为，诗人是站在扬州南郊曲江边赏月观潮，有感而发，创作了此诗，表现的是唐代曲江一带的景色；长期从事瓜洲文史研究的高惠年认为，此诗作于瓜洲，表现的是千年古镇瓜洲江畔清幽如诗的意境之美；长期从事大桥文史研究的学者顾仁认为，此诗作于扬子江畔，其地在今扬州市江都区大桥镇南部。

《春江花月夜》沿用陈隋乐府旧题，抒写真挚动人的离情别绪及富有哲理意味的人生感慨，语言清新优美，韵律婉转悠扬，其诗描写细腻，音节和谐，洗去了宫体诗的浓脂艳粉，给人以澄澈空明、清丽自然的感觉，在初唐诗风的转变中有重要地位。

春江潮水连海平，海上明月共潮生。
滟滟随波千万里②，何处春江无月明。
江流宛转绕芳甸③，月照花林皆似霰④。
空里流霜不觉飞⑤，汀上白沙看不见。
江天一色无纤尘，皎皎空中孤月轮。
江畔何人初见月？江月何年初照人。
人生代代无穷已⑥，江月年年望相似。
不知江月待何人⑦，但见长江送流水⑧。
白云一片去悠悠⑨，青枫浦上不胜愁⑩。
谁家今夜扁舟子？何处相思明月楼⑪。
可怜楼上月徘徊⑫，应照离人妆镜台⑬。
玉户帘中卷不去，捣衣砧上拂还来⑭。
此时相望不相闻，愿逐月华流照君⑮。
鸿雁长飞光不度，鱼龙潜跃水成文⑯。
昨夜闲潭梦落花⑰，可怜春半不还家⑱。
江水流春去欲尽，江潭落月复西斜。
斜月沉沉藏海雾，碣石潇湘无限路⑲。
不知乘月几人归，落月摇情满江树⑳。

（选自：中国社会科学院文学研究所编. 唐诗选[M]. 北京：人民文学出版社，1978.）

【注释】

① 春江花月夜：乐府旧题，属于《清商曲辞·吴声歌曲》，相传创自南朝陈后主陈叔宝。

② 滟(yàn)滟：波光闪烁的样子。

③ 芳甸：芳草丛生的原野。甸：郊外之地。

④ 霰(xiàn)：细密的雪珠。

⑤“空里”二句：说月光皎洁柔和如流霜暗中飞泻，江畔白茫茫一片空明。流霜：比喻月光悄悄泻满大地。汀：水中或水边平地，此指江畔沙滩。

⑥ 无穷已：没有止尽。已：止，止息。

⑦ 待：一本作“照”。

⑧ 但：只，只是。

⑨ 白云：此喻指游子。去悠悠：形容白云缓缓飘逝。

⑩ 青枫浦：一名双枫浦，故址在今湖南浏阳境内。浦：原指大江、大河与其支流的交汇处，此指离别场所。不胜(shēng)：禁不起，受不了。

⑪“谁家”二句：是说在此月夜，有许多游子舟行江中在外漂泊，也有许多思妇伫立楼头思念丈夫。“谁家”“何处”，互文见义。扁(piān)舟：小船。

⑫ 月徘徊：指月影缓缓移动。

⑬ 妆镜台：梳妆台。

⑭“玉户”二句：说月光似乎故意与思妇为难，帘卷不去，手拂还来。玉户：此指思妇居室。捣衣砧(zhēn)：捣衣时的垫石。

⑮ 逐：追随。月华：月光。

⑯“鸿雁”二句：说游子、思妇彼此之间难通音信。鸿雁：此指信使。《韩柬·苏武传》记有鸿雁传递书信之事。鸿雁飞得再远，也不能逾越月光。度：通“渡”。鱼龙：此指鲤鱼。《古诗·饮马长城窟行》：“客从远方来，遗我双鲤鱼。呼儿烹鲤鱼，中有尺素书。”说鲤鱼也能传递书信。鱼龙潜跃水成文：鲤鱼在水底潜游，水面上激起波纹。文：通“纹”，波纹。

⑰ 闲潭：平和、幽静的水潭。

⑱ 可怜：可惜。

⑲“碣石”句：说游子思妇分处天南地北，难以相见。碣石潇湘：此处借指天南地北。碣石：山名，故址在今河北省。一说碣石山已沉入海底中。潇湘：本二水名，在今湖南省零陵县合流，称为潇湘，北入洞庭湖。

⑳“落月”句：江边树林洒满了落月的余晖，轻轻摇曳，牵系着思妇的离情别绪。

艺术赏析

整首诗由景、理、情依次展开，第一部分写了春江的美景。第二部分写了面对江月而产生的感慨。第三部分写了人间思妇游子的离愁别绪。

诗人入手擒题，前八句勾勒出一幅春江月夜的壮丽画面：江潮连海，月共潮生。细腻的笔触，创造了一个神话般美妙的境界，使春江花月夜显得格外幽美恬静。由大到小，由远及近，笔墨逐渐凝聚在一轮孤月上。

接下来的八句，诗人神思飞跃，但又紧紧联系着人生，探索着人生的哲理与宇宙的奥秘。诗人虽有对人生短暂的感伤，但并不是颓废与绝望，而是缘于对人生的追求与热爱。人生代代相继，江月年年如此。随着江水的流动，诗篇遂生波澜，将诗情推向更深远的境界。江月有恨，流水无情，诗人自然地把笔触由上半篇的大自然景色转到了人生图像，引出下半篇男女相思的离愁别恨。

“白云”四句总写在月夜中思妇与游子的两地思念之情。“白云”“青枫浦”托物寓情。白云飘忽，象征“扁舟子”的行踪不定。“青枫浦”为地名，但“枫”“浦”在诗中又常用为离别的景物、处所。“谁家”“何处”二句互文见义，因不止一家、一处有离愁别恨，诗人才提出这样的设问，一种相思牵出两地离愁，一往一复，诗情荡漾，曲折有致。

接下“可怜”八句承“何处”句，写思妇对离人的怀念。

最后八句写游子，诗人用落花、流水、残月来烘托离人的思归之情。他那无着无落的离情，伴着残月之光，洒满江边的树林之上。

全诗紧扣春、江、花、月、夜的背景来写，而又以月为主体。“月”是诗中情景兼融之物，它跳动着诗人的脉搏，在全诗中犹如一条生命纽带，通贯上下，诗情随着月轮的升落而起伏曲折。月在一夜之间经历了升起、高悬、西斜、落下的过程。在月的照耀下，江水、沙滩、天空、原野、枫树、花林、飞霜、白沙、扁舟、高楼、镜台、砧石、长飞的鸿雁、潜跃的鱼龙，不眠的思妇以及漂泊的游子，组成了完整的诗歌形象，展现出一幅充满人生哲理与生活情趣的画卷。这幅画卷在色调上以淡寓浓，虽用水墨勾勒点染，但“墨分五彩”，从黑白相辅、虚实相生中显示出绚烂多彩的艺术效果，宛如一幅淡雅的中国水墨画，体现出春江花月夜清幽的意境美。

文学聚焦

《春江花月夜》在中国文学史上地位

《春江花月夜》一诗在立意和选材上总结前人的经验，借乐府旧题谱写出天下众多人的心声，同时具有很高的审美价值，一直为后人传诵不绝，千百年来有无数读者为之倾倒。它是由齐梁绮丽浮靡文风转向盛唐的自然清丽的一面旗帜，同时又是中国古代诗歌史上的一个重要里程碑。它的内容和形式多为后世诗人所借用。此诗既不像南朝山水诗那样着力模山范水，也不像玄言诗那样枯燥说理，更不是一首单单抒发儿女离情别绪的爱情诗，而是将多种诗情融为一体。它的产生，填补了中国古代诗歌史上以月为中心媒介，同时写男女双方两地相思，探索宇宙和人生哲理于同一首诗的空白。不论从主题的提炼还是题材的加工上，此诗对唐朝繁荣的诗歌局面起着不可估量的作用，对后代诗歌创作有重要的启蒙作用。诗中有好多名句被后世诗人所引用或化用。比如，崔颢的“黄鹤一去不复返，白云千载空悠悠”很可能是“白云一片去悠悠，青枫浦上不胜愁”的化用；张九龄的“海上生明月，天涯共此时”可能是根据“春江潮水连海平，海上明月共潮生”化用而来；李白的“青天明月来几时？我欲停杯一问之”，苏轼的“明月几时有？把酒问青天”，都有化用“江畔何人初见月？江月何年初照人”的痕迹。在意境和结构方面，江天一线，皎月一轮，白云一片和婆娑的花枝，绰约的人影，孤独的明月楼，又以其形的对比，构成线条的旋律，赋予此诗以绘画美。作者又以夜的寂静为背景，把人们臆想中的海潮声、江流声、捣衣声、凄凉的雁叫声与游子思妇的叹息声，巧妙地编织成声音的旋律，赋予此诗以音乐美。此诗的这些美感对现代新月派诗人闻一多提出诗歌的“三美”(即绘画美、音乐美、建筑美)有着直接影响。

拓展与应用

探究思考

1. 诗中有哪些名句？
2. 本文的写作角度和以往的同类诗作有什么不同？

3.《春江花月夜》所传达的哲理思考是什么?

职业连线

一位北京老板,在公司上市的第一年就卖掉了估值上亿的股权。他说现在有钱了,终于可以去过理想中的生活。过去的十几年,他每天都高强度工作,每天能睡五个小时已是奢侈,周末别人都在家里陪家人,而他在外地出差。那时支撑着他坚持下去的梦想就是:公司上市,然后卖掉公司,找一个风景优美的地方过没有烦恼和压力的生活。所以公司刚一上市,他很快将之变现,带着一家人去了丽江,买了一栋带院子的房子,花了两百多万元装修,又买了单反相机和画画工具,准备实现他的"终极人生理想"。但不到两年的时间,他就放弃了丽江安逸的生活,回归北京。谈及原因,这位老板说:"那种生活实在过不下去,还是工作好。虽然手头有钱,怎么折腾都行,但我的人生变得毫无意义,没有任何奔头,这不是我想要的。原本认为鸟语花香、与世隔绝能体悟人生,但恰恰相反,工作中的我,才更能找到人生价值,实现自我超越。所以,我回来了。"多么痛彻的领悟!曾经想要逃离的生活,却变换成另一种模样重新束缚自己。生活无处可逃,心灵的皈依才是生命的价值安放之地。拼命工作不止带来疲惫,还有生活的支撑点。

思考:

面对未来职场选择,你是愿意像陶渊明那样"结庐在人境,而无车马喧。问君何能尔,心远地自偏",还是选择在繁华都市"到中流击水,浪遏飞舟"。

玉楼春[①]·春景

宋　祁(宋)

作者简介

宋祁(998—1061年),字子京,小字选郎,祖籍安州安陆(今湖北省安陆市),高祖父宋绅徙居开封府雍丘县,遂为雍丘(今河南商丘民权县)人,北宋官员,著名文学家、史学家、词人。

天圣二年进士,宋祁初任复州军事推官,经皇帝召试,授直史馆。历官龙图阁学士、史馆修撰、知制诰。曾与欧阳修等合修《新唐书》,前后长达十余年。《新唐书》大部为宋祁所作,书成,进工部尚书,拜翰林学士承旨。

宋祁与兄长宋庠并有文名,时称"二宋"。诗词语言工丽,因《玉楼春》词中有"红杏枝头春意闹"句,世称"红杏尚书"。

背景知识

宋仁宗嘉祐五年(1060年),宋祁和欧阳修合撰的《新唐书》历时十余载终告完成,宋祁因撰书之功迁左丞，进工部尚书。此词当作于宋祁任尚书期间，其具体创作年份难以考证。

东城[②]渐觉风光好，縠皱波纹迎客棹[③]。
绿杨烟[④]外晓寒轻[⑤]，红杏枝头春意闹[⑥]。
浮生[⑦]长恨欢娱少，肯爱[⑧]千金轻一笑。
为君持酒[⑨]劝斜阳，且向花间留晚照[⑩]。

【注释】

① 玉楼春：词牌名，又名“木兰花”“归朝欢令”等，双调五十六字，上下片各四句三仄韵。
② 东城：泛指城市之东。
③ 縠(hú)皱波纹：形容波纹细如皱纱。縠皱：即皱纱，有皱褶的纱。棹(zhào)：船桨，此指船。
④ 烟：指笼罩在杨柳梢的薄雾。
⑤ 晓寒轻：早晨稍稍有点寒气。
⑥ 春意：春天的气象。闹：浓盛。
⑦ 浮生：指飘浮无定的短暂人生。语本《庄子·刻意》：“其生若浮，其死若休。”
⑧ 肯爱：岂肯吝惜，即不吝惜。一笑：特指美人之笑。
⑨ 持酒：端起酒杯。《新唐书·庶人祐传》：“王毋忧，右手持酒啖，左手刀拂之。”
⑩ 晚照：夕阳的余晖。南朝宋武帝《七夕》诗之一：“白日倾晚照，弦月升初光。”

艺术赏析

春日游春先游湖，诗人一开始就夸赞“风光好”。那么无限春光到底有多好呢？东城边盈盈的春水，漾动着一圈圈薄纱似的波纹，好像是在向客人招手表示欢迎。春日乍暖还寒，翠绿的杨柳夹道依依。淘气的红杏肆意地在枝头绽放花朵、倾吐芬芳，好不热闹。

人生苦短、聚少离多，能够酣畅淋漓地开怀大笑的时间真是少之又少，那么就珍惜眼前这美好的时光吧！只要能够享受到这醉人的春光，那么放弃千金又有什么舍不得呢？不仅如此，还应该端起美酒，尽情尽兴地欣赏这珍贵的春色。

起首一句泛写春光明媚。下三句就是“风光好”的具体发挥与形象写照。首先是“縠皱波纹迎客棹”，把人们的注意力引向盈盈春水，那一条条漾动着水的波纹，仿佛是在向客人招手表示欢迎。然后又要人们随着他去观赏“绿杨”，“绿杨”句点出“客棹”来临的时光与特色。“晓寒轻”写的是春意，也是作者心头的情意。“波纹”“绿杨”都象征着春天，但是更能象征春天的却是春花，在此前提下，上片最后一句终于咏出了“红杏枝头春意闹”这一绝唱。如果说这一句是画面上的点睛之笔，还不如说是词人心中绽开的感情花朵。“闹”字不仅形容出红杏的众多和纷繁，而且它把生机勃勃的大好春光全都点染出来了。“闹”字不仅有色，而且似乎有声，王国维在《人间词话》中说：“着一‘闹’字而境界全出。”作者宋祁因词中“红杏枝头春意闹”一句而名扬词坛，被世人称作“红杏尚书”。

“浮生长恨欢娱少，肯爱千金轻一笑”二句，是从功名利禄这两个方面来衬托春天的可爱与可贵。此处化用“一笑倾人城”的典故，抒写词人游春时的心绪。词人身居要职，官务缠身，很少有时间或机会从春天里寻取人生的乐趣，故引以为“浮生”之“长恨”。于是，就有了宁弃“千金”而不愿放过从春光中获取短暂“一笑”的感慨。既然春天如此可贵可爱，词人禁不住"为君持酒劝斜阳"，明确提出"且向花间留晚照"的强烈主观要求。这要求是"无理"的，因此也是不可能的，却能够充分地表现出词人对春天的珍视，对光阴的爱惜溢于言表，跃然纸上。

这首词章法井然，开阖自如，言情虽缠绵而不轻薄，措辞虽华美而不浮艳，将执着人生、惜时自贵、流连春光的情怀抒写得淋漓尽致，具有不朽的艺术价值。

文学聚焦

宋词的变迁

词的初期极尽艳丽浮华，流行于市井酒肆之间，是一种通俗的艺术形式，五代时期的《花间集》就很明显地展露了词的美丽绚烂，但是这期间的词题材还仅限于描写闺情花柳、笙歌饮宴等方面，可以说还显得很"小气"。虽然词的艺术成就已经达到了相当的水准，但是在思想内涵上的层次不够。宋代初期的词一开始也是沿袭这种词风，追求华丽辞藻和对细腻情感的描写。柳永曾因写过"忍把浮名，换了浅斟低唱"而得罪了宋仁宗，郁郁不得志，一生就流连于歌坊青楼之间，给歌妓们写词，所谓"凡有井水饮处，即能歌柳词"。当时的词被认为是一种粗俗的民间艺术，不登大雅之堂，以至于宋朝的晏殊在当上宰相之后，对于他以前所作的词都不承认是自己写的。宋朝的艳妓之多、水平之高为其他朝代所罕有，她们和宋朝的才子们一起推动了词这一新兴艺术形式在民间的广泛流传。

但是，随着词在宋代的文学中占据越来越重要的地位，词的内涵也在不断地充实和提高。"人不寐，将军白发征夫泪"奠定了边塞词在宋词中的地位，使只闻歌筵酒席、宫廷豪门、都市风情、脂粉相思之类的世人耳目一新。到苏轼词首开豪放词风，宋词已经不仅限于文人士大夫寄情娱乐和表达儿女之情的玩物，更寄托了当时的士大夫对时代、人生乃至社会政治等各方面的感悟和思考。宋词彻底跳出了歌舞艳情的巢窠，升华为一种代表了时代精神的文化形式。

拓展与应用

探究思考

1. 分析为什么"红杏枝头春意闹"如此脍炙人口。
2. 作者身为朝堂重臣，本诗表达他想要过怎样的生活？
3. 说说宋祁对"西昆派"文学的继承与发展。

职业连线

职业价值观

理想、信念、世界观对于职业的影响，集中体现在职业价值观上。

俗话说："人各有志。"这个"志"表现在职业选择上就是职业价值观，它是一种具有明确的目的性、自觉性和坚定性的职业选择的态度和行为，对一个人的职业目标和择业动机起着决定性的作用。

由于个人的身心条件、年龄阅历、教育状况、家庭环境、兴趣爱好等方面的不同，人们对各种职业有着不同的主观评价。从社会来讲，由于社会分工的发展和生产力水平的相对落后，各种职业在劳动性质、劳动难度和强度、劳动条件和待遇等诸多问题上都存在着差别。再加上传统思想观念等的影响，各种职业在人们心目中的声望、地位便也有好坏高低之分，这些评价都影响着人们对就业方向和具体职业岗位的选择。

每种职业都有各自的特性，不同的人对职业意义的认识，对职业好坏的评价和取向就是职业价值观。职业价值观决定了人们的职业期望，影响着人们对职业方向和职业目标的选择，决定着人们就业后的工作态度和劳动绩效水平，从而决定了人们的职业发展情况。

思考：

你认为哪种职业好？哪个岗位适合自己？从事某一项具体工作的目的是什么？

游雁荡山日记①

徐霞客（明）

作者简介

徐霞客（1587—1641 年），名弘祖，字振之，号霞客，江阴（今江苏江阴）人，明代地理学家、旅行家。自幼好学，博览群书，欲“问奇于名山大川”。21 岁开始专心旅行，三十多年间历尽艰险，足迹南至云、贵、两广，北到燕、晋。其考察所得，按日记载，死后由季会明等整理成《徐霞客游记》。徐霞客的重要地理学贡献有：对喀斯特地貌的详细考察、记述和探索，居世界先进水平；纠正了古代文献有关中国水道源流记载的一些错误，如否定“岷山导江”旧说，肯定金沙江乃长江上源的事实；观察记述了不少植物品类及其分布的若干规律；对火山、地热及各种人文地理现象的细致考察与记录。

背景知识

这篇文章选自《徐霞客游记》。雁宕山在今浙江乐清东北，面积 450 平方千米。山顶有湖（亦称“荡”），旧说湖水常年不涸，春雁归时，多宿于此，所以叫雁荡山。本文是明朝万历四十一年（1613 年）四月作者首次雁荡之游，历时四日的日记。文章记述了作者怀着登上绝顶、寻到雁湖的强烈愿望，一路艰难攀援的历程和沿途所见的奇异景观，特别是移步换景地描写雁宕诸峰及龙湫瀑布的形态，比喻十分生动，历历如在眼前。由于道路奇险，作者这次未能登上雁湖，了却“寻湖之兴”。约二十年以后，即公元 1632 年（崇祯五年）旧历五月三日，作者第三次游雁荡山时，终于看到了雁湖，并对雁湖进行了实地考察，纠正了旧志书有关“龙湫之水即自宕来”的说法。作者的科学探险精神实在令人叹服，三次游览雁荡山，用亲身经历和艰辛探索，写下了《游雁荡山日记》。通过游雁荡“三绝”，探雁山奇洞，赏大小龙湫，登雁湖绝顶，用文字真实地反映了雁荡山的地质地貌、自然环境和风土人情。

自初九日别台山，初十日抵黄岩[2]，日已西，出南门三十里，宿于八岙[3]。

十一日，二十里，登盘山岭[4]，望雁山诸峰，芙蓉插天，片片扑人眉宇。又二十里，饭大荆驿[5]。南涉一溪，见西峰上缀圆石，奴辈指为两头陀，余疑即老僧岩，但不甚肖。五里，过章家楼[6]，始见老僧真面目：袈衣秃顶，宛然兀立，高可百尺。侧又一小童，伛偻于后，向为老僧所掩耳[7]。自章楼二里，山半得石梁洞。洞门东向，门口一梁，自顶斜插于地，如飞虹下垂。由梁侧隙中层级而上，高敞空豁。坐顷之，下山。由右麓逾谢公岭，渡一涧，循涧西行，即灵峰道也。一转，山腋两壁[8]，峭立亘天，危峰乱迭，如削如攒，如骈笋[9]，如挺芝[10]，如笔之卓，如幞之欹[11]。洞有口如卷幕者，潭有碧如澄靛者[12]。双鸾、五老[13]，接翼联肩。如此里许，抵灵峰寺[14]。循寺侧登灵峰洞。峰中空，特立寺后，侧有隙可入。由隙历磴数十级，直至窝顶，则窅然平台圆敞，中有罗汉诸象。坐玩至瞑色，返寺。

十二日，饭后，从灵峰右趾觅碧霄洞。返旧路，抵谢公岭下。南过响岩，五里至净名寺路口[15]。入觅水帘谷，乃两崖相夹，水从崖顶飘下也。出谷五里，至灵岩寺[16]。绝壁四合，摩天劈地。曲折而入，如另辟一寰界。寺居其中，南向，背为屏霞嶂。嶂顶齐而色紫，高数百丈，阔亦称之[17]。嶂之最南，左为展旗峰，右为天柱峰。嶂之右胁，介于天柱者，先为龙鼻水。龙鼻之穴，从石罅直上，似灵峰洞而小。穴内石色俱黄紫，独罅口石纹一缕，青绀润泽，颇有鳞爪之状。自顶贯入洞底，垂下一端如鼻，鼻端孔可容指，水自内滴下注石盆，此嶂右第一奇也。西南为独秀峰，小于天柱，而高锐不相下。独秀之下为卓笔峰，高半独秀[18]，锐亦如之。两峰南坳，轰然下泻者，小龙湫也[19]。隔龙湫与独秀相对者，玉女峰也。顶有春花，宛然插髻。自此过双鸾，即极于天柱。双鸾止两峰并起，峰际有僧拜石，袈裟伛偻，肖矣。由嶂之左胁，介于展旗者，先为安禅谷，谷即屏霞之下岩。东南为石屏风，形如屏霞，高阔各得其半，正插屏霞尽处。屏风顶有蟾蜍石，与嶂侧玉龟相向。屏风南去，展旗侧褶中，有径直上。磴级尽处，石阈限之[20]。俯阈而窥，下临无地，上嵌崆峒[21]。外有二圆穴，侧有一长穴，光自穴中射入，别有一境，是为天聪洞，则嶂左第一奇也。锐峰迭嶂，左右环向，奇巧百出，真天下奇观！而小龙湫下流，经天柱、展旗，桥跨其上，山门临之[22]。桥外，含珠岩在天柱之麓，顶珠峰在展旗之上，此又灵岩之外观也。

十三日，出山门，循麓而右。一路崖壁参差，流霞映采。高而展者，为板嶂岩。岩下危立而尖夹者，为小剪刀峰。更前，重岩之上，一峰亭亭插天，为观音岩。岩侧则马鞍岭横亘于前[23]。鸟道盘折，逾坳右转，溪流汤汤[24]，涧底石手如砥[25]。沿涧深入，约去灵岩十余里，过常云峰，则大剪刀峰介立涧旁。剪刀之北，衙岩陡起，是名连云峰。从此环绕回合，岩穷矣。龙湫之瀑[26]，轰然下捣潭中。岩势开张峭削，水无所着，腾空飘荡，顿令心目眩怖。潭上有堂，相传为诺讵那观泉之所[27]。堂后层级直上，有亭翼然面瀑。踞坐久之，下饭庵中。雨廉纤为止[28]，然余已神飞雁湖山顶，遂冒雨至常云峰。由峰半道松洞外，攀绝磴三里，趋白云庵。人空庵圮[29]，一道人在草莽中，见客至，望望去。再入一里，有云静庵，乃投宿焉。道人清隐，卧床数十年，尚能与客谈笑。余见四山云雨凄凄，不能不为明晨忧也。

十四日，天忽晴朗，乃强清隐徒为导。清隐谓湖中草满，已成芜田，徒复有他行[30]，但可送至峰顶。余意至顶，湖可坐得。于是人捉一杖，跻攀深草中，一步一喘，数里始历高巅。四望白云迷漫一色，平铺峰下。诸峰朵朵，仅露一顶，日光映之，如冰壶瑶界[31]，不辨海陆。然海中玉环一抹[32]，若可俯而拾也。北瞰山坳立内，石笋森森，参差不一。三面翠崖环绕，更胜灵岩。但谷幽境绝，惟闻水声潺潺，莫辨何地。望四面峰峦，累累下伏如丘垤，惟东峰昂然独上，最东之常云，犹堪比肩。导者告退，指湖在西腋一峰，尚须越三尖[33]。余从之。及越一尖，路已绝，再越一尖，而所登顶已在天半。自念《志》云[34]："宕在山顶[35]，龙湫之水即自宕来。"今山势渐下，而上湫之涧，却自东高峰发脉，去此已隔二谷。遂返辙而东，望东峰之高者趋之，莲舟疲不能从[36]，由旧路下。余与二奴，东越二岭，人迹绝矣，已而山愈高，脊愈狭，两边夹立，如行刀背。又石片棱棱怒起，每过一脊，即一峭峰，皆从刀剑隙中攀援而上，如是者三。但见境不容足，安能容湖？既而高峰尽处，一石如劈；向惧石峰撩人，至是且无峰置足矣。踌躇崖上，不敢复向故道，俯瞰南面石壁下有一级，遂脱奴足布四条，悬崖垂空，先下一奴，余次从之，意可得攀援之路。及下，仅容足，无余地。望岩下，斗深百丈，欲谋复上，而上岩亦嵌空三余丈，不能飞陟。持布上试，布为突石所勒，忽中断。复续悬之，竭力腾挽[37]，得复登上岩。出险，还云静庵，日已渐西。主仆衣履俱敝，寻湖之兴衰矣。遂别而下，复至龙湫，则积雨之后，怒涛倾注，变幻极势，轰雷喷雪，大倍于昨。坐至暝始出，南行四里，宿能仁寺[38]。

十五日，寺后觅方竹数握[39]，细如枝。林中新条，大可径寸，柔不中杖，老柯斩伐殆尽矣。遂从歧度四十九盘，一路遵海而南，逾窑岙岭，往乐清[40]。

【注释】

① 雁宕山：即雁荡山，位于浙江省温州市境内。

② 初九日：指公元1613年(明神宗万历四十一年)旧历四月初九日。台山：即天台山，在今浙江天台县北。作者于初一日至初八日游览了天台山。黄岩：今浙江省台州市黄岩区。

③ 八岙(ào)：地名。浙江一带把山间平地叫"岙"。

④ 盘山岭：又称盘山，在浙江乐清市山门乡。

⑤ 大荆驿：驿站名，在乐清市东北，通黄岩区界。

⑥ 章家楼：在大荆驿南，明人章巘建。

⑦ 向：刚才。

⑧ 腋：腰。

⑨ 骈笋：并生的笋。

⑩ 挺芝：挺拔的芝草。

⑪ 幞(fú)：古代男子用的一种头巾。攲(qī)：歪向一边。

⑫ 靛(diàn)：蓝色染料。

⑬ 双鸾：双鸾峰，在东内谷。五老：五老峰，在东内谷。

⑭ 灵峰寺：在东内谷灵峰下，公元1023年(宋天圣元年)文吉和尚创建，公元1041年(宋康定二年)赐匾额。

⑮ 净名寺：在东内谷，公元977年(北宋太平兴国二年)建。

⑯ 灵岩寺：在东内谷，北宋太平兴国年间建。

⑰ 称：相当。

⑱ 高半独秀：高度是独秀峰的一半。

⑲ 小龙湫(qiū)：瀑布名。

⑳ 石阈(yù)：石门坎。

㉑ 崆峒：山洞。

㉒ 山门：雁山的南天门。

㉓ 横亘：横贯。

㉔ 汤汤(shāng)：大水急流的样子。

㉕ 砥(dǐ)：细的磨刀石。

㉖ 龙湫之瀑：指大龙湫。在西内谷。

㉗ 诺讵那：罗汉名，相传是唐代眉州(今属四川)人，叫罗尧运，他最先进入雁荡山，在大龙湫看瀑布坐化成仙。

㉘ 廉纤：细微，纤细。代指细雨。

㉙ 圮(qǐ)：倒塌。

㉚ 复有他行：还有别的地方要去。

㉛ 瑶界：仙境。

㉜ 海中玉环：指浙江东南的玉环岛。

㉝ 三尖：三座尖削的山峰。

㉞《志》：指《雁宕山志》。

㉟ 宕：雁湖。

㊱ 莲舟：和尚名，作者的旅伴。

㊲ 腾挽：向上拉。

㊳ 能仁寺：在西内谷丹芳岭下。公元999年(北宋咸平二年)全了和尚创建。

㊴ 数握：几把。

㊵ 乐清：指乐清县城(今乐清市乐成镇)。

艺术赏析

雁荡山是我国著名风景区，在浙江乐清县东北，传说绝顶有荡，水常不涸，为秋雁栖息之地，故得名。山中有风景点三百八十多处，峰岩洞瀑，星罗棋布，古刹亭台，比比皆是，美不胜收。作者精心剪裁，巧妙结构，以游程为序，将一路景观描绘得浓淡相宜，疏密相间，色彩斑斓，如诗如画。

作者善于抓住峰岩洞瀑的特点，稍加形容，便形态毕现。如“雁荡诸峰，芙蓉插天”，仅八个字，就勾勒出雁荡群峰的高标与秀丽。写老僧岩，是“袈衣秃顶，宛然兀立”；写石梁洞，是“门口一梁，自顶斜插于地，如飞虹下垂”；写水帘谷，是“两崖相夹，水从崖顶飘下”；写玉女峰，是“顶有春花，宛然插髻”。写法不一，景色各异，寥寥几笔，形神毕肖。作者为了写出灵峰道上所见诸峰的峭拔险峻，一气连用六个比喻：“如削，如攒，如骈笋，如挺芝，如笔之卓，如幞之欹”，如削，是形容山峰如刀劈斧削，极为险峻；如攒，形容山峰聚集，重峦叠嶂；如骈笋，形容山峰如笋对峙排列，直指云天；如挺芝，形容山峰挺拔危覆，清丽秀美；如笔之卓，形容山峰直立，峭然突起；如幞之欹，形容峰顶似倾侧的头巾，危斜而险。

六个比喻，把“峭立亘天，危峰乱叠”的灵峰形容得惟妙惟肖。可见作者是慧眼识景，妙手为文，不愧大家手笔。

这篇游记风格清丽自然，写景状物的技巧颇为高明，善抓特征，比喻精当，往往几笔勾勒，稍加形容，便使峰岩洞瀑形神俱出。叙述有详有略，恰到好处，时有奇笔妙语，令人神往。

本文所记景点颇多，条理清晰，有详有略，要言不烦。

文学聚焦

游　　记

游记是描写旅行见闻的一种散文形式。游记的取材范围极广，可以描绘名山大川的秀丽瑰奇，可以记录风土人情的有趣阜盛，可以反映一人一家的日常生活面貌，也可以记下一国的重大事件，并表达作者的思想感情。

游记可以分为很多种。以记录行程为主的是记叙性游记；以抒发感情为主的是抒情性游记；以描绘景物、景观为主的是写景性游记；通过游记来说明一个道理的，是说理性游记。

游记散文的特点：既要写景，又要写出景致所引发的作者内心的波澜；除了对物的描摹介绍外，还要有对人类活动的情节或细节进行描写；记叙、抒情和议论有机结合。

游记所描写的景物必须完全真实，不允许夸饰和虚构，但又不是照相似的实录，而是作者融情于物，达到情景交融。

拓展与应用

探究思考

1. 作者和其他喜欢旅游的普通游客有什么区别？
2. 怎么理解文章既是地理学著作，又是文学作品？
3. 我们能学习到徐霞客的什么精神品质，如何看待人与自然？

职业连线

2015 年 4 月 14 日早晨，一位从教 11 年教师的一封辞职信引发热评，辞职的理由仅有 10 个字：“世界那么大，我想去看看”。网友评论这是“史上最具情怀的辞职信，没有之一”。

工作和生活压力越来越大，长期的高压状态不仅给人们带来焦虑和疲劳，还会让人们的健康指数下降。减压是现代职场永恒的主题。

思考：

你会选择哪些减压方式呢？不如尝试着走近大自然，去感受每个季节的“第一次变化”，与大自然保持紧密的联系会让你感到内心更加平静与强大。

一棵枯树的快乐

白　桦

作者简介

白桦(1930—2019年)，原名陈佑华，诗人、剧作家、小说家、散文家。2017年，中国电影文学学会向白桦颁发第三届中国电影编剧终身成就奖。

1946年，在《中州日报》上发表了短诗处女作《织工》。1953年，出版短篇小说集《边疆的声音》。1954年，担任剧情电影《山间铃响马帮来》的编剧。1957年，创作诗集《热芭人的歌》。1965年，发表话剧《像他那样生活》。1976年，担任战争电影《曙光》的编剧。1980年，担任剧情电影《今夜星光灿烂》的编剧。1986年，由其创作的长篇小说《爱，凝固在心里》出版。1992年，担任古装电影《杨贵妃》的编剧。1996年，担任古装剧《宰相刘罗锅》的编剧。2002年，担任儿童剧《乘着歌声的翅膀》的编剧。2005年，出版长篇小说《一首情歌的来历》。2006年，白桦获得云南省“繁荣文学艺术特别贡献奖”。2010年，出版诗作《长歌和短歌》。2011年，白桦获得第19届柔刚诗歌奖荣誉奖。2014年，由其创作的小说《指尖情话》出版。

背景知识

作者一生饱经忧患，作为战士诗人，他的诗歌深深地打上了政治烙印，政治抒情诗是白桦诗歌成熟的标志，常以议论和哲理入诗。

他是中国文学界罕见的，几乎跨越所有文体创作的作家，其作品涉猎诗歌、小说、话剧剧本、电影剧本和散文、随笔等，并且一生保持着旺盛的创作状态；他被称为“当代文坛尊严的象征，中国知识分子的良知、良心和骨气”。

2015年10月26日，在第十七届上海国际艺术节上，由中国上海国际艺术节中心、上海市作家协会、上海市图书馆主办的“越冬的白桦——白桦诗歌朗诵会”名家云集、盛况空前，白桦在观众和老友们的掌声中，坐着轮椅登上舞台，现场播放由自己朗诵的作品《一棵枯树的快乐》的录音。

一场极为恐怖的暴风雪之后，
我的躯干终于被彻底折断了；
枝头上还残留着最后一片绿叶，
我，还在苦苦留恋着这个人间。
本来我就已经很衰老了，

已经到了俗话说的风烛残年。
请透过我的创口看看我的年轮吧！
每一个冬天的后面都有一个春天。
当我破土而出的时候，
以为生活永远是微风拂面；
我像一株小小的三叶草那样，
在浩瀚的宇宙中无忧无虑地伸展。
阳光被层层绿叶过滤为温柔的鹅黄色，
我才能避开过于强烈的紫外线，
才能在绿荫下新奇地东张西望，
才能翘首向上，尽情地眺望白云蓝天。
如果没有众多的参天大树，
任何一阵风雨对于我都是致命的灾难；
我听见长者们在战斗中的狂呼怒号，
拼命地摆晃着遮天蔽日的树冠。
等到我可以和长者比肩而立的时候，
才知道生活有那么多困苦和艰难；
我也像长者呵护我那样去呵护后来者
让新生的幼苗都有一个成长的空间。
我用疾风暴雨中屹立的姿态告诉他们
这就是应有的、应有的挺拔！
我用电闪雷鸣下镇定的神情告诉他们
这就是必要的、必要的尊严！

在一场恐怖的风暴之后，
我苍老的躯干终于被彻底折断了；
我快乐，非常地快乐，
因为这是我的信念，为爱宁折不弯。
不！不！这还不是我最快乐的时候，
等到林中的篝火砰然点燃；
天上的星光突然暗淡了下来，
我的生命之火迅速把黑夜撕成两半。
我能听见自己的骨骸在燃烧，
人们飘起的裙裾煽动着跳跃的光焰，
唱着既能让人笑、又能让人哭的歌，
面对苍穹，自由地呐喊。
不！不！这还不是我最快乐的时候，
当朝霞渐渐染红了群山，

我彻底化为了一堆溶于泥土的灰烬，
而后吐出清新悦目的新绿一片。
那才是、那才是我最快乐的时候，
我把一切都归还给了这个世界；
一切，我所有的一切，让有限的生命
在爱的传递中成为无限。
……多好！

艺术赏析

白桦的诗歌常以议论和哲理入诗，政治色彩鲜明。或是对自我和历史的反思，或是对新生活的美好憧憬，或是弘扬爱与美的主题，或是呼唤正义，体现国家大事。富有对政治的审美建构、反思和想象，与政治有着不同意义、不同层面的关系。

在创作取向上，他承袭鲁迅改造国民性的脉络。鲁迅的语言辛辣、锐利，像一把匕首哗地直射过去，而白桦的文字是有温度的、饱蘸深情的，诗风纯净而明朗。在那些湿润、感性、生动、美丽的文字背后，我们看到了一个浪漫的白桦，一个无畏的白桦，一个执着的白桦，一个真实的白桦。

全诗以激情澎湃、沉郁悲壮的语言描摹出一棵枯树与大自然以及人类快乐共存的绘画美，展示内心的一个“爱”字。为了爱，他愿在痛苦中等待，用希望驱逐阴霾；为了爱，他敢于直视人生、迎接骤雨暴风；为了爱，他才忧郁充肠、义愤填膺；为了爱，他才奉献全部，普济众生。本诗作为诗人晚年的佳作有概括诗人毕生追求和当下精神的意蕴。

文学聚焦

政治抒情诗

政治抒情诗是十七年诗歌的主要诗体样式。在这种诗体中，诗人以“阶级”或“人民”代言人的身份，表达对当代重要政治事件、思潮的评说与情感反应。在诗体形态上，政治抒情诗是强烈的革命情感宣泄和政论式观念叙说的结合，即“实际上是抽象的思想、抽象的概念，但用了形象化的语言来表达。”这种诗体通常采用大量的排比句式加以铺陈，其代表诗人有郭小川、贺敬之等。

政治抒情诗作为一种诗歌形态，有着深厚的历史渊源，与“文以载道”的文学观念和中国文人的济世情怀密切相关。作为一种显著的当代诗歌创作现象，其又有着独特的表现，是当代社会政治生活的艺术反映。可以说，文学与政治的结合是一种必然，它们不可能分离，也无法分离。但是当诗歌创作过于追求社会效应、政治效应，远离心灵感应和精神震撼时，其艺术生命力就会受到影响，当代“政治抒情诗”创作就表现出了这样的缺憾。

政治抒情诗作为一种有明确思想和艺术规范的“诗体”，正式提出于20世纪50年代末

60年代初。从广义上理解，关注社会生活、展现具体的政治事件、透过生活的侧面来表现社会普遍的政治情绪的诗都可归入政治抒情诗的范畴。

拓展与应用

探究思考

1. 从诗的结构分析诗人复杂的感情。
2. 以本诗为例，说说白桦抒情诗的艺术个性。
3. 简单分析“在爱的传递中成为无限”的句意。

职业连线

青年苏轼对人生发出了“人生到处知何似，应似飞鸿踏雪泥”这样的疑问和感喟。但是，人生有着不可预知性，并不意味着人生是盲目的；过去的东西虽已消逝，但并不意味着它不曾存在。就拿崤山道上，苏轼骑着蹇驴，在艰难崎岖的山路上颠簸的经历来说，岂不就是一种历练、一种经验、一种人生的财富？所以，人生虽然无常，但不应该放弃努力；事物虽多具偶然性，但不应该放弃对必然性的寻求。这就是苏轼：既深究人生底蕴，又充满乐观精神。

思考：

当我们走出校园，踏入社会，进入职场后，既会有顺风顺水之时，也会有逆流而上之时，请结合苏轼的人生观，谈谈你的感悟。

黄　山　记

徐　迟

作者简介

徐迟(1914—1996年)，原名徐高寿，浙江吴兴(今湖州)人。诗人、散文家和评论家，20世纪30年代开始写诗。抗日战争爆发后，曾与戴望舒、叶君健合编《中国作家》(英文版)，协助郭沫若编辑《中原》(月刊)。新中国成立后，曾任《人民中国》编辑、《诗刊》副主编、《外国文学研究》主编。抗美援朝战争中，他奔赴前线采访，写出了许多战地通讯和特写。曾任中国作协理事、湖北省文联副主席。

徐迟在报告文学领域作出了突出贡献，代表作有《哥德巴赫猜想》《地质之光》《祁连山下》《生命之树常绿》等。其中，《哥德巴赫猜想》与《地质之光》获中国优秀报告文学奖。2002年创立“徐迟报告文学奖”，作为中国报告文学学会的学会奖，该奖项专门用于关注和奖励中国报告文学创作中的优秀作家、作品。著有诗集《二十岁人》、文艺评论集《诗与生活》以及《徐迟散文选集》等。

背景知识

黄山，古称黟(yī)山，唐朝改名黄山(传说轩辕黄帝曾在此山修身炼丹，黄山因此得名)。在今安徽省歙县、太平县、休宁县、黟县之间，是我国著名的风景区之一。这里山峰劈地摩天，气象万千；青松苍郁遒劲，刚毅挺拔；烟云翻飞缥缈，浩瀚如海；巧石星罗棋布，形态别致；温泉终年喷涌，可饮可浴。奇松、怪石、云海、温泉，被称为"黄山四绝"。兼具"泰岱之雄伟""华山之峻峭""衡岳之烟云""匡庐之飞瀑""雁荡之巧石""峨眉之清凉"，明代徐霞客赞誉黄山为"五岳归来不看山，黄山归来不看岳"。

徐迟是著名诗人和报告文学作家，他正是充分发挥了诗人浮想联翩和报告文学作者穷根究底的功力，进而把二者交织起来，洋洋洒洒地写下了不同凡响的《黄山记》。全文特意分成四个相对独立的部分，分开看，各有侧重，各呈异彩，省却了许多不必要的连接和过渡；合起来，又能互相映衬，层层渲染，最终收"蔚为大观"之效。还有一点值得一提，此文题作《黄山记》，而不作一般化的《登黄山》《黄山游记》，正说明作者目光四射，穷搜博采，不囿于少数人短时间的游览登攀所得。

一

大自然是崇高，卓越而美的。它煞费心机，创造世界。它创造了人间，还安排了一处胜境。它选中皖南山区。它是大手笔，用火山喷发的手法，迅速的在周围一百二十公里，面积千余平方公里的一个浑圆的区域里，分布了这么多花岗岩的山峰。它巧妙地搭配了其中三十六大峰和三十六小峰。高峰下临深谷；幽潭傍依天柱。这些朱砂的、丹红的、紫霭色的群峰，前拥后簇，高矮参差。三个主峰，高风峻骨，鼎足而立，撑起青天。

这样布置后，它打开了它的云库，拨给这区域的，有倏来倏去的云，扑朔迷离的雾，绮丽多彩的霞光，雪浪滚滚的云海。云海五座，如五大洋，汹涌澎湃。被雪浪拍击的山峰，或被吞没，或露顶巅，沉浮其中。然后，大自然又毫不悭吝地赐予几千种植物。它处处散下了天女花和高山杜鹃。它还特意委托风神带来名贵的松树树种，播在险要处。黄山松铁骨冰肌；异萝松天下罕见。这样，大自然把紫红的峰，雪浪云的海，虚无缥缈的雾，苍翠的松，拿过来组成了无穷尽的幻异的景。云海上下，有三十六源，二十四溪，十六泉，还有八潭，四瀑。一道温泉，能治百病。各种走兽之外，又有各种飞禽。神奇的音乐鸟能唱出八个乐音。稀世的灵芝草，有珊瑚似的肉芝。作为最高的效果，它格外赏赐了只属于幸福的少数人的，极罕见的摄身光。这种光最神奇不过，它有彩色光晕如镜框，中间一明镜可显见人形。三个人并立峰上，各自从峰前摄身光中看见自己的面容身影。

这样，大自然布置完毕，显然满意了，因此它在自己的这件艺术品上，最后三下两下，将那些可以让人从人间通入胜境去的通道全部切断，处处悬崖绝壁，无可托足。它不肯随便把胜境给予人类。它封了山。

二

鸿蒙以后多少年，只有善于攀援的金丝猴来游。以后又多少年，才来到了人。第一个来者黄帝，一来到，就将黄山命了名。他和浮丘公、容成子上山采药。传说他在三大主峰之一，海拔 1840 公尺的光明顶之傍，炼丹峰上，飞升了。

又几千年，无人攀登这不可攀登的黄山。直到盛唐，开元天宝年间，才有个诗人来到。即使在猿猴愁攀登的地方，这位诗人也不愁。在他足下，险阻山道阻不住他，他是李白。他逸兴横飞，登上了海拔 1860 公尺的莲花峰，黄山最高峰的绝顶。有诗为证：“丹崖夹石柱，菡萏金芙蓉，伊惜升绝顶，俯视天目松。”李白在想象中看见，浮丘公引来了王子乔，“吹笙舞风松”。他还想“乘桥蹑彩虹”，又想“遗形入无穷”，可见他游兴之浓。

又数百年，宋代有一位吴龙翰，“上丹崖万仞之巅，夜宿莲花峰顶。霜月洗空，一碧万里。”看来那时候只能这样，白天登山，当天回不去。得在山顶露宿，也是一种享乐。

可是这以后，元明清数百年内，极大多数旅行家都没有能登上莲花峰顶。江瓘“从者七人，二僧与俱”，组成一支浩浩荡荡的登山队，“一仆前持斧斤，剪伐丛莽，一仆鸣金继之，二三人肩糗执剑戟以随。”他们只到了半山寺，狼狈不堪，临峰翘望，败兴而归。只有少数人到达了光明顶。登莲花峰顶的更少了。而三大主峰之中的天都峰，海拔只有 1810 公尺，却最险峻，从来没有人上去过。那时有一批诗人，结盟于天都峰下，称天都社。诗倒是写了不少，可登了上去的，没有一个。

登天都峰，有记载的，仅后来的普门法师、云水僧、李匡台、方夜和徐霞客。

三

白露之晨，我们从温泉宾馆出发。经人字瀑，看到了从前的人登山之途，五百级罗汉级。这是在两大瀑布奔泻而下的光滑的峭壁上琢凿出来的石级，没有扶手，仅可托足，果然惊险。但我们现在并不需要从这儿登山。另外有比较平缓的，相当宽阔的石级从瀑布旁侧的山林间，一路往上铺砌。我们甚至还经过了一段公路，只是它还没有修成。一路总有石级。装在险峻地方的铁栏杆很结实；红漆了，更美观。林业学校在名贵树木上悬挂小牌子，写着树名和它们的拉丁学名，像公园里那样的。

过了立马亭、龙蟠坡，到半山寺，便见天都峰挺立在前，雄峻难以攀登。这时山路渐渐的陡峭，我们快到达那人间与胜境的最后边界线了。

然而，现在这边界线的道路全是石级铺砌的了，相当宽阔，直到天都峰趾。仰头看吧！天都峰，果然像过去的旅行家所描写的“卓绝云际”。他们来到这里时，莫不“心甚欲往”。可是“客怨，仆泣”，他们都被劝阻了。“不可上，乃止”，他们没上去。方夜在他的《小游记》中写道：“天都险莫能上。自普门师蹑其顶，继之者惟云水僧一十八人集月夜登之，归而几堕崖者已四。又次为李匡台，登而其仆亦堕险几毙。自后遂无至者。近踵其险而至者，惟余侣耳。”

那时上天都峰确实险。但现今我们面前，已有了上天的云梯。一条鸟道，像绳梯从上空落下来。它似乎是无穷尽的石级，等我们去攀登。它陡则陡矣，累亦累人，却并不可怕。石级是不为不宽阔的，两旁还有石栏，中间挂铁索，保护你。我们直上，直上，直上，不久后便已到了最险处的鲫鱼背。

那是一条石梁，两旁削壁千仞。石梁狭仄、中间断却。方夜到此，“稍栗”。我们却无可战栗，因为鲫鱼背上也有石栏和铁索在卫护我们。这也化险为夷了。

如是，古人不可能去的，以为最险的地方，鲫鱼背、阎王坡、小心壁，等等，今天已不再是艰险的，不再是不可能去的地方了，我们一行人全到了天都峰顶。千里江山，俱收眼底；黄山奇景，尽踏足下。

我们这江山，这时代，正是这样，属于少数人的幸福已属于多数人。虽然这里历代有人开山筑道，却只有这时代才开成了山，筑成了道。感谢那些黄山石工，峭壁见他们就退让了，险处见他们就回避了。他们征服了黄山。断崖之间架上桥梁，正可以观泉赏瀑。险绝处的红漆栏杆，本身便是可羡的风景。

胜境已成为公园。绝处已经逢生。看呵，天都峰、莲花峰、玉屏峰、莲蕊峰、光明顶、狮子林，这许多许多佳丽处，都在公园中。看呵，这是何等的公园！

四

只见云气氤氲来，飞升于文殊院、清凉台，飘拂过东海门、西海门，弥漫于北海宾馆，白鹅岭。如此之漂泊无定；若许之变化多端。毫秒之间，景物不同；同一地点，瞬息万变。一忽儿阳光泛滥；一忽儿雨脚奔驰。却永有云雾，飘去浮来；整个的公园，藏在其中。几枝松，几个观松人，溶出溶入；一幅幅，有似古山水，笔意简洁。而大风呼啸，摇撼松树，如龙如凤，显出它们矫健多姿。它们的根盘入岩缝，和花岗石一般颜色，一般坚贞。它们有风修剪的波浪形的华盖；它们因风展开了似飞翔之翼翅。从峰顶俯视，它们如苔藓，披覆住岩石；从山腰仰视，它们如天女，亭亭而玉立。沿着岩壁折缝，一个个地走将出来，薄纱轻绸，露出的身段翩然起舞。而这舞松之风更把云雾吹得千姿万态，令人眼花缭乱。这云雾或散或聚；群峰则忽隐忽现。刚才还是顶盆雨，迷天雾，而千分之一秒还不到，它们全部散去了。庄严的天都峰上，收起了哈达；俏丽的莲蕊峰顶，揭下了蝉翼似的面纱。阳光一照，丹崖贴金。这时，云海滚滚，如海宁潮来，直拍文殊院宾馆前面的崖岸。硃砂峰被吞没；桃花峰到了波涛底。耕云峰成了一座小岛；鳌鱼峰游泳在雪浪花间。波涛平静了，月色耀银。这时文殊院正南前方，天蝎星座的全身，如飞龙一条，伏在面前，一动不动。等人骑乘，便可起飞。而当我在静静的群峰间，暗蓝的宾馆里，突然睡醒，轻轻起来，看到峰峦还只有明暗阴阳之分时，黎明的霞光却渐渐显出了紫蓝青绿诸色。初升的太阳透露出第一颗微粒，从未见过这鲜红如此之红；也从未见过这鲜红如此之鲜。一刹间火球腾空；凝眸处彩霞掩映。光影有了千变万化；空间射下百道光柱。万松林无比绚丽；云谷寺豪光四射。忽见琉璃宝灯一盏，高悬始信峰顶。奇光异彩，散花坞如大放焰火。焰火正飞舞，那喑呜变色，叱咤的风云又汇集起来。笙管齐鸣，山呼谷应。风急了。西海门前，雪浪滔滔。而排云亭前，好比一座繁忙的海港，码头上装卸着一包包柔软的货物。我多么想从这儿扬帆出海去。可是暗礁多，浪这样险恶，准可以撞碎我的帆桅，打翻我的船。我穿过密林小径，奔上左数峰。上有平台，可以观海。但见浩瀚一片，了无边际，海上蓬莱，尤为诡奇。我又穿过更密的林子，翻过更奇的山峰，蛇行经过更险的悬崖，踏进更深的波浪。一苇可航，我到了海心的飞来峰上。游兴更浓了，我又踏上云层，到那黄山图上没有标志，在任何一篇游记之中无人提及，根本没有石级，没有小径，没有航线，没有方向的云中。仅在岩缝间，松根中，雪浪褶皱里，载沉载浮，我到海外去了。浓云四集，八方茫茫。忽见一位药农，告诉我，这里名叫海外五峰。他给我看黄山的最高荣誉，一枝灵芝草，头尾花茎俱全，色泽鲜红如珊瑚。他给我指点了道路，自己缘着绳子下到数十丈深谷去了。他在飞腾，在荡秋千。黄山是属于他的，属于这样的药农的。我又不知穿过了几层云，盘过几重岭，发现我在炼丹峰上，光明顶前。大雨将至，我刚好躲进气象站里。黄山也属于他们，这几个年轻的科学工作者。他们邀我进入他们的研究室。倾盆大雨倒下来了。这时气象工作者祝贺我，因为将看到最好的景色了。那时我喘息甫定，他们却催促我上观察台去。果然，雨过天又晴。天都突兀而立，如古代将军。绯红的莲花峰迎着阳光，舒展了一瓣瓣的含水的花瓣。轻盈的云海隙处，看得见山下晶晶的水珠。休宁的白岳山，青阳的九华山，临安的天目山，九江的匡庐山。远处如白练一条浮着的，正是长江。这时彩虹一道，挂上了天空。七彩鲜艳，银海衬底。妙极！妙极了！彩虹并不远，它近在目前，就在观察台边。不过十步之外，虹脚升起，跨天都峰，直上青空，至极远处。仿佛可以从这长虹之脚，拾级而登，临虹款步，俯览江山。而云海之间，忽生宝光。松影之荫，琉璃一片，闪闪在垂虹下，离我只二十步，探手可得。它光彩异常。它中间晶莹。它的比彩虹尤其富丽的镜圈内有面镜子。摄身光！摄身光！

这是何等的公园！这是何等的人间！

艺术赏析

黄山之美绝无仅有，《黄山记》是一篇构思谋篇自出机杼的佳作。文章不像一般游记那样，先从登山写起，而是居高临下，气势磅礴地从大自然如何安排这一处胜境的角度去写。读者以为，写了黄山的概貌以后，接下去该写怎样游览了，可是作者却宕开一笔，跳出就山写山的局限，写几千年来人们攀登黄山的简史，以烘托一个“险”字，真是出乎意料，最后正面写山景，又突破由近及远或由下而上的一般写法，而是有重点地描写了几种景物。全文热情奔放，文笔酣畅，大开大合，挥洒自如，色彩浓烈，语言华美，读后能对黄山的雄姿奇景产生深刻的印象，唤起读者热爱自然、热爱壮丽河山的激情。

第一部分写得最为超凡脱俗。黄山的天都峰、莲花峰等够险、够高的了，“高山仰止”这个现成的成语用在这里正合适，可是作者却别开生面，改取俯瞰的角度，请出“大自然”来，使之人格化，让它神奇地安排和规划江山。于是，在“大自然”的“巧妙搭配”下，“三个主峰，高风峻骨，鼎足而立，撑起青天”，接着，大自然“打开云库”“委托风神”，把变幻莫测的云海、铁骨冰肌的松树、无数的走兽飞禽和奇花异草尽皆纳入黄山胜境。请看，经过作者这么一番改造和幻化，无知化为有情，分散变为有序，局部服从整体，谁还会辜负“大自然”造化的这份厚爱和苦心！

如果说第一部分是从天上、从辽阔的空间着眼，充满了浓郁的诗情遐想，那么第二部分则是落到人间，发挥了报告文学作者注重史料和事实的长处，梳理和展示了古人登山的史迹。这部分语言较为平实，但并非闲笔，其作用一是可以同第一部分空灵的描写相映成趣，二来可以用昨日登山之“险”衬托今日登山之“夷”，为第三部分作好铺垫。

第三部分写登天都险峰，第四部分写览奇丽云海。作者移步换景，不断变换方位和视角，运用大量生动的比喻，把雄峻瑰奇的黄山景观描绘得淋漓尽致。

《黄山记》运用了大量的四言短句，富于跳跃性与节奏感，同时，作者又爱用骈散结合的句式，给人以一种扑面而来、目不暇接之感。由于这一切都是建筑在逼真的细节描写的基础上的，所以总起来说，全文有繁富奇丽之致，而无雕琢堆砌之痕。

文学聚焦

移步换景

移步换景是游记最常用的一种写作手法，是指不固定视点（即立足点和观察点），按照地点的转移和一定的视角，把所看到的不同景物叙述和说明下来。移步换景法一般适合于游记或参观记，描写景物时，人走景移，随着视点的变换，不断展现新画面。采用移步换景法描写景物时，首先要把视点的变换交代清楚，这样，读者才能清楚地知道游览或参观的路线。其次要把移步中或移步后所见到的景物具体地展现出来，使读者看到一幅幅绚丽多彩、内容丰富的生动画面。采用移步换景法描写景物时，还要注意围绕一个中心展示不同的画面，避免有支离破碎的感觉。最后要进行精心的剪裁，要把一路上最有特色的景物描绘出来，删去一般性的描写，避免记流水账。

移步换景时视点和要叙述、说明的对象都在移换。运用“移步换景”的手法一定要把立足点的空间变换顺序交代清楚，常常是空间顺序和时间顺序相结合，在此基础上围绕中心综合运用叙述、描写、抒情、说明的表达方式，这样写成的游记条理清楚、重点突出、语言生动、感染力强。“移步换景”还是古典园林造园艺术的重要手法和特点。

拓展与应用

探究思考

1. 作者为什么要用拟人的手法，把大自然作为主人来描写，他又是怎样安排《黄山记》的呢？
2. 文中写“黄帝飞升”的传说有何作用？
3. 文中写李白等人的诗、文有什么作用？

职业连线

你有没有真正的勇气去取舍

泰戈尔说：“如果你因错过了太阳而流泪，那么你也将错失繁星。”

我问某先生：“如果让你能什么都不考虑，只去做你想要做的事情，你会去做什么？”“环游世界，体验人生。”他想都没想，这么回答我，“并不是去‘玩’，很多人都觉得去旅行只是‘玩’或者‘休闲’，对我来说并不是这样，那是一种生命体验，第一次深潜，第一次去南极，甚至以后有机会去太空，这都是对生命不同维度的拓展。”

人们心里都住着远方，尤其是在压力大的时候，渴望甩掉人生的重担潇洒一回。

思考：

生活很真实，它会不断出现各种错误考验你，你是否真的有勇气，真的懂得取舍，能在不同的场景和需求中切换自如。

我与地坛

史铁生

作者简介

史铁生(1951—2010 年)，男，汉族，生于北京，当代作家。1969 年赴陕西省延安市插队，1972 年因双腿瘫痪回到北京，病后致力于文学创作。

1979 年开始发表文学作品，著有中短篇小说集《我的遥远的清平湾》《礼拜日》《命若琴弦》《往事》等；散文随笔集《自言自语》《我与地坛》《病隙碎笔》等；长篇小说《务虚笔记》以及《史铁生作品集》。曾先后获全国优秀短篇小说奖、鲁迅文学奖，以及多种全国文学刊物奖。一些作品被译成英、法、日等文字，单篇或结集在海外出版。

2002年，史铁生荣获华语文学传媒大奖年度杰出成就奖，同年，《病隙碎笔》(之六)获首届“老舍散文奖”一等奖。

背景知识

史铁生于1969年作为知青，到陕西省延安地区“插队”，1972年因病致瘫而回京。在双腿残疾的沉重打击下，在找不到工作、找不到去路，忽然间几乎什么都找不到了的时候“走”进地坛的，从此以后与地坛结下了不解之缘，写这篇散文的十五年间“就再没有长久地离开过它”。当人们为《我与地坛》的通透圆融和超越之美而感动的时候，很少有人意识到，这个生命再次出发艰难跋涉的起点，距离他写出并且发表《我与地坛》，已经将近二十年的时间。没有人能够想象和体会他的艰难困苦——身体的障碍与精神的绝望曾经试图以自然的名义击垮他，但是史铁生走过了这个艰辛的“二十年”，然后以一种令人感动的平静说到了“四百年”：仿佛这古园就是为了等我，而历尽沧桑在那儿等待了四百多年。

一

我在好几篇小说中都提到过一座废弃的古园，实际就是地坛。许多年前旅游业还没有开展，园子荒芜冷落得如同一片野地，很少被人记起。

地坛离我家很近。或者说我家离地坛很近。总之，只好认为这是缘分。地坛在我出生前四百多年就坐落在那儿了，而自从我的祖母年轻时带着我父亲来到北京，就一直住在离它不远的地方——五十多年间搬过几次家，可搬来搬去总是在它周围，而且是越搬离它越近了。我常觉得这中间有着宿命的味道：仿佛这古园就是为了等我，而历尽沧桑在那儿等待了四百多年。

它等待我出生，然后又等待我活到最狂妄的年龄上忽地残废了双腿。四百多年里，它一面剥蚀了古殿檐头浮夸的琉璃，淡褪了门壁上炫耀的朱红，坍圮了一段段高墙又散落了玉砌雕栏，祭坛四周的老柏树愈见苍幽，到处的野草荒藤也都茂盛得自在坦荡。这时候想必我是该来了。十五年前的一个下午，我摇着轮椅进入园中，它为一个失魂落魄的人把一切都准备好了。那时，太阳循着亘古不变的路途正越来越大，也越红。在满园弥漫的沉静光芒中，一个人更容易看到时间，并看见自己的身影。

自从那个下午我无意中进了这园子，就再没长久地离开过它。我一下子就理解了它的意图。正如我在一篇小说中所说的：“在人口密聚的城市里，有这样一个宁静的去处，像是上帝的苦心安排。”

两条腿残废后的最初几年，我找不到工作，找不到去路，忽然间几乎什么都找不到了，我就摇了轮椅总是到它那儿去，仅为着那儿是可以逃避一个世界的另一个世界。我在那篇小说中写道：“没处可去我便一天到晚耗在这园子里。跟上班下班一样，别人去上班我就摇了轮椅到这儿来。园子无人看管，上下班时间有些抄近路的人们从园中穿过，园子里活跃一阵，过后便沉寂下来。”“园墙在金晃晃的空气中斜切下一溜荫凉，我把轮椅开进去，把椅背放倒，坐着或是躺着，看书或者想事，撅一杈树枝左右拍打，驱赶那些和我一样不明白为什么要来这世上的小昆虫。”“蜂儿如一朵小雾稳稳地停在半空；蚂蚁摇头晃脑捋着触须，猛然间想透了什么，转身疾行而去；瓢虫爬得不耐烦了，累了祈祷一回便支开翅膀，忽悠一下升空了；树干上留着一只蝉蜕，寂寞如一间空屋；露水在草叶上滚动、聚集，压弯了草叶轰然坠地摔开万道金光。”“满园子都是草木竞相生长弄出的响动，窸窸窣窣片刻不息。”这都是真实的记录，园子荒芜但并不衰败。

除去几座殿堂我无法进去，除去那座祭坛我不能上去而只能从各个角度张望它，地坛的每一棵树下我都去过，差不多它的每一米草地上都有过我的车轮印。无论是什么季节，什么天气，什么时间，我都在这园子里待过。有时候待一会儿就回家，有时候就待到满地上都亮起月光。记不清都是在它的哪些角落里了，我一连几小时专心致志地想关于死的事，也以同样的耐心和方式想过我为什么要出生。这样想了好几年，最后事情终于弄明白了：一个人，出生了，这就不再是一个可以辩论的问题，而只是上帝交给他的一个事实；上帝在交给我们这件事实的时候，已经顺便保证了它的结果，所以死是一件不必急于求成的事，死是一个必然会降临的节日。这样想过之后我安心多了，眼前的一切不再那么可怕。比如你起早熬夜准备考试的时候，忽然想起有一个长长的假期在前面等待你，你会不会觉得轻松一点？并且庆幸并且感激这样的安排？

剩下的就是怎样活的问题了，这却不是在某一个瞬间就能完全想透的、不是一次性能够解决的事，怕是活多久就要想它多久了，就像是伴你终生的魔鬼或恋人。所以，十五年了，我还是总得到那古园里去，去它的老树下或荒草边或颓墙旁，去默坐，去呆想，去推开耳边的嘈杂理一理纷乱的思绪，去窥看自己的心魂。十五年中，这古园的形体被不能理解它的人肆意雕琢，幸好有些东西是任谁也不能改变它的。譬如祭坛石门中的落日，寂静的光辉平铺的一刻，地上的每一个坎坷都被映照得灿烂；譬如在园中最为落寞的时间，一群雨燕便出来高歌，把天地都叫喊得苍凉；譬如冬天雪地上孩子的脚印，总让人猜想他们是谁，曾在哪儿做过些什么，然后又都到哪儿去了；譬如那些苍黑的古柏，你忧郁的时候它们镇静地站在那儿，你欣喜的时候它们依然镇静地站在那儿，它们没日没夜地站在那儿，从你没有出生一直站到这个世界上又没了你的时候；譬如暴雨骤临园中，激起一阵阵灼烈而清纯的草木和泥土的气味，让人想起无数个夏天的事件；譬如秋风忽至，再有一场早霜，落叶或飘摇歌舞或坦然安卧，满园中播散着熨帖而微苦的味道。味道是最说不清楚的。味道不能写只能闻，要你身临其境去闻才能明了。味道甚至是难于记忆的，只有你又闻到它你才能记起它的全部情感和意蕴。所以我常常要到那园子里去。

二

我才想到，当年我总是独自跑到地坛去，曾经给母亲出了一个怎样的难题。

她不是那种光会疼爱儿子而不懂得理解儿子的母亲。她知道我心里的苦闷，知道不该阻止我出去走走，知道我要是老待在家里结果会更糟，但她又担心我一个人在那荒僻的园子里整天都想些什么。我那时脾气坏到极点，经常是发了疯一样地离开家，从那园子里回来又中了魔似的什么话都不说。母亲知道有些事不宜问，便犹犹豫豫地想问而终于不敢问，因为她自己心里也没有答案。她料想我不会愿意她跟我一同去，所以她从未这样要求过，她知道得给我一点独处的时间，得有这样一段过程。她只是不知道这过程得要多久，和这过程的尽头究竟是什么。每次我要动身时，她便无言地帮我准备，帮助我上了轮椅车，看着我摇车拐出小院；这以后她会怎样，当年我不曾想过。

有一回我摇车出了小院；想起一件什么事又返身回来，看见母亲仍站在原地，还是送我走时的姿势，望着我拐出小院去的那处墙角，对我的回来竟一时没有反应。待她再次送我出门的时候，她说："出去活动活动，去地坛看看书，我说这挺好。"许多年以后我才渐渐听出，母亲这话实际上是自我安慰，是暗自的祷告，是给我的提示，是恳求与嘱咐。只是在她猝然去世之后，我才有余暇设想。当我不在家里的那些漫长的时间，她是怎样心神不定坐卧难宁，兼着痛苦与惊恐与一个母亲最低限度的祈求。现在我可以断定，以她的聪慧和坚忍，在那些空落的白天后的黑夜，在那不眠的黑夜后的白天，她思来想去最后准是对自己说："反正我不能不让他出去，未来的日子是他自己的，如果他真的要在那园子里出了什么事，这苦难也只好我来承担。"在那段日子里——那是好几年长的一段日子，我想我一定使母亲作过了最坏的准备了，但她从来没有对我说过："你为我想想"。事实上我也真的没为她想过。那时她的儿子，还太年轻，还来不及为母亲想，他被命运击昏了头，一心以为自己是世上最不幸的一个，不知道儿子的不幸在母亲那儿总是要加倍的。她有一个长到二十岁上忽然截瘫了的儿子，这是她唯一的儿子；她情愿截瘫的是自己而不是儿子，可这事无法代替；她想，只要儿子能活下去哪怕自己去死呢也行，可她又确信一个人不能仅仅是活着，儿子得有一条路走向自己的幸福；而这条路呢，没有谁能保证她的儿子终于能找到。这样一个母亲，注定是活得最苦的母亲。

有一次与一个作家朋友聊天，我问他学写作的最初动机是什么？他想了一会说："为我母亲。为了让她骄傲。"我心里一惊，良久无言。回想自己最初写小说的动机，虽不似这位朋友的那般单纯，但如他一样的愿望我也有，且一经细想，发现这愿望也在全部动机中占了很大比重。这位朋友说："我的动机太低俗了吧？"我光是摇头，心想低俗并不见得低俗，只怕是这愿望过于天真了。他又说："我那时真就是想出名，出了名让别人羡慕我母亲。"我想，他比我坦率。我想，他又比我幸福，因为他的母亲还活着。而且我想，他的母亲也比我的母亲运气好，他的母亲没有一个双腿残废的儿子，否则事情就不这么简单。

在我的头一篇小说发表的时候，在我的小说第一次获奖的那些日子里，我真是多么希望我的母亲还活着。我便又不能在家里待了，又整天整天独自跑到地坛去，心里是没头没尾的沉郁和哀怨，走遍整个园子却怎么也想不通：母亲为什么就不能再多活两年？为什么在她儿子就快要碰撞开一条路的时候，她却忽然熬不住了？莫非她来此世上只是为了替儿子担忧，却不该分享我的一点点快乐？她匆匆离我去时才只有四十九呀！有那么一会，我甚至对世界对上帝充满了仇恨和厌恶。后来我在一篇题为"合欢树"的文章中写道："我坐在小公园安静的树林里，闭上眼睛，想，上帝为什么早早地召母亲回去呢？很久很久，迷迷糊糊的我听见了回答：'她心里太苦了，上帝看她受不住了，就召她回去。'我似乎得了一点安慰，睁开眼睛，看见风正从树林里穿过。"小公园，指的也是地坛。

只是到了这时候，纷纭的往事才在我眼前幻现得清晰，母亲的苦难与伟大才在我心中渗透得深彻。上帝的考虑，也许是对的。

摇着轮椅在园中慢慢走，又是雾罩的清晨，又是骄阳高悬的白昼，我只想着一件事：母亲已经不在了。在老柏树旁停下，在草地上在颓墙边停下，又是处处虫鸣的午后，又是鸟儿归巢的傍晚，我心里只默念着一句话：可是母亲已经不在了。把椅背放倒，躺下，似睡非睡挨到日没，坐起来，心神恍惚，呆呆地直坐到古祭坛上落满黑暗然后再渐渐浮起月光，心里才有点明白，母亲不能再来这园中找我了。

曾有过好多回，我在这园子里待得太久了，母亲就来找我。她来找我又不想让我发觉，只要见我还好好地在这园子里，她就悄悄转身回去，我看见过几次她的背影。我也看见过几回她四处张望的情景，她视力不好，端着眼镜像在寻找海上的一条船，她没看见我时我已经看见她了，待我看见她也看见我了我就不去看她，过一会我再抬头看她就又看见她缓缓离去的背影。我单是无法知道有多少回她没有找到我。有一回我坐在矮树丛中，树丛很密，我看见她没有找到我；她一个人在园子里走，走过我的身旁，走过我经常呆的一些地方，步履茫然又急迫。我不知道她已经找了多久还要找多久，我不知道为什么我决意不喊她——但这绝不是小时候的捉迷藏，这也许是出于长大了的男孩子的倔强或羞涩？但这倔强只留给我痛悔，丝毫也没有骄傲。我真想告诫所有长大了的男孩子，千万不要跟母亲来这套倔强，羞涩就更不必，我已经懂了可我已经来不及了。

儿子想使母亲骄傲，这心情毕竟是太真实了，以致使“想出名”这一声名狼藉的念头也多少改变了一点形象。这是个复杂的问题，且不去管它了罢。随着小说获奖的激动逐日暗淡，我开始相信，至少有一点我是想错了：我用纸笔在报刊上碰撞开的一条路，并不就是母亲盼望我找到的那条路。年年月月我都到这园子里来，年年月月我都要想，母亲盼望我找到的那条路到底是什么。母亲生前没给我留下过什么隽永的哲言，或要我恪守的教诲，只是在她去世之后，她艰难的命运，坚忍的意志和毫不张扬的爱，随光阴流转，在我的印象中愈加鲜明深刻。

有一年，十月的风又翻动起安详的落叶，我在园中读书，听见两个散步的老人说：“没想到这园子有这么大。”我放下书，想，这么大一座园子，要在其中找到她的儿子，母亲走过了多少焦灼的路。多年来我头一次意识到，这园中不单是处处都有过我的车辙，有过我的车辙的地方也都有过母亲的脚印。

三

如果以一天中的时间来对应四季，当然春天是早晨，夏天是中午，秋天是黄昏，冬天是夜晚。如果以乐器来对应四季，我想春天应该是小号，夏天是定音鼓，秋天是大提琴，冬天是圆号和长笛。要是以这园子里的声响来对应四季呢？那么，春天是祭坛上空漂浮着的鸽子的哨音，夏天是冗长的蝉歌和杨树叶子哗啦啦地对蝉歌的取笑，秋天是古殿檐头的风铃响，冬天是啄木鸟随意而空旷的啄木声。以园中的景物对应四季，春天是一径时而苍白时而黑润的小路，时而明朗时而阴晦的天上摇荡着串串杨花；夏天是一条条耀眼而灼人的石凳，或阴凉而爬满了青苔的石阶，阶下有果皮，阶上有半张被坐皱的报纸；秋天是一座青铜的大钟，在园子的西北角上曾丢弃着一座很大的铜钟，铜钟与这园子一般年纪，浑身挂满绿锈，文字已不清晰；冬天，是林中空地上几只羽毛蓬松的老麻雀。以心绪对应四季呢？春天是卧病的季节，否则人们不易发觉春天的残忍与渴望；夏天，情人们应该在这个季节里失恋，不然就似乎对不起爱情；秋天是从外面买一棵盆花回家的时候，把花搁在阔别了的家中，并且打开窗户把阳光也放进屋里，慢慢回忆慢慢整理一些发过霉的东西；冬天伴着火炉和书，一遍遍坚定不死的决心，写一些并不发出的信。还可以用艺术形式对应四季，这样春天就是一幅画，夏天是一部长篇小说，秋天是一首短歌或诗，冬天是一群雕塑。以梦呢？以梦对应四季呢？春天是树尖上的呼喊，夏天是呼喊中的细雨，秋天是细雨中的土地，冬天是干净的土地上的一只孤零的烟斗。

因为这园子，我常感恩于自己的命运。

我甚至就能清楚地看见，一旦有一天我不得不长久地离开它，我会怎样想念它，我会怎样想念它并且梦见它，我会怎样因为不敢想念它而梦也梦不到它。

四

现在让我想想，十五年中坚持到这园子来的人都是谁呢？好像只剩了我和一对老人。

十五年前，这对老人还只能算是中年夫妇，我则货真价实还是个青年。他们总是在薄暮时分来园中散步，我不大弄得清他们是从哪边的园门进来，一般来说他们是逆时针绕这园子走。男人个子很高，肩宽腿长，走起路来目不斜视，胯以上直至脖颈挺直不动；他的妻子攀了他一条胳膊走，也不能使他的上身稍有松懈。女人个子却矮，也不算漂亮，我无端地相信她必出身于家道中衰的名门富族；她攀在丈夫胳膊上像个娇弱的孩子，她向四周观望似总含着恐惧，她轻声与丈夫谈话，见有人走近就立刻怯怯地收住话头。我有时因为他们而想起冉阿让与柯赛特，但这想法并不巩固，他们一望即知是老夫老妻。两个人的穿着都算得上考究，但由于时代的演进，他们的服饰又可以称为古朴了。他们和我一样，到这园子里来几乎是风雨无阻，不过他们比我守时。我什么时间都可能来，他们则一定是在暮色初临的时候。刮风时他们穿了米色风衣，下雨时他们打了黑色的雨伞，夏天他们的衬衫是白色的，裤子是黑色的或米色的，冬天他们的呢子大衣又都是黑色的，想必他们只喜欢这三种颜色。他们逆时针绕这园子一周，然后离去。他们走过我身旁时只有男人的脚步响，女人像是贴在高大的丈夫身上跟着漂移。我相信他们一定对我有印象，但是我们没有说过话，我们互相都没有想要接近的表示。十五年中，他们或许注意到一个小伙子进入了中年，我则看着一对令人羡慕的中年情侣不觉中成了两个老人。

曾有过一个热爱唱歌的小伙子，他也是每天都到这园中来，来唱歌，唱了好多年，后来不见了。他的年纪与我相仿，他多半是早晨来，唱半小时或整整唱一个上午，估计在另外的时间里他还得上班。我们经常在祭坛东侧的小路上相遇，我知道他是到东南角的高墙下去唱歌，他一定猜想我去东北角的树林里做什么。我找到我的地方，抽几口烟，便听见他谨慎地整理歌喉了。他反反复复唱那么几首歌。“蓝蓝的天上白云飘，白云下面马儿跑……”我老也记不住这歌的名字。《货郎与小姐》中那首最为流传的咏叹调，“卖布——卖布嘞，卖布——卖布嘞！”我记得这开头的一句他唱得很有声势，在早晨清澈的空气中，货郎跑遍园中的每一个角落去恭维小姐。“我交了好运气，我交了好运气，我为幸福唱歌曲……”然后他就一遍一遍地唱，不让货郎的激情稍减。依我听来，他的技术不算精到，在关键的地方常出差错，但他的嗓子是相当不坏的，而且唱一个上午也听不出一点疲惫。太阳也不疲惫，把大树的影子缩小成一团，把疏忽大意的蚯蚓晒干在小路上，将近中午，我们又在祭坛东侧相遇，他看一看我，我看一看他，他往北去，我往南去。日子久了，我感到我们都有结识的愿望，但似乎都不知如何开口，于是互相注视一下终又都移开目光擦身而过；这样的次数一多，便更不知如何开口了。终于有一天——一个丝毫没有特点的日子，我们互相点了一下头。他说：“你好。”我说：“你好。”他说：“回去啦？”我说：“是，你呢？”他说：“我也该回去了。”我们都放慢脚步(其实我是放慢车速)，想再多说几句，但仍然是不知从何说起，这样我们就都走过了对方，又都扭转身子面向对方。他说：“那就再见吧。”我说：“好，再见。”便互相笑笑各走各的路了。但是我们没有再见，那以后，园中再没了他的歌声，我才想到，那天他或许是有意与我道别的，也许他考上了哪家专业文工团或歌舞团了吧？真希望他如他歌里所唱的那样，交了好运气。

还有一些人，我还能想起一些常到这园子里来的人。有一个老头，算得一个真正的饮者；他在腰间挂一个扁瓷瓶，瓶里当然装满了酒，常来这园中消磨午后的时光。他在园中四处游逛，如果你不注意你会以为园中有好几个这样的老头，等你看过了他卓尔不群的饮酒情状，你就会相信这是个独一无二的老头。他的衣着过分随便，走路的姿态也不慎重，走上五六十米路便选定一处地方，一只脚踏在石凳上或土埂上或树墩上，解下腰间的酒瓶，解酒瓶的当儿眯起眼睛把一百八十度视角内的景物细细看一遭，然后以迅雷不及掩耳之势倒一大口酒入肚，把酒瓶摇一摇再挂向腰间，平心静气地想一会什么，便走下一个五六十米去。还有一个捕鸟的汉子，那岁月园中人少，鸟却多，他在西北角的树丛中拉一张网，鸟撞在上面，羽毛戗在网眼里便不能自拔。他单等一种过去很多而现非常罕见的鸟，其他的鸟撞在网上他就把它们摘下来放掉，他说已经有好多年没等到那种罕见的鸟，他说他再等一年看看到底还有没有那种鸟，结果他又等了好多年。早晨和傍晚，在这园子里可以看见一个中年女工程师；早晨她从北向南穿过这园子去上班，傍晚她从南向北穿过这园子回家。事实上我并不了解她的职业或者学历，但我以为她必是学理工的知识分子，别样的人很难有她那般的素朴并优雅。当她在园子穿行的时刻，四周的树林也仿佛更加幽静，清淡的日光中竟似有悠远的琴声，比如说是那曲《献给爱丽丝》才好。我没有见过她的丈夫，没有见过那个幸运的男人是什么样子，我想象过却想象不出，后来忽然懂了想象不出才好，那个男人最好不要出现。她走出北门回家去。我竟有点担心，担心她会落入厨房，不过，也许她在厨房里劳作的情景更有另外的美吧，当然不能再是《献给爱丽丝》，是个什么曲子呢？还有一个人，是我的朋友，他是个最有天赋的长跑家，但他被埋没了。他因为在“文革”中出言不慎而坐了几年牢，出来后好不容易找了个拉板车的工作，样样待遇都不能与别人平等，苦闷极了便练习长跑。那时他总来这园子里跑，我用手表为他计时。他每跑一圈向我招一下手，我就记下一个时间。每次他要环绕这园子跑二十圈，大约两万米。他盼望以他的长跑成绩来获得政治上真正的解放，他以为记者的镜头和文字可以帮他做到这一点。第一年他在春节环城赛上跑了第十五名，他看见前十名的照片都挂在了长安街的新闻橱窗里，于是有了信心。第二年他跑了第四名，可是新闻橱窗里只挂了前三名的照片，他没灰心。第三年他跑了第七名、橱窗里挂前六名的照片，他有点怨自已。第四年他跑了第三名，橱窗里却只挂了第一名的照片。第五年他跑了第一名——他几乎绝望了，橱窗里只有一幅环城赛群众场面的照片。那些年我们俩常一起在这园子里待到天黑，开怀痛骂，骂完沉默着回家，分手时再互相叮嘱：先别去死，再试着活一活看。现在他已经不跑了，年岁太大了，跑不了那么快了。最后一次参加环城赛，他以三十八岁之龄又得了第一名并破了纪录，有一位专业队的教练对他说：“我要是十年前发现你就好了。”他苦笑一下什么也没说，只在傍晚又来这园中找到我，把这事平静地向我叙说一遍。不见他已有好几年了，他和妻子和儿子住在很远的地方。

这些人都不到园子里来了，园子里差不多完全换了一批新人。十五年前的旧人，就剩我和那对老夫老妻了。有那么一段时间，这老夫老妻中的一个也忽然不来，薄暮时分唯男人独自来散步，步态也明显迟缓了许多，我悬心了很久，怕是那女人出了什么事。幸好过了一个冬天那女人又来了，两个人仍是逆时针绕着园子走，一长一短两个身影恰似钟表的两支指针；女人的头发白了许多，但依旧攀着丈夫的胳膊走得像个孩子。“攀”这个字用得不恰当了，或许可以用“搀”吧，不知有没有兼具这两个意思的字。

五

我也没有忘记一个孩子——一个漂亮而不幸的小姑娘。十五年前的那个下午，我第一次到这园子里来就看见了她，那时她大约三岁，蹲在斋宫西边的小路上捡树上掉落的“小灯笼”。那儿有几棵大栾树，春天开一簇簇细小而稠密的黄花，花落了便结出无数如同三片叶子合抱的小灯笼，小灯笼先是绿色，继而转白，再变黄，成熟了掉落得满地都是。小灯笼精巧得令人爱惜，成年人也不免捡了一个还要捡一个。小姑娘咿咿呀呀地跟自己说着话，一边捡小灯笼；她的嗓音很好，不是她那个年龄所常有的那般尖细，而是很圆润甚或是厚重，也许是因为那个下午园子里太安静了。我奇怪这么小的孩子怎么一个人跑来这园子里？我问她住在哪儿？她随便指一下，就喊她的哥哥，沿墙根一带的茂草之中便站起一个七八岁的男孩，朝我望望，看我不像坏人便对他的妹妹说：“我在这儿呢”，又伏下身去，他在捉什么虫子。他捉到螳螂、蚂蚱、知了和蜻蜓，来取悦他的妹妹。有那么两三年，我经常在那几棵大栾树下见到他们，兄妹俩总是在一起玩，玩得和睦融洽，都渐渐长大了些。之后有很多年没见到他们。我想他们都在学校里吧，小姑娘也到了上学的年龄，必是告别了孩提时光，没有很多机会来这儿玩了。这事很正常，没理由太搁在心上，若不是有一年我又在园中见到他们，肯定就会慢慢把他们忘记。

那是个礼拜日的上午。那是个晴朗而令人心碎的上午，时隔多年，我竟发现那个漂亮的小姑娘原来是个弱智的孩子。我摇着车到那几棵大栾树下去，恰又是遍地落满了小灯笼的季节；当时我正为一篇小说的结尾所苦，既不知为什么要给它那样一个结尾，又不知何以忽然不想让它有那样一个结尾，于是从家里跑出来，想依靠着园中的镇静，看看是否应该把那篇小说放弃。我刚刚把车停下，就见前面不远处有几个人在戏耍一个少女，作出怪样子来吓她，又喊又笑地追逐她拦截她，少女在几棵大树间惊惶地东跑西躲，却不松手揪卷在怀里的裙裾，两条腿袒露着也似毫无察觉。我看出少女的智力是有些缺陷，却还没看出她是谁。我正要驱车上前为少女解围，就见远处飞快地骑车来了个小伙子，于是那几个戏耍少女的家伙望风而逃。小伙子把自行车支在少女近旁，怒目望着那几个四散逃窜的家伙，一声不吭喘着粗气。脸色如暴雨前的天空一样一会比一会苍白。这时我认出了他们，小伙子和少女就是当年那对小兄妹。我几乎是在心里惊叫了一声，或者是哀号。世上的事常常使上帝的居心变得可疑。小伙子向他的妹妹走去。少女松开了手，裙裾随之垂落了下来，很多很多她捡的小灯笼便洒落了一地，铺散在她脚下。她仍然算得漂亮，但双眸迟滞没有光彩。她呆呆地望那群跑散的家伙，望着极目之处的空寂，凭她的智力绝不可能把这个世界想明白吧？大树下，破碎的阳光星星点点，风把遍地的小灯笼吹得滚动，仿佛喑哑地响着无数小铃铛。哥哥把妹妹扶上自行车后座，带着她无言地回家去了。

无言是对的。要是上帝把漂亮和弱智这两样东西都给了这个小姑娘，就只有无言和回家去是对的。

谁又能把这世界想个明白呢？世上的很多事是不堪说的。你可以抱怨上帝何以要降诸多苦难给这人间，你也可以为消灭种种苦难而奋斗，并为此享有崇高与骄傲，但只要你再多想一步你就会坠入深深的迷茫了：假如世界上没有了苦难，世界还能够存在么？要是没有愚钝，机智还有什么光荣呢？要是没了丑陋，漂亮又怎么维系自己的幸运？要是没有了恶劣和卑下，善良与高尚又将如何界定自己，又如何成为美德呢？要是没有了残疾，健全会否因其司空见惯而变得腻烦和乏味呢？我常梦想着在人间彻底消灭残疾，但可以相信，那时将由患病者代替残疾人去承担同样的苦难。如果能够把疾病也全数消灭，那么这份苦难又将由(比如说)相貌丑陋的人去承担了。就算我们连丑陋，连愚昧和卑鄙和一切我们所不喜欢的事物和行为，也都可以统统消灭掉，所有的人都一味健康、漂亮、聪慧、高尚，结果会怎样呢？怕是人间的剧目就全要收场了，一个失去差别的世界将是一条死水，是一块没有感觉、没有肥力的沙漠。

看来差别永远是要有的。看来就只好接受苦难——人类的全部剧目需要它，存在的本身需要它。看来上帝又一次对了。

于是就有一个最令人绝望的结论等在这里：由谁去充任那些苦难的角色？又有谁去体现这世间的幸福，骄傲和快乐？只好听凭偶然，是没有道理好讲的。

就命运而言，休论公道。

那么，一切不幸命运的救赎之路在哪里呢？

设若智慧的悟性可以引领我们去找到救赎之路，难道所有的人都能够获得这样的智慧和悟性吗？

我常以为是丑女造就了美人。我常以为是愚氓举出了智者。我常以为是懦夫衬照了英雄。我常以为是众生渡化了佛祖。

六

设若有一位园神，他一定早已注意到了，这么多年我在这园里坐着，有时候是轻松快乐的，有时候是沉郁苦闷的，有时候优哉游哉，有时候栖惶落寞，有时候平静而且自信，有时候又软弱，又迷茫。其实总共只有三个问题交替着来骚扰我，来陪伴我。第一个是要不要去死？第二个是为什么活？第三个，我干嘛要写作？

现在让我看看，它们迄今都是怎样编织在一起的吧。

你说，你看穿了死是一件无需乎着急去做的事，是一件无论怎样耽搁也不会错过的事，便决定活下去试试？是的，至少这是很关键的因素。为什么要活下去试试呢？好像仅仅是因为不甘心，机会难得，不试白不试，腿反正是完了，一切仿佛都要完了，但死神很守信用，试一试不会额外再有什么损失。说不定倒有额外的好处呢是不是？我说过，这一来我轻松多了，自由多了。为什么要写作呢？作家是两个被人看重的字，这谁都知道。为了让那个躲在园子深处坐轮椅的人，有朝一日在别人眼里也稍微有点光彩，在众人眼里也能有个位置，哪怕那时再去死呢也就多少说得过去了，开始的时候就是这样想，这不用保密，这些已经不用保密了。

我带着本子和笔，到园中找一个最不为人打扰的角落，偷偷地写。那个爱唱歌的小伙子在不远的地方一直唱。要是有人走过来，我就把本子合上把笔叼在嘴里。我怕写不成反落得尴尬。我很要面子。可是你写成了，而且发表了。人家说我写的还不坏，他们甚至说：真没想到你写得这么好。我心说你们没想到的事还多着呢。我确实有整整一宿高兴得没合眼。我很想让那个唱歌的小伙子知道，因为他的歌也毕竟是唱得不错。我告诉我的长跑家朋友的时候，那个中年女工程师正优雅地在园中穿行；长跑家很激动，他说好吧，我玩命跑，你玩命写。这一来你中了魔了，整天都在想哪一件事可以写，哪一个人可以让你写成小说。是中了魔了，我走到哪儿想到哪儿，在人山人海里只寻找小说，要是有一种小说试剂就好了，见人就滴两滴看他是不是一篇小说，要是有一种小说显影液就好了，把它泼满全世界看看都是哪儿有小说，中了魔了，那时我完全是为了写作活着。结果你又发表了几篇，并且出了一点小名，可这时你越来越感到恐慌。我忽然觉得自己活得像个人质，刚刚有点像个人了却又过了头，像个人质，被一个什么阴谋抓了来当人质，不定哪天被处决，不定哪天就完蛋。你担心要不了多久你就会文思枯竭，那样你就又完了。凭什么我总能写出小说来呢？凭什么那些适合作小说的生活素材就总能送到一个截瘫者跟前来呢？人家满世界跑都有枯竭的危险，而我坐在这园子里凭什么可以一篇接一篇地写呢？你又想到死了。我想见好就收吧。当一名人质实在是太累了太紧张了，太朝不保夕了。我为写作而活下来，要是写作到底不是我应该干的事，我想我再活下去是不是太冒傻气了？你这么想着你却还在绞尽脑汁地想写。我好歹又拧出点水来，从一条快要晒干的毛巾上。恐慌日甚一日，随时可能完蛋的感觉比完蛋本身可怕多了，所谓不怕贼偷就怕贼惦记，我想人不如死了好，不如不出生的好，不如压根儿没有这个世界的好。可你并没有去死。我又想到那是一件不必着急的事。可是不必着急的事并不证明是一件必要拖延的事呀？你总是决定活下来，这说明什么？是的，我还是想活。人为什么活着？因为人想活着，说到底是这么回事，人真正的名字叫作：欲望。可我不怕死，有时候我真的不怕死。有时候——说对了。不怕死和想去死是两回事，有时候不怕死的人是有的，一生下来就不怕死的人是没有的。我有时候倒是怕活。可是怕活不等于不想活呀？可我为什么还想活呢？因为你还想得到点什么，你觉得你还是可以得到点什么的，比如说爱情，比如说，价值之类，人真正的名字叫欲望。这不对吗？我不该得到点什么吗？没说不该。可我为什么活得恐慌，就像个人质？后来你明白了，你明白你错了，活着不是为了写作，而写作是为了活着。你明白了这一点是在一个挺滑稽的时刻。那天你又说你不如死了好，你的一个朋友劝你：你不能死，你还得写呢，还有好多好作品等着你去写呢。这时候你忽然明白了，你说：只是因为我活着，我才不得不写作。或者说只是因为你还想活下去，你才不得不写作。是的，这样说过之后我竟然不那么恐慌了。就像你看穿了死之后所得的那份轻松？一个人质报复一场阴谋的最有效的办法是把自己杀死。我看出我得先把我杀死在市场上，那样我就不用参加抢购题材的风潮了。你还写吗？还写。你真的不得不写吗？人都忍不住要为生存找一些牢靠的理由。你不担心你会枯竭了？我不知道，不过我想，活着的问题在死前是完不了的。

这下好了，您不再恐慌了，不再是个人质了，您自由了。算了吧你，我怎么可能自由呢？别忘了人真正的名字是：欲望。所以您得知道，消灭恐慌的最有效的办法就是消灭欲望。可是我还知道，消灭人性的最有效的办法也是消灭欲望。那么，是消灭欲望同时也消灭恐慌呢？还是保留欲望同时也保留人生？

我在这园子里坐着，我听见园神告诉我，每一个有激情的演员都难免是一个人质。每一个懂得欣赏的观众都巧妙地粉碎了一场阴谋。每一个乏味的演员都是因为他老以为这戏剧与自己无关。每一个倒霉的观众都是因为他总是坐得离舞台太近了。

我在这园子里坐着，园神成年累月地对我说：孩子，这不是别的，这是你的罪孽和福祉。

七

要是有些事我没说，地坛，你别以为是我忘了，我什么也没忘，但是有些事只适合收藏。不能说，也不能想，却又不能忘。它们不能变成语言，它们无法变成语言，一旦变成语言就不再是它们了。它们是一片朦胧的温馨与寂寥，是一片成熟的希望与绝望，它们的领地只有两处：心与坟墓。比如说邮票，有些是用于寄信的，有些仅仅是为了收藏。

如今我摇着车在这园子里慢慢走，常常有一种感觉，觉得我一个人跑出来已经玩得太久了。有一天我整理我的旧相册，一张十几年前我在这园子里照的照片——那个年轻人坐在轮椅上，背后是一棵老柏树，再远处就是那座古祭坛。我便到园子里去找那棵树。我按着照片上的背景找，很快就找到了它，按着照片上它枝干的形状找，肯定那就是它。但是它已经死了，而且在它身上缠绕着一条碗口粗的藤萝。有一天我在这园子碰见一个老太太，她说："哟，你还在这儿哪？"她问我："你母亲还好吗？""您是谁？""你不记得我，我可记得你。有一回你母亲来这儿找你，她问我您看没看见一个摇轮椅的孩子？……"我忽然觉得，我一个人跑到这世界上来真是玩得太久了。有一天夜晚，我独自坐在祭坛边的路灯下看书，忽然从那漆黑的祭坛里传出一阵阵唢呐声；四周都是参天古树，方形祭坛占地几百平方米空旷坦荡独对苍天，我看不见那个吹唢呐的人，唯唢呐声在星光寥寥的夜空里低吟高唱，时而悲怆时而欢快，时而缠绵时而苍凉，或许这几个词都不足以形容它，我清清醒醒地听出它响在过去，响在现在，响在未来，回旋飘转亘古不散。

必有一天，我会听见喊我回去。

那时您可以想象一个孩子，他玩累了可他还没玩够呢。心里好些新奇的念头甚至等不及到明天。也可以想象是一个老人，无可置疑地走向他的安息地，走得任劳任怨。还可以想象一对热恋中的情人，互相一次次说"我一刻也不想离开你"，又互相一次次说"时间已经不早了"，时间不早了可我一刻刻也不想离开你，一刻也不想离开你可时间毕竟是不早了。

我说不好我想不想回去。我说不好是想还是不想，还是无所谓。我说不好我是像那个孩子，还是像那个老人，还是像一个热恋中的情人。很可能是这样：我同时是他们三个。我来的时候是个孩子，他有那么多孩子气的念头所以才哭着喊着闹着要来，他一来一见到这个世界便立刻成了不要命的情人，而对一个情人来说，不管多么漫长的时光也是稍纵即逝，那时他便明白，每一步，每一步，其实一步步都是走在回去的路上。当牵牛花初开的时节，葬礼的号角就已吹响。

但是太阳，他每时每刻都是夕阳也都是旭日。当他熄灭着走下山去收尽苍凉残照之际，正是他在另一面燃烧着爬上山巅布散烈烈朝晖之时。那一天，我也将沉静着走下山去，扶着我的拐杖。有一天，在某一处山洼里，势必会跑上来一个欢蹦的孩子，抱着他的玩具。

当然，那不是我。

但是，那不是我吗？

宇宙以其不息的欲望将一个歌舞炼为永恒。这欲望有怎样一个人间的姓名，大可忽略不计。

艺术赏析

《我与地坛》集中思考和表达了"生命"的困难与意义，这是史铁生在漫长的艰难岁月里对生命反复的思考咀嚼和叩问所得。这样的主题致思方向，能够以这样一种平实、冷静、温情而透彻的态度娓娓道来，升天入地，丝丝入扣、体贴入微，毫不勉强造作，并抵达一种能为平常人所理解又难以企及的境界，却只有史铁生做到了。这篇长达万言的作品，无论是在表达主旨上，还是在写作手法、语言描述各个方面，都堪称是史铁生对中国当代文学独一无二的贡献，就这个意义而言，《我与地坛》的影响远远超越了文体范围。

每个人境遇的不同构成了世界的千差万别，但在史铁生的答案面前，世界显示了它平等的一面。他思考过怎样生也思考过怎样死，说到生的时候，他有那么多山重水复的烦恼和柳暗花明的喜悦；讲到死的时候，他事无巨细，从心态、方式到装裹和墓地，全都娓娓道来，更谈笑风生。从史铁生的文字里看得到一个人内心无一日止息的起伏，同时也在这个人内心的起伏中解读了宁静。

对母亲的刻画以及对母亲的爱，是《我与地坛》中最为感人的部分。这些平静如水无法复制的文字，蕴含着充沛饱满、风雷激荡的高贵的情感。母爱是文学描写中最能熠熠生辉的主题，散文这一体裁因其自由活泼不受拘束，又尤能尽情婉转随意收放。《我与地坛》在叙写"我"与母亲的点点滴滴时，远离了热烈、哭号、哀励、宣泄等所有的激烈的表达方式，也没有做人们最常见的赤裸抒情——尽管他这样做很可能也会被读者理解和接受。史铁生将那人间至爱的种种伟大意义都悬置隐藏起来，只是用一种内敛到近乎压抑的语调，讲述着母亲看似平常的几件小事以及母亲过早离世带给他无法挽回的损失与至痛。史铁生之所以这样处理，实在是不得不如此，因为这浓厚的伟大的母爱与前面那"生与死"的答案一样透彻、融通和豁达，绝容不得丝毫的张扬与夸饰。

散文《我与地坛》的语言主要具有三个特征，即简洁、形象、朴实。简洁是散文《我与地坛》语言的最大特征，无论是在用词层面，还是在句子层面，本文的语言都高度简洁。在写人叙事与描景状物上，本文的语言形象而又生动，给人一种身临其境的真实感和美感，充分体现了作家史铁生散文语言的朴实特征。

文学聚焦

残疾人文学

中国残疾人文学发展源远流长。历史上有左丘明失明后写《国语》，孙膑膝盖丧失后著《孙子兵法》，司马迁受宫刑后发奋作《史记》。中国当代残疾人文学在发展中涌现出张海迪、史铁生、王占君等一批有影响力的残疾人作家，出版了《轮椅上的梦》《我的遥远的清平湾》《万历风雨》等多部优秀文学作品。残疾人作家以独特的视角描绘他们眼中的世界，成为中国当代文学不可或缺的一部分。

拓展与应用

探究思考

1. 史铁生对地坛的一草一木、一树一果有怎样的感情？
2. 作者是如何表达对母亲的深情的？
3. 作者诠释生命的意义究竟何在？

职业连线

语文实践活动——“走进生活，关注环保”调研活动

是谁，如皓月繁星与蓝天白云，以绚烂多彩默默融入自然的葱茏。是谁，如空山新雨与杨柳堆烟，以清新之气缓缓流进人间。又是谁，如灯如光，消释着濒临绝境之人内心苦苦的愁绪，点燃了一蹶不振之人内心阴霾的希望。这是自然的颜色、生活的符号——绿色。

本次活动通过调研，提高学生收集、筛选、分析和运用信息的能力。让学生了解日益严重的环境污染情况，增强环保意识，培养社会责任感。

活动布置：

通过问卷调查、实地观测、人物采访等形式调查身边的环境污染情况(包括：水资源污染情况、土壤污染情况、大气污染情况等)，并形成视频、图片、文字资料。

活动实施：

1. 根据调查内容设计调查问卷，选择调查地点，确定采访对象。

2. 调查身边的环境污染情况，收集资料并进行分类整理。

3. 为收集的图片资料撰写说明文字，并对文字资料进行批注，为视频资料设计解说。

4. 分组活动，展示调研成果。对所有收集材料进行整体设计，按照内容作系统讲解，并阐明个人观点，得出明确结论。要求语言言简意赅，不流于表面。

活动评价：

评选最佳调查，要求：内容客观、阐述准确、反响热烈。

1. 学生自评 ______________________________

2. 同学互评 ______________________________

3. 教师点评 ______________________________

第七单元

世事洞明

俗话说，贫居闹市无人问，富在深山有远亲。人间世态有炎凉，浮云荣辱也寻常。世情看冷暖，人面逐高低，世俗之人根据他人处境的穷达而冷暖变化，人之脸也随他人地位的高低而变得或热情或冷淡。文学作品只有写尽人情世态，才能真正深入人心，打动读者，成为佳作。杨绛在《将饮茶》中说道："世态人情，比明月清风更饶有滋味；可作书读，可当戏看。书上的描摹，戏里的扮演，即使栩栩如生，究竟只是文艺作品；人情世态，都是天真自然的流露，往往超出情理之外，新奇得令人震惊，令人骇怪，给人以更深刻的效益、更奇妙的娱乐。唯有身处卑微的人，最有机缘看到世态人情的真相，而不是面对观众的艺术表演。"

世态人情是文学作品的重要写作对象。无论时代如何变迁，不同的世态人情凝聚在作品中，蕴藏着多方信息。它让人感动，让人生出几多喟叹，也催人冥想深思，体悟人生的苦乐。无数读者通过作品穿梭各个时代，感悟不同人生；通过作品体会诗酒花茶，也感受柴米油盐；通过作品丰富知识，净化心灵，陶冶情操。

"以铜为镜，可以正衣冠；以古为镜，可以知兴替；以人为镜，可以明得失"，我们通过解读文学作品这面"镜子"，更深刻地认识现实社会，认识别人和自己。现在就让我们走进这面"镜子"尽情感受吧！

宝玉挨打

曹雪芹（清）

作者简介

曹雪芹(约1715—1763年)，名霑，字梦阮，号雪芹，又号芹溪、芹圃，中国古典名著《红楼梦》作者，籍贯存在争议(一说辽宁辽阳、一说河北丰润、一说辽宁铁岭)，生于南京，约十三岁时迁回北京。曹雪芹出身清代内务府正白旗包衣世家，他是江宁织造曹寅之孙，曹頫之子(一说曹颙之子)。

曹雪芹早年在南京江宁织造府亲历了一段锦衣纨绮、富贵风流的生活。至雍正六年(1728年)，曹家因亏空获罪被抄家，曹雪芹随家人迁回北京老宅。后又移居北京西郊，靠卖字画和朋友救济为生。曹雪芹素性放达，爱好广泛，对金石、诗书、绘画、园林、中医、织补、工艺、饮食等均有所研究。他以坚韧不拔的毅力，历经多年，终于创作出极具思想性、艺术性的伟大作品——《红楼梦》。

背景知识

《红楼梦》是我国古代四大名著之一，是章回体小说，成书于1784年(清乾隆四十九年)。它的原名为"石头记"，又名"情僧录""风月宝鉴""金陵十二钗"等。现通行的版本有120回，前80回为曹雪芹所著，后40回为高鹗续写。该书以贾宝玉和林黛玉的爱情悲剧为主线，着重描写荣国府、宁国府由盛转衰的过程，也写出与贾府密切相关的史、王、薛三大家族的兴衰史，全面描绘出封建社会末期的人情世态以及种种无法调和的矛盾。

原来宝玉会过雨村回来听见了，便知金钏儿含羞赌气自尽，心中早又五内摧伤，进来被王夫人数落教训，也无可回说。见宝钗进来，方得便出来，茫然不知何往，背着手，低头一面感叹，一面慢慢地走着，信步来至厅上。刚转过屏门，不想对面来了一人正往里走，可巧儿撞了个满怀。只听那人喝了一声"站住！"宝玉唬了一跳，抬头一看，不是别人，却是他父亲，不觉地倒抽了一口气，只得垂手一旁站了。贾政道："好端端的，你垂头丧气嗐些什么？方才雨村来了要见你，叫你那半天你才出来；既出来了，全无一点慷慨挥洒谈吐，仍是萎靡不振。我看你脸上一团思欲愁闷气色，这会子又咳声叹气。你哪些还不足，还不自在？无故这样，却是为何？"宝玉素日虽是口齿伶俐，只是此时一心总为金钏儿感伤，恨不得此时也身亡命殒，跟了金钏儿去。如今见了他父亲说这些话，究竟不曾听见，只是怔呵呵地站着。

贾政见他惶悚[①]，应对不似往日，原本无气的，这一来倒生了三分气。方欲说话，忽有回事人来回：“忠顺亲王府里有人来，要见老爷。”贾政听了，心下疑惑，暗暗思忖道：“素日并不和忠顺府来往，为什么今日打发人来？”一面想，一面令“快请”，急走出来看时，却是忠顺府长史官[2]，忙接进厅上坐了献茶。未及叙谈，那长史官先就说道：“下官此来，并非擅造潭府[3]，皆因奉王命而来，有一件事相求。看王爷面上，敢烦老大人做主，不但王爷知情，且连下官辈亦感谢不尽。”贾政听了这话，抓不住头脑，忙陪笑起身问道：“大人既奉王命而来，不知有何见谕，望大人宣明，学生好遵谕承办。”那长史官便冷笑道：“也不必承办，只用大人一句话就完了。我们府里有一个做小旦的琪官，一向好好在府里，如今竟三五日不见回去，各处去找，又摸不着他的道路[4]，因此各处访察。这一城内，十停[5]人倒有八停人都说，他近日和衔玉的那位令郎相与甚厚。下官辈等听了，尊府不比别家，可以擅入索取，因此启明王爷。王爷亦云：‘若是别的戏子呢，一百个也罢了；只是这琪官随机应答，谨慎老成，甚合我老人家的心，竟断断少不得此人。’故此求老大人转谕令郎，请将琪官放回，一则可慰王爷谆谆奉恳，二则下官辈也可免操劳求觅之苦。”说毕，忙打一躬。贾政听了这话，又惊又气，即命唤宝玉来。宝玉也不知是何缘故，忙赶来时，贾政便问：“该死的奴才！你在家不读书也罢了，怎么又做出这些无法无天的事来！那琪官现是忠顺王爷驾前奉承的人，你是何等草芥，无故引逗他出来，如今祸及于我。”宝玉听了唬了一跳，忙回道：“实在不知此事。究竟连‘琪官’两个字不知为何物，岂更又加‘引逗’二字！”说着便哭了。贾政未及开言，只见那长史官冷笑道：“公子也不必掩饰。或隐藏在家，或知其下落，早说了出来，我们也少受些辛苦，岂不念公子之德？”宝玉连说不知，“恐是讹传，也未见得。”那长史官冷笑道：“现有据证，何必还赖？必定当着老大人说了出来，公子岂不吃亏？既云不知此人，那红汗巾子[6]怎么到了公子腰里？”宝玉听了这话，不觉轰去魂魄，目瞪口呆，心下自思：“这话他如何得知！他既连这样机密事都知道了，大约别的瞒他不过，不如打发他去了，免得再说出别的事来。”因说道：“大人既知他的底细，如何连他置买房舍这样大事倒不晓得了？听得说他如今在东郊离城二十里有个什么紫檀堡，他在那里置了几亩田地几间房舍。想是在那里也未可知。”那长史官听了，笑道：“这样说，一定是在那里。我且去找一回，若有了便罢，若没有，还要来请教。”说着，便忙忙地走了。

贾政此时气得目瞪口歪，一面送那长史官，一面回头命宝玉“不许动！回来有话问你！”一直送那官员去了。才回身，忽见贾环带着几个小厮一阵乱跑。贾政喝令小厮“快打，快打！”贾环见了他父亲，唬得骨软筋酥，忙低头站住。贾政便问：“你跑什么？带着你的那些人都不管你，不知往哪里逛去，由你野马一般！”喝令叫跟上学的人来。贾环见他父亲盛怒，便乘机说道：“方才原不曾跑，只因从那井边一过，那井里淹死了一个丫头，我看见人头这样大，身子这样粗，泡得实在可怕，所以才赶着跑了过来。”贾政听了惊疑，问道：“好端端的，谁去跳井？我家从无这样事情，自祖宗以来，皆是宽柔以待下人。——大约我近年于家务疏懒，自然执事人[7]操克夺之权[8]，致使生出这暴殄轻生的祸患。若外人知道，祖宗颜面何在！”喝令快叫贾琏、赖大来。

小厮们答应了一声，方欲叫去，贾环忙上前拉住贾政的袍襟，贴膝跪下道：“父亲不用生气。此事除太太房里的人，别人一点也不知道。我听见我母亲说……”说到这里，便回头四顾一看。贾政知意，将眼一看众小厮，小厮们明白，都往两边后面退去。贾环便悄悄说道：“我母亲告诉我说，宝玉哥哥前日在太太屋里，拉着太太的丫头金钏儿强奸不遂，打了一顿。那金钏儿便赌气投井死了。”

话未说完，把个贾政气得面如金纸，大喝“快拿宝玉来！”一面说，一面便往里边书房里去，喝令“今日再有人劝我，我把这冠带家私[9]一应交与他与宝玉过去！我免不得做个罪人，把这几根烦恼鬓毛剃去，寻个干净去处[10]自了，也免得上辱先人下生逆子之罪。”众门客仆从见贾政这个情景，便知又是为宝玉了，一个个都是啖指咬舌，连忙退出。那贾政喘吁吁直挺挺坐在椅子上，满面泪痕。一迭声“拿宝玉！拿大棍！拿索子捆上！把各门都关上！有人传信往里头去，立刻打死！”众小厮们只得齐声答应，有几个来找宝玉。

那宝玉听见贾政吩咐他“不许动”，早知多凶少吉，哪里承望贾环又添了许多的话。正在厅上干转，怎得个人来往里头去捎信，偏生没个人，连焙茗也不知在哪里。正盼望时，只见一个老嬷嬷出来。宝玉如得了珍宝，便赶上来拉她，说道：“快进去告诉：老爷要打我呢！快去，快去！要紧，要紧！”宝玉一则急了，说话不明白；二则老婆子偏生又聋，竟不曾听见是什么话，把“要紧”二字只听作“跳井”二字，便笑道：“跳井让他跳去，二爷怕什么？”宝玉见是个聋子，便着急道：“你出去叫我的小厮来吧。”那婆子道：“有什么不了的事？老早的完了。太太又赏了衣服，又赏了银子，怎么不了事的！”

宝玉急得跺脚，正没抓寻处，只见贾政的小厮走来，逼着他出去了。贾政一见，眼都红紫了，也不暇问他在外流荡优伶，表赠私物，在家荒疏学业，淫辱母婢等语，只喝令：“堵起嘴来，着实打死！”小厮们不敢违拗，只得将宝玉按在凳上，举起大板打了十来下。贾政犹嫌打轻了，一脚踢开掌板的，自己夺过来，咬着牙狠命盖了三四十下。众门客见打得不祥了，忙上前夺劝。贾政哪里听，说道：“你们问问他干的勾当可饶不可饶！素日皆是你们这些人把他酿[11]坏了，到这步田地还来解劝。明日酿到他弑君杀父，你们才不劝不成！”

众人听这话不好听，知道气急了，忙又退出，只得觅人进去给信。王夫人不敢先回贾母，只得忙穿衣出来，也不顾有人没人，忙忙赶往书房中来，慌得众门客小厮等避之不及。王夫人一进房来，贾政更如火上浇油一般，那板子越发下去得又狠又快。按宝玉的两个小厮忙松了手走开，宝玉早已动弹不得了。贾政还欲打时，早被王夫人抱住板子。贾政道：“罢了，罢了！今日必定要气死我罢！”王夫人哭道：“宝玉虽然该打，老爷也要自重。况且炎天暑日的，老太太身上也不大好，打死宝玉事小，倘或老太太一时不自在了，岂不事大！”贾政冷笑道：“倒休提这话。我养了这不肖的孽障，已不孝；教训他一番，又有众人护持；不如趁今日一发勒死了，以绝将来之患！”说着，便要绳索来勒死。

王夫人连忙抱住哭道：“老爷虽然应当管教儿子，也要看夫妻分上。我如今已将五十岁的人，只有这个孽障，必定苦苦地以他为法，我也不敢深劝。今日越发要他死，岂不是有意绝我。既要勒死他，快拿绳子来先勒死我，再勒死他。我们娘儿们不敢含怨，到底在阴司里得个依靠。”说毕，趴在宝玉身上大哭起来。贾政听了此话，不觉长叹一声，向椅上坐了，泪如雨下。王夫人抱着宝玉，只见他面白气弱，底下穿着一条绿纱小衣皆是血渍，禁不住解下汗巾看，由臀至胫，或青或紫，或整或破，竟无一点好处，不觉失声大哭起来，“苦命的儿吓！”因哭出“苦命儿”来，忽又想起贾珠来，便叫着贾珠哭道：“若有你活着，便死一百个我也不管了。”此时里面的人闻得王夫人出来，那李宫裁、王熙凤与迎春姊妹早已出来了。王夫人哭着贾珠的名字，别人还可，唯有宫裁禁不住也放声哭了。贾政听了，那泪珠更似滚瓜一般滚了下来。

正没开交处，忽听丫鬟来说："老太太来了。"一句话未了，只听窗外颤巍巍的声气说道："先打死我，再打死他，岂不干净了！"贾政见他母亲来了，又急又痛，连忙迎接出来，只见贾母扶着丫头，喘吁吁地走来。

贾政上前躬身陪笑道："大暑热天，母亲有何生气亲自走来？有话只该叫了儿子进去吩咐。"贾母听说，便止住步喘息一回，厉声说道："你原来是和我说话！我倒有话吩咐，只是可怜我一生没养个好儿子，却教我和谁说去！"贾政听这话不像，忙跪下含泪说道："为儿的教训儿子，也为的是光宗耀祖。母亲这话，我做儿的如何禁得起？"贾母听说，便啐了一口，说道："我说一句话，你就禁不起，你那样下死手的板子，难道宝玉就禁得起了？你说教训儿子是光宗耀祖，当初你父亲怎么教训你来！"说着，不觉就滚下泪来。

贾政又赔笑道："母亲也不必伤感，皆是做儿的一时性起，从此以后再不打他了。"贾母便冷笑道："你也不必和我使性子赌气的。你的儿子，我也不该管你打不打。我猜着你也厌烦我们娘儿们。不如我们赶早儿离了你，大家干净！"说着便令人去看[12]轿马，"我和你太太宝玉立刻回南京去！"家下人只得干答应着。贾母又叫王夫人道："你也不必哭了。如今宝玉年纪小，你疼他，他将来长大成人，为官作宰的，也未必想着你是他母亲了。你如今倒不要疼他，只怕将来还少生一口气呢。"贾政听说，忙叩头哭道："母亲如此说，贾政无立足之地。"贾母冷笑道："你分明使我无立足之地，你反说起你来！只是我们回去了，你心里干净，看有谁来许你打。"一面说，一面只令快打点行李车轿回去。贾政苦苦叩求认罪。

贾母一面说话，一面又记挂宝玉，忙进来看时，只见今日这顿打不比往日，又是心疼，又是生气，也抱着哭个不了。王夫人与凤姐等解劝了一会，方渐渐地止住。早有丫鬟媳妇等上来，要搀宝玉，凤姐便骂道："糊涂东西，也不睁开眼瞧瞧！打的这么个样儿，还要搀着走！还不快进去把那藤屉子春凳[13]抬出来呢。"众人听说连忙进去，果然抬出春凳来，将宝玉抬放凳上，随着贾母王夫人等进去，送至贾母房中。

彼时贾政见贾母气未全消，不敢自便，也跟了进去。看看宝玉，果然打重了。再看看王夫人，"儿"一声，"肉"一声，"你替珠儿早死了，留着珠儿，免你父亲生气，我也不白操这半世的心了。这会子你倘或有个好歹，丢下我，叫我靠哪一个？"数落一场，又哭"不争气的儿！"贾政听了，也就灰心，自悔不该下毒手打到如此地步。先劝贾母，贾母含泪道："你不出去，还在这里做什么？难道于心不足，还要眼看着他死了才去不成？"贾政听说，方退了出来。

此时薛姨妈同宝钗、香菱、袭人、史湘云也都在这里。袭人满心委屈，只不好十分使出来，见众人围着，灌水的灌水，打扇的打扇，自己插不下手去，便越性走出来到二门前，令小厮们找了焙茗来细问："方才好端端的，为什么打起来？你也不早来透个信儿！"焙茗急得说："偏生我没在跟前，打到半中间我才听见了。忙打听缘故，却是为琪官同金钏姐姐的事。"袭人道："老爷怎么得知道的？"焙茗道："那琪官的事，多半是薛大爷素日吃醋，没法儿出气，不知在外头挑唆了谁来，在老爷跟前下的火[14]。那金钏儿的事是三爷说的，我也是听见老爷的人说的。"袭人听了这两件事都对景[15]，心中也就信了八九分。然后回来，只见众人都替宝玉疗治。调停完备，贾母命"好生抬到他房内去"。众人答应，七手八脚，忙把宝玉送入怡红院内自己床上卧好。又乱了半日，众人渐渐散去，袭人方进前来经心服侍。问他端的，且听下回分解。

选自：曹雪芹. 红楼梦[M]. 北京：人民文学出版社，2013. ）

【注释】

① 惶悚(sǒng)：惶恐。悚，害怕，恐惧。

② 长史官：总管王府内事务的官吏。从南朝起始设，以后各代王府都沿设。

③ 潭府：深宅大院。常用作对他人住宅的尊称。潭，深邃的样子。

④ 道路：行踪，去向。

⑤ 停：总数分成几份，其中一份叫一停。

⑥ 汗巾子：系内裤用的腰巾，因近身受汗，故名。

⑦ 执事人：具体操办某件事务的人。

⑧ 克夺之权：生杀予夺之权。

⑨ 冠带家私：冠带，帽子和束带，是官服的代称，这里代指官爵。家私，财产，代指家业。

⑩ 烦恼鬓毛……干净去处：鬓毛，即头发，佛家称为“烦恼丝”。干净，佛家以为人世污浊不净，唯有佛门才能通向清净世界，即所谓净土。剃去烦恼鬓毛与寻个干净去处，都是出家当和尚的意思。

⑪ 酿：惯，纵容。

⑫ 看：料理，备办。

⑬ 藤屉子春凳：春凳，一种面较宽的可坐可卧的长凳。藤屉子，凳面用藤皮编成。

⑭ 下的火：使坏，进谗言。

⑮ 对景：对得上号，情况符合。

艺术赏析

《宝玉挨打》这篇课文选自《红楼梦》的第三十三回，即“手足眈眈小动唇舌，不肖种种大承笞挞”，是全书的第一个高潮。文章无论是语言动作的描写、情节结构的谋篇，还是人物形象的刻画都堪称典范。

1. 生动精当的语言

文章第一段，贾宝玉正因金钏儿死亡而无比感伤的时候，撞见父亲贾政，对父亲的训斥没有听见，“只是怔呵呵地站着”。“怔呵呵”一词是曹雪芹先生所造，它把贾宝玉突然见到父亲时那种因吃惊、害怕而发呆的样子刻画得入木三分。第七段，小子们用大板子打了宝玉十来下以后，“贾政犹嫌打轻了，一脚踢开掌板的，自己夺过来，咬着牙狠命盖了三四十下。”“踢”“夺”“咬”“盖”四个动词，描绘了贾政盛怒之下毒打儿子的一连串动作，刻画出这个封建卫道士的凶残面目。

2. 严密完整的情节

吴功正先生将《红楼梦》情节设计起伏跌宕的特色论为三态：一是“潜流暗滚”，矛盾的积聚时期，表面看似平静的水面，实际上内中包含着冲突和斗争的潜流；二是“惊涛大作”，对立双方矛盾冲突激化，失去了平衡，表面与内在都以非常的形态出现；三是“余波涟漪”，冲突过后，不是戛然而止，而是波纹荡漾，进一步深化矛盾，为下一轮冲突埋下伏笔。其中

“宝玉挨打”这一片断就充分体现了这个特点。

宝玉挨打，是贾府中各种矛盾的第一次爆发。它前面连着金钏儿投井自杀，贾雨村登门拜访。中间插着忠顺王府来索要戏子蒋玉函，庶出的贾环诬陷嫡生的宝玉，王夫人临场救子，贾母教训贾政，还有王熙凤干练的安排，宝钗、香菱、史湘云的看望，袭人暗查缘由。后面接着是袭人规劝、宝钗送药、黛玉暗地里痛哭及旧帕题诗。

贾府中的主要人物几乎都出场并作了真实的表演，使“宝玉挨打”这件事成为《红楼梦》前半部分的一个枢纽，推动着故事情节和人物性格的不断发展。据此，我们可以看出曹雪芹独到的匠心。

3. 血肉丰满的人物形象

贾政是这篇课文的主要人物，小说的细节描写使他血肉丰满。

贾政对宝玉生气最终发展到毒打，是一个层层递进的过程。贾政与宝玉撞个满怀，“原本无气”，可看到宝玉萎靡不振，站着发呆的样子，“倒生了三分气”；忠顺王府派人来找宝玉索要戏子，贾政“又惊又气”；当宝玉说出琪官的下落，表明他确与琪官关系密切时，贾政“气得目瞪口歪”；而贾环又诬陷宝玉强奸金钏儿不成，致使金钏儿投井自杀，话未说完，就把贾政“气得面如金纸”。

接下来，小说着力刻画贾政的三次流泪。第一次是贾政决定毒打儿子时，“喘吁吁直挺挺坐在椅子上，满面泪痕”，表现他内心的挣扎和痛苦。第二次是王夫人救下宝玉，然后哭诉宝玉是她的独子，是唯一的依靠。“贾政听了此话，不觉长叹一声，向椅子坐了，泪如雨下”，这是一种无可奈何的心酸。第三次是王夫人哭着贾珠的名字，儿媳妇李纨（宫裁）放声痛哭。贾政受到感染，想起英年早逝的大儿子，“那泪珠更似滚瓜一般滚了下来”，这是对家门不幸、后继乏人感到绝望。

在受到贾母的训斥后，贾政“看看宝玉，果然打重了”，“自悔不该下毒手打到如此地步”。

于是，集顽固狠毒的封建卫道士和望子成龙的父亲于一身的贾政就这样活生生地站在了我们面前。

此外，思想叛逆却束手挨打的宝玉，故意陷害包藏祸心的贾环，爱子心切奋力护犊的王夫人，溺爱宝玉怒斥贾政的贾母，泼辣干练的王熙凤，无不形态毕现、跃然纸上。正是这些形态各异、个性鲜明的人物，使得《红楼梦》具有永恒的魅力。

文学聚焦

章回体小说

章回体小说就是分章回叙事的长篇小说，它是中国古典长篇小说的主要形式，除了少数作者为了逞才而写的文言作品外，都是白话作品。白话章回体小说由宋元时期的“讲史话本”发展而来的。“讲史”就是说书的艺人们讲述历代的兴亡和战争的故事。讲史一般都很长，艺人在表演时必须分为若干次才能讲完。每讲一次，就等于后来章回体小说中的一回。在每次讲说以前，艺人要用题目向听众揭示主要内容，这就是章回体小说回目的起源。章回体小说中经常出现的“话说”“看官”“欲知后事如何，且听下回分解”等字样，则可以明确看出它与话本之间的继承关系。

经过较长的发展过程，明代初期出现了首批章回体小说，其中著名的有《三国志通俗演义》《水浒传》等。明代中叶以后，章回小说的发展更加成熟，出现了《西游记》《金瓶梅》等著名作品。清代章回体小说已有充分发展，出现了《红楼梦》《儒林外史》等作品。

拓展与应用

探究思考

1. 通读全文，回答宝玉挨打的真正原因。试找出文中最能体现贾政要打宝玉的真正动机的一句话。

2. 宝玉挨打后众人是什么态度？试从不同态度分析人物形象。

3.《宝玉挨打》展现出贾政夫妇及贾母对宝玉的教育都存在很大的问题，现实中我们的家长在教育子女时也存在问题。请同学站在被教育者的角度来吐槽父母，并把吐槽内容写给父母。

职业连线

黛玉、宝钗谁在现代社会更受欢迎？

从现代企业的角度来看，《红楼梦》中的贾府无疑是个家族式的大企业。那些老太太、老爷、太太、公子、小姐自然是企业的所有者、管理者，而且企业中女性占了较大的比重。贾母是最大的股东，王熙凤是高层管理者之一，薛宝钗、林黛玉是其中的中层管理者，她们作为管理者都有自己成功的一面，也有失败的一面。

思考：

谁是《红楼梦》中最敬业、最成功的职场女性？职场上的你喜欢黛玉式的领导还是宝钗式的领导？联系作品与现实职场，谈谈你的观点。

论快乐

钱钟书

作者简介

钱钟书(1910—1998 年)，江苏无锡人，原名仰先，字哲良，后改名钟书，字默存，号槐聚，曾用笔名中书君，中国现代作家、文学研究家。钱钟书学贯中西，渊博而睿智，在诸多领域成就卓著，推崇者甚至冠以“钱学”。代表作有：学术论著《谈艺录》和《管锥编》，散文集《写在人生边上》，短篇小说《人·兽·鬼》，长篇小说《围城》。钱钟书先生一生淡泊名利、甘于寂寞、著作等身，培养和影响了几代学人，深为世人所景仰。他和夫人杨绛先生的爱情为世人所羡慕。

背景知识

1938年抗日战争爆发后，钱钟书与夫人杨绛乘法国邮轮回国，被清华大学破例聘为教授，1939年转赴蓝田师范学院任英文系主任，开始了《谈艺录》的写作。在湘西暂居两年，此期间完成了《谈艺录》最初部分，并完成了《围城》的布局与构思，著有《中书君近诗》一册与论文《中国诗和中国画》。直到1941年，由广西乘船到上海，珍珠港事件爆发，被困上海，任教于震旦女子文理学校，其间完成了《谈艺录》《写在人生边上》《围城》的写作。他于抗日战争期间所写的散文（收录在《写在人生边上》）虽未直接反映重大题材，但凡写人论事，总有其鲜明的褒贬，于自然天成的诙谐中表现出他对庸俗、堕落、虚伪的鄙视与尖刻嘲讽。

在旧书铺里买回来维尼（Vigny）的《诗人日记》（Journald'unpoete）信手翻开，就看见有趣的一条。他说，在法语里，喜乐（bonheur）一个名词是“好”和“钟点”两字拼成，可见好事多磨，只是个把钟头的玩意儿（Silebonheurnetaitqu'unebonnedenie）我们联想到我们本国话的说法，也同样的意味深长，譬如快活或快乐的“快”字，就把人生一切乐事的飘瞥难留，极清楚地指示出来。所以我们又慨叹说：“欢娱嫌夜短！”因为人在高兴的时候，活得太快，一到因苦无聊，愈觉得日脚像跛了似的，走得特别慢。德语的沉闷（Langeweile）一词，据字面上直译，就是“长时间”的意思，《西游记》里小猴子对孙行者说：“天上一日，下界一年。”这种神话，的确反映着人类的心理。天上比人间舒服欢乐，所以神仙活得快，人间一年在天上只当一日过。以此类推，地狱里比人间更痛苦，日子一定愈加难度；段成式《酉阳杂俎》就说：“鬼言三年，人间一日。”嫌人生短促的人，真是最“快活”的人；反过来说，真快活的人，不管活到多少岁死，只能算是短命夭折。所以，做神仙也并不值得，在凡间已经30年做了一世的人，在天上还是个初满月的小孩。但是这种“天算”，也有占便宜的地方：“譬如戴君孚《广异记》载崔参军捉狐妖”，“以桃枝决五下”，长孙无忌说罚得太轻，崔答“五下是人间五百下，殊非小刑。”可见卖老祝寿，等等，在地上最为相宜，而刑罚呢，应该到天上去受。

“永远快乐”这句话，不但渺茫得不能实现，并且荒谬得不能成立。快乐的决不会永久；我们说永远快乐，正好像说四方的圆形、静止的动作同样地自相矛盾。在高兴的时候，我们空对瞬息即逝的时间喊着说：“逗留一会儿吧！你太美了！”那有什么用！你要永久，你该向痛苦里去找。不讲别的，只要一个失眠的晚上，或者有约不来的下午，或者一课沉闷的听讲——这许多，比一切宗教信仰更有效力，能使你尝到什么叫作“永生”的滋味。人生的刺，就在这里，留恋着不肯快走，偏是你所不留恋的东西。

快乐在人生里，好比引诱小孩子吃药的方糖，更像跑狗场里引诱狗赛跑的电兔子。几分钟或者几天的快乐赚我们活了一世，忍受着许多痛苦。我们希望它来，希望它留，希望它再来——这三句话概括了整个人类努力的历史。在我们追求和等候的时候，生命又不知不觉地偷渡过去。也许我们只是时间消费的筹码，活了一世不过是为那一世的岁月充当殉葬品，根本不会享受到快乐。但是我们到死也不明白是上了当，我们还理想死后有个天堂，在那里——谢上帝，也有这一天！我们终于享受到永远的快乐。你看，快乐的引诱，不仅像兔子和方糖，使我们忍受了人生，而且仿佛钓钩上的鱼饵，竟使我们甘心去死。这样说来，人生虽痛苦，却不悲观，因为它终抱着快乐的希望；现在的账，我们预支了将来去付。为了快活，我们甚至于愿意慢死。

穆勒曾把"痛苦的苏格拉底"和"快乐的猪"比较。假使猪真知道快活，那么猪和苏格拉底也相去无几了。猪是否能快乐得像人，我们不知道；但是人会容易满足得像猪，我们是常看见的。把快乐分为肉体的和精神的两种，这是最糊涂的分析。一切快乐的享受都属于精神的，尽管快乐的原因是肉体上的物质刺激。小孩子初生下来，吃饱了奶就乖乖地睡，并不知道什么是快活，虽然它身体感觉舒服。缘故是小孩子时的精神和肉体还没有分化，只是混沌的星云状态。洗一个澡，看一朵花，吃一顿饭，假使你觉得快活，并非全因为澡洗得干净，花开得好，或者菜合你的口味，主要是因为你心上没有挂碍，轻松的灵魂可以专注肉体的感觉，来欣赏，来审定。要是你精神不痛快，像将离别时的筵席，随它怎样烹调得好，吃来只是土气息、泥滋味。那时刻的灵魂，仿佛害病的眼怕见阳光，撕去皮的伤口接触空气，虽然空气和阳光都是好东西。快乐时的你，一定心无愧怍。假如你犯罪而真觉快乐，你那时候一定和有道德、有修养的人同样心安理得。有最洁白的良心，跟全没有良心或有最漆黑的良心，效果是相等的。

发现了快乐由精神来决定，人类文化又进一步。发现这个道理，和发现是非善恶取决于公理而不取决于暴力一样重要。公理发现以后，从此世界上没有可被武力完全屈服的人。发现了精神是一切快乐的根据，从此痛苦失掉它们的可怕，肉体减少了专制。精神的炼金术能使肉体痛苦都变成快乐的资料。于是，烧了房子，有庆贺的人；一箪食，一瓢饮，有不改其乐的人；千灾百毒，有谈笑自若的人。所以我们前面说，人生虽不快乐，而仍能乐观。譬如从写《先知书》的所罗门直到做《海风》诗的马拉梅(mallarme)，都觉得文明人的痛苦，是身体困倦。但是偏有人能苦中作乐，从病痛里滤出快活来，使健康的消失有种赔偿。苏东坡诗就说"因病得闲殊不恶，安心是药更无方。"王凡麓《今世说》也记毛稚黄善病，人以为忧，毛曰："病味亦佳，第不堪为燥热人道耳！"在着重体育的西洋，我们也可以找着同样达观的人，多愁善病的诺凡利斯(Novalis)在《碎金集》里建立一种病的哲学，说病是"教人学会休息的女教师。"罗登巴煦(Rodenbach)的诗集《禁锢的生活》(lesViesEncloses)里有专咏病味的一卷，说病是"灵魂的洗涤(epuration)"。身体结实、喜欢活动的人采用了这个观点，就对病痛也感到另有风味。顽健粗壮的18世纪德国诗人白洛柯斯(B. H. Brockes)第一次害病，觉得是一个"可惊异的大发现(EinebewunderungswurdigeErfindung)"。对于这种人，人生还有什么威胁？这种快乐，把忍受变为享受，是精神对于物质的最大胜利。灵魂可以自主——同时也许是自欺。能一贯抱这种态度的人，当然是大哲学家，但是谁知道他不也是个大傻子？

是的，这有点矛盾。矛盾是智慧的代价。这是人生对于人生观开的玩笑。

(选自：钱钟书. 写在人生边上[M]. 北京：中国社会科学出版社，1990.)

艺术赏析

《论快乐》收于钱钟书的第一部散文集《写在人生边上》。本文是一篇哲理意味浓厚的随笔。思路奔放开阔，文义层层见深。作者从不同角度、不同层面阐述了对快乐的种种理解。

尤其是比喻修辞手法的巧妙运用，不仅使得文章文采斐然，而且使得议论深入浅出、活泼灵动、通俗易懂，通篇蕴含着浓郁的幽默情趣。

文学聚焦

《围城》简介

《围城》简介

《围城》是钱钟书所著的长篇小说，是中国现代文学史上一部风格独特的讽刺小说，被誉为“新儒林外史”。故事主要描写抗战初期知识分子的群相。“城外的人想冲进去，城里的人想逃出来”，这就是《围城》一书的精髓所在，是当时之人的写照。婚姻也罢，职业也罢，人生大抵如此。这本书揭示了20世纪三四十年代人们的生存状态和人性的盲目。

主人公方鸿渐是个被动的、无能的、意志不坚定的、经不住诱惑的人，更是一个失败的人，他的失败是因为他面对现代社会残酷的生存竞争和严重的精神危机而缺乏与之对抗所应有的理性、信仰、热情和力量，他还不算是个卑鄙的人，因为他还有点自知之明，有时候还想保持一点做人的尊严。

拓展与应用

探究思考

1. 作者认为“快乐”是由什么决定的，为什么？

2. 怎样理解作者所说的“人生虽不快乐，而仍能乐观”？

3. 作者认为“把快乐分为肉体和精神的两种，这是最糊涂的分析”，为什么？结合自身谈谈。

4. 人人都想一生顺遂、快乐，但是人人也都明白这只是一个美好的愿望罢了。结合自身谈谈作为年轻人，怎样理解快乐及其重要性，怎样使我们的大学生活过得真正快乐。

职业连线

钱钟书先生将人生是不快乐的与我们应当乐观地看待人生这对矛盾称之为“这是人生对于人生观开的玩笑”。既然人生注定是不快乐的，那么我们何不苦中作乐呢？至少精神上的快乐可以抵消一些物质上的痛苦，况且“快乐是由精神决定的”。这样一来，我们至少会感觉到什么是快乐。当同学们找到第一份工作时，也许就会抱怨：“工作好苦啊！”梁启超说过：“凡职业都是有趣味的，只要你肯继续做下去，趣味自然会发生。”所以请从职业中体会快乐，从快乐中品味生活！

思考：

如果工作不开心你会怎么办？你认为该如何改善工作不开心的状态？

谈独立思考

茅　盾

作者简介

茅盾(1896—1981年)：原名沈德鸿，字雁冰，浙江省桐乡人，新文化运动的先驱者，中国现代作家、文学评论家、活动家。毕业于北京大学预科，1921年参与成立文学研究会(中国现代文学史上最早亦最有影响的文学社团之一)，1928年赴日本从事小说创作，1930年回国，参加"左联"，新中国成立后主要从事文学评论，曾历任全国文联副主席、全国作协主席等职务。他的文学成就是多方面的，小说代表作有《子夜》《林家铺子》《春蚕》等，散文有《风景谈》《白杨礼赞》以及文学评论《夜读偶记》。

1981年3月14日，茅盾将稿费25万元人民币捐出设立茅盾文学奖，以鼓励当代优秀长篇小说的创作。

背景知识

《谈独立思考》最初发表于1956年7月3日《人民日报》，署名玄珠。后收入了《茅盾全集》第十七卷。

有人问：如何而能独立思考？

我想：这个答案可以很多，其中之一也许是洋洋万言，引经据典，而效果等于不着一字。

但是，也还有另一方式的答案：不读书者不一定就不能独立思考；然而，读死书、死读书、只读一面的书而不读反面的书和其他多方面的书，却往往会养成思考时的"扶杖而行"，以致最后弄到独立思考能力的萎缩。

眼睛只看上边、不看下边的人，耳朵只喜欢听好话、不喜欢听批评的人，常常只想到自己、不想到别人的人，他们面前可能的危险是：让"独自"思考顶替了独立思考。

教条主义是独立思考的敌人，它的另一个敌人便是个人崇拜。

如果广博的知识是孕育独立思考的，那么，哺养独立思考的便应是民主的精神。

井底之蛙恐怕很少有独立思考的能力。应声虫大概从没有感到有独立思考之要。而日驰数百里的驿马虽然见多识广，也未必善于独立思考。

人类的头脑，本来是具有独立思考的能力的。如果没有，人类就不能从"蠢如鹿豕"进化到文明。但是人类的这个天赋，是在生活斗争中不断碰到矛盾而又不断解决矛盾的过程中逐渐发达起来的。前人的经验和独立思考的成果，应当是后人所借以进行独立思考的资本，而不是窒息独立思考的偶像。

儿童的知识初开，常常模仿大人。这时的模仿，就是吸收前一代的经验和知识，为后来的独立思考准备条件。做大人的，看见幼儿模仿自己，便赞一声“聪明”，可是到后来看见渐臻成熟的少年不再满足于模仿自己，却又骂他“不肖”，这真是可笑的矛盾。

从前有些“诗礼之家”，有一套教养子女的规矩：自孩提以至成长，必使“非礼勿视，非礼勿听，非礼勿言……”这是把儿童放在抽出了空气的玻璃罩内的办法。这样培养出来的，如果不是书呆子、犬儒，便是精神上失去平衡的畸形人，是经不起风霜的软体人，当然也不会是具有独立思考能力的人。

“诗礼之家”现在没有了，我盼望这样的教养方法也和它一同永远消逝。

艺术赏析

这是一篇别具特色的哲理小散文。培养独立思考能力必须具有广博的知识和民主精神。作者由如何读书展开论述。他认为，读死书、死读书、只读一面的书而不读反面的和其他多方面的书，那就会丧失独立思考的能力。而后作者指出“独自”思考、教条主义和个人崇拜是独立思考的敌人，批评了社会上各色人等独立思考能力的缺失，充分肯定了人类本身所具有的独立思考能力。对儿童培养中所造成的矛盾现象和封建社会“诗礼之家”的培养方式，作者给予了无情的嘲讽。为此，就应全社会充分发扬民主的精神，清除旧社会封建专制教育思想的流毒。文章逻辑明晰、思想透彻、语言精练，类似格言警句，具有说服力。

文学聚焦

《子夜》简介

《子夜》创作于1931年，是茅盾的长篇代表作，畅销至今，被翻译成了十几种语言，蜚声海内外。小说以1930年的旧上海为背景，描写了当时的各种社会矛盾和斗争，叙述了民族资本家吴荪甫的悲剧命运，塑造了商人、交际花、知识青年等阶层的典型人物形象。在这些众多人物中，吴荪甫是悲剧色彩最浓重的一个。在与其他民族资本家的关系中，他表现出刚强自信。挤垮朱吟秋、吞并八个日用品工厂，显示了他的魄力和野心；在与帝国主义羽翼下的买办势力的代表赵伯韬的关系上，他又表现为倔强好胜、冒险大胆；在与工人和农民的矛盾关系上，他又以种种手段镇压和分化他们的反抗，表现出极度的凶残与阴险。最终，在与买办资本家赵伯韬的斗争中失败而破产。作者用精准的语言细致描绘了旧上海人们的生活场景，这些逼真的细节描写往往蕴含着深刻的寓意，带着鲜明的时代印记。

拓展与应用

探究思考

1. 结合全文，请说说要成为独自思考的人应具备哪些条件？

2. 文章运用了哪些论证方法，最主要的论证方法是什么？

职业连线

语文实践活动：经典诗歌诵读——歌颂人间真情

古往今来，无数文人墨客用自己的作品表达着对真情的描绘和歌颂，今天让我们走进诗歌的海洋尽情徜徉，感受人间真情。

活动布置：

诗歌诵读，配背景音乐，制作 PPT。

活动实施：

1. 以小组为单位，每小组推举一到两个参赛作品。
2. 每个参赛作品都要配背景音乐及 PPT。
3. 教师指导参赛选手。
4. 正式比赛。

活动评价：

选手能否恰如其分地表现诗歌内涵、声情并茂，能否与同学产生共鸣，诵读形式是否富有创意。

1. 学生自评 ________________________________
2. 同学互评 ________________________________
3. 教师点评 ________________________________

断 魂 枪

老 舍

作者简介

老舍(1899—1966 年)，本名舒庆春，字舍予，满族正红旗人，生于北京，中国现代小说家、著名戏剧家，杰出的语言大师，新中国第一位获得“人民艺术家”称号的作家。1918 年老舍毕业于北京师范学校。1924 年夏，赴伦敦大学东方学院任华语教员，并从事文学创作。1930 年至 1936 年，老舍先后在山东济南齐鲁大学和青岛山东大学任教，1936 年老舍辞职，从事专业写作，在青岛工作和生活的这段时期，是他一生中创作的旺盛期之一。

老舍的主要代表作品有长篇小说《骆驼祥子》《四世同堂》，中篇小说《月牙儿》，短篇小说《断魂枪》，话剧《龙须沟》《茶馆》等。

背景知识

老舍的创作在新中国成立前以小说为主，新中国成立后以戏剧为主。他的作品充满浓厚的地域文化色彩，被称作“京味”十足的“市井文学”。他把北京小市民阶层的命运、思想和心理引进现代文学领域，他的作品对市民阶层广大小生产者的生产、生活方式、精神准则和价值观念进行了全面的审视和思考，并以地道的“北京味儿”和通俗简洁的语言等表现形式赢得了广大市民读者的欢迎。

《断魂枪》写于1935年秋天，当时老舍先生在济南齐鲁大学任教。本文发表前，文艺界正进行着一场大论争，争论聚焦于如何评估中国传统文化。当时的中国已处在国破家亡的深重危机之中，在国家和整个中华民族面临亡国灭种之际，作者深感国人的盲目自大、无知和麻木不仁。一个文化的生存必赖它有自我批判，时时矫正自己、充实自己，如果以老牌号自夸自傲，固执地拒绝更进一步，则是自取灭亡。由于个人的自私保守，中国有多少宝贵的遗产都被埋葬了。作者痛感这种“把生命闹着玩”的国民劣根性已经构成了中华民族潜在危机的基因，故而借沙子龙“断魂”枪术的泯灭，发出呼啸，以期唤醒那些仍徜徉在“东方的大梦”中的国民的灵魂。

沙子龙的镖局已改成客栈。

东方的大梦没法子不醒了。炮声压下去马来与印度野林中的虎啸。半醒的人们，揉着眼，祷告着祖先与神灵；不大会儿，失去了国土、自由与主权。门外立着不同面色的人，枪口还热着。他们的长矛毒弩，花蛇斑彩的厚盾，都有什么用呢？连祖先与祖先所信的神明全不灵了啊！龙旗的中国也不再神秘，有了火车呀，穿坟过墓破坏着风水。枣红色多穗的镖旗，绿鲨皮鞘的钢刀，响着串铃的口马，江湖上的智慧与黑话，义气与声名，连沙子龙，他的武艺、事业，都梦似的变成昨夜的。今天是火车、快枪，通商与恐怖。听说，有人还要杀下皇帝的头呢！！

这是走镖已没有饭吃，而国术还没被革命党与教育家提倡起来的时候。

谁不晓得沙子龙是短瘦、利落、硬棒，两眼明得像霜夜的大星？可是，现在他身上放了肉。镖局改了客栈，他自己在后小院占着三间北房，大枪立在墙角，院子里有几只楼鸽。只是在夜间，他把小院的门关好，熟习熟习他的“五虎断魂枪”。这条枪与这套枪法，二十年的工夫，在西北一带，给他创出来“神枪沙子龙”五个字，没遇见过敌手。现在，这条枪与这套枪法不会再替他增光显胜了；只是摸摸这凉、滑、硬而发颤的杆子，使他心中少难过一些而已。只有在夜间独自拿起枪来，才能相信自己还是“神枪沙”。在白天，他不大谈武艺与往事；他的世界已被狂风吹了走。

在他手下创练起来的少年们还时常来找他。他们大多数是没落子弟，都有点武艺，可是没地方去用。有的在庙会上去卖艺：踢两趟腿，练套家伙，翻几个跟头，附带着卖点大力丸，混个三吊两吊的。有的实在闲不起了，去弄筐果子，或挑些毛豆角，赶早儿在街上论斤吆喝出去。那时候，米贱肉贱，肯卖膀子力气本来可以混个肚儿圆；他们可是不成：肚量既大，而且得吃口管事儿的；干饽饽辣饼子咽不下去。况且他们还时常去走会：五虎棍、开路、大狮少狮……虽然算不了什么——比起走镖来——可是到底有个机会活动活动，露露脸。是的，走会捧场是买脸的事，他们打扮得像个样儿，至少得有条青洋绉裤子，新漂白细市布的小褂，和一双鱼踏实鳞鞋——顶好是青缎子抓地虎靴子。他们是神枪沙子龙的徒弟——虽然沙子龙并不承认——得到处露脸，走会得赔上俩钱，说不定还得打场架。没钱，上沙老师那里去求。沙老师不含糊，多少不拘，不让他们空着手儿走。可是，为打架或献技去讨教一个招数，或是请给说个"对子"——什么空手夺刀，或虎头钩进枪——沙老师有时说句笑话，马虎过去："教什么？拿开水浇吧！"有时直接把他们赶出去。他们不大明白沙老师是怎么了，心中也有点不乐意。

可是，他们到处为沙老师吹腾，一来是愿意使人知道他们的武艺有真传授，受过高人的指教；二来是为激动沙老师：万一有人不服气而找上老师来，老师难道还不露一两手真的吗？所以，沙老师一拳就砸倒了个牛！沙老师一脚把人踢到房上去，并没使多大的劲！他们谁也没见过这种事，但是说着说着，他们相信这是真的了，有年月，有地方，千真万确，敢起誓！

王三胜——沙子龙的大伙计——在土地庙拉开了场子，摆好了家伙。抹了一鼻子茶叶末色的鼻烟，他抡了几下竹节钢鞭，把场子打大一些。放下鞭，没向四围作揖，叉着腰念了两句："脚踢天下好汉，拳打五路英雄！"向四围扫了一眼："乡亲们，王三胜不是卖艺的；玩艺儿会几套，西北路上走过镖，会过绿林中的朋友。现在闲着没事，拉个场子陪诸位玩玩。有爱练的尽管下来，王三胜以武会友，有赏脸的，我陪着。神枪沙子龙是我的师傅，玩艺地道！诸位，有愿下来的没有？"他看着，准知道没人敢下来，他的话硬，可是那条钢鞭更硬，十八斤重。

王三胜，大个子，一脸横肉，努着对大黑眼珠，看着四周。大家不出声。他脱了小褂，紧了紧深月白色的"腰里硬"，把肚子杀进去。给手心一口唾沫，抄起大刀来："诸位，王三胜先练趟瞧瞧。不白练，练完了，带着的扔几个；没钱，给喊个好，助助威。这儿没生意口。好，上眼！"

大刀靠了身，眼珠弩出多高，脸上绷紧，胸脯子鼓出，像两块老桦木根子。一跺脚，刀横起，大红缨子在肩前摆动。削砍劈拔，蹲越闪转，手起风生，忽忽直响。忽然刀在右手心上旋转，身弯下去，四围鸦雀无声，只有缨铃轻叫。刀顺过来，猛地一个"跺泥"，身子直挺，比众人高着一头，黑塔似的，收了势："诸位！"一手持刀，一手叉腰，看着四围。稀稀地扔下几个铜钱，他点点头。

"诸位！"他等着，等着，地上依旧是那几个亮而削薄的铜钱，外层的人偷偷散去。他咽了口气："没人懂！"他低声地说，可是大家全听见了。

"有功夫！"西北角上一个黄胡子老头儿答了话。

"啊？"王三胜好似没听明白。

"我说，你——有——功——夫！"老头子的语气很不得人心。

放下大刀，王三胜随着大家的头往西北看。谁也没看重这个老人：小干巴个儿，披着件粗蓝布大衫，脸上窝窝瘪瘪，眼陷进去很深，嘴上几根细黄胡，肩上扛着条小黄草辫子，有筷子那么细，而绝对不像筷子那么直顺。王三胜可是看出这老家伙有功夫，脑门亮，眼睛亮——眼眶虽深，眼珠可黑得像两口小井，深深地闪着黑光。王三胜不怕：他看得出别人有功夫没有，可更相信自己的本事，他是沙子龙手下的大将。

“下来玩玩，大叔！”王三胜说得很得体。

点点头，老头儿往里走。这一走，四处全笑了。他的胳臂不大动；左脚往前迈，右脚随着拉上来，一步步地往前拉扯，身子整着，像是患过瘫痪病。蹭到场中，把大衫扔在地上，一点没理会四围怎样笑他。

“神枪沙子龙的徒弟，你说？好，让你使枪吧，我呢？”老头子非常地干脆，很像久想动手。

人们全回来了，邻场耍狗熊的无论怎么敲锣也不中用了。

“三截棍进枪吧？”王三胜要看老头子一手，三截棍不是随便就拿得起来的家伙。

老头子又点点头，拾起家伙来。王三胜努着眼，抖着枪，脸上十分难看。

老头子的黑眼珠更深更小了，像两个香火头，随着面前的枪尖儿转，王三胜忽然觉得不舒服，那俩黑眼珠似乎要把枪尖吸进去！四处已围得风雨不透，大家都觉出老头子确是有威。为躲那对眼睛，王三胜耍了个枪花。老头子的黄胡子一动：“请！”王三胜一扣枪，向前躬步，枪尖奔了老头子的喉头去，枪缨打了一个红旋。老人的身子忽然活展了，将身微偏，让过枪尖，前把一挂，后把撩王三胜的手。“啪，啪”两响，王三胜的枪撒了手。场外叫了好。王三胜连脸带胸口全紫了，抄起枪来；一个花子，连枪带人滚了过来，枪尖奔了老人的中部。老头子的眼亮得发着黑光，腿轻轻一屈，下把掩裆，上把打着刚要抽回的枪杆，“啪”，枪又落在地上。

场外又是一片喝彩声。王三胜流了汗，不再去拾枪，努着眼，木在那里。老头子扔下家伙，拾起大衫，还是拉拉着腿，可是走得很快了，大衫搭在臂上，他过来拍了王三胜一下：“还得练哪，伙计！”

“别走！”王三胜擦着汗：“你不离，姓王的服了！可有一样，你敢会会沙老师吗？”

“就是为会他才来的！”老头子的干巴脸上皱起点来，似乎是笑呢。“走，收了吧，晚饭我请！”

王三胜把兵器拢在一处，寄放在变戏法二麻子那里，陪着老头子往庙外走。后面跟着不少人，他把他们骂散了。

“你老贵姓？”他问。

“姓孙哪。”老头子的话与人一样，都那么干巴。“爱练，就想会会沙子龙。”

沙子龙不把你打扁了！王三胜心里说。他脚底下加了劲，可是没把孙老头落下。他看出来，老头子的腿是老走着查拳门中的连跳步；交起手来，必定很快。但是，无论他怎么快，沙子龙是没对手的。准知道孙老头要吃亏，他心中痛快了些，放慢了些脚步。

“孙大叔贵处？”

“河间的，小地方。”孙老者也和气了些：“真的，你那两手就不坏！”

王三胜头上的汗又回来了，没言语。

“月棍年刀一辈子枪，不容易见功夫！”

到了客栈，他心中直跳，唯恐沙老师不在家，他急于报仇。他知道老师不爱管这种事，师弟们已碰过不少回钉子，可是他相信这回必定行，他是大伙计，不比那些毛孩子；再说，人家在庙会上点名叫阵，沙老师还能丢这个脸吗？

“三胜，”沙子龙正在床上看着本《封神榜》，“有事吗？”

三胜的脸又紫了，嘴唇动着，说不出话来。

沙子龙坐起来，“怎么了，三胜？”

“栽了跟头！”

只打了个不甚长的哈欠，沙老师没别的表示。

王三胜心中不平，但是不敢发作；他得激动老师：“姓孙的一个老头儿，门外等着老师呢；把我的枪，枪，打掉了两次！”他知道“枪”字在老师心中有多大分量。没等吩咐，他慌忙跑出去。

客人进来，沙子龙在外间屋等着呢。彼此拱手坐下，他叫三胜去泡茶。三胜希望两个老人立刻交了手，可是不能不沏茶去。孙老者没话讲，用深藏着的眼睛打量沙子龙。

沙子龙很客气：“要是三胜得罪了你，不用理他，年纪还轻。”

孙老者有些失望，可也看出沙子龙的精明。他不知怎样好了，不能拿一个人的精明断定他的武艺。“我来领教领教枪法！”他不由地说出来。

沙子龙没接碴儿。王三胜提着茶壶走进来——急于看二人动手，他没管水开了没有，就沏在壶中。

“三胜，”沙子龙拿起个茶碗来，“去找小顺们去，天汇见，陪孙老者吃饭。”

“什么！”王三胜的眼珠几乎掉出来。看了看沙老师的脸，他敢怒而不敢言地说了声：“是啦！”走出去，噘着大嘴。

“教徒弟不易！”孙老者说。

“我没收过徒弟。走吧，这个水不开！茶馆去喝，喝饿了就吃。”沙予龙从桌子上拿起缎子褡裢，一头装着鼻烟壶，一头装着点钱，挂在腰带上。

“不，我还不饿！”孙老者很坚决，两个“不”字把小辫从肩上抡到后边去。

“说会子话儿。”

“我来为领教领教枪法。”

“功夫早搁下了，”沙子龙指着身上，“已经放了肉！”

“这么办也行，”孙老者深深地看了沙老师一眼：“不比武，教给我那趟五虎断魂枪。”

“五虎断魂枪？”沙子龙笑了：“早忘干净了！早忘干净了！告诉你，在我这儿住几天，咱们各处逛逛，临走，多少送点盘缠。”

“我不逛，也用不着钱，我来学艺！”孙老者立起来，“我练趟给你看看，看够得上学艺不够！”一屈腰已到了院中，把楼鸽都吓飞起去。拉开架子，他打了趟查拳：腿快，手飘洒，一个飞脚起去，小辫儿飘在空中，像从天上落下来一个风筝；快之中，每个架子都摆得稳、准，利落；来回六趟，把院子满都打到。走得圆，接得紧，身子在一处，而精神贯穿到四面八方。抱拳收势，身儿缩紧，好似满院乱飞的燕子忽然归了巢。

“好！好！”沙子龙在台阶上点着头喊。

“教给我那趟枪！”孙老者抱了抱拳。

沙子龙下了台阶，也抱着拳："孙老者，说真的吧；那条枪和那套枪都跟我入棺材，一齐入棺材！"

"不传？"

"不传！"

孙老者的胡子嘴动了半天，没说出什么来。到屋里抄起蓝布大衫，拉拉着腿："打搅了，再会！"

"吃过饭走！"沙子龙说。

孙老者没言语。

沙子龙把客人送到小门，然后回到屋中，对着墙角立着的大枪点了点头。

他独自上了天汇，怕是王三胜们在那里等着。他们都没有去。

王三胜和小顺们都不敢再到土地庙去卖艺，大家谁也不再为沙子龙吹腾；反之，他们说沙子龙栽了跟头，不敢和个老头儿动手；那个老头子一脚能踢死个牛。不要说王三胜输给他，沙子龙也不是他的对手。不过呢，王三胜到底和老头子见了个高低，而沙子龙连句话也没敢说。"神枪沙子龙"慢慢似乎被人们忘了。

夜静人稀，沙子龙关好了小门，一气把六十四枪刺下来，而后，拄着枪，望着天上的群星，想起当年在野店荒林的威风。叹一口气，用手指慢慢摸着凉滑的枪身，又微微一笑："不传！不传！"

（选自：舒济，舒乙．老舍小说全集：10卷[M]．武汉：长江文艺出版社，1993．）

艺术赏析

《断魂枪》说的是三个拳师的故事，重点写沙子龙在近代社会急剧变化中的复杂心态。在东西方文化剧烈碰撞、古今文化风云际会的年代，沙子龙清醒地认识到自己被时代抛弃势在必然，所以将镖局改为客栈。然而，那有月光的晚上，无人息的大院里，那套威震天下的枪法和落寞坚毅的主人在茫茫末世中跌落沉沦、孤独无助、黯然销魂。沙子龙的徒弟王三胜则争强好胜、鲁莽争勇。文中还有一位高人孙老者，他乐观、坚韧，为学习传统的武林绝技而风尘仆仆地奔走江湖。

小说在塑造人物形象时，运用烘托和对照的手法。王三胜的鲁莽气盛与沙子龙的深藏不露相对比，孙老者的刚直锐进又与沙子龙的保守愚顽相映照。在对同一个人物的描绘中，或用反差极强的对比，或用先扬后抑等手法去刻画其性格特点。对于人物的复杂心理活动，作品并不多用对话和直接的心理剖析，而是通过人物的外形和动作的精准描绘来披露。

文学聚焦

中国现代著名作家的笔名由来

1．鲁迅：原名周树人，"鲁迅"是其1918年5月发表《狂人日记》时起用的笔名。鲁迅在日本留学时，以“令飞”“迅行”为笔名，希望民族和自己都能快速地前进，不能落后。据许寿裳《亡友鲁迅印象记》载，鲁迅曾当面对他说过：“因为《新青年》编辑者不愿意有别号一般的署名，我从前用过‘迅行’的别号是你所知道的，所以临时命名如此，理由是：母亲姓鲁；周鲁是同姓之国；取愚鲁而迅速之意。”这就是“鲁迅”笔名的来由。

2. 老舍：原名舒庆春，上学时自己更名为舒舍予。“老舍”这一笔名，是他在1926年发表长篇小说《老张的哲学》时首次使用的。在“舍予”前面添“老”字，而后面去掉“予”字，便成了现今人们熟知的“老舍”。他用“老舍”这一笔名发表了大量文学作品，以致不少人只知道“老舍”而不知舒庆春是谁。

3. 冰心：原名谢婉莹。1932年《冰心全集·自序》中：“用冰心为笔名，一来是冰心两字，笔画简单好写，而且是莹字的含义；二来是我胆小，怕人家笑话批评。冰心这两个字是新的，人家看到的时候，不会想到这两个字和谢婉莹有什么关系。”

4. 巴金：原名李尧棠。巴金在1985年表示：“1928年我在法国沙多—吉里城拉封丹中学写完了《灭亡》，想取个笔名，刚好当时的中国同学巴恩波投水自杀了，为了纪念他，我便取了‘巴’字。而我当时正在翻译克鲁泡特金的《伦理学的起源和发展》，我就取了一个‘金’字，合成‘巴金’的笔名。”

5. 孙犁：原名孙树勋。1937年冬参加革命以后以笔为枪，自1938年开始用孙犁作笔名。孙犁属牛，出生在五月春深(农历四月初六)，“犁”字正合他笔耕砚田、春种秋收之志向，所以这个笔名就成了他正式的名字。

拓展与应用

探究思考

1. 概述小说的主要内容。

2. 思考一下作者塑造沙子龙这一人物形象的用意何在？

3. 作者没有直接表现“五虎断魂枪”的神采，却描绘了两位陪衬人物的武艺，这样写是为了什么？全文用了什么方法来突显主人公？

职业连线

在过往的几十年间，科学的发展与科技的进步使我们所处的世界发生了翻天覆地的变化，不知不觉中，我们已经进入了人工智能的时代，各种弱人工智能产品已经逐步走入了我们的生活，使我们的工作和生活都悄然发生了变化，事实上已经有一些职业正在被人工智能所取代。也许在未来，我们最大的竞争者不再是他人，而是人工智能，那么在与人工智能的竞争中，未来哪些职业会胜出，哪些又将被淘汰呢？

思考：

我们该如何做好职业规划，不被社会所淘汰？

一只特立独行的猪

王小波

作者简介

王小波(1952—1997年)，男，中国当代学者、作家。1952年出生于北京，1978年考入中国人民大学，1980年王小波与李银河结婚，同年发表处女作《地久天长》。1984年赴美国匹兹堡大学东亚研究中心求学，回国后先后在北京大学、中国人民大学任教。1992年成为自由撰稿人。他的电影剧本《东宫·西宫》获“马德普拉塔国际电影节最佳编剧奖”。1997年4月11日病逝于北京，年仅45岁。他崇尚理性、自由，富于奇思异想，兼具“顽童”“骑士”之质，被誉为“行吟诗人”和“自由思想家”。出版有小说集《黄金时代》《白银时代》《青铜时代》和《黑铁时代》等，以及散文、随笔集《我的精神家园》《沉默的大多数》和《思维的乐趣》等。王小波的散文思想睿智、深刻，笔力刚劲、犀利，语言风趣、幽默，多有反讽意味。

背景知识

这篇杂文是王小波写于他插队下乡做知青的年代。那个年代，在大社会的背景下，一代知识青年下乡体验生活，二十岁左右的年龄，正是无拘无束、自由成长、似火般的岁月，但大多数人的生活却是被压抑、被设置的。文章通过描写一头特立独行的猪的故事，分析“对生活做种种设置”的谬误，探讨如何生活、如何做人的道理。

插队的时候，我喂过猪，也放过牛。假如没有人来管，这两种动物也完全知道该怎样生活。它们会自由自在地闲逛，饥则食渴则饮，春天来临时还要谈谈爱情；这样一来，它们的生活层次很低，完全乏善可陈。人来了以后，给它们的生活做出了安排：每一头牛和每一口猪的生活都有了主题。就它们中的大多数而言，这种生活主题是很悲惨的：前者的主题是干活，后者的主题是长肉。我不认为这有什么可抱怨的，因为我当时的生活也不见得丰富了多少，除了八个样板戏，也没有什么消遣。有极少数的猪和牛，它们的生活另有安排。以猪为例，种猪和母猪除了吃，还有别的事可干。就我所见，它们对这些安排也不大喜欢。种猪的任务是交配，换言之，我们的政策准许它当个花花公子。但是疲惫的种猪往往摆出一种肉猪(肉猪是阉过的)才有的正人君子架势，死活不肯跳到母猪背上去。母猪的任务是生崽儿，但有些母猪却要把猪崽儿吃掉。总的来说，人的安排使猪痛苦不堪。但它们还是接受了：猪总是猪啊。

对生活做种种设置是人特有的品性。不光是设置动物，也设置自己。我们知道，在古希腊有个斯巴达，那里的生活被设置得了无生趣，其目的就是要使男人成为亡命战士，使女人成为生育机器，前者像些斗鸡，后者像些母猪。这两类动物是很特别的，但我以为，它们肯定不喜欢自己的生活。但不喜欢又能怎么样？人也好，动物也罢，都很难改变自己的命运。

以下谈到的一只猪有些与众不同。我喂猪时，它已经有四五岁了，从名分上说，它是肉猪，但长得又黑又瘦，两眼炯炯有光。这家伙像山羊一样敏捷，一米高的猪栏一跳就过；它还能跳上猪圈的房顶，这一点又像是猫——所以它总是到处游逛，根本就不在圈里呆着。所有喂过猪的知青都把它当宠儿来对待，它也是我的宠儿——因为它只对知青好，容许他们走到三米之内，要是别的人，它早就跑了。它是公的，原本该劁掉。不过你去试试看，哪怕你把劁猪刀藏在身后，它也能嗅出来，朝你瞪大眼睛，噢噢地吼起来。我总是用细米糠熬的粥喂它，等它吃够了以后，才把糠兑到野草里喂别的猪。其他猪看了嫉妒，一起嚷起来。这时候整个猪场一片鬼哭狼嚎，但我和它都不在乎。吃饱了以后，它就跳上房顶去晒太阳，或者模仿各种声音。它会学汽车响、拖拉机响，学得都很像；有时整天不见踪影，我估计它到附近的村寨里找母猪去了。我们这里也有母猪，都关在圈里，被过度的生育搞得走了形，又脏又臭，它对它们不感兴趣；村寨里的母猪好看一些。它有很多精彩的事迹，但我喂猪的时间短，知道得有限，索性就不写了。总而言之，所有喂过猪的知青都喜欢它，喜欢它特立独行的派头儿，还说它活得潇洒。但老乡们就不这么浪漫，人们说，这猪不正经。领导则痛恨它，这一点以后还要谈到。我对它则不止是喜欢——我尊敬它，常常不顾自己虚长十几岁这一现实，把它叫作“猪兄”。如前所述，这位猪兄会模仿各种声音。我想它也学过人说话，但没有学会——假如学会了，我们就可以做倾心之谈。但这不能怪它。人和猪的音色差得太远了。

后来，猪兄学会了汽笛叫，这个本领给它招来了麻烦。我们那里有座糖厂，中午要鸣一次汽笛，让工人换班。我们队下地干活时，听见这次汽笛响就收工回来。我的猪兄每天上午十点钟总要跳到房上学汽笛，地里的人听见它叫就回来——这可比糖厂鸣笛早了一个半小时。坦白地说，这不能全怪猪兄，它毕竟不是锅炉，叫起来和汽笛还有些区别，但老乡们却硬说听不出来。领导上因此开了一个会，把它定成了破坏春耕的坏分子，要对它采取专政手段——会议的精神我已经知道了，但我不为它担忧——因为假如专政是指绳索和杀猪刀的话，那是一点门都没有的。以前的领导也不是没试过，一百人也治不住它。狗也没用：猪兄跑起来像颗鱼雷，能把狗撞出一丈开外。谁知这回是动了真格的，指导员带了二十几个人，手拿五四式手枪；副指导员带了十几人，手持看青的火枪，分两路在猪场外的空地上兜捕它。这就使我陷入了内心的矛盾：按我和它的交情，我该舞起两把杀猪刀冲出去，和它并肩战斗，但我又觉得这样做太过惊世骇俗——它毕竟是只猪啊；还有一个理由，我不敢对抗领导，我怀疑这才是问题之所在。总之，我在一边看着。猪兄的镇定使我佩服之极：它很冷静地躲在手枪和火枪的连线之内，任凭人喊狗咬，不离那条线。这样，拿手枪的人开火就会把拿火枪的打死，反之亦然；两头同时开火，两头都会被打死。至于它，因为目标小，多半没事。就这样连兜了几个圈子，它找到了一个空子，一头撞出去了；跑得潇洒至极。以后我在甘蔗地里还见过它一次，它长出了獠牙，还认识我，但已不容我走近了。这种冷淡使我痛心，但我也赞成它对心怀叵测的人保持距离。

我已经四十岁了，除了这只猪，还没见过谁敢于如此无视对生活的设置。相反，我倒见过很多想要设置别人生活的人，还有对被设置的生活安之若素的人。因为这个缘故，我一直怀念这只特立独行的猪。

（选自：王小波．沉默的大多数[M]．长沙：湖南文艺出版社，2015．）

艺术赏析

文章讲述了“我”插队时所目睹的“一只特立独行的猪”的故事。这头有个性的猪不甘心接受人的安排，借着自己与命运抗争到底的勇敢与执着冲出了人类的重围，跑到野地里成了一只野猪。作者借这头特立独行的猪传达出一种理性、深邃、犀利的思考。作者也借这只猪犀利地指出人和动物其实殊途同归的命运，甚至有时人还不如猪活得那么潇洒、果敢和自由。

作品有着独特的杂文之美。杂文的魅力在于语言的庄重与诙谐并用。王小波的杂文不仅胜在独到的观察视角，更在于诙谐有趣，以雅喻俗、以俗喻雅的趣味性。王小波以旁观者的角度，与那只“特立独行”的猪以兄弟相称，语言诙谐、轻松。

文学聚焦

黑色幽默文学

“黑色幽默”作为一种美学形式，属于喜剧范畴，但又是一种带有悲剧色彩的变态的喜剧。“黑色幽默”的产生是与20世纪60年代美国的动荡不安相联系的。当代资本主义社会的荒谬可笑的事物和“喜剧性”的矛盾不是作家们凭主观意志所能创造的，它们是那种社会生活的反映。这种反映虽然具有一定的社会意义和认识价值，作家虽然也抨击了包括统治阶级在内的一切权威，但是他们强调社会环境是难以改变的，因而作品中往往流露出悲观绝望的情绪。

“黑色幽默”的小说家突出描写人物周围世界的荒谬和社会对个人的压迫，以一种无可奈何的嘲讽态度表现环境和个人(即“自我”)之间的互不协调，并把这种互不协调的现象加以放大、扭曲，变成畸形，使它们显得更加荒诞不经、滑稽可笑，同时又令人感到沉重和苦闷。“黑色幽默”作家往往塑造一些怪僻的“反英雄”人物，借他们可笑的言行影射社会现实，表达作家对社会问题的观点。

拓展与应用

探究思考

1. 分析《一只特立独行的猪》的主题思想。

2. 本文的语言颇具特色，请结合文本加以赏析。
3. 试着和文中的猪兄完成一段幽默的对话。

职业连线

在工作中，我们难免会遇到问题和困难，我们不要死钻“牛角尖”，别一条道跑到黑。换个角度看问题，说不定我们会有意料不到的收获。当旧的思维定式不能解决新问题，就一定要改变策略，另辟蹊径，大胆创新。创新的前提是不走寻常路，勇于打破常规，克服头脑中已成型的定式思维。要做到这点，我们可以经常有意识地寻找事物之间的共同点，关注事物之间的不同点，学会举一反三，经过一段时间的练习后，会产生一些新奇的想法，我们会发现自己的思维方式变得越来越灵活。

思考：

请同学们设想自己未来的职业，给自己的工作想一个创新的点子。

贺新郎① · 甚矣吾衰矣

辛弃疾(宋)

作者简介

辛弃疾(1140—1207 年)，南宋词人。字幼安，号稼轩，历城(今山东济南)人。出生时，中原已为金兵所占。22 岁参加抗金义军，不久归南宋。历任湖北、江西、湖南、福建、浙东安抚使等职。一生力主抗金。曾上《美芹十论》与《九议》，条陈战守之策，显示出其卓越的军事才能与爱国热忱。但提出的抗金建议均未被采纳，并遭到打击，曾长期落职闲居于江西上饶、铅山一带。

其词抒写力图恢复国家统一的爱国热情，倾诉壮志未酬的悲愤，对当时执政者的屈辱求和颇多谴责；也有不少吟咏祖国河山的作品。题材广阔又善化用前人典故入词，风格沉雄豪迈又不乏细腻柔美之处，使之成为南宋词坛的主流。他继承和发展了苏轼的豪放词风，借鉴诗、文等艺术手法，开拓了词的思想意境，提高了词的文学地位，后人遂以“苏辛”并称。现存词六百余首，有《稼轩长短句》和《稼轩词》等。

背景知识

此词当作于辛弃疾从福建安抚使任上罢职，被投闲置散几年之后。他在信州铅山(今属江西)东期思渡瓢泉旁筑了新居，建了园亭等。其中有“停云堂”，取陶渊明《停云》诗意命名。这首为他在瓢泉所造的“停云堂”而题的词，是辛弃疾的得意之作。全词仿效陶渊明《停云》诗的格局，主要写思亲友和饮酒两方面，但又添进山水情趣，借以抒发自己年华空老、壮志未酬和知音难求的孤寂和激愤。

邑中园亭[②]，仆皆为赋此词[③]。一日，独坐停云[④]，水声山色，竞来相娱[⑤]。意溪山欲援例者[⑥]，遂作数语，庶几仿佛渊明思亲友之意云[⑦]。

甚矣吾衰矣[⑧]。怅平生、交游零落[⑨]，只今余几[⑩]！白发空垂三千丈[⑪]，一笑人间万事[⑫]。问何物、能令公喜[⑬]？我见青山多妩媚[⑭]，料青山、见我应如是[⑮]。情与貌，略相似[⑯]。

一尊搔首东窗里[⑰]。想渊明、停云诗就[⑱]，此时风味[⑲]。江左沉酣求名者[⑳]，岂识浊醪妙理[㉑]？回首叫、云飞风起[㉒]。不恨古人吾不见，恨古人、不见吾狂耳[㉓]。知我者，二三子[㉔]。

【注释】

① 贺新郎：词牌名，又名“金缕曲”“贺新凉”等。以叶梦得《贺新郎·睡起流莺语》为正体，双调一百十六字，上、下片各十句，六仄韵。

② 邑：县邑，指铅山县。辛弃疾在带湖居所失火之后举家迁往此处。

③ 仆：自我谦称。此词：指《贺新郎》词调。

④ 停云：指辛弃疾在瓢泉所筑停云堂。

⑤ 竞来相娱：争相前来使我高兴。

⑥ 意：猜度，料想。援例：依照前例。指以词赋邑中园亭事。

⑦ 庶几：差不多。仿佛：相似，类似。渊明思亲友：晋代陶渊明有《停云》诗四首，自谓是“思亲友”之作。云：助词，用于句末，无意义。

⑧ 甚矣吾衰矣：语出《论语·述而》孔子语：“甚矣吾衰也，久矣吾不复梦见周公。”孔子平生的理想是复兴周公的事业，所以时常梦见周公。不再梦见周公，说明他已十分衰老了。词人借此感叹自己年龄衰老和政治失意。

⑨ 怅：发愁，感到若有所失。交游零落：指老友纷纷离世。欧阳修《江邻几文集序》：“不独善人君子难得易失，而交游零落如此，反顾身世，死生盛衰之际，又可悲夫！”交游：朋友。零落：稀少。

⑩ 只今：如今。余几：剩下几个。

⑪ “白发”：语出李白《秋浦歌十七首·其十五》：“白发三千丈，缘愁似个长。”以夸张手法写愁之长。空：徒自，白白地。

⑫ 人间万事：语出寇准《和蒨桃》：“人间万事何须问，且向樽前听艳歌。”

⑬ 能令公喜：《晋书·温峤传》记载，王珣、郗超都有奇才，也都受到大司马桓温的喜爱。珣为主簿，超为参军。超多须，珣矮小。府中语曰：“髯参军，短主簿，能令公喜，能令公怒。”公：词人自称。

⑭ “我见”句：化用唐太宗李世民语。《新唐书·魏征传》：“帝大笑曰：‘人言征举动疏慢，我但见其妩媚耳！’”魏征是初唐政治家，曾向唐太宗提出过很多治理国家的建议，颇受重视。唐太宗所谓的“妩媚”，是指魏征的耿直。此处是形容青山的秀丽美好。

⑮ 应如是：应该也是如此。

⑯ “情与貌”二句：意谓人与山的感情和外貌大致是一样的。

⑰ 一尊搔首东窗里：化用陶渊明《停云》：“静寄东轩，春醪独抚。良朋悠邈，搔首延伫。”陶渊明在东窗饮酒，好友远隔未至，只有“搔首”盼望他来。尊：酒杯。搔首：挠头，烦急的样子。

⑱ 就：完成，写成。

⑲ 风味：风情神态。

⑳ 江左沉酣求名者：指南朝的那些纵酒放浪的名士清流。苏轼《和陶饮酒二十首·其三》：“江左风流人，醉中亦求名。”江左：江东，指长江下游南岸地区。晋室南渡，东晋及宋、齐、梁、陈相继建都金陵，史称南朝。

㉑ 浊醪(láo)：浊酒。妙理：精微的道理。

㉒ 回首叫：回首长啸。云飞风起：暗用汉高祖刘邦《大风歌》："大风起兮云飞扬，威加海内兮归故乡，安得猛士兮守四方。"

㉓"不恨"二句：《南史·张融传》："融善草书，常自美其能，帝曰：'卿书殊有骨力，但恨无二王法。'答曰：'非恨臣无二王法，亦恨二王无臣法。'……常叹云：'不恨我不见古人，所恨古人又不见我。'"狂：指愤世嫉俗的狂态。

㉔ 二三子：《论语》中的成句，是孔子对其弟子的称呼。如《述而篇》："子曰：二三子以我为隐乎，吾无隐乎尔。"此处借指知己，也可理解为青山，因为青山是他的知己。

艺术赏析

此词上片借用孔子语："甚矣吾衰也，久矣吾不复梦见周公。"的典故感叹自己年龄衰老和政治失意，次句悲哀知己零落，与结句"知我者，二三子"首尾呼应，后四句情绪一转，展现出作者的狂傲与不甘，沉郁之中仍见雄豪本色。"我见青山多妩媚，料青山、见我应如是"一句，视角改变，料想青山与英雄同"妩媚"，新奇诙谐，词人将自己的情与青山相比，委婉地表达了自己宁愿落寞，决不与奸人同流合污的高洁之志。

词的下片作者又连用典故，引入陶渊明事迹以寄托情怀。陶渊明曾于寂寞中写下思念亲友的《停云》诗，其中有"良朋悠邈，搔首延伫"和"有酒有酒，闲饮东窗"等诗句，辛弃疾把它浓缩在一个句子里，表现出对其隐士生活的向往，但苦于自身执念，无法效仿陶渊明东篱采菊、南山荷锄，故在瓢泉为新居取名"停云堂"以表对陶渊明这样不追名逐利的真名士敬意。辛弃疾一代英豪，虽困顿沉郁，也不会争名夺利、随波逐流，于是最后两句气势陡转、豪气干云，吐露出狂人英雄深重的寂寞孤独与自怜自慰，读之令人胸胆开张而又心中泣血。从结构上看，此词前后呼应，层层叠加，使英雄的落寞悲愤不断得到加强，极具感染力。

文学聚焦

豪放派

豪放派是宋词的一个流派，与婉约派并为宋词两大词派。"豪放""婉约"之说最早见于《诗余图谱》："词体大略有二：一体婉约，一体豪放。婉约者欲其辞情酝藉，豪放者欲其气象恢弘。盖亦存乎其人，如秦少游(秦观)之作多是婉约，苏子瞻(苏轼)之作多是豪放。大抵词体以婉约为正。"

豪放作为文学风格，见于司空图《二十四诗品》，杨廷芝解释豪放为"豪迈放纵"，"豪则我有可盖乎世，放则物无可羁乎我"(《诗品浅解》)。可见豪放的作品应当气度超拔，不受羁束。

北宋诗文革新派作家如王安石、苏轼、苏辙都曾用"豪放"一词衡文评诗。第一个用"豪放"评词的是苏轼(《答陈季常书》)，他还开始写作打破传统词风的词，如《念奴娇·赤壁怀古》等，颇引人注意。

豪放派的特点大体是创作视野较为广阔，气象恢弘雄放，喜用诗文的手法、句法写词，语词宏博，用事较多，不拘守音律，然而有时失之平直，甚至涉于狂怪叫嚣。南渡之后，由于时代巨变，悲壮慷慨的高亢之调应运发展，陈与义、叶梦得、朱敦儒、张孝祥、张元傒、陈亮、刘过等人承流接响，蔚然成风。豪放词派不但震烁宋代词坛，而且广泛地影响了词林后学，从宋、金直到清代，历来都有标举豪放旗帜且大力学习苏轼、辛弃疾的词人。

拓展与应用

探究思考

1. 辛弃疾词爱用典故，在宋词中别具一格，请列举此词典故涉及的人物？
2. 结合全词，简要分析词句“知我者，二三子”的作用。
3. 此词中寄托了作者哪些深沉的感情？

职业连线

小王是某高校旅游管理专业的一名学生，为完成专业实践任务，他选择在旅行社做实习导游。近期，小王将带团前往四川都江堰。为使自己的解说更有吸引力，小王尽可能地搜集、整合有关都江堰的各种信息。在搜集资料的过程中，小王看到了余秋雨先生的散文《都江堰》，文中的一些信息给了小王灵感。如文中有一段内容是这样描述都江堰的：

它(都江堰)至今还在为无数民众输送汩汩清流。有了它，旱涝无常的四川平原成了天府之国，每当我们民族有了重大灾难，天府之国总是沉着地提供庇护和濡养。因此，可以毫不夸张地说，它永久性地灌溉了中华民族。有了它，才有诸葛亮、刘备的雄才大略，才有李白、杜甫、陆游的川行华章。说得近一点，有了它，抗日战争中的中国才有一个比较安定的后方。

活动布置：

根据这篇散文的提示，请同学们对都江堰的相关信息进行搜集与整合，并充分运用到自己的旅游解说中。

活动实施：

1. 五人一组进行分工合作，写一篇都江堰旅游解说稿。
2. 各组推选一名导游然后在课堂上依次进行模拟解说。
3. 小组之间进行互评，最后根据解说内容与解说效果评选出最佳导游。

活动评价：

1. 学生自评 ____________________
2. 同学互评 ____________________
3. 教师点评 ____________________

五代史伶官传序①

欧阳修(宋)

作者简介

欧阳修(1007—1072年)，字永叔，号醉翁、六一居士，吉州永丰(今属江西)人，北宋政治家、文学家，且在政治上负有盛名。宋仁宗天圣八年进士。支持范仲淹的"庆历革新"，遭到守旧派的排挤和打击，屡遭贬谪。晚年官至枢密副使、参知政事。王安石执政后，辞官退隐，死后追赠为太师，谥文忠。后人又将其与韩愈、柳宗元和苏轼合称"千古文章四大家"。

欧阳修是在宋代文学史上最早开创一代文风的文坛领袖。领导了北宋诗文革新运动，继承并发展了韩愈的古文理论。他的散文创作的高度、成就与其正确的古文理论相辅相成，从而开创了一代文风。欧阳修在变革文风的同时，也对诗风、词风进行了革新。他在史学方面也有较高成就。

背景知识

五代是指唐天祐四年(907年)唐朝灭亡后依次定都于中原地区的五个政权，即后梁、后唐、后晋、后汉、后周，是我国历史上的动荡时期。后唐庄宗称帝后迷恋优伶，"常身与俳优杂戏于庭，伶人由此用事"，于是被伶官景进、史彦琼、郭门高所惑，使其得以重权在握。庄宗同光四年(926年)，贝州将领皇甫晖兵变，叛乱四起，拥有兵权的史彦琼拒不发兵，后又单人独骑逃走。庄宗亲征败北，众叛亲离，郭门高又乘危作乱，乱箭射死庄宗。

100多年后，北宋王朝建立，随着土地和财富的高度集中，北宋的统治集团日益腐化。由于北方少数民族的不断进犯，民族矛盾也日益尖锐。面对这种形势，北宋王朝不但不力求振作，反而忍受耻辱，每年都要靠纳币输绢以求苟安。在这样的历史背景下，欧阳修通过后唐庄宗李存勖的兴亡史进行讽谏。

呜呼！盛衰之理，虽曰天命，岂非人事哉！原庄宗之所以得天下，与其所以失之者，可以知之矣。

世言晋王之将终也，以三矢赐庄宗而告之曰："梁，吾仇也；燕王，吾所立；契丹，与吾约为兄弟，而皆背晋以归梁。此三者，吾遗恨也。与尔三矢，尔其无忘乃父之志！"庄宗受而藏之于庙②。其后用兵，则遣从事以一少牢③告庙，请其矢，盛以锦囊，负而前驱，及凯旋而纳之。

方其系燕父子以组，函④梁君臣之首，入于太庙，还矢先王⑤，而告以成功，其意气之盛，可谓壮哉！及仇雠⑥已灭，天下已定，一夫夜呼，乱者四应，仓皇东出，未及见贼而士卒离散，君臣相顾，不知所归。至于誓天断发⑦，泣下沾襟，何其衰也！岂得之难而失之易欤？

抑本[8]其成败之迹，而皆自于人欤？

《书》曰："满招损，谦得益。"忧劳可以兴国，逸豫[9]可以亡身，自然之理也。故方其盛也，举天下之豪杰，莫能与之争；及其衰也，数十伶人困之，而身死国灭，为天下笑。夫祸患常积于忽微[10]，而智勇多困于所溺，岂独伶人也哉！作《伶官传》。

【注释】

① 伶(líng)官：宫廷中的乐官和授有官职的演戏艺人。

② 庙：指宗庙，古代帝王祭祀祖先之所。此处专指李克用的祠，同下文的"太庙"。

③ 少牢：用一猪一羊祭祀。

④ 函：木匣。此处用作动词，盛以木匣。

⑤ 先王：指晋王李克用。

⑥ 仇雠(chóu)：仇敌。

⑦ 誓天断发：截发置地，向天发誓。

⑧ 本：探究，考究。

⑨ 逸(yì)豫：安逸舒适。

⑩ 忽微：形容细小之事。忽是寸的十万分之一，微是寸的百万分之一。

艺术赏析

本文是欧阳修为《伶官传》作的一篇序文。《伶官传》是其《新五代史》中的一篇合传，记伶人景修、史彦琼、郭门高等人的事迹。此文通过对五代时期的后唐盛衰过程的具体分析，推论出："忧劳可以兴国，逸豫可以亡身"和"祸患常积于忽微，而智勇多困于所溺"的结论，说明国家兴衰败亡不由天命而取决于"人事"，借以告诫当时北宋王朝执政者要吸取历史教训，居安思危，防微杜渐，力戒骄侈纵欲。

文章开门见山，提出全文主旨：盛衰之理，决定于人事。然后便从"人事"下笔，叙述庄宗时期由盛转衰、骤兴骤亡的过程，以史实具体论证主旨。具体写法上，采用先抑后扬和对比论证的方法，先极赞庄宗成功时意气之盛，再叹其失败时形势之衰，兴与亡、盛与衰前后对照，强烈感人，最后再辅以《尚书》古训，更增强了文章说服力。全文紧扣"盛衰"二字，夹叙夹议，史论结合，笔带感慨，语调顿挫多姿，感染力很强，成为历来传诵的佳作。

作为议论文体，本文在运用事实论据进行论证时，通过盛与衰、兴与亡、成与败、得与失的对比，来揭示"盛衰之理"的根由。在进行理论推导时，也常常提炼出两两对比、正反相形的警戒性断语。这些都增强了文章的说理效果。

文学聚焦

北宋诗文革新运动

北宋诗文革新运动是继唐代古文运动而起的文学革新运动。主要反对以西昆体为代表的浮靡文风，主张对诗文进行革新。欧阳修是这项运动的领袖，他把诗文革新运动与政治上的改革要求相呼应，使古文、诗歌和文学理论批评为现实斗争服务。文学主张上提倡平实朴素的文风，而且文章要有用于当世。具体表现在文与道的关系上，强调道对文的决定性作用，认为道应是易被人理解且可以照之去做，并不是高不可攀的，他反对那种务高言而鲜事实的文章。在文的方面讲求平易，提倡简而有法，反对追求奇险。欧阳修还首创诗话这一评论诗文的新体式，其《六一诗话》中有许多精辟的文论、诗论见解。

拓展与应用

探究思考

1. 分析本文对比论证的手法。

2. “忧劳可以兴国，逸豫可以亡身”为后世名言，体会这句话的现实意义。

职业连线

现在要举行一次大学语文课程的课外实践活动，校方拨给每个班级1000元作为活动经费。老师请同学们出谋划策，提交一份实践课内容的策划方案。中国古代辉煌灿烂的文化遗产，至今依然可以在我们身边找到其风采，如风景名胜区的某座石碑、某块匾额上的题字，甚至街边商店的名字、门楣上的对联等。你觉得策划一场“寻找身边的中华古典文化”的活动会是一个不错的主题，接下来需要做的是动笔写一份精彩的策划方案。

要求：

1. 在生活中留心观察中华古典文化的痕迹，对观察结果进行记录和汇总，作为撰写策划方案的参考资料。

2. 自由分组，各组成员经过前期讨论、分工撰写、小组汇总、集体修改后，撰写一份策划方案，总字数不少于500字。

第八单元

人生思辨

人生，朴实而深刻的字眼。有人说人生是一场戏，我们在戏中扮演各种角色；有人说人生是一个大舞台，不同的人穿梭其中；也有人说人生是一场梦，各种幻想不断演绎；还有人说人生是一本书，一本一辈子才能写完的书……我们每个人在社会生活实践中都在不知不觉地演绎自己的人生，也在不知不觉中阅读自己的人生。人生这本书、这出戏，你愿意也好，不愿意也好，都是非写不可的、非读不可的、非演不可的，而且非要写好、读好、演好不可。

我们只能体验自己的人生，但是通过文字我们可以穿越千年、飞天遁地去感悟不同年代、不同地域的各类人生。“横看成岭侧成峰，远近高低各不同”，人生有辉煌，也有暗淡，有成功的足迹，也有歪斜的脚印，欢愉与泪水同在，激情与失落并存，这些内容在文学的世界中都可以找到。通过阅读文化经典，我们与古圣先贤对话与沟通，感受人生思辨的魅力。让我们畅游在文学的海洋，去感悟人生，追寻人生的真谛吧！

冯谖客孟尝君

《战国策》

作者简介

《冯谖客孟尝君》选自《战国策·齐策四》。《战国策》的作者不明，非一时一人之作。其中所包含的资料主要出自于战国时代，包括策士的著作和史臣的记载，在秦统一以后汇集成书。原来的书名不确定，西汉刘向考订整理后，定名为《战国策》。

《孟尝君列传》(节选)

背景知识

战国时期，列国纷争，宗法制度遭到破坏。列国之间，讲的是以势相争，以智谋相夺。诸侯国王和贵族等领主势力受到削弱，迫切需要大量的拥护者和谋划者，于是王侯将相争相养士，其中尤以“战国四公子”为甚，即齐国孟尝君(田文)、赵国平原君(赵胜)、魏国信陵君(魏无忌)与楚国春申君(黄歇)。“士”(食客)这一特殊阶层有文士(道德型、智慧型、隐士)、武士(国家的武装力量、侠士、力士)之分，作为当时的特殊阶层，有着一定的社会势力。他们依附于君主，不断地献计献策，为其扩大政治影响，巩固权位。这些士中，龙蛇混杂，既有鸡鸣狗盗之徒，也不乏具有非凡胆识的人才，他们的政治见解和办事才能，对当时的局势产生了若干影响，这些士大多是能辩善谋，有一定的政治见解，或有一技之长，甚至是身怀绝技者。“食客三千”已经成了那个时代的特点，之所以称为“食客”，是因为他们的日常生活由主人供养，而这些士与主人之间不是主仆关系，而是主客关系。主人要表示对他们的礼遇，体现待客之道，这些人才愿意为主人所用。一旦不合己意，这些士也可以随时离开，另投他主。本文生动地再现了当时养士、用士的社会风貌。

齐人有冯谖者，贫乏不能自存，使人属孟尝君[1]，愿寄食门下。孟尝君曰：“客何好？”曰：“客无好也。”曰：“客何能？”曰：“客无能也。”孟尝君笑而受之曰：“诺。”左右以君贱之也，食以草具[2]。

居有顷，倚柱弹其剑[3]，歌曰：“长铗归来乎！食无鱼。”左右以告[4]。孟尝君曰：“食之，比门下之客。”居有顷，复弹其铗，歌曰：“长铗归来乎！出无车。”左右皆笑之，以告。孟尝君曰：“为之驾，比门下之车客[5]。”于是乘其车，揭其剑，过其友曰：“孟尝君客我。”后有顷，复弹其剑铗，歌曰：“长铗归来乎！无以为家。”左右皆恶之，以为贪而不知足[6]。孟尝君问：“冯公有亲乎？”对曰，“有老母。”孟尝君使人给其食用，无使乏。于是冯谖不复歌。

后孟尝君出记[7]，问门下诸客：“谁习计会，能为文收责于薛者乎[8]？”冯谖署曰：“能[9]”。孟尝君怪之，曰：“此谁也？”左右曰：“乃歌夫‘长铗归来’者也。”孟尝君笑曰：“客果有能也，吾负之，未尝见也[10]。”请而见之，谢曰：“文倦于事，愦于忧，而性懧愚[11]，沉于国家之事，开罪于先生[12]。先生不羞[13]，乃有意欲为收责于薛乎？”冯谖曰：“愿之。”于是约车治装[14]，载券契[15]而行，辞曰：“责毕收，以何市而反[16]？”孟尝君曰：“视吾家所寡有[17]者。”

驱而之薛，使吏召诸民当偿者悉来合券[18]。券遍合，起[19]矫命，以责赐诸民[20]，因烧其券，民称万岁。

长驱[21]到齐，晨而求见。孟尝君怪其疾也[22]，衣冠而见之，曰：“责毕收乎？来何疾也！”曰：“收毕矣。”“以何市而反？”冯谖曰：“君云‘视吾家所寡有者’。臣窃计[23]，君宫中积珍宝，狗马实外厩，美人充下陈[24]。君家所寡有者，以义耳！窃以为君市义。”孟尝君曰：“市义奈何？”曰：“今君有区区之薛，不拊爱子其民[25]，因而贾利之[26]。臣窃矫君命，以责赐诸民，因烧其券，民称万岁。乃臣所以为君市义也。”孟尝君不说[27]，曰：“诺，先生休矣[28]！”

后期年[29]，齐王谓孟尝君曰：“寡人不敢以先王之臣为臣[30]。”孟尝君就国[31]于薛，未至百里[32]，民扶老携幼，迎君道中正日[33]。孟尝君顾[34]谓冯谖：“先生所为文市义者，乃今日见之。”

冯谖曰：“狡兔有三窟，仅得免其死耳。今君有一窟，未得高枕而卧也。请为君复凿二窟。”孟尝君予车五十乘，金五百斤，西游于梁[35]，谓惠王曰：“齐放其大臣孟尝君于诸侯[36]，诸侯先迎之者，富而兵强。”于是，梁王虚上位[37]，以故相[38]为上将军，遣使者，黄金千斤，车百乘，往聘孟尝君。冯谖先驱，诫孟尝君曰：“千金，重币也；百乘，显使也。齐其闻之矣。”梁使三反[39]，孟尝君固辞[40]不往也。

齐王闻之，君臣恐惧，遣太傅赍黄金千斤、文车二驷，服剑一[41]，封书谢[42]孟尝君曰：“寡人不祥[43]，被于宗庙之祟[44]，沉于谄谀之臣，开罪于君，寡人不足为也[45]。愿君顾先王之宗庙，姑反国统万人乎[46]！”冯谖诫孟尝君曰：“愿请先王之祭器，立宗庙于薛[47]。”庙成，还报孟尝君曰：“三窟已就，君姑高枕为乐矣。”

孟尝君为相数十年，无纤介[48]之祸者，冯谖之计也。

（选自：（清）吴楚材，（清）吴调侯编选．惠海涛，译注．古文观止：全 4 册[M]．北京：线装书局，2016．）

【注释】

① 属：嘱托，请托。

② 左右：指孟尝君身边的办事人。以：因为。贱：贱视，看不起，形容词作动词用。之：他，代冯谖。也：用在表原因的介宾短语之后，表句读上的停顿。食（sì）：给……吃，“食”后省宾语“之”（他）。

③ 居：停留，这里有“经过”的意思。有顷：不久。弹（tán）：用指头敲击。

④ 以告：把冯谖弹剑唱歌的事报告给孟尝君。

⑤ 车客：能乘车的食客。孟尝君将门客分为三等：上客食鱼、乘车；中客食鱼；下客食菜。

⑥ 恶：讨厌。以为：以之为。

⑦ 出记：出通告，出文告。

⑧ “谁习”二句：习：熟悉。计会：会计工作。为文：给我。文：孟尝君自称其名。责：通“债”。薛：孟尝君的领地，今山东枣庄市附近。

⑨ 署曰：“能”：签名于通告上，并注曰“能”。

⑩ 果：副词，果真，果然。负：对不起。之：他，代“客”（冯谖）。未尝：副词性结构，不曾。

⑪ “文倦”三句：倦于事，为国事劳碌。愦（kuì）于忧：困于思虑而心中昏乱。懧（nuò）：同“懦”，怯懦。

⑫ 开罪：得罪。

⑬ 不羞：不因受怠慢为辱。羞：意动用法，认为……是羞辱。

⑭ 约车治装：预备车子，治办行装。

⑮ 券契：债务契约，两家各保存一份，可以合验。
⑯ 何市而反：买些什么东西回来。市：买；反：返回。
⑰ 寡有：少有，缺少。
⑱ 合券：指核对债券(借据)、契约。
⑲ 遍合：都核对过。起：站起来。
⑳ 矫命：假托(孟尝君的)命令。以责赐诸民：把债款赐给(借债的)老百姓，意即不要偿还。以：用，把。
㉑ 长驱：一直赶车快跑，中途不停留。
㉒ 怪其疾：以其疾为怪。因为他回得这么快而感到奇怪。
㉓ 窃：私自，谦词。计：考虑。
㉔ 下陈：后列。
㉕ 拊爱：即抚爱。子其民：视民如子，形容特别爱护百姓。
㉖ 贾(gǔ)利之：以商人手段向百姓牟取暴利。
㉗ 说：同“悦”，高兴。
㉘ 休矣：算了，罢了。
㉙ 期(jī)年：满一年。
㉚ 齐王：齐湣王。先王：指齐宣王，齐湣王的父亲。
㉛ 就国：到自己封地(薛)去住。
㉜ 未至百里：距薛地还有一百里。
㉝ 正日：整整一天。
㉞ 顾：回头看。
㉟ 梁：即魏国，当时京都大梁(今河南开封)。魏王蔼(即梁王)迁都大梁，国号曾一度称“梁”。
㊱ 放：弃，免。于：给……机会。
㊲ 虚上位：空出最高的职位(宰相)。
㊳ 故相：过去的宰相。
㊴ 反：同“返”。
㊵ 固辞：坚决推辞。
㊶ 赍(jī)：拿东西送人。文车：雕刻或绘画着花纹的车。驷：四匹马拉的车，与“乘”同义。服剑：佩剑。
㊷ 谢：道歉。
㊸ 不祥：不善、不好。
㊹ 被于宗庙之祟：受到祖宗神灵的处罚。
㊺ 不足为也：不值得顾念帮助。不足：不值得。为：帮助，卫护。
㊻ 顾：顾念。姑：姑且，暂且。反国：返回齐国国都临淄。反，同“返”。统：统率，治理。万人：指全国人民。
㊼ 愿：希望。请：指向齐王请求。祭器：宗庙里用于祭祀先祖的器皿。立宗庙于薛：孟尝君与齐王同族，故请求分给先王传下来的祭器，在薛地建立宗庙，将来齐便不能夺毁其封地，如果有他国来侵，齐亦不能不相救。这是冯谖为孟尝君所定的安身之计，为“三窟”之一。
㊽ 纤介：细微。介，通“芥”，小草。

艺术赏析

本文通过讲述战国时期谋臣策士冯谖自请为孟尝君门客，并为其收债于薛、焚券市义、营谋三窟、巩固政治地位的一系列故事，展现出冯谖的机智灵活、深谋远虑和孟尝君的宽容大度、礼贤下士，同时也反映了当时养士、用士的历史风貌以及策士的才干与作用。

情节是人物性格的历史，本文最成功之处，就是通过曲折多致、引人入胜且富于戏剧性的情节来刻画人物的性格特征，塑造出栩栩如生的人物形象。

第一，故事情节曲折，生动有趣。“三次弹铗”初步显示了冯谖超群的个性和洒脱的风姿，但他是否真正具有不同寻常的智慧和才能，还是随着收债市义、经营三窟的情节展开而得到验证的。人物性格、精神、风貌在故事情节的发展中得到了比较充分的展现。

第二，欲扬先抑，层层深入。将写冯谖的大才，却写冯谖的无才无德。本文开篇写他“无好”“无能”，寄食于人却再三弹铗而歌，要求优厚的生活待遇，仿佛是不知足的小人。而后再写他营造三窟，充分显示出作者艺术构思的巧妙。

第三，细节描写、侧面描写等手法的运用。如“三次弹铗”就是生动而形象的细节描绘，“收债市义”中写孟尝君“衣冠而见之”，“孟尝君不说”等都运用了细节描写。另外，文章还采用了陪衬的手法：孟尝君及其手下人对冯谖态度的映衬，从不同侧面丰满了冯谖的形象。同时，通过人物的对话、动作来揭示人物的心理等也是本文的特色。

《冯谖客孟尝君》是一篇短小精悍的文言记人记叙文。全文共有九个自然段(形式段)，除开头、结尾外，主体部分由“冯谖‘三唱’探才”和“冯谖‘三窟’露才”两部分组成。采用欲扬先抑法，通过“三唱”突显冯谖的“贪”心(抑)，通过“三窟”突显冯谖超众的才智(扬)。正面写冯谖具有藏才不露、远谋卓识的才能，侧面写孟尝君虽无政治远见，但能宽人责己、礼贤下士，也不失君子风范。该文结构工整，在“三唱”“三窟”的反复中，逐层发展，高潮迭起，出人意外，引人入胜。

文学聚焦

《战国策》与国别体史书

《战国策》是一部国别体史学著作，又称《国策》《国事》《短长》《长书》《修书》等，约成书于秦代。书中记载了西周、东周及秦、齐、楚、赵、魏、韩、燕、宋、卫、中山各国之事。记事年代起于战国初年，止于秦灭六国，约有240年的历史。是先秦历史散文成就最高、影响力最大的著作之一。《战国策》分为12策，33卷，共497篇，主要记述了战国时期游说之士的政治主张和言行策略，也可说是游说之士的实战演习手册。该书亦展示了东周战国时代的历史特点和社会风貌，是研究战国历史的重要典籍。

虽然习惯上把《战国策》归为历史著作，但是其与《左传》《国语》等有很大不同。《战国策》有许多记载，作为史实来看是不可信的。如《魏策》中著名的“唐雎劫秦王”，写唐雎在秦廷中挺剑胁逼秦王嬴政(即秦始皇)，就是根本不可能发生的事情。这一类内容，与其说是历史，还不如说是故事。

《战国策》在文学成就方面，第一是富于文采。《战国策》的语言明快流畅、纵恣多变、委曲尽情。无论叙事还是说理，《战国策》都常常使用铺排和夸张的手法、绚丽多姿的辞藻，呈现出酣畅淋漓的气势。在这里，语言不仅是作用于理智、说明事实和道理的工具，也是直接作用于感情以打动人的手段。第二是塑造了鲜明的人物形象。全书对战国时期社会各阶层形形色色的人物都有鲜明生动的描写，尤其是一系列“士”的形象，更是栩栩如生、光彩照人。《战国策》描写人物的性格和活动较具体细致，而且生动活泼。第三是策士说辞常常引用生动的寓言故事，这也是以文学手段帮助说理。这些寓言人物形象鲜明、寓意深刻，又浅显易懂，是中国文学宝库中璀璨的明珠。

国别体史书是以国家为单位，分别记叙历史事件。《国语》是中国第一部国别体史书，是一部分国记事的历史散文，起自西周穆王，讫于战国初年的鲁悼公，分载周、鲁、齐、晋、郑、楚、吴、越等国约427年的史实。在春秋战国之际由晋国的史官编纂成书。晋陈寿《三国志》也是国别体史书，它记载了魏、蜀、吴三国的历史。

拓展与应用

探究思考

1. 你认为冯谖是怎样的一个人？课文哪些地方体现了他的性格特征，作者通过哪些手法把他的这种品格凸显出来？

2. 孔子作为儒家思想的创始人，在教育方面获得极大的成功，在政治上他却是失败的。为什么春秋战国时期儒家思想不被接受，反而法家思想备受推崇？

3. 当今企业为了长远利益和发展，千方百计树立良好的企业形象，“焚券市义”的做法在当今社会是否可行？为什么？

职业连线

当今世界企业之间的竞争不亚于战国时代。竞争成败唯在人才，但凡大才，定有不为常人所理解的行为和思路，领导者只有放弃自我喜好，建立起以事业发展为中心的思维模式，敬人之是，容人之非，并且能放手用人，不指手画脚，从而给人才以创造发挥的天地，才能使冯谖这一类人才脱颖而出，这是可贵的领导才能，对当今人才的培养都是很好的启示。冯谖为孟尝君营就“三窟”巩固政治地位，展现了他审时度势、权衡利弊、深谋远虑的风采。我们也可以理解为个人借助企业的机会和资源，成功实现自己的职业目标，这些都值得今天职场中的人们借鉴和学习。

思考：

冯谖的所作所为说明在职场上应该具备哪些素质？你从冯谖身上得到了什么启示？

《人间词话》二则

王国维

作者简介

王国维(1877—1927年)，初名国桢，字静安，亦字伯隅，初号礼堂，晚号观堂，又号永观。汉族，浙江省海宁人。王国维是中国近代美学和文学思想家。他早年追求新学，接受资产阶级改良主义思想的影响，把西方哲学、美学思想与中国古典哲学、美学相融合，研究哲学与美学，形成了独特的美学思想体系，继而攻词曲戏剧，后又治史学、古文字学、考古学。郭沫若称他为新史学的开山，不仅如此，他还平生学无专师，自辟户牖，成就卓越，贡献突出，在教育、哲学、文学、戏曲、美学、史学、古文学等方面均有深诣和创新，为中华民族文化宝库留下了广博精深的学术遗产。

王国维作为一代大学者，平生钻研学问而无穷尽，他平日不介入政治圈子，不营生计，不交权贵，不慕荣华，不图享受，深居简出，生活简朴，虽交友不广，然与同时代之学术界人士有广泛接触。梁启超评价他说："不独为中国所有而为全世界之所有之学人。"陈寅恪说："唯此独立之精神，自由之思想，历千万祀，与天壤而同久，共三光而永光。"(《清华大学王静安先生纪念碑铭》)

背景知识

《人间词话》是近代极负盛名的文学理论批评著作，它集中体现了王国维的文学、美学思想，是中国古典文艺美学历史上里程碑式的重要作品。他继承了中国文艺批评的传统形式，乃是段章零语，灵机闪现处便是绝妙好辞成文，所以这本书极大程度地保存了这种写作的真实。这本书分为两部分：第一部分是王国维《人间词话》的手稿原文；第二部分是附录。读了王国维的《人间词话》，顿觉词的世界是如此之大，如此之深，当你遨游其中时你会发觉自己的渺小与无知。他有关词的境界的论述确实极为精辟，极为精彩，堪称"前无古人，后无来者"。他引领了一代文学批评的脉搏，引导人们如何去审美，如何在词中去品味、去感悟，获得美的熏陶。

（一）

有有我之境，有无我之境。"泪眼问花花不语，乱红飞过秋千去[①]。""可堪孤馆闭春寒，杜鹃声里斜阳暮[②]。"有我之境也。"采菊东篱下，悠然见南山[③]。""寒波澹澹起，白鸟悠悠下[④]。"无我之境也。有我之境，以我观物，故物我皆着我之色彩。无我之境，以物观物，故不知何者为我，何者为物。古人为词，写有我之境者为多，然未始不能写无我之境，此在豪杰之士能自树立耳。

（二）

古今之成大事业、大学问者，罔不经过三种之境界："昨夜西风凋碧树。独上高楼，望尽天涯路[⑤]。"此第一境界也。"衣带渐宽终不悔，为伊消得人憔悴[⑥]。"此第二境界也。"众里寻他千百度，蓦然回首，那人却在，灯火阑珊处[⑦]。"此第三境界也。此等语皆非大词人不能道。然遽以此意解释诸词，恐为晏、欧诸公所不许也。

【注释】

① 冯延巳《鹊踏枝》：庭院深深深几许。杨柳堆烟，帘幕无重数。玉勒雕鞍游冶处。楼高不见章台路。雨横风狂三月暮。门掩黄昏，无计留春住。泪眼问花花不语。乱红飞过秋千去。

② 秦观《踏沙行》：雾失楼台，月迷津度，桃源望断无寻处。可堪孤馆闭春寒，杜鹃声里斜阳暮。驿寄梅花，鱼传尺素，砌成此恨无重数。郴江幸自绕郴山，为谁流下潇湘去！

③ 陶潜《饮酒诗》第五首：结庐在人境，而无车马喧。问君何能尔，心远地自偏。采菊东篱下，悠然见南山。山气日夕佳，飞鸟相与还。此中有真意，欲辨已忘言。

④ 元好问《颍亭留别》：故人重分携，临流驻归驾。乾坤展清眺，万景若相借。北风三日雪，大素秉元化。九山郁峥嵘，了不受陵跨。寒波澹澹起，白鸟悠悠下。怀归人自急，物态本闲暇。壶觞负吟啸，尘土足悲咤。回首亭中人，平林淡如画。

⑤ 晏殊《蝶恋花》：槛菊愁烟兰泣露。罗幕轻寒，燕子双飞去。明月不谙离恨苦，斜光到晓穿朱户。昨夜西风凋碧树。独上高楼，望尽天涯路。欲寄彩笺无尺素，山长水远知何处！

⑥ 柳永《凤栖梧》：伫倚危楼风细细，望极春愁，黯黯生天际。草色烟光残照里，无言谁会凭栏意。拟把疏狂图一醉，对酒当歌，强乐还无味。衣带渐宽终不悔，为伊消得人憔悴。

⑦ 辛弃疾《青玉案(元夕)》：东风夜放花千树。更吹落、星如雨。宝马雕车香满路。凤箫声动，玉壶光转，一夜鱼龙舞。蛾儿雪柳黄金缕，笑语盈盈暗香去。众里寻他千百度，蓦然回首，那人却在，灯火阑珊处。

艺术赏析

《人间词话》是王国维所著的一部文学批评著作。《人间词话》作于1908—1909年，最初发表于《国粹学报》。该作品是作者接受了西洋美学思想之洗礼后，以崭新的眼光对中国旧文学所作的评论。《人间词话》不同于当时有影响的词话，它提出了“境界”说。“境界”说是《人间词话》的核心，统领其他论点，又是全书的脉络，沟通全部主张。王国维不仅把它视为创作原则，也把它当作批评标准，论断诗词的演变，评价词人的得失、作品的优劣、词品的高低，均从“境界”出发。因此，“境界”说既是王国维文艺批评的出发点，又是其文艺思想的总归宿。

文学聚焦

词的起源

词是一种诗的别体，萌芽于南朝，是隋唐时期兴起的一种新的文学样式。到了宋代，经过长期不断的发展，进入到词的全盛时期。词最初称为“曲词”或者“曲子词”，别称有近体乐府、长短句、词子、曲词、乐章、琴趣、诗余等，是配合宴乐乐曲而填写的歌诗(即为用歌配合唱出的诗)。词牌是词的调子的名称，不同的词牌在总句数，每句的字数、平仄上都有规定。

词始于南梁，形成于唐代，五代十国后开始兴盛，至宋代达到顶峰。词在形式上的特点是“调有定格，句有阕。”据《旧唐书》上记载：“自开元(唐玄宗年号)以来，歌者杂用胡夷里巷之曲。”由于音乐的广泛流传，当时的都市里有很多以演唱为生的优伶乐师，根据唱词和音乐节拍配合的需要，创作或改编出一些长短句参差的曲词，这便是最早的词。

拓展与应用

探究思考

1. 你是如何理解“有我之境”和“无我之境”的具体含义的？
2. 你对古今成大事业、大学问者必须经历的三种境界是怎样认识的？

职业连线

我们经常会发现，很多已经成功的人士，都曾经受了很多的苦难，可是当采访他们的时候，他们都会说之前的经历并不觉着苦，反而是人生中一笔巨大的财富，正是因为有了那些经历，才会更加珍惜现在的生活。相信很多人对此总会感到惊奇，可是只有经历过苦难的人，才会懂得其中的艰辛和不易，才会明白生活的美好，才会懂得苦难是人生看不见的财富。

苦难对每一个人来说是考验，是一笔看不见的财富。有人说，它对于天才是垫脚石，对能力出众的人来说是看不见的财产，对于懦弱的人来说那便是无底的深渊。人生如果太过于一帆风顺，就会丧失危机感，缺少对抗暴风雨的勇气，更缺少了宝贵的人生历练。从另一方面来说，苦难可以磨炼人的意志，锻炼人的体魄，使自己的思想更加成熟，只有勇敢地面对苦难，才可以更好地面对自己的人生，闯出属于自己的天空。阳光总在风雨后，要有积极、乐观的心态，走过苦难，你会发现苦难是人生看不见的财富。

思考：

人生不可能一帆风顺，我们的职业生涯也许会遇到很多困难，无论什么职业，若想有所成就，则会在不同的阶段经历不同的磨难。若要想成就大事业从而达到第三境界，我们应该如何去做呢？

大　学（节选）

曾　子

作者简介

《大学》是一篇论述儒家修身、齐家、治国、平天下思想的散文，原是《小戴礼记》第四十二篇，相传为春秋战国时期曾子所作，实为秦汉时儒家作品，是一部中国古代讨论教育理论的重要著作。

经北宋程颢、程颐竭力尊崇，南宋朱熹又作《大学章句》，其最终和《中庸》《论语》《孟子》并称“四书”。宋、元以后，《大学》成为学校官定的教科书和科举考试的必读书，对中国古代教育产生了极大的影响。

背景知识

《大学》提出的“三纲领”（明明德、亲民、止于至善）和“八条目”（格物、致知、诚意、正心、修身、齐家、治国、平天下），强调修己是治人的前提，修己的目的是治国平天下，说明治国平天下和个人道德修养的一致性。

《大学》全文文辞简约，内涵深刻，影响深远，主要概括总结了先秦儒家道德修养理论，以及关于道德修养的基本原则和方法，对儒家政治哲学也有系统的论述，对做人、处事、治国等有深刻的启迪性。

大学之道，在明明德[1]，在亲民[2]，在止于至善。

知止而后有定，定而后能静，静而后能安，安而后能虑[3]，虑而后能得[4]。物有本末[5]，事有终始，知所先后，则近道矣[6]。

古之欲明明德于天下者，先治其国；欲治其国者，先齐其家[7]；欲齐其家者，先修其身；欲修其身者，先正其心；欲正其心者，先诚其意；欲诚其意者，先致其知[8]。致知在格物[9]。

物格而后知至，知至而后意诚，意诚而后心正，心正而后身修，身修而后家齐，家齐而后国治，国治而后天下平。

自天子以至于庶人，一是皆以修身为本[10]。其本乱而末治者，否矣[11]。其所厚者薄，而其所薄者厚⑫，未之有也[13]。

【注释】

① 明：发扬。明德：先天固有的美德。
② 亲民："亲"通"新"，革除旧习做新民。一说与民众亲善。
③ 虑：思虑周详。
④ 得：达到最高境界。
⑤ 本：根本，此处指以"明德"为本。末：末节，此处指"新民"。
⑥ 道：指最好的方法和目标。
⑦ 齐：治理。
⑧ 致其知：研究事物，充实认识。
⑨ 格物：研究事物的道理。
⑩ 一是：一切的意思。
⑪ 否：错乱，行不通。
⑫ 所厚者薄：对应看重的反而轻视。所薄者厚：对应看轻的反而重视。
⑬ 未之有也：即"未有之也"，没有这样的道理。

艺术赏析

"记"是古代门徒记载宗师述论的一种著作体裁，类似于后世的课堂笔记。后来，一些学者阐发本派主张的著述也称为"记"。《礼记》就是孔门后学论述《礼经》的论著。西汉时期的经学家戴德、戴圣曾先后对这些文章进行整理，分别编有《大戴礼记》85 篇、《小戴礼记》49 篇。《大学》就出自《小戴礼记》，由汉宣帝时人戴圣根据历史上遗留下来的一批佚名儒家的著作合编而成，因为该篇的开头有"大学"二字，所以就用作篇名。这种题篇名的方法是春秋战国时期的惯例，因此，一般认为《大学》撰成于秦统一之前。《大学》至今已流传两千多年，在中国历史上的各个时期都有其独特的学术特点、学术成就和社会地位。

关于"大学"这个词的含义，前人大致有两种说法：一说它是"博学"之意，认为这个"大"字犹如《易》"大有众""大有庆"之"大"。据现存的书目记载，宋代以前没有单独疏释《大学》的著作。对《大学》的推崇，大致是从宋代开始的。按朱熹和程颐的看法，《大学》是孔子及其门徒留下来的遗书，是儒学的入门读物，所以朱熹把它列为"四书"之首。朱熹又认为收在《礼记》中的本子有错乱，遂将其重新析分编排为“经一章”“传十章”，认为“经”是“孔子之言而曾子述之”；“传”是“曾子之意而门人记之”，并补写了他们认为“佚失”的第五章。于是有了今天见到的《大学》版本。

这里所展示的是儒学“三纲八目”的追求。所谓“三纲”，是指明德、新民、止于至善，它既是《大学》的纲领旨趣，也是儒学“垂世立教”的目标所在。所谓“八目”，是指格物、致知、诚意、正心、修身、齐家、治国、平天下，它既是为达到“三纲”而设计的条目，也是儒学为我们展示的人生进修阶梯。纵览“四书五经”，我们发现，儒家的全部学说实际上都是循着这“三纲八目”展开的。所以，抓住“三纲八目”等于抓住了一把打开儒学大门的钥匙。循着这进修阶梯一步一个脚印，就可登堂入室，领略儒学经典的奥义。人们一直在追寻《大学》的意义。《大学》结尾提出了以义为利的治国纲领，是告诉知识分子，告诉人们：成人之始，通过“三纲八目”，最后达到治国平天下。治国平天下要以担当道义为自己的原则和纲领，而不以利为利。君子要担当道义，以天下为己任，才能使国家乃至天下达到教化。两千多年来，一代又一代中国知识分子“穷则独善其身，达则兼济天下”，把生命的历程铺设在这一阶梯之上。《大学》铸造了一代又一代中国知识分子的人格心理，时至今日，仍然在我们身上潜移默化地发挥着作用。

文学聚焦

四书五经

四书五经，是“四书”与“五经”的合称，是历代儒客学子研学的核心书经。四书指《大学》《中庸》《论语》《孟子》。五经指《诗经》《尚书》《礼记》《周易》《春秋》。《春秋》由于文字过于简略，通常分别与解释《春秋》的《左传》《公羊传》《谷梁传》合刊。四书之名始于宋代，五经之名始于汉武帝时期。在中国传统文化的诸多文学作品当中，“四书五经”占据着相当重要的位置。“四书五经”详细记载了我国早期思想文化发展史上政治、军事、外交、文化等各个方面的史实资料以及孔孟等思想家的重要思想。

拓展与应用

探究思考

1. 联系实际，谈谈你对“三纲”的理解。

2. 你认为《大学》中的“八目”即“格物、致知、诚意、正心、修身、齐家、治国、平天下”有什么现实意义？

职业连线

北宋司马光对德才的关系曾经有一段著名的评论：所谓，德才兼备谓之圣人，德才兼失为之愚人；德胜才谓之君子，才胜德谓之小人。

思考：

请结合自身专业和实际情况，谈谈你对德才兼备的理解。

中　庸(节选)

孔　伋

作者简介

孔伋(约公元前483—前402年)，字子思，鲁国人，孔子的嫡孙、孔子之子孔鲤的儿子。大约生于周敬王三十七年(公元前483年)，卒于周威烈王二十四年(公元前402年)，享年82岁。春秋时期著名的思想家。受教于孔子的高足曾参，孔子的思想学说由曾参传子思，子思的门人再传孟子。子思在儒家学派的发展史上占有重要的地位，他上承孔子中庸之学，下开孟子心性之论，并由此对宋代理学产生了重要而积极的影响。因此，北宋徽宗年间，子思被追封为“沂水侯”；元文宗至顺元年(公元1330年)，又被追封为“述圣公”，后人由此而尊他为“述圣”，受儒教祭祀。

背景知识

《中庸》是中国古代论述人生修养境界的一部道德哲学专著，是儒家经典之一，原是《礼记》第三十一篇，相传为子思所作，是儒家学说经典论著。《中庸》提出的“五达道”“三达德”“慎独自修”“至诚尽性”等内容，对为人处世、人性修养有重要影响。其内容肯定“中庸”是道德行为的最高标准，认为“至诚”则达到人生的最高境界，并提出“博学之，审问之，慎思之，明辨之，笃行之”的学习过程和认知方法。经北宋学者程颢、程颐极力尊崇，南宋朱熹作《中庸章句》，最终和《大学》《论语》《孟子》并称为“四书”。宋、元以后，《中庸》成为学校官定的教科书和科举考试的必读书，对中国古代教育产生了极大的影响。胡适认为，“中庸的哲学，可以说是一般中国人的宗教”。中庸的基本原则是“允执其中”，即把握适当的限度，兼顾事物的不同方面，保持事物的平衡，以使言行合乎礼所规定的道德标准。

天命之谓性，率性之谓道，修道之谓教[①]。道也者，不可须臾离也[②]，可离非道也。

是故君子戒慎乎其所不睹，恐惧乎其所不闻。莫见乎隐，莫显乎微。故君子慎其独也[③]。

喜怒哀乐之未发[④]，谓之中；发而皆中节[⑤]，谓之和。中也者，天下之大本也；和也者，天下之达道也[⑥]。致中和，天地位焉，万物育焉[⑦]。

天下之达道五，所以行之者三，曰：君臣也、父子也、夫妇也、昆弟也[⑧]、朋友之交也。五者，天下之达道也。知、仁、勇三者，天下之达德也[⑨]。所以行之者一也[⑩]。

或生而知之；或学而知之；或困而知之：及其知之，一也。或安而行之；或利而行之；或勉强而行之：及其成功，一也[⑪]。”

子曰：“好学近乎知。力行近乎仁。知耻近乎勇。知斯三者，则知所以修身。知所以修身，则知所以治人。知所以治人，则知所以治天下国家矣。[⑫]”

凡事预则立，不预则废。言前定则不跲，事前定则不困，行前定则不疚，道前定则不穷[13]。

诚者，天之道也；诚之者，人之道也。诚者不勉而中，不思而得，从容中道，圣人也。诚之者，择善而固执之者也[14]。

博学之，审问之，慎思之，明辨之，笃行之[15]。

【注释】

① 命：犹令也，此意为赋予。此句意为：上天赋予人的叫作性，顺应本性行事叫作道，修饬(整顿、整治)道行叫作教。

② 须臾：片刻。离：离弃。

③ “是故”二句：君子在人们看不见的场合谨慎戒备，在人们不了解的场合担心害怕。那种场合，隐蔽的东西都表现出来了，细微的东西都显示出来了。所以，君子在自己独处时应谨慎。

④ 发：表露、显露。

⑤ 中(zhòng)：合乎。

⑥ 大本：基本原则。达道：普遍规律。

⑦ “致中和”句：达到了中和的境界，天地就会秩序井然，万物就会生长繁育。

⑧ 昆弟：兄弟。昆：兄长。

⑨ “知、仁、勇”句：智慧、仁爱、勇敢这三种德行，就是天下共行的美德。

⑩ 一：专一、诚实。

⑪ 此句意为：有的人生来就知道它们，有的人通过学习才知道它们，有的人要遇到困难后才知道它们，但只要他们最终都知道了，也就是一样的了。有的人自觉自愿地去实行它们，有的人为了某种好处才去实行它们，有的人勉强地去实行它们，但只要他们最终都实行起来了，也就是一样的了。

⑫ 此句意为：喜爱学习就接近智慧了，尽力去实行就接近仁爱了，知晓羞耻就接近勇敢了。知道这三点，就知道怎样修炼自己，知道怎样修炼自己，就知道怎样管理他人，知道怎样管理他人，就知道怎样治理天下和国家了。

⑬ 此句意为：任何事情，事先有预备就会成功，没有预备就会失败。说话先有预备，就不会中断；做事先有预备，就不会受挫；行为先有预备，就不会后悔；道路预先选定，就不会走投无路。

⑭ 此句意为：诚实是天道的法则，做到诚实是人道的法则。天生诚实的人，不必勉强就为人处世合理，不必思索就言语行动得当。从容不迫地认识到中庸之道，这种人就是圣人。诚实的人，就必须选择至善的美德，并且要坚定不移地实行它。

⑮ 此句意为：广泛学习，详细询问，周密思考，明确辨别，切实力行。

艺术赏析

《中庸》原来是《小戴礼记》中的一篇，汉代学者一般公认它出自于孔子之孙子思之手。据《史记·孔子世家》记载，孔子的儿子名叫孔鲤，字伯鱼；伯鱼的儿子名叫孔伋，字子思。孔子去世后，儒家分为八派，子思是其中一派。荀子把子思和孟子看成是一派。从师承关系来看，子思学于孔子的得意弟子之一曾子，孟子又学于子思之门人(汉时就有学于子思与学于子思门人两种说法，迄今无定论，权从后说)。从《中庸》和《孟子》的基本观点来看，大体上是相同的，所以有“思孟学派”之说。现存的《中庸》已经过秦儒的修改，所以命名方式不同于《大学》，不是取正文开头的二字为题，而是提取文章的中心内容为题。

早在西汉时期就有专门解释《中庸》的著作。《汉书·艺文志》载录有《中庸说》二篇，以后各代都有关于这方面的著作相沿不绝。但首次把“四书”编在一起的是南宋的朱熹撰《四书章句集注》,“四书”之名始立。因为它们分别出于早期儒家的四位代表人物孔子、曾参、子思、孟子,所以称为“四子书”,简称“四书”。朱熹为这四部书作了注释,其中《大学》《中庸》的注释称为“章句”,《论语》《孟子》的注释因为引用他人的说法较多,所以称为“集注”。值得注意的是,朱熹所编定的“四书”次序本来是《大学》《论语》《孟子》《中庸》,是按照由浅入深的顺序排列的,后人因为《大学》《中庸》的篇幅较短,为了刻写出版的方便,便把《中庸》提到《论语》之前,成了现在通行的《大学》《中庸》《论语》《孟子》的顺序。

实际上,早在朱熹之前的程颢、程颐兄弟已大力提倡这些儒家经典了。他们认为《大学》《中庸》与《论语》《孟子》一起表达了儒学的基本思想体系,是研治儒学最重要的文献。朱熹认为《中庸》“忧深言切,虑远说详”,“历选前圣之书,所以提纲挈领,开示蕴奥,未有若是之明且尽者也”(《中庸章句·序》)。他还在《中庸章句》的开头引用程颐的话,强调《中庸》是孔门传授心法的著作,“放之则弥六合,卷之则退藏于密”,其味无穷,都是实用之学。善于阅读的人只要仔细玩味,便可终身受用不尽。《中庸》的内容十分丰富,不仅提出了把“中庸”作为儒家的最高道德标准,而且还以此为基础讨论了一系列的问题,涉及儒家学说的各个方面。《中庸》被推崇为“实用之学”,被朱熹视为可供人们终身受用的经典。

在宋代,以程颢、程颐兄弟和朱熹为代表的“程朱理学”的地位日益上升,朱熹逝后,朝廷便将他所编定注释的“四书”审定为“官书”,“四书”从此盛行起来。到元代延祐年间(1314—1320年)恢复科举考试,正式把出题范围限制在朱熹注的“四书”之内,明、清沿袭而衍出“八股”考试制度,题目也都是在朱熹注的“四书”中。由于这些因素,“四书”不仅成为儒学的重要经典,而且也成了每个读书人的必读之书。有人把“四书”与西方的《圣经》相比,认为它是东方的“圣经”。事实上,无论就其流传的广度,还是就其对国人人格心理影响的深度和广度来看,这一看法都不为过。

文学聚焦

儒家“中庸”思想的核心要义及具体内涵

“中庸”词语最早是在《论语》中出现的,由孔子提出。孔子曰:“中庸之为德也,其至矣乎,民鲜久矣”。孔子将“中庸”思想上升为人类的最高道德规范,将其作为道德真理与道德行为准则,虽然孔子提出这一思想时广大人民从未拥有它。子思对孔子的言论予以总结,然后融入自身观点编著而成《中庸》,子思使用“中和”对“中庸”进行解释,将“中庸”形而上学化,提升到更高的哲学高度,进而形成世界观。

“中庸”思想在个人修养方面表现为“慎独”,是个人对自身的隐性意识,是能够合理控制自己情绪的一种修养方式,意味着不断地提升自己的道德水平与个人修养,让自己即使身处无监视、无约束环境中也可保持正确的行为举止。

“中庸”思想在人际关系方面表现为“忠恕”,这是“中庸”思想的核心内容,意思为当对他人提出要求时,首先在对应方面严格要求自己,自己做好才有资格对他人提出要求,同时还需要站在他人角度为他人考虑。这一思想也能够更好地化解社会矛盾,是调和矛盾的最佳药剂。

“中庸”思想在道德追求方面表现为“至诚尽性”。在《中庸》中提到“诚”是人生的至高境界，是人道的第一原则。“诚”是中庸之道一切思想的源泉，也是其出发点。缺乏真诚就失去了一切。只有完全释放自身本性之人，才能够完全发挥自身的能动性，进而把握、发挥出更为广泛的集体能动性。

“中庸”思想作为我国丰富传统文化的重要内容，其中所具有的哲学内涵极为深奥，对每个人的为人处世都有积极指导意义。对于“中庸”之道的感触与学习，只停留于表面的理解与认识是远远不够的，需要挖掘“中庸”之内涵，取其精华去其糟粕，充分利用中华传统文化的哲理内涵予以现代化的解读，使其与新时代思想相契合。

拓展与应用

探究思考

1. 你如何理解中庸思想的哲理内涵？

2. “喜怒哀乐之未发，谓之中；发而皆中节，谓之和。中也者，天下之大本也；和也者，天下之达道也。致中和，天地位焉，万物育焉。”谈谈你对这句话的理解。

职业连线

《中庸》有言：“博学之，审问之，慎思之，明辨之，笃行之。”请你联系所学专业谈谈这句话的现实意义。

老子五章

老　子

作者简介

老子，姓李名耳，字聃，号伯阳，春秋末期人，生卒年不详，籍贯也多有争议，《史记》等记载老子出生于楚国或陈国。中国古代思想家、哲学家、文学家和史学家，道家学派创始人和主要代表人物，与庄子并称“老庄”。后被道教尊为始祖，称“太上老君”。在唐朝，被追认为李姓始祖。曾被列为世界文化名人、世界百位历史名人之一。老子思想对中国哲学发展具有深刻影响，其思想核心是朴素的辩证法。在政治上，主张无为而治、不言之教；在权术上，讲究物极必反之理；在修身方面，讲究虚心实腹、不与人争的修持。老子传世作品《道德经》(又称《老子》)，是全球文字出版发行量最大的著作之一。

背景知识

《道德经》是春秋时期老子(李耳)的哲学作品，又称《道德真经》《老子》《五千言》《老子五千文》，是中国古代先秦诸子分家前的一部著作，是道家哲学思想的重要来源。道德经分为上、下两篇，原文上篇《德经》、下篇《道经》，不分章，后改为《道经》37章在前，之后为

《德经》，共分为81章。《道德经》文本以哲学意义之“道德”为纲宗，论述修身、治国、用兵、养生之道，而多以政治为旨归，乃所谓“内圣外王”之学，文义深奥、包涵广博，被誉为“万经之王”。《道德经》是中国历史上最伟大的名著之一，对传统哲学、科学、政治、宗教等产生了深远影响。据联合国教科文组织统计，《道德经》是除了《圣经》以外被译成外国文字发行量最多的文化名著。

(一)

天下皆知美之为美，斯恶已[1]；皆知善之为善，斯不善已[2]。故有无相生[3]，难易相成，长短相形[4]，高下相盈[5]，音声相和[6]，前后相随，恒也。是以圣人处无为之事[7]，行不言之教，万物作焉而不辞[8]，生而不有，为而不恃，功成而弗居。夫唯弗居，是以不去。 (第二章)

【译文】

天下人都知道美之所以为美，那是由于有丑陋的存在。都知道善之所以为善，那是因为有恶的存在。所以有和无互相转化，难和易互相形成，长和短互相显现，高和下互相充实，音与声互相谐和，前和后互相接随——这是永恒的。因此圣人用无为的观点对待世事，用不言的方式施行教化，听任万物自然兴起而不为其创始，有所施为，但不添加自己的倾向，功成业就而不自居。正由于不居功，就无所谓失去。

【注释】

① 恶已：恶、丑。已：通“矣”。

② 斯：这。

③ 相：互相。

④ 刑：通“形”，此指在比较、对照中显现出来的意思。

⑤ 盈：充实、补充、依存。

⑥ 音声：汉代郑玄为《礼记·乐记》作注时说，合奏出的乐音叫作“音”，单一发出的音响叫作“声”。

⑦ 圣人处无为之事：圣人：古时人所推崇的最高层次的典范人物。处：处理。无为：顺应自然，不加干涉、不必管束，任凭人们去干事。

⑧ 作：兴起、发生、创造。

(二)

曲则全，枉[1]则直；洼则盈，敝[2]则新；少则得，多则惑。是以圣人抱一[3]为天下式[4]。不自见[5]，故明[6]；不自是，故彰；不自伐[7]，故有功；不自矜，故长。夫唯不争，故天下莫能与之争。古之所谓“曲则全”者，岂虚言哉？诚全而归之。 (第二十二章)

【译文】

委曲便会保全，屈枉便会直伸；低洼便会充盈，陈旧便会更新；少取便会获得，贪多便会迷惑。所以有道的人坚守这一原则作为天下事理的范式。不自我表扬，反能显明；不自以为是，反能是非彰明；不自己夸耀，反能得有功劳；不自我矜持，所以才能长久。正因为不与人争，所以遍天下没有人能与他争。古时所谓“委曲便会保全”的话，怎么会是空话呢？它实实在在能够达到。

【注释】

① 枉：屈、弯曲。

② 敝：凋敝。

③ 抱一：此意为守道。抱：守。一：即道。

④ 式：法式、范式。

⑤ 见(xiàn)：通“现”。

⑥ 明：彰明。

⑦ 伐：夸。

(三)

知人者智，自知者明。胜人者有力，自胜者强[①]。知足者富，强行[②]者有志，不失其所者久，死而不亡[③]者寿。（第三十三章）

【译文】

能了解、认识别人叫作智慧，能认识、了解自己才算聪明。能战胜别人是有力的，能克制自己的弱点才算刚强。知道满足的人才是富有人，坚持力行、努力不懈的人就是有志者，不离失本分的人才能长久不衰，身虽死而“道”仍存的，才算是真正的长寿。

【注释】

① 强：刚强、果决。

② 强行：坚持不懈、持之以恒。

③ 死而不亡：身虽死而“道”犹存。

(四)

大成[①]若缺，其用不弊。大盈若冲[②]，其用不穷。大直若屈[③]，大巧若拙，大辩若讷[④]。静胜躁，寒胜热[⑤]。清静为天下正[⑥]。（第四十五章）

【译文】

最完满的东西，好似有残缺一样，但它的作用永远不会衰竭。最充盈的东西，好似是空虚一样，但是它的作用是不会穷尽的。最正直的东西，好似有弯曲一样；最灵巧的东西，好似最笨拙的；最卓越的辩才，好似不善言辞一样。清静克服扰动，寒冷克服暑热。清静无为才能统治天下。

【注释】

① 大成：最为完满的东西。

② 冲：虚，空虚。

③ 屈：曲。

④ 讷：笨嘴拙舌。

⑤ 静胜躁，寒胜热：清静克服扰动，寒冷克服暑热。

⑥ 正：通“政”。

(五)

其安易持，其未兆易谋；其脆易泮[①]，其微易散。为之于未有，治之于未乱。合抱之木，生于毫末[2]；九层之台，起于累土[3]；千里之行，始于足下。为者败之，执者失之。是以圣人无为故无败，无执故无失。民之从事，常于几成而败之，不慎终也。慎终如始，则无败事。是以圣人欲不欲，不贵难得之货，学不学[4]，复众人之所过。以辅万物之自然而不敢为。（第六十四章）

【译文】

局面安定时容易保持和维护，事变没有出现迹象时容易图谋；事物脆弱时容易消解；事物细微时容易散失。做事情要在它尚未发生以前就处理妥当，治国理政要在祸乱没有产生以前就早做准备。合抱的大树，生长于细小的萌芽；九层的高台，筑起于每一堆泥土；千里的远行，是从脚下第一步开始走出来的。有所作为的将会招致失败，有所执着的将会遭受损害。因此圣人无所作为所以也不会招致失败，无所执着所以也不遭受损害。人们做事情，总是在快要成功时失败，所以当事情快要完成的时候，也要像开始时那样慎重，就没有办不成的事情。因此，有道的圣人追求人所不追求的，不稀罕难以得到的货物，学习别人所不学习的，补救众人所经常犯的过错。这样遵循万物的自然本性而不会妄加干预。

【注释】

① 其脆易泮：事物脆弱就容易消解。泮：散、解。

② 毫末：细小的萌芽。

③ 累土：堆土。

④ 学：这里指办事有错的教训。

艺术赏析

《老子》全书共分81章，其中前37章为《道经》，后44章为《德经》。它集中体现了老子的哲学思想。在中国哲学史上，老子是进行宇宙本体探讨的第一人。他提出了“以无为本”的哲学命题，认为“天下万物皆生于有，有生于无”，讲求“无为而无不为”，倡导“道法自然，绝圣弃智，小国寡民”等思想主张。老子的论述闪烁着朴素的辩证法思想，对中国哲学、宗教影响深远。课文节选部分具体分析如下：

第二章前半部分讲辩证法。美与丑、善与不善都是相反相成的；有与无、难与易、长与短、高与下、音与声、前与后都是相互依存的。既对立，又统一，没有一方也就无所谓另一方。后半部分主张“无为而治”。“居无为之事，行不言之教”，任万物自然发展而不加干涉，方可建功，方可长久。

第二十二章讲“以退为进”的处世之道。委曲求全，以枉求直，以洼求盈，以敝求新，以少求得，抱元守一，不自见，不自是，不自伐，不自矜，时时处处以低姿态出现，不与世争，其结果则是“不争而天下莫能与之争”，以退而为大进。

第三十三章讲个人修养与自我设计问题。知人、胜人十分重要，而自知、自胜更加重要，知己知彼，才是明智，胜己胜人，才能坚强有力。要按客观规律办事，不要过头，也不要不及。永不迷失自己的目标与定位才能长久，精神长留人间才是真正的长寿。

第四十五章前半部分讲事物表面与实质相互掩盖的规律。成与缺，盈与冲，直与屈，巧与拙，辩与讷，当一方达到极致时，其实质与表面恰恰相反。后半部分讲清静的作用，认为只有清静才是天下的正道。

第六十四章(节选)前半部分讲“防患于未然”。任何事物在未发生之前容易谋划、处理，应未雨绸缪。后半部分讲量变与质变的问题。质变是由量变引起的，量的变化最终导致质的变化。

文学聚焦

老子和道家学派

道家以“道”为核心，认为大道无为，主张道法自然，提出道生法、以雌守雄、刚柔并济等政治、经济、治国、军事策略，具有朴素的辩证法思想。道家的起源，可以一直追溯到春秋战国时期。道家思想的形成以总结、发展、著典籍为主要路径，每一次思想的跳跃都经历了极其漫长时间的众人积累，这也再一次凸显了道家的生命力。

以《道德经》的问世为标志，道家思想已经完全成型。老子姓李名耳字聃。战国时期，道家内部分化为不同派别，其中以黄老派最盛，以至于在战国末期形成了蒙文通先生所说的“黄老独盛压倒百家”的局面。

老子作为道家学派的开创者，提出了以“道”为核心的价值观体系。在老子看来，万物的生成是由道和某种物质相互配合形成的，道支配着万物的生长和发展。老子主张通过以道治国、推行无为而治来实现“小国寡民”的理想社会。当他发现治国理想无法实现时，便选择了隐退，主张守柔不争以保身、修身。当人们在各种社会关系中无法实现自我的时候，道家有独到的发挥。老子道家理论的核心是本性自然的“道”。道性自然无为，无为而无不为。道家的理论框架虽然是“自然”，但其着眼点却并没有离开过“人”。老子道家对人的地位也给予了足够的重视和肯定，只是道家对人性的看法及在人的实现问题上，走的是与儒家不同的道路。儒家重视人的社会性，道家重视人的自然性。

拓展与应用

探究思考

1. “知人者智，自知者明；胜人者有力，自胜者强。”谈一谈你对这句话的理解。

2. 《老子》第六十四章：“为者败之，执者失之。是以圣人无为故不败，无执故无失。”这里的“无为”是什么都不要做吗？谈谈你的理解。

职业连线

语文实践活动：中华经典诗文诵读大赛

“雅言传承文明・经典浸润人生”，中华经典诗文是华夏民族优秀文化的产物，是中华民族精神文明的重要组成部分。诵读中华经典诗文可以使当代大学生欣赏中华民族源远流长、博大精深的灿烂文化，接受悠久文明的洗礼，引导当代大学生规范使用国家通用语言文字，全面提高人文素养，激发爱国热情和民族自豪感。

活动布置：

诵读内容必须是在中国历史上有广泛影响的、历经沉淀的中华经典文学读物，可以是中国古代、近代或现当代优秀文学作品，题材不限，内容积极、健康、向上。

诵读形式要注重内容创新、形式创新、手段创新，可单人独诵，可多人群诵，也可根据作品内容配合舞蹈、歌曲等多种艺术手段；必须配有背景音乐，背景音乐与所朗诵篇章要意境吻合、节奏和谐；必须有配合诵读作品的背景 PPT 或视频。推荐点击“中华诵”官方网站查看相关比赛视频。

衣着得体，可根据作品内容着装，体语适当，表演到位，台风大方，感情充沛，感染力强，现场整体效果较好。

诵读表演时间为 5～8 分钟。

活动实施：

1. 小组内评比，选出优胜者。
2. 小组优胜者再进行评比，分出一、二、三等奖。
3. 学生可自己配乐。

活动评价：

参赛学生台风是否落落大方，时间是否控制在 5～8 分钟，诵读是否能引起共鸣。

1. 学生自评 ____________________
2. 同学互评 ____________________
3. 教师点评 ____________________

今天为什么还要阅读经典

刘梦溪

作者简介

刘梦溪，原籍山东黄县，1941 年生于辽宁。早年致力于研究中国古典文学和现当代文学，同时研究文学理论和文学思想史；后转入文化史、学术史和近现代学术思想的研究，并关注文化建构和文化批评，以学风严谨、思想明通著称，所涉猎的学术领域均有著作出版，是当代有影响的文史学者和文化学者。代表作品有《中国现代学术经典》《陈宝箴和湖南新政》《红楼梦与百年中国》《论国学》《中国文化的狂者精神》等。

背景知识

刘梦溪系统探讨了国学的渊源、发生、发展和演变的历史，以及国学和其他学科的关系，主张国学“瘦身”，反对国学“虚热”，重新阐发国学定义，认为国学应该以经学和小学为主干，认同马一浮先生关于国学是“六艺之学”的学术理念，建议小学、中学和大学一、二年级开设以“六经”为主要内容的国学课程，从《论语》《孟子》入手，循序渐进，长期熏习，使“六经”的精神义理成为中华儿女的文化识别符号。

我们今天所处的时代，的确是一个具有多重身份、多重性格的时代。你可以从不同的角度、不同的侧面加以解读。比如你可以说，现在是一个大力推进现代化进程的时代，是一个全球一体化的时代；也可以说这是一个信息爆炸的时代，是知识过剩的时代，当然也是一个文化垃圾充斥的时代；还可以说这是一个形式超过内容的时代；是过去、现在与未来拥挤在一起的时代；或者换一个说法，可以说是过去、现在与未来互相脱节的时代；还可以说这是一个消解文字的时代，一个读图时代；等等。

那么身处如此繁杂、令人眼花缭乱的时代，不用说中国古代的经典，宽泛些说，我们还需要读书吗？我是指文字的文本阅读，现在还有它的价值吗？

实际情况是，现在在我们中国，很多人已经不喜欢读书了。不读书的“理由”据说可以举出很多，比如因为现代社会节奏快，文本阅读已不能适应时代的快节奏要求；也可以说由于工作太忙，腾不出读书的时间；还由于诱惑太多，其他方面已占满了自己的精神空间，不愿意再把时间花费在读书上。尤其电视的影响力大得不得了，传媒视觉形象的冲击远远超过文字阅读的魅力。何必还来读书呢？

可是我想说的是，文本阅读是不可缺少的。要说现代化，欧洲、北美总比我们更现代化得多吧？我们在那里看到的是良好的读书风气。火车上、飞机上、轮船上，到处都有人安静地阅读。他们的习惯是不说闲话，只读书。我们相反，只说闲话，连闲书也不看。读书风气其实就是一个社会的文化风气，甚至也是一个社会的道德风气的反映。因为读书不仅使人获得知识，还可以使人变得安宁，减少浮躁气。而我们今天的社会，可以说充满了浮躁气。扎扎实实做事情的人少了，走捷径、取巧的人多了。包括大学、研究机构，也染上了肤浅、浮泛的学风。人文科学已大大贬值。此种情况下，培养文本阅读的兴趣、形成读书风气，尤为重要。如果说人们往往喜欢追求时尚的话，读书也应该成为今天的一种时尚。

问题是怎样培育读书风气？首先是社会应有所提倡。但比提倡更重要的是，社会应该形成普遍重视学问、重视读书人的风气。如果读书人受不到重视，提倡读书就少有效果了。我们所以长期未能形成读书风气，一个重要原因是读书人的社会地位太低，以至于极端地竟有“臭老九”之称。中国传统社会读书人的地位是很高的，士、农、工、商，“士”居四民之首。近百年不断激进地反传统的结果，知识分子的价值被严重弱化。特别在今天，知识分子和文化人的地位，正在直接受两种势力的挑战：一是“官本位”的挑战，一是社会普遍商业化的挑战。大学、研究机构的建制也套行政级别，教授、研究人员的工资待遇，竟然与行政挂钩，这是“官本位”挑战读书人社会地位的先例。至于全社会商品化的挑战，更是不言而喻的了。官、商对知识分子成钳制、挤压之势，读书人的无力与无奈，随时随处可见。这种社会的与文化的结构，要想造成普遍的读书风气，不用说自是困难重重。所以，我认为要培育读书风气，前提是要造成全社会普遍重视读书人的风气，使大家都能够珍惜文化、重视学问、尊礼大儒。或者换一个说法，最主要是社会各阶层的官员、国家的指导者，应该有读书的习惯，懂得读书人的价值，奖励读书，优礼读书人。如做到这一层，全社会普遍读书风气的形成必将指日可待。

那么我们应该读些什么样的书呢?难的是要有读书的意愿,如果有了读书的意愿,那么读什么书的问题比较容易解决。简单地说,读总比不读好,也就是古人说的开卷有益。当然认真地说起来,选择什么书来读,也不是毫无讲究。各个专业领域的从业人员,肯定首先要读好本专业的书,所谓“术业有专攻”是也。就社会的一般情形而言,就一个国家、一个民族的社会文化风气的养成而言,无论哪一个行业的人,是否也有一些共同的书需要大家都来读一读呢?有的,这就是那些属于一个民族文化系统的典范之作,也就是人们常说的本民族的文化经典。世界上各个国家都有自己的文化传统,也都有自己的文化经典,特别是那些“文明体国家”,堪称经典的文本格外丰富。而凡是文化经典,就是人类的共同精神财富,不仅本民族的人应该阅读,其他国家的人也应该阅读。我是说如果有可能这样做的话,比如掌握相关的语言工具,能够直接读原著,或者阅读翻译文本。不过我这里讲的经典阅读,着重点在中国自己的文化经典,而且侧重人文方面。

我们是世界上主要的“文明体国家”之一,文化发祥早、文化典籍多,人文领域包括文学、历史、哲学等,历史上各个朝代、各个历史时期,都不乏典范之作。“汗牛充栋”这句成语,如果用来形容中国文本典籍的丰富,也会显得不堪其比。但是,作为一般阅读而不是从事专业研究,需要读、应该读、可能读的经典,并不如想象的那样多。哲学,无非是先秦时期的诸子,而且主要是孔子、孟子、老子和庄子、荀子、墨子、韩非子、公孙龙子等,都可以暂时不读。甚至孟子,也不一定必须读。但汉代的《礼记》里有两篇著作,却不能不读:一是《中庸》,一是《大学》。这两篇著作是谁写的?据说《中庸》的作者是孔子的孙子子思,《史记》的作者司马迁就是这样讲的。《大学》的作者据说是孔子的好学生曾参,但也有说两篇都是子思所作。不管究竟是谁作的,反正这两篇著作对儒家学说的基本理念的阐述,提纲挈领、最见精要。特别到宋代,朱熹把《大学》《中庸》和《论语》《孟子》合为“四子书”,并精心注释,成为传统社会流传最广的儒家经典。朱熹的《四书章句集注》也随之成为儒门宝典。如果嫌朱熹的注释讲得太麻烦(从研究的角度看,他注释得其实非常好,不仅是注释,还有他自己的思想发挥),也可以读白文(不带注释的)《四书》。读白文不看注释,一遍一遍地读,甚至背下其中一些段落,即使在今天,也不失为阅读中国经典的一个有效的方法。

史学方面,文史从业人员讲究“前四史”,即《史记》、前后《汉书》和《三国志》。一般阅读,读《史记》就可以。《史记》不仅是历史著作,也是文学著作,人物写得好,文字也优美。熟读《史记》,容易了解中国历史、文化、人物、制度这一套东西,真可收一以当十的效果。如嫌篇幅大,可选取其中的《传》和《本纪》阅读。文学方面,《诗经》《楚辞》不可不选择一些来读。《楚辞》可选屈原的《离骚》。另外晋的陶渊明,唐的杜甫、韩愈,宋的苏东坡、黄庭坚、李清照、陆游,元的关汉卿、王实甫,明的汤显祖及《三国演义》《水传浒》,清的《红楼梦》等,也都是不能不读之书。另外汉代王充写的《论衡》,是一部很特殊的书,读起来会打开你的思想,而不会被传统所束缚。还有清末民初以来20世纪文史大家的著作,不少也堪称经典,如严复、章太炎、梁启超、蔡元培、王国维、陈寅恪、马一浮等人的书,如果不读,未免太可惜。20世纪学术大师的著作,实际上是通向中国古代经典的桥梁,由他们进入古代经典,也许是终南捷径。

不过按照传统的说法,所谓中国的经典,主要是指“六艺”之学,即“诗”“书”“礼”“易”“乐”“春秋”。“六艺”是孔子教授的六门课程,孔子之前已成书,但经过孔子删定的“六艺”,

后来称作“六经”。由于《乐》不传，于是又变而为“五经”，就是《诗经》《尚书》《周礼》《周易》和《春秋》。“五经”是中国学术和中国文化的源头。按照马一浮的说法，“六艺”可以统摄一切学术。《论语》是唯一一部记录孔子言行的书，虽经弟子们后来整理成书，但所记应为实录。《论语》就是“六经”意涵的化育之书。朱熹选注的“四书”即为“六经”的经典选本。所以人们常说的“五经”“四书”，就成了中国传统社会识字的人必读的基本经典。

所以“五四”时期有过“尊孔读经”和反对“尊孔读经”的争论。孔子作为中国古代最有代表性的哲人，他是大思想家、大教育家，他的学术地位本来是无可怀疑的。但由于自汉代以后孔学成为历代统治者的官方哲学，孔子头上的帽子越堆越高，“文宣王”“大成至圣先师”等头衔多得不可胜数，其人格和学说难免被神化、添加乃至扭曲。“五四”前辈痛恨传统的封建制度，为了国家强盛，对传统文化持强烈批评的态度，原无可厚非。但时至今日，社会制度已经发生根本变化，我们对孔子和儒学就不能再采取“五四”前辈那种激进的态度了。“尊孔”不必，但适当读经，确为承继民族文化传统所必需。那种从根本上否定儒家经典的做法，是不足取的。“五经”“四书”也不必全部都读，可以有选择地读，例如《论语》，就可以选其中的一些章节，如《学而》《为政》《里仁》《颜渊》《子路》《卫灵公》诸章，尤适合今天阅读。

至于今天为什么还要读中国的这些经典？我想主要是为了文化传承的需要。如果你不想完全抛弃自己的民族文化传统，那么阅读代表自己文化传统的典范性文本，是承继传统的一种必要的方式。其意义又不止于此。就个人的修养而言，阅读经典文本是使阅读者经历一番文化濡化的过程，它可以改变人的气质。受传统文化资源熏陶得比较多的人和受熏陶比较少的人，其气质风度是截然不同的。朱熹就说过，读书的目的之一就是让人变化气质。读古人书、与古贤为伍，是一个人精神境界高尚的表现，可以提示人们不要堕入俗流。有时称赞一个人的文章写得好，会惊叹地说这是古人的文章，这是极高的奖赏。古人、古贤、古书，都是传统文化积淀的代称，接触多了，势必使一个人的气质发生潜移默化的变化。很多人都发生气质的变化，一个时代的社会风气就会随之发生变化。所以阅读本民族的文化经典，在个人，可以变化气质；对社会而言，可以转移风气。

当然现代社会是多元文化交错的社会，一个人不可能只接受单一的某一种文化，近百年来西方强势文化影响于东方、影响于中国，是不争的事实。我们也无须拒绝这种影响。只是当我们接受异质文化的时候，应该收拾好自己文化的主体，打点好自己的文化精神，把中国文化与西方文化溶解在一起，那才意味着新的文化的诞生。现在仍有很多人把现代化和“西化”完全等同起来，以为自己的文化传统无法和现代性相衔接，这是一种过时的看法，不应让这种看法成为我们的文化导向。我们正在进行的现代化进程，同时有一个提高全民族的文化素质的任务，我可以肯定地说，要完成这个任务，必须造成全民族的阅读风气，首先是造成阅读经久不衰的本民族文化经典的风气。

艺术赏析

本篇文章围绕为什么在现代化的今天依旧要阅读经典文化这一时代命题展开了论述，作者从时代环境入手，提出了我们仍需阅读经典的必要性，把阅读经典书目上升到文化传承的高度，阅读代表自己文化传统的典范性文本，是承继传统的一种必要的方式。在个人方面，阅读本民族的文化经典，可以变化气质；对社会而言，可以转移风气。整篇文章，观点明确深刻，入木三分。全文层次清晰、一气呵成，感情丰富而真实，启发性极强，语言铿锵有力，掷地有声，读起来令人热血沸腾、心潮澎湃，是每个大学生都应该反复学习品味的好文章。

文学聚焦

世界读书日

1972 年，联合国教科文组织向全世界发出了“走向阅读社会”的号召，要求社会成员人人读书，让读书成为人们日常生活中不可或缺的部分。1995 年，国际出版商协会在第二十五届全球大会上提出“世界读书日”的设想，并由西班牙政府将方案提交联合国教科文组织。后来，俄罗斯认为，“世界读书日”还应当增加版权的概念。1995 年 11 月 15 日正式确定每年的 4 月 23 日为“世界读书日”，全称“世界读书与版权日”。其设立目的是推动更多的人去阅读和写作，希望所有人都能尊重和感谢为人类文明作出过巨大贡献的文学、文化、科学、思想大师们，保护知识产权。每年的这一天，世界一百多个国家都会举办各种各样的庆祝和图书宣传活动。

拓展与应用

探究思考

“四书五经”是古代读书人的必读书目，你觉得当代大学生为什么需要多读经典？说说你最喜欢的古代著作有哪些？

职业连线

说读书有用的人，他们通过学习得到了更大的成长，可能是找到了一份好的工作，进而成家立业。他们从一个刚刚毕业的大学生，几年之后成为了一个公司白领或者事业单位的骨干，开始过上自己的小康生活，因此他们认为读书是有用的。但是有一些人，他们却宣称读书无用，因为他们没有毕业就进入社会打拼，最后因为一些机缘巧合，成为了一个大老板，因此他们信奉读书无用论。

正方观点是当今时代读书有用，反方观点是当今时代读书无用。请你自选观点展开一场班级辩论赛，辩论赛规则可以参考“华语辩论世界杯”相关内容。

第九单元

家国情怀

一个民族，没有振奋的精神和高尚的品格，不可能自立于世界民族之林。“修身、齐家、治国、平天下”作为儒家文化理念的精髓，能够最好地诠释家与国在中国人心中是密不可分的一个整体。这种无比宏大又无比细腻的情感归纳成为四个字——家国情怀。古有“人生自古谁无死，留取丹心照汗青”的文天祥，“王师北定中原日，家祭无忘告乃翁”的陆游，“我自横刀向天笑，去留肝胆两昆仑”的谭嗣同；今有国难当头誓死救国的吉鸿昌，特级战斗英雄黄继光，抗震救灾中不畏艰险的官兵战士。他们的心中都怀揣着强烈的家国情怀，他们都深知有了强的国，才有富的家。人离不开国家，一个人的胸怀应该要盛放家国情怀。

论语六则

孔　子

作者简介

孔子(公元前 551—前 479 年)，名丘，字仲尼。中国历史上伟大的教育家、思想家和政治家，儒家学派的创始人。春秋时期鲁国陬邑(今山东曲阜)人。他创办私学，招收并教育弟子，创立了以“仁”为核心的道德学说。他教学的言论以及与弟子们的对话被汇集编纂成《论语》一书，千古传诵。自汉代以后，孔子学说成为两千余年传统文化的主流，影响极其深远。

背景知识

面对春秋战国那样的乱世，知识分子大都很不满意，于是纷纷思考救国救民、解决社会矛盾的方针路线。各自的想法大不相同，于是形成不同的学说流派。在以孔子为代表的儒家学派之外，先后出现了道家、墨家、法家等不同流派。这些流派之间相互批评，展开了激动人心的学术争鸣，于是有所谓“百家争鸣”的局面出现。春秋战国之交的“百家争鸣”是一个思想大爆炸的时代，也是中国思想史上第一个黄金时期。中国传统中很多光辉的思想主张，都产生于那个时代。以孔子为代表的儒家，即是“百家争鸣”中最重要的一个学术流派。

侍　坐　篇

子路、曾皙、冉有、公西华侍坐。

子曰：“以吾一日长乎尔，毋吾以也。居则曰：‘不吾知也！’如或知尔，则何以哉？”

子路率尔而对曰：“千乘之国，摄乎大国之间，加之以师旅，因之以饥馑；由也为之，比及三年，可使有勇，且知方也。”

夫子哂之。

“求，尔何知？”

对曰：“方六七十，如五六十，求也为之，比及三年，可使足民。如其礼乐，以俟君子。”

“赤，尔何如？”

对曰：“非曰能之，愿学焉。宗庙之事，如会同，端章甫，愿为小相焉。”

“点，尔何如？”

鼓瑟希，铿尔，舍瑟而作，对曰：“异乎三子者之撰。”

子曰：“何伤乎？亦各言其志也！”

曰：“莫春者，春服既成，冠者五六人，童子六七人，浴乎沂，风乎舞雩，咏而归。”

夫子喟然叹曰：“吾与点也！”

三子者出，曾皙后。曾皙曰："夫三子者之言何如？"

子曰："亦各言其志也已矣！"

曰："夫子何哂由也？"

曰："为国以礼，其言不让，是故哂之。唯求则非邦也与？安见方六七十如五六十而非邦也者？唯赤则非邦也与？宗庙会同，非诸侯而何？赤也为之小，孰能为之大？"（《论语·先进》）

其　一

子游问孝。子曰："今之孝者，是谓能养。至于犬马，皆能有养；不敬，何以别乎？"（《论语·为政》）

其　二

子曰："富与贵，是人之所欲也。不以其道得之，不处也。贫与贱，是人之所恶也。不以其道得之，不去也。君子去仁，恶乎成名？君子无终食之间违仁，造次必于是，颠沛必于是。"（《论语·里仁》）

其　三

或曰："以德报怨，何如？"子曰："何以报德？以直报怨，以德报德。"（《论语·宪问》）

其　四

颜渊、季路侍。子曰："盍各言尔志？"子路曰："愿车马衣裘与朋友共，蔽之而无憾。"颜渊曰："愿无伐善，无施劳。"子路曰："愿闻子之志。"子曰："老者安之，朋友信之，少者怀之。"（《论语·公冶长》）

其　五

子曰："益者三友，损者三友。友直，友谅，友多闻，益矣。友便辟，友善柔，友便佞，损矣。"（《论语·季世》）

（选自：李捷. 中华传世名著经典丛书. 第二辑[M]. 呼和浩特：远方出版社，2009.）

艺术赏析

《侍坐篇》这篇文章围绕"言志"的中心进行记述，集中表达孔子治国以礼的主题，结构紧密，中心突出，人物描写生动细致，人物性格鲜明突出，人物语言运用生动而灵活。孔子的话一般都平平道出，体现了与学生坐而论道的长者形象，但文章最后一段"评志"连用几个反诘句，一气连接而发，气势磅礴，极具说服力，反映了孔子善于雄辩的一面。

其一：针对当时社会上将奉养作为孝的主体观念，孔子认为"养亲事亲"是孝的必然要求，也是最低限度的要求。孝的更高层次应该是子女"孝敬"父母，对父母要发自内心的"敬"。孔子从人性角度、从物质和精神两个方面来界定，既做到了物质奉养和精神慰藉的有机结合，还突出了精神慰藉的重要性，以此强调人与动物的区别。

其二：讲述了孔子不反对追求财富，他认为"欲富恶贫"是人共同的一种普遍倾向，他考虑到了"欲富恶贫"的人性前提，任何人都不会甘愿过贫穷困顿、流离失所的生活，承认人们追求财富的必然性和合理性，但这必须通过正当的手段和途径去获取，否则宁守清贫而不去享受富贵。这种观念在今天仍有其不可低估的价值。

其三:孔子认为别人以德来待你的时候,你才需要以德来回报别人;现在别人怨恨了你,你就应该“以直报怨”,即以公平正直的态度去对待怨恨你的人。

其四:孔子问他的学生志向,子路表达的是一种“公有”的思想,同时也表现了他胸襟开阔、仗义疏财的品格。颜渊的志向其实是道德修养的自我完善,既表现了一种高尚的奉献精神,也表现了他为人谦虚谨慎的处世方式和生活态度。最后孔子谈到自己的志向,是推行“大道之行也,天下为公”的大同思想。孔子讲的是圣者之事,以仁复天下,这种境界是更难得了。

其五:孔子谈到交朋友的原则。他认为有三种有益的朋友,有三种有害的朋友。同正直的人交朋友,同诚实的人交朋友,同见多识广的人交朋友,这是有益的。同阿谀奉承的人交朋友,同当面恭维、背后诽谤的人交朋友,同花言巧语的人交朋友,这是有害的。

文学聚焦

《论语》简介

《论语》是中国春秋时期一部语录体散文集,也是中国现今传扬并学习的古代著作之一,由孔子弟子及再传弟子编纂而成。主要记录孔子及其弟子的言行,较为集中地反映了孔子的思想,是儒家学派的经典著作之一。全书共20篇、492章,首创“语录体”,主要由仲弓、子游、子夏首先商量起草,和少数留在鲁国的弟子及再传弟子完成,并由子夏开创了章句的读法。故汉儒曰:“章句发明始于子夏”。南宋时,朱熹将它与《孟子》《大学》《中庸》合称为“四书”。《论语》是圣人之学,载道之学,君子治天下之学也。

周子曰:“圣学,一为之要。”

庄子曰:“道又名一,其号无双。”

月牙山人曰:“诸子之学,无文不一,无一不文。”

拓展与应用

探究思考

1. 读一读孔子的“侍坐篇”以及这五则语录,说一说每一则语录所表达的含义。
2. 从《论语》的“侍坐篇”及五则语录中选择一则,结合实例谈谈你的看法。
3. 全文诵读。

职业连线

在人类面临诸多发展危机的今天,儒家思想不仅在中国重新勃兴,而且在世界各地也受到了高度重视,成为世界共同珍视的文化财富。诺贝尔物理学奖获得者内斯·阿尔文博士曾经说:“人类要生存下去,就必须回到25个世纪以前,去吸收孔子的智慧。”改革开放以来,我国经济发展、国泰民安,中华文化的魅力得到充分展现,对世界各国的吸引力不断提升。具有东方风格和中国内涵的文化样式已经成为世界文化之林中最为艳丽的花朵之一，中华文化自信空前提高。截至 2018 年 12 月，中国已在 154 个国家和地区建立了 548 所孔子学院和 1193 个中小学孔子课堂，现有注册学员 210 万人，中外专兼职教师 4.6 万人。

思考：

结合具体事例，谈谈孔子的言论观点对你今后的职场发展有什么启示。

废　墟

余秋雨

作者简介

余秋雨，1946 年 8 月 23 日出生于浙江省余姚县桥头镇（今属浙江省慈溪市）。中国著名文化学者、理论家、文化史学家、散文家。

1966 年毕业于上海戏剧学院戏剧文学系。1980 年陆续出版了《戏剧理论史稿》《中国戏剧文化史述》《戏剧审美心理学》。1985 年成为当时中国最年轻的文科教授。1986 年被授予上海十大学术精英。1987 年被授予“国家级突出贡献专家”的荣誉称号。2011 年被授予甘肃联合大学荣誉教授。2010 年担任澳门科技大学人文艺术学院院长。

背景知识

为了寻找中华文化的灵魂，余秋雨在长期钻研典籍后离开书斋，于 20 世纪 90 年代初期辞职远行，考察并阐释了大量中华文化的遗迹。他所发现并写到的地点，后来大多成为海内外民众争相游观的热点。在这过程中，他又创造了“文化大散文”的崭新文体而开启一代文风。从 20 世纪 90 年代晚期开始，为了对中华文化进行比较研究，他与凤凰卫视合作，冒着生命危险贴地穿行四万公里，到当今世界上最危险的地区，亲身考察了人类全部重要古文明的遗址。此后，他又考察了欧洲 96 座城市，继续对中华文明作比较研究。这种空前规模的文化考察通过全球电视直播感动了世界，他多次应邀到美国哈佛大学、耶鲁大学、哥伦比亚大学、马里兰大学演讲中华文化，并成了联合国世界文明大会、世界华商大会、全球企业家峰会的首选文化演讲者。他的书籍长期位列全球华文书排行榜前列。在国内，2002 年统计的全国十年来最畅销书籍前十名，他一人占了三本。目前，他是公认在全球各华人社区影响最大的极少数作家之一。海内外读者高度评价他集“深度研究、亲历考察、有效传播”于一身，以二十年的不懈努力，为守护和解读中华文化作出了先于他人的杰出贡献。

我诅咒废墟，我又寄情废墟。

废墟吞没了我的企盼，我的记忆。片片瓦砾散落在荒草之间，断残的石柱在夕阳下站立，书中的记载，童年的幻想，全在废墟中陨灭。昔日的光荣成了嘲弄，创业的祖辈在寒风中声声咆哮。夜临了，什么没有见过的明月苦笑一下，躲进云层，投给废墟一片阴影。

但是，代代层累并不是历史。废墟是毁灭，是葬送，是诀别，是选择。时间的力量，理应在大地上留下痕迹；岁月的巨轮，理应在车道间碾碎凹凸。没有废墟就无所谓昨天，没有昨天就无所谓今天和明天。废墟是课本，让我们把一门地理读成历史；废墟是过程，人生就是从旧的废墟出发，走向新的废墟。营造之初就想到它今后的凋零，因此废墟是归宿；更新的营造以废墟为基地，因此废墟是起点。废墟是进化的长链。

一位朋友告诉我，一次，他走进一个著名的废墟，才一抬头，已是满目眼泪。这眼泪的成分非常复杂。是憎恨，是失落，又不完全是。废墟表现出固执，活像一个残疾了的悲剧英雄。废墟昭示着沧桑，让人偷窥到民族步履的蹒跚。废墟是垂死老人发出的指令，使你不能不动容。

废墟有一种形式美，把剥离大地的美转化为皈附大地的美。再过多少年，它还会化为泥土，完全融入大地。将融未融的阶段，便是废墟。母亲微笑着怂恿过儿子们的创造，又微笑着收纳了这种创造。母亲怕儿子们过于劳累，怕世界上过于拥塞。看到过秋天的飘飘黄叶吗？母亲怕它们冷，收入怀抱。没有黄叶就没有秋天，废墟就是建筑的黄叶。

人们说，黄叶的意义在于哺育春天。我说，黄叶本身也是美。

两位朋友在我面前争论。一位说，他最喜欢在疏星残月的夜间，在废墟间独行，或吟诗，或高唱，直到东方泛白；另一位说，有了对晨曦的期待，这种夜游便失之于矫揉。他的习惯，是趁着残月的微光，找一条小路悄然走回。

我呢，我比他们年长，已没有如许豪情和精力。我只怕，人们把所有的废墟都统统刷新、修缮和重建。

不能设想，古罗马的角斗场需要重建，庞贝古城需要重建，柬埔寨的吴哥窟需要重建，玛雅文化遗址需要重建。

这就像不能设想，远年的古铜器需要抛光，出土的断戟需要镀镍，宋版图书需要上塑，马王堆的汉代老太需要植皮丰胸、重施浓妆。

只要历史不阻断，时间不倒退，一切都会衰老。老就老了吧，安详地交给世界一副慈祥美。假饰天真是最残酷的自我糟践。没有皱纹的祖母是可怕的，没有白发的老者是让人遗憾的。没有废墟的人生太累了，没有废墟的大地太挤了，掩盖废墟的举动太伪诈了。

还历史以真实，还生命以过程。

——这就是人类的大明智。

当然，并非所有的废墟都值得留存。否则地球将会伤痕斑斑。废墟是古代派往现代的使节，经过历史君王的挑剔和筛选。废墟是祖辈曾经发动过的壮举，汇聚着当时当地的力量和精粹。碎成齑粉的遗址也不是废墟，废墟中应有历史最强劲的韧带。废墟能提供破读的可能，废墟散发着让人流连盘桓的磁力。是的，废墟是一个磁场，一极古代，一极现代，心灵的罗盘在这里感应强烈。失去了磁力就失去了废墟的生命，它很快就会被人们淘汰。

并非所有的修缮都属于荒唐。小心翼翼地清理，不露痕迹地加固，再苦心设计，让它既保持原貌又便于观看。这种劳作，是对废墟的恩惠，全部劳作的终点，是使它更成为一个名副其实的废墟，一个人人都愿意凭吊的废墟。修缮，总意味着一定程度的损失。把损坏降到最低程度，是一切真正的废墟修缮家的夙愿。也并非所有的重建都需要否定。如果连废墟也没有了，重建一个来实现现代人吞古纳今的宏志，那又何妨。但是，那只是现代建筑家的古典风格，沿用一个古名，出于幽默。黄鹤楼重建了，可以装电梯；阿房宫若重建，可以做宾馆；滕王阁若重建，可以辟商场。这与历史，干系不大。如果既有废墟，又要重建，那么，我建议，千万保留废墟，傍邻重建。在废墟上开推土机，让人心痛。

不管是修缮还是重建，对废墟来说，要义在于保存。圆明园废墟是北京城最有历史感的文化遗迹之一，如果把它完全铲平，造一座崭新的圆明园，多么得不偿失。大清王朝不见了，熊熊火光不见了，民族的郁愤不见了，历史的感悟不见了，抹去了昨夜的故事，去收拾前夜的残梦。但是，收拾来的又不是前夜残梦，只是今日的游戏。

中国历来缺少废墟文化。废墟二字，在中文中让人心惊肉跳。

或者是冬烘气十足地怀古，或者是实用主义地趋时。怀古者只想以古代今，趋时者只想以今灭古。结果，两相杀伐，两败俱伤，既斫伤了历史，又砍折了现代。鲜血淋漓，伤痕累累，偌大一个民族，前不见古人，后不见来者，念天地之悠悠，独怆然而涕下。

在中国人心中留下一些空隙吧！让古代留几个脚印在现代，让现代心平气和地逼视着古代。废墟不值得羞愧，废墟不必要遮盖，我们太擅长遮盖。

中国历史充满了悲剧，但中国人怕看真正的悲剧。最终都有一个大团圆，以博得情绪的安慰，心理的满足。唯有屈原不想大团圆，杜甫不想大团圆，曹雪芹不想大团圆，孔尚任不想大团圆，鲁迅不想大团圆，白先勇不想大团圆。他们保存了废墟，净化了悲剧，于是也就出现了一种真正深沉的文学。

没有悲剧就没有悲壮，没有悲壮就没有崇高。雪峰是伟大的，因为满坡掩埋着登山者的遗体；大海是伟大的，因为处处漂浮着船楫的残骸；登月是伟大的，因为有“挑战者号”的陨落；人生是伟大的，因为有白发，有诀别，有无可奈何的失落。古希腊傍海而居，无数向往彼岸的勇士在狂波间前仆后继，于是有了光耀百世的希腊悲剧。

诚恳坦然地承认奋斗后的失败，成功后的失落，我们只会更沉着。中国人若要变得大气，不能再把所有的废墟驱逐。

废墟的留存，是现代人文明的象征。

废墟，辉映着现代人的自信。

废墟不会阻遏街市，妨碍前进。现代人目光深邃，知道自己站在历史的第几级台阶。他不会妄想自己脚下是一个拔地而起的高台。因此，他乐于看看身前身后的所有台阶。

是现代的历史哲学点化了废墟，而历史哲学也需要寻找素材。只有在现代的喧嚣中，废墟的宁静才有力度；只有在现代人的沉思中，废墟才能上升为寓言。

因此，古代的废墟，实在是一种现代构建。

现代，不仅仅是一截时间。现代是宽容，现代是气度，现代是辽阔，现代是浩瀚。

我们，挟带着废墟走向现代。

艺术赏析

余秋雨用短短不到三千字的散文，令人由废墟而顿悟，由此生发对人生、文化和历史的深沉思索。

“我诅咒废墟，我又寄情废墟”文章头两句开宗明义，阐明作者对废墟的矛盾心理。诅咒是因为它“吞没了我的企盼，我的记忆”。废墟有一种形式美，把剥离大地的美转化为皈依大地的美。然而，我们该以怎样的心态去认识废墟，以怎样的角度去发掘废墟，却是一个现实而又严肃的问题。保存废墟而不是假饰废墟，开发废墟而不是重建废墟。

中国历来缺少废墟文化，作者以犀利的眼光逼视中国文化断层。是的，我们这个民族喜欢在两个极端徘徊，要么厚今薄古，要么厚古薄今，在无休止的争斗中，历史伤痕累累，文化支离破碎。

我们的民族也总喜欢团圆，以求得心理的满足和精神的安宁。害怕真正的悲剧，对废墟总是遮遮掩掩。在尽善尽美的大网里过滤后，就只剩下一部流传五千年的儒家文化。然而，屈原、杜甫、曹雪芹、孔尚任、鲁迅、白先勇却是时代的批判者，“他们保存了废墟，净化了悲剧，于是也就出现了一种真正深沉的文学”。

民族的魅力来源于民族的文化。只有民族的才会是世界的。一个深沉的民族要敢于面对一切成功和失败。“中国人若要变得大气，不能把所有的废墟驱逐”。

废墟是文化的使节，是连接古代和现代的桥梁，废墟中有历史最强劲的韧带，废墟不是一种炫耀和摆设，它需要我们去解除，找到一把开启未来之门的钥匙。

废墟让民族充满自信，让文明更加厚重，让我们把废墟变成寓言，让我们挟带着废墟走向现代。

《废墟》就像一首融注着诗情与哲理的散文诗，作者的视角独特，澎湃的激情从字里行间喷涌而出，文采彪炳，令读者的心灵受到强烈的震撼。“我诅咒废墟，我又寄情废墟”，文章开篇的这句话，浸透了作者复杂而丰沛的思想感情。这篇文章在不长的篇幅中包蕴了作者对历史、对文化的深思。

文学聚焦

哲理散文

哲理散文是指以散文的形式讲哲理，启迪人生的文章。哲理散文可分为经典哲理散文、爱情哲理散文、生活哲理散文和友谊哲理散文。它一般以一件事开头，论述道理，加以评论和总结。哲理散文十分工整，不但有散文“形散而神不散”的特点，还具有行文对仗的特点，十分有韵味，不仅余音绕梁，而且内容丰富，语言优美。

拓展与应用

探究思考

1. 文章中说“前夜的残梦”，其具体的含义是什么？
2. 作者在文中为什么说“还历史以真实，还生命以过程。这就是人类的大明智”？
3. 作者认为我们应该怎样对待废墟？
4. 对待圆明园废墟，你是否同意作者的观点，谈谈你的看法。

职业连线

找准自己的弱点

他在兄弟姐妹中排行第五，生性害羞，外号“大妹”。因为害羞，其他人玩，他只能在旁边看着。更要命的是，他彷佛有种学习停滞症，始终无法把自己的精力用到读书上，上课5分钟后就完全失去了注意力。换了两所高中，他还是没能考上大学。为了圆大学梦，他从早到晚甚至夜里都“死啃”书本，后来，终于考上了大学。

可是进了大学后，他的学习停滞症再次爆发，成绩一塌糊涂。他学的是物理专业，可物理成绩居然只有17分。于是他又换到社会形态学专业，其实他并不是真的对社会形态学感兴趣，只是想换个好学一点的专业，可惜他终未能到毕业。

没有文凭，他只能选择当营业员。但卖工具这件工作对他来说，仍有非常大的挑战和压力。因为他太害羞了，上大学时甚至不敢大声和女生说话，一上讲台，手就会发抖，完全不会社交。幸亏他知道他的问题出在哪里，于是，第一次上班的时候，他就强迫自己见了人必须大声地打招呼，让人感觉他很开朗。培训的时候，老师提问时抢先举手的一定是他，不是因为他知道答案，而是培训前他就决定了，无论问题会不会都要第一个举手，讲话时再想答案。一个星期培训结束后，他感到脸皮“厚”到了一定水平，就提着包上了路。培训时他们的经理曾说过：“来我们这个行业，3个月还没有卖出一台机器是很正常的，第四个月才会有可能卖出机器。”但“大妹”一个半月后，卖出了四台机器，其他的人一台机器都没有卖出去。

销售员的经历使他发现了自己的经商潜力。他说：“为何我会成功，有人告诉我，大概造访40个客户会成功一个。于是我想，如果我碰了39个钉子后，就会成功一个，那我每碰一个钉子，都会距离成功近了一步，我应该开心才是，为何要生气难过呢？于是，每次碰一鼻子灰时我都很开心。我干工作都是‘扫地毯式’的，一个都不漏过，先敲门再想怎么说，若是想完了就不敢再去敲门了。”

思考：

通过这个案例，大家认为在工作中自己的弱点是不是真的会成为职业发展的绊脚石，再想想我们该怎样让我们的弱点“发光”呢？

燕　歌　行

高　适（唐）

作者简介

高适（约704—约765年），字达夫、仲武，汉族，渤海蓨（今河北景县）人。唐代著名的边塞诗人，与岑参并称“高岑”。

高适擅长古体，有《高常侍集》等传世，其诗笔力雄健、气势奔放，洋溢着盛唐时期所特有的奋发进取、蓬勃向上的时代精神。开封禹王台五贤祠即专为高适、李白、杜甫、何景明、李梦阳而立。后人又把高适、岑参、王昌龄、王之涣合称为“边塞四诗人”。

背景知识

《燕歌行》虽用乐府旧题，却是因时事而作的，这是乐府诗的发展，如果再进一步，就到了杜甫《丽人行》《兵车行》“三吏”“三别”等即事命篇的新乐府了。《燕歌行》是一个乐府题目，属于“相和歌”中的“平调曲”，这个曲调以前没有过记载，据说是曹丕开创的。曹丕的《燕歌行》有两首，是写妇女秋思，由他首创，所以后人多学他用燕歌行曲调做闺怨诗。高适的《燕歌行》是写边塞将士生活，用燕歌行曲调写此题材他是第一个。

自唐开元十八年(730年)至二十二年十二月，契丹多次侵犯唐边境。开元十五年(727年)，高适曾北上蓟门。开元二十年，信安王李祎征讨奚、契丹，他又北去幽燕，希望到信安王幕府效力，未能如愿：“岂无安边书，诸将已承恩。惆怅孙吴事，归来独闭门”(《蓟中作》)。可见他对东北边塞军事下过一番研究工夫。开元二十一年后，幽州节度使张守珪经略边事，初有战功。但二十四年，张让平卢讨击使安禄山讨奚、契丹，“禄山恃勇轻进，为虏所败”(《资治通鉴》卷二百十五)。开元二十六年，幽州将赵堪、白真陀罗矫张守珪之命，逼迫平卢军使乌知义出兵攻奚、契丹，先胜后败。“守珪隐其状，而妄奏克获之功”(《旧唐书·张守珪传》)。高适对开元二十四年以后的两次战败感慨很深，因写此篇。

汉家[1]烟尘[2]在东北，汉将辞家破残贼。
男儿本自重横行[3]，天子非常赐颜色[4]。
摐[5]金[6]伐[7]鼓下榆关[8]，旌旆[9]逶迤[10]碣石[11]间。
校尉[12]羽书[13]飞瀚海[14]，单于[15]猎火[16]照狼山[17]。
山川萧条极[18]边土，胡骑凭陵[19]杂风雨[20]。
战士军前半死生[21]，美人帐下犹歌舞。
大漠穷秋塞草腓[22]，孤城落日斗兵稀[23]。
身当恩遇[24]恒轻敌，力尽关山未解围。
铁衣远戍辛勤久，玉箸[25]应啼别离后。
少妇城南[26]欲断肠，征人蓟北[27]空回首。
边庭飘飖[28]那可度[29]，绝域[30]苍茫更何有[31]？
杀气三时[32]作阵云[33]，寒声一夜[34]传刁斗[35]。
相看白刃血[36]纷纷，死节[37]从来岂顾勋[38]。
君不见沙场征战苦，至今犹忆李将军[39]。

【注释】

燕歌行：乐府旧题。诗前有作者原序：“开元二十六年，客有从御史大夫张公出塞而还者，作《燕歌行》以示适。感征戍之事，因而和焉。”张公，指幽州节度使张守珪，曾拜辅国大将军、右羽林大将军，兼御史大夫。历来注家未对序文史事详加考核，都以为是讽张守珪而作。作者有感于幽州节度使张守珪与奚族作战打了败仗却谎报军情，作诗加以讽刺。这种看法并不是很准确。

① 汉家：汉朝，唐人诗中经常借汉说唐。

② 烟尘：烽火，指边塞有战事。

③ 横行：在疆场纵横驰骋。

④ 非常赐颜色：超过平常的厚赐礼遇。

⑤ 摐(chuāng)：撞击。

⑥ 金：指钲(zhēng)一类铜制打击乐器。

⑦ 伐：敲击。

⑧ 榆关：山海关，通往东北的要隘。

⑨ 旌旆：旌是竿头饰羽的旗，旆是末端状如燕尾的旗，这里泛指各种旗帜。

⑩ 逶迤：蜿蜒不绝的样子。

⑪ 碣石：山名。

⑫ 校尉：次于将军的武官。

⑬ 羽书：(插有鸟羽的，军用的)紧急文书。

⑭ 瀚海：沙漠。这里指内蒙古东北西拉木伦河上游一带的沙漠。

⑮ 单于：匈奴首领称号，也泛指北方少数民族首领。

⑯ 猎火：打猎时点燃的火光。古代游牧民族出征前，常举行大规模校猎，作为军事性的演习。

⑰ 狼山：又称狼居胥山，在今内蒙古自治区克什克腾旗西北。一说狼山又名郎山，在今河北易县境内。此处的“瀚海”“狼山”等地名，未必是实指。

⑱ 极：穷尽。

⑲ 凭陵：仗势侵凌。

⑳ 杂风雨：形容敌人来势凶猛，如风雨交加。一说，敌人乘风雨交加时冲过来。

㉑ 半死生：半生半死，伤亡惨重。

㉒ 腓(也作衰)：指枯萎。隋虞世基《陇头吟》：“穷秋塞草腓，塞外胡尘飞”。

㉓ 斗兵稀：作战的士兵越打越少了。

㉔ 身当恩遇：指主将受朝廷的恩宠厚遇。

㉕ 玉箸：白色的筷子(玉筷)，比喻思妇的泪水如注。

㉖ 城南：京城长安的住宅区在城南。

㉗ 蓟北：唐蓟州在今天津市以北一带，此处泛指唐朝东北边地域。

㉘ 边庭飘飖：形容边塞战场动荡不安。庭：也作“风”。飘飖：也作“飘飘”，随风飘荡的样子。

㉙ 度：越过相隔的路程，回归。

㉚ 绝域：更遥远的边陲。

㉛ 更何有：更加荒凉不毛。

㉜ 三时：指晨、午、晚，即从早到夜，即历时很久。三：不表确数。

㉝ 阵云：战场上象征杀气的云，即战云。

㉞ 一夜：即整夜、彻夜。

㉟ 刁斗：军中夜里巡更敲击报时用的煮饭时用的两用铜器。

㊱ 血：也作“雪”。

㊲ 死节：指为国捐躯。节：气节。

㊳ 岂顾勋：难道还顾及自己的功勋。

㊴ 李将军：指汉朝李广，他能捍御强敌，爱抚士卒，匈奴称他为汉之飞将军。

艺术赏析

开元二十三年，河北节度副大使张守珪因与契丹作战有功拜辅国大将军兼御史大夫。二十六年，其部将为奚族余部所败，张守珪贿赂调查官员，掩其败绩，高适得悉实情，作此诗以示讽谏。沿用乐府《相和歌辞·平调曲》旧题，多方面反映了边塞征战生活的复杂情况和真实的画面，是盛唐边塞诗中的一篇杰出代表。

这首诗选取了出征的典型事件，从几条线索展开描述，赞扬了士卒英勇奋战，杀敌报国的无畏气概，又揭露了将帅沉于歌舞、不恤士卒、骄纵轻敌的战事，中间还穿插描述了征人和思妇久别相思之苦，最后一步写战争的艰苦和征人的愿望。

诗的主旨是谴责在皇帝鼓励下的将领骄傲轻敌、荒淫失职，造成战争失败，使广大士兵受到极大的痛苦和牺牲。诗人写的是边塞战争，但重点不在于民族矛盾，而是同情广大兵士，讽刺和愤恨不恤士兵的将军。

全诗概述与细描相辅相成，对比与烘托各尽其妙。形象鲜明，气势奔放，文字隽永，深切感人。且四句一转韵，音韵铿锵，耐人寻味。

“汉家烟尘在东北，汉将辞家破残贼。男儿本自重横行，天子非常赐颜色。”概述开元年间东北边境时发战事，张守珪曾因破敌立功而受重赏之事，为以下写出征兵败而虚报窃功相对应。“摐金伐鼓下榆关，旌旆逶迤碣石间”描写唐军北征时旌旗招展、金鼓齐鸣的豪壮声势。“校尉羽书飞瀚海，单于猎火照狼山”写军情紧急，双方已聚集兵力，做好交战的准备。“山川萧条极边土，胡骑凭陵杂风雨。战士军前半死生，美人帐下犹歌舞”写战斗激烈，士卒伤亡惨重，但中军帐内仍然轻歌曼舞。“大漠穷秋塞草腓，孤城落日斗兵稀。身当恩遇恒轻敌，力尽关山未解围”写将帅深受皇帝恩宠而骄纵轻敌，以致士卒大量伤亡，深陷重围。“铁衣远戍辛勤久，玉箸应啼别离后。少妇城南欲断肠，征人蓟北空回首”写战乱不息，征人思始两地徒增相思之情。“边庭飘飖那可度，绝域苍茫更何有？杀气三时作阵云，寒声一夜传刁斗”写边塞的萧瑟、荒凉和战争的紧张气氛。“相看白刃血纷纷，死节从来岂顾勋”写战士不顾功名，以身许国的高尚气节。“君不见沙场征战苦，至今犹忆李将军”以忆念李将军作结尾，对当时贪功窃爵的将帅以有力的嘲讽。

文学聚焦

边塞诗歌的特点

题材广阔。一方面包括将士建立军功的壮志，边地生活的艰辛，战争的酷烈场面，将士的思家情绪。另一方面包括边塞风光、边疆地理、民族风情、民族交往等各个方面。其中以前者为主要题材。

意象宏阔。大处落笔，写奇情壮景。

基调昂扬。气势流畅，富有崇高感。

体裁兼善。歌行、律绝皆有佳作。就边塞诗的体裁来看，包括歌行在内的古体诗创作已经成熟，蔚为大观，代表作品有李颀《古从军行》、岑参《凉州馆中与诸判官夜集》。另一个方面，近体边塞诗也走向成熟。代表作品有王昌龄《出塞》《从军行》，王之涣《出塞》，王翰《凉州词》。

拓展与应用

探究思考

1. 这首诗主要的表现手法是什么？
2. 请鉴赏“战士军前半死生，美人帐下犹歌舞。”一句。
3. “大漠”“穷秋”“塞草”“孤城”“落日”“斗兵”六个意象营造了怎样的意境？

职业连线

问：在你看来什么职业最具有家国情怀？

答：什么职业和什么工作最具有家国情怀？其实这是一个伪命题。任何职业和工作从根本上来说，没有高低贵贱之分，都是必不可缺的。就像战斗在第一线的医护人员，他们的牺牲付出是大家都看得见的。那些默默地为他们制作盒饭、送盒饭的人，同样也有着极大的付出和牺牲。就像在球场上你可能看见得分的那个人光芒四射，但是你没有看见那些防守的，那些替他传球的人的付出也同样重要。所以兢兢业业做好自己的本职工作，就是为国为家作出的贡献。

思考：

同学们对以上的观点是否认可，请谈谈你自己的看法。

乡土情结

柯　灵

作者简介

柯灵(1909—2000 年)，原名高季琳，笔名朱梵、宋约。原籍浙江绍兴，生于广州。中国电影理论家、剧作家、评论家。1926 年在上海商务印书馆出版的《妇女杂志》发表第一篇作品——叙事诗《织布的女人》而步入文坛。1941 年与师陀合作，根据高尔基的话剧《底层》改编成话剧剧本《夜店》(后改编成电影)，有广泛影响。1948 年在香港《文汇报》工作，担任副社长兼副总编辑。1949 年回到上海，次年加入中国共产党。曾任《文汇报》副社长兼副总编、上海电影剧本创作所所长、上海电影艺术研究所所长、《大众电影》主编、上海作协书记处书记、上海影协常务副主席等职。1943 年 7 月柯灵编辑《万象》，至 1945 年 6 月停刊(1945 年仅出这一期)，前后共 43 期，另有号外一期，几乎贯穿了上海沦陷的整个时期。

背景知识

《乡土情结》是柯灵为纪念《香港文学》创刊七周年而作的散文，作品以故园之思为线索，由“小家”到“大家”，由“离家”到“归家”，将乡土情结升华为爱国主义的思想感情。

君自故乡来，
应知故乡事，
来日绮窗前，
寒梅着花未？
——王维

每个人的心里，都有一方魂牵梦萦的土地。得意时想到它，失意时想到它。逢年逢节，触景生情，随时随地想到它。海天茫茫，风尘碌碌，酒阑灯灺人散后，良辰美景奈何天，洛阳秋风，巴山夜雨，都会情不自禁地惦念它。离得远了久了，使人愁肠百结："客舍并州已十霜，归心日夜忆咸阳，无端又渡桑乾水，却望并州是故乡。"好不容易能回家了，偏又忐忑不安："岭外音书断，经冬复历春。近乡情更怯，不敢问来人。"异乡人这三个字，听起来音色苍凉；"他乡遇故知"，则是人生一快。一个怯生生的船家女，偶尔在江上听到乡音，就不觉喜上眉梢，顾不得娇羞，和隔船的陌生男子搭讪："君家何处住？妾住在横塘。停船暂借问，或恐是同乡。"辽阔的空间，悠邈的时间，都不会使这种感情褪色：这就是乡土情结。

人生旅途崎岖修远，起点站是童年。人第一眼看见的世界——几乎是世界的全部，就是生我育我的乡土。他开始感觉饥饱寒暖，发为悲啼笑乐。他从母亲的怀抱，父亲的眼神，亲族的逗弄中开始体会爱。但懂得爱的另一面——憎和恨，却须在稍稍接触人事以后。乡土的一山一水，一虫一鸟，一草一木，一星一月，一寒一暑，一时一俗，一丝一缕，一饮一啜，都溶化为童年生活的血肉，不可分割。而且可能祖祖辈辈都植根在这片土地上，有一部悲欢离合的家史。在听祖母讲故事的同时，就种在小小的心坎里。邻里乡亲，早晚在街头巷尾、桥上井边、田塍篱角相见，音容笑貌、闭眼塞耳也彼此了然，横竖呼吸着同一的空气，濡染着同一的风习，千丝万缕沾着边。一个人为自己的一生定音定调定向定位，要经过千磨百折的摸索，前途充满未知数，但童年的烙印，却像春蚕作茧，紧紧地包着自己，又像文身的花纹，一辈子附在身上。

"金窝银窝，不如家里的草窝。"但人是不安分的动物，多少人仗着年少气盛，横一横心，咬一咬牙，扬一扬手，向恋恋不舍的家乡告别，万里投荒，去寻找理想，追求荣誉，开创事业，富有浪漫气息。有的只是一首朦胧诗，——为了闯世界。多数却完全是沉重的现实主义格调：许多稚弱的童男童女，为了维持最低限度的生存要求，被父母含着眼泪打发出门，去串演各种悲剧。人一离开乡土，就成了失根的兰花，逐浪的浮萍，飞舞的秋蓬，因风四散的蒲公英，但乡土的梦，却永远追随着他们。"慈母手中线，游子身上衣"，这根线的长度，足够绕地球三匝，随卫星上天。

浪荡乾坤的结果，多数是少年子弟江湖老，黄金、美人、虚名、实惠，都成了竹篮打水一场空。有的侘傺无聊，铩羽而归。有的春花秋月，流连光景，"未老莫还乡，还乡须断肠"。有的倦于奔竞，跳出名利场，远离是非地，"只应守寂寞，还掩故园扉"。有的素性恬淡，误触尘网，不愿为五斗米折腰，归去来兮，种菊东篱，怡然自得。——但要达到这境界，至少得有几亩薄田、三间茅舍作退步，否则就只好寄人篱下，终老他乡。只有少数中的少数、个别中的个别，在亿万分之一的机会里冒险成功，春风得意，衣锦还乡，——"富贵不归故乡，如衣锦夜行，谁知之者！"这句名言的创作者是楚霸王项羽，但他自己功败垂成，并没有做到。他带着江东八千子弟出来造反，结果无一生还，自觉无颜再见江东父老，毅然在乌江慷慨自刎。项羽不愧为盖世英雄，论力量对比，他比他的对手刘邦强得多，但在政治策略上棋输一着：他自恃无敌，所过大肆杀戮，乘胜火烧咸阳；而刘邦虽然酒色财货无所不好，入关以后，却和百姓约法三章，秋毫无犯，终于天下归心，奠定了汉室江山，当了皇上。回到家乡，大摆筵席，宴请故人父老兄弟，狂歌酣舞，足足闹了十几天。“大风起兮云飞扬，威加海内兮归故乡，安得猛士兮守四方！”这就是刘邦当时的得意之作，载在诗史，流传至今。

灾难使成批的人流离失所，尤其是战争，不但造成田园寥落、骨肉分离，还不免导致道德崩坏、人性扭曲。刘邦同项羽交战败北，狼狈逃窜，为了顾自己轻车脱险，三次把未成年的亲生子女狠心从车上推下来。项羽抓了刘邦的父亲当人质，威胁要烹了他，刘邦却说：咱哥儿们，我爹就是你爹，你要是烹了他，别忘记“分我杯羹”。为了争天下，竟可以丧心病狂到这种地步！当然，战争有正义与非正义之分，“国家兴亡，匹夫有责”；“匈奴未灭，何以家为”；“四方丈夫事，平心铁石心”；“男儿何不带吴钩，收取关山五十州”，都是千古美谈。但正义战争的终极目的，正在于以战止战、缔造和平，而不是以战养战、以暴易暴。比灾难、战争更使人难以为怀的，是放逐：有家难归，有国难奔。屈原、贾谊、张俭、韩愈、柳宗元、苏东坡，直至康有为、梁启超，真可以说无代无之。——也许还该特别提一提林则徐，这位揭开中国近代史开宗明义第一章的伟大爱国前贤，为了严禁鸦片，结果获罪革职，遣戍伊犁。他在赴戍登程的悲凉时刻，口占一诗，告别家人：“苟利国家生死以，岂因祸福避趋之。谪居正是君恩厚，养拙刚于戍卒宜。”百年后重读此诗，还令人寸心如割，百脉沸涌，两眼发酸，低徊唏嘘不已。

安土重迁是中华民族的传统，我们祖先有个根深蒂固的观念，以为一切有生之伦，都有返本归元的倾向：鸟恋旧林，鱼思故渊，胡马依北风，狐死必首丘，树高千丈，落叶归根。有一种聊以慰情的迷信，还以为人在百年之后，阴间有个望乡台，好让死者的幽灵在月明之夜，登台望一望阳世的亲人。但这种缠绵的情致，并不能改变冷酷的现实，百余年来，许多人依然不得不离乡别井，乃至漂洋过海，谋生异域。有清一代，出国的华工不下一千万，足迹遍于世界，新兴资本主义国家的金矿、铁路、种植园里，渗透了他们的血汗。美国南北战争以后，黑奴解放了，我们这些黄皮肤的同胞，恰恰以刻苦、耐劳、廉价的特质，成了奴隶劳动的后续部队，他们当然做梦也没有想到什么叫人权。为了改变祖国的命运，孙中山领导的革命运动发轫于美国檀香山，第一代中国共产党人，很多曾在法国勤工俭学。改革开放后掀起的出国潮，汹涌澎湃，方兴未艾。还有一种颇似难料而其实易解的矛盾现象：鸦片战争期间被清王朝割弃的香港，经过一百五十年的沧桑世变，终于回到了祖国的怀抱，这是何等的盛事！而不少生于斯、食于斯、惨淡经营于斯的香港人，却看作“头上一片云”，宁愿抛弃家业，纷纷作移民计。这一代又一代炎黄子孙浮海远游的潮流，各有其截然不同的背景、色彩和内涵，不可一概而论，却都是时代浮沉的倒影，历史浩荡前进中飞溅的浪花。民族向心力的凝聚，并不取决于地理距离的远近。我们第一代的华侨，含辛茹苦，寄籍外洋，生儿育女，却世代翘首神州，不忘桑梓之情，当祖国需要的时候，他们都作了慷慨的奉献。香港蕞尔一岛，从普通居民到各业之王、绅士爵士、翰苑名流，对大陆踊跃输将，表示休戚相关、风雨同舟的情谊，是近在眼前的动人事例。“美不美，故乡水，亲不亲，故乡人”，此中情味，离故土越远，就体会越深。

科学进步使天涯比邻，东西方文化的融会交流使心灵相通，地球会变得越来越小。但乡土之恋不会因此消失。株守乡井，到老没见过轮船火车，或者魂丧域外、漂泊无归的现象，早该化为陈迹。我们应该有鹏举鸿飞的豪情，鱼游濠水的自在，同时拥有温暖安稳的家园，还有足以自豪的祖国，屹立于现代世界文明之林。

（选自：柯灵. 柯灵散文选[M]. 北京：人民文学出版社，2009.）

艺术赏析

本文以故园之思作为线索，由“小家”到“大家”，“离家”到“归家”，作者将乡土之情升华到了爱国主义之情。在文章中，作者不仅写出了千百年来人们对故乡的思念，更写出了为了保家卫国而割舍故园之思的高贵品质。文章开头解释乡土情结的由来与含义，作者以唐代诗人王维的《杂诗》引出一个普通的道理：“每个人的心里，都有一方魂牵梦萦的土地”并且紧接着援引了大量古代诗文中的思乡诗来进一步说明这种情感，点出“乡土情结”。接着，作者叙述人们离家的几种情形，不管是离家创业，还是因灾难与战争，人们在远离故乡的时候，乡土情结大都表现得更为强烈。在叙述了因各种原因而造成的离家之后，作者从历史说到当今，从自然说到人伦，从现实世界说到神话传说，最后归结到一点：安土重迁是中华民族的传统。作者把对乡土的思念与对祖国的思念融为一体，把乡土情结提高到民族凝聚力的高度来认识，这就丰富并深化了乡土情结的内涵。最后，作者从当今世界现代化程度越来越高、文化交融越来越充分的角度对乡土情结作了新的阐释，完成了主题的升华，读来发人深省，回味悠长。

在文章中，作者征引了大量的古代诗文、史料与典故，不仅说明了乡土情结的久远与根深蒂固，而且还通过它们营造了一个个具体的历史场景，使文章更加含蓄蕴藉。比喻与排比句的大量运用，使语言更加生动、形象，增强了文章的艺术感染力。

《乡土情结》赏析

文学聚焦

美　　文

美文是在中国“五四”文学革命初期侧重抒情叙事的白话散文的特定名称。周作人在1921年所写的短论《美文》中首次提出这一文体概念。他说美文是艺术性散文，有叙事、抒情及两者夹杂诸类型，并倡导用白话创作美文。王统照、傅斯年、胡适等曾撰文起而应和，冰心、朱自清、郁达夫、俞平伯、徐志摩和周作人等一大批作家富有成效地拓荒，彻底打破了美文不能用白话的迷信。美文作为一种独立文体的地位遂得以在文学上确立。

柯灵从事散文创作是在20世纪30年代初期，这正是现代散文从说理文走向美文的成长期。从“五四”时期就为现代散文寻找新路的作家竭力主张表现真情实感的白话美文，在新的历史条件下“创造新的小品文，使得小品文摆脱名士习气，成为新时代的工具。”特别在抗日战争时期，经过文艺大众化的讨论，杂文和抒情散文怎样从“身边琐事”到表现时代的“血雨腥风”，已成为多数文艺家追求的目标和创作的中心。

拓展与应用

探究思考

1. 本文的结构线索是怎样的？作者是如何运用这一线索来组织材料的？

2. 作者为什么把“乡土”称为情结，同时又为乡土情结赋予了怎样的时代内涵？

职业连线

语文实践活动——“我的中国梦”演讲

千秋家国梦，悠悠君子心。天下兴亡，匹夫有责！有一种奋斗叫筑梦之路，有一种君子人格叫家国情怀，君子筑梦，家国满怀！请以“我的中国梦”为主题，举行一次家国情怀的演讲比赛。

活动布置：

中华儿女自古多慷慨悲歌之士，许多文人墨客在面对祖国山河遭受践踏之时，用啼血的情、悲愤的笔写下了无数动人的诗篇。请收集相关资料，准备一份符合主题的演讲稿。

活动实施：

在老师的指导下，以小组为单位，共同收集材料，撰写演讲稿，并遴选一名代表上台演讲。

活动评价：

1. 学生自评 ____________________
2. 同学互评 ____________________
3. 教师点评 ____________________

北　方

艾　青

作者简介

艾青(1910—1996 年)，原名蒋海澄，笔名莪伽、克阿、林壁等。浙江金华人。1928 年就读于杭州西湖艺术学院，次年留学法国。1932 年参加中国左翼美术家联盟，不久被捕，在狱中开始写诗，以《大堰河——我的保姆》一诗成名。

1937 年后辗转于武汉、山西、桂林、重庆等地，参加抗日救亡活动。1941 年到延安，参加延安文艺座谈会，主编《诗刊》。1949 年后任《人民文学》副主编等职。1976 年 10 月后重新获得写作权利，任中国作家协会副主席、国际笔会中国中心副会长，被法国授予文学艺术最高勋章。

背景知识

《北方》是现代诗人艾青于1938年2月创作的一首新诗。此诗中，诗人既悲叹北方的贫瘠落后以及战争给北方民众带来的苦难，又讴歌北国民众自古具有的不屈的生存意志和保家卫国的决心，具有浓郁的爱国主义情怀。

全诗多用意象抒情写意，勾勒出一幅幅富有动感的北国乡土画面，形象生动，准确传神。此诗是典型的自由体诗，遵循语言和情感的自然节奏，不受外在格律限制，具有散文美，风格凝重深沉。

一天
那个科尔沁草原上的诗人[①]
对我说：
“北方是悲哀的。”

不错
北方是悲哀的。
从塞外吹来的
沙漠风，
已卷去
北方的生命的绿色
与时日的光辉，
——一片暗淡的灰黄，
蒙上一层揭不开的沙雾；
那天边疾奔而至的呼啸，
带来了恐怖，
疯狂地
扫荡过大地；
荒漠的原野
冻结在十二月的寒风里；
村庄呀，
山坡呀，
河岸呀，
颓垣与荒冢呀，
都披上了土色的忧郁……
孤单的行人，
上身俯前
用手遮住了脸颊，
在风沙里
困苦地呼吸，

一步一步地
挣扎着前进……
几只驴子
——那有悲哀的眼
和疲乏的耳朵的畜生，
载负了土地的
痛苦的重压，
它们厌倦的脚步，
徐缓地踏过
北国的
修长而又寂寞的道路……

那些小河早已枯干了
河底也已画满了车辙，
北方的土地和人民
在渴求着
那滋润生命的流泉啊！
枯死的林木
与低矮的住房，
稀疏地
阴郁地
散布在灰暗的天幕下；
天上，
看不见太阳，
只有那结成大队的雁群，
慌乱的雁群
击着黑色的翅膀，
叫出它们的不安与悲苦，
从这荒凉的地域逃亡，
逃亡到
绿荫蔽天的南方去了……

北方是悲哀的；
而万里的黄河
汹涌着混浊的波涛，
给广大的北方
倾泻着灾难与不幸；
而年代的风霜，
刻画着

广大的北方的
贫穷与饥饿啊。

而我
——这来自南方的旅客，
却爱这悲哀的北国啊。
扑面的风沙
与入骨的冷气，
决不曾使我咒诅；
我爱这悲哀的国土，
一片无垠的荒漠
也引起了我的崇敬；
——我看见
我们的祖先
带领了羊群，
吹着笳笛，
沉浸在这大漠的黄昏里……
我们踏着的
古老的
松软的黄土层里，
埋有我们祖先的骸骨啊，
——这土地是他们所开垦，
几千年了
他们曾在这里
和带给他们以打击的自然相搏斗，
他们为保卫土地，
从不曾屈辱过一次，
他们死了
把土地遗留给我们——
我爱这悲哀的国土，
它的广大而瘦瘠的土地，
带给我们以淳朴的言语
与宽阔的姿态，
我相信：这言语与姿态
坚强地生活在大地上，
永远不会灭亡；
我爱这悲哀的国土，
古老的国土呀，
——这国土养育了

那为我所爱的
世界上最艰苦
与最古老的种族。

一九三八年二月四日　潼关

（选自：艾青.艾青诗选[M].北京：人民文学出版社，1997.）

【注释】

① 科尔沁草原上的诗人：指端木蕻良(1912—1996年)，满族，现代作家。1933年创作了长篇小说《科尔沁旗草原》。

艺术赏析

作为现代诗作，全诗不靠外在韵律取胜，而是用自然散化的语言、散文化笔法，以沉重、徐缓的节奏来表达内在的情感。因而诗作内在的情感节奏如重锤敲击，表达了作者深切的感情。而且铺展的文字，将作者举目四望沉痛悲哀的心情逼真地表现出来，有相当感人的效果。

画图感与一系列的意象表达。全诗用一个个有内在联系的北方图景构成意象，而沙漠风、荒漠的原野、孤单行进的行人、重负的驴子、干涸的河道、失群的大雁等，则描画出色彩暗淡的北方画面，那是“北方的悲哀”，它们一幅幅跳动在读者面前，强烈地震撼着读者的心。

因为作者以深沉的笔调、苍凉辽阔的场景描写北方，所以诗的意象虽然沉郁，但给人的感受是坚强有力的。

文学聚焦

艾青诗歌中的散文美

艾青1939年在桂林时，发表了《诗的散文美》一文，要求诗要摆脱脚韵的羁绊。他说：“我们嫌恶诗里面有那种丑陋的散文，不管它是有韵与否；我们却酷爱诗里面的那种美好的散文，而它常是首先就离弃了韵的羁绊的。”“任何好诗都是由于它所含有的形象而永垂不朽，却绝不会由于它有好音韵。”这既是艾青从诗歌美学上对诗的散文美和怎样算好诗所作的说明和所下的定义，也是他的诗之所以可读性强、耐读性久的决定性原因。艾青要求新诗与旧诗都要有散文美，因为诗的散文美的形成，不论诗的新旧，也不论诗的自由体或格律体，主要靠明朗、自然、生动、活泼的语言，使读者感觉到亲切、朴实的“人间味”(人情味)的魅力。艾青自己写的新诗和他喜爱的新旧体诗，都具有生动、活泼、自然、潇洒的散文美。散文的自由性，给文学的形象以表现的便利；而那种沉练的散文、崇高的散文、健康的或柔美的散文之被用于诗人者，就因为它们是形象之表达的最完善的工具。

艾青所主张的散文美，是一个内容与形式相统一的整体概念，即以口语为工具的鲜活形式包蕴着显示时代精神的艺术形象。这实际是超越时空的诗歌美学理论问题。过去的旧诗和今天的新诗，凡能获得读者爱不忍释的耐读印象的，大体上都符合这个散文美的审美原则。

在新诗受到非议、传统诗词难于创新发展的今天，艾青的《诗的散文美》的美学理论对写新旧诗的诗人都可以给予不同程度的启迪：多采用现代的口语，多表现当代的“人间味”，多塑造有中国特色社会主义现代化建设者的英雄形象，使人民大众喜闻乐读。总之，“诗的散文美”并无排他性，它适用于各种艺术风格和年龄层次的诗人，既有利于新旧体诗的写作，也有利于对新旧体诗的欣赏和评价。

拓展与应用

探究思考

1. 拓展阅读：艾青《我爱这土地》。
2. 诵读艾青《我爱这土地》，仔细体会诗中的爱国热情。
3. 尝试写一首现代诗。

职业连线

不久前在电视上看到，一位长发披肩的30多岁男子讲述自己从博士生到歌手的经历。

从其洋洋得意和对原专业不屑一顾的表情来看，似乎他得到了极大的解脱。主持人对他不做博士做歌手的“壮举”表示欣赏，并称之为“我国学历最高的歌手”。

据博士歌手自述，他从小喜欢音乐，却稀里糊涂地上了某重点大学，又考上本校研究生，他对自己的专业不感兴趣，仅仅是因为研究生很吃香。几年下来他在本专业领域毫无建树，因不想就业，就又考上某校博士生。博士毕业后放弃本专业，在几个城市漂泊，最终成了一名歌手，已出版一张个人专辑。但是，从他的现场演唱来看，很难想象他能在歌坛占有一席之地。

爱因斯坦闲时会拉拉小提琴，如果他一心专攻音乐，未必能成为一个伟大的音乐家，但世界肯定会少了一个伟大的科学家。

思考：

对于以上内容，作为即将毕业的你怎么看？

七子之歌[①]

闻一多

作者简介

闻一多(1899—1946年)，本名闻家骅，字友三，1899年11月24日生于湖北浠水县巴河镇，中国现代诗人、学者、民主战士。

1905年，进入绵葛轩小学读书。1912年，考入北京清华学校乙班。1914年6月，论文

《名誉谈》发表。1919年2月，成为《清华学报》编辑。1920年，编成诗集《古瓦集》《真我集》。1923年3月16日，长诗《园内》写定；9月，出版第一本新诗集《红烛》。1924年6月，毕业于科罗拉多大学。1925年1月上旬，参与发起“中华戏剧改进社”；7月，诗《七子之歌》发表；9月，被聘为北京美术专门学校筹备专员。1927年2月，担任武汉国民革命军政治部艺术股长。1928年1月，诗集《死水》出版。1932年8月，任清华大学国文系教授。1936年1月，论文《离骚解诂》发表。1943年，组织十一学会。1945年3月，联名发表昆明文化界《关于挽救当前危局的主张》。

2009年，闻一多被评为100位为新中国成立作出贡献的英雄模范人物之一。

背景知识

《七子之歌》是闻一多众多诗篇中的重要篇章，创作于1925年3月，1925年7月4日载于《现代评论》第2卷第30期，后《大江季刊》和《清华周刊》相继作了转载。

从1922年冬到1925年春，闻一多留学美国。留学期间，他切身体验到了弱国子民在强国所遭遇到的无处不在的歧视与欺凌。强烈的民族自尊心和对祖国深厚的爱，激发了他创作的灵感，身在纽约的他写下了《七子之歌》等多篇力作。1925年5月，闻一多提前结束了留学生活，启程回国。然而，刚刚踏上祖国土地的闻一多万万没有想到的是，迎接他的是“五卅”惨案的斑斑血迹。被失望乃至绝望笼罩着的闻一多愤然北上，将《七子之歌》等几首爱国之作投稿给《现代评论》首次发表。其时正值中国人民反帝反封建斗争的高潮，《七子之歌》一经问世就引起强烈共鸣。

澳　门

你可知“Macau”[②]不是我的真姓？
我离开你的襁褓太久了，母亲！
但是他们掳去的是我的肉体，
你依然保管着我内心的灵魂。
三百年来梦寐不忘的生母啊！
请叫儿的乳名，叫我一声“澳门”！
母亲！我要回来，母亲！

香　港

我好比凤阙[③]阶前守夜的黄豹，
母亲呀，我身份虽微，地位险要。
如今狞恶的海狮扑在我身上，
啖着我的骨肉，咽着我的脂膏。
母亲呀，我哭泣号啕，呼你不应。
母亲呀，快让我躲入你的怀抱！
母亲！我要回来，母亲！

台　湾

我们是东海捧出的珍珠一串，
琉球[4]是我的群弟，我就是台湾。
我胸中还氤氲[5]着郑氏的英魂，
精忠的赤血点染了我的家传。
母亲，酷炎的夏日要晒死我了，
赐我个号令，我还能背水一战。
母亲，我要回来，母亲！

威　海　卫

再让我看守着中华最古的海，
这边岸上原有圣人的丘陵在。
母亲，莫忘了我是防海的健将，
我有一座刘公岛[6]作我的盾牌。
快救我回来呀，时期已经到了。
我背后葬的尽是圣人的遗骸！
母亲！我要回来，母亲！

广　州　湾

东海和硇州[7]是我的一双管钥。
我是神州后门上的一把铁锁。
你为什么把我借给一个盗贼？
母亲呀，你千万不该抛弃了我！
母亲，让我快回到你的膝前来，
我要紧紧地拥抱着你的脚踝。
母亲！我要回来，母亲！

九　龙

我的胞兄香港在诉他的苦痛，
母亲呀，可记得你的幼女九龙？
自从我下嫁给那镇海的魔王，
我何曾有一天不在泪涛汹涌！
母亲。我天天数着归宁的吉日，
我只怕希望要变作一场空梦。
母亲！我要回来，母亲！

旅顺，大连

我们是旅顺，大连，孪生的兄弟。
我们的命运应该如何地比拟？

两个强邻将我来回地蹴[8]踢，
我们是暴徒脚下的两团烂泥。
母亲，归期到了，快领我们回来。
你不知道儿们如何地想念你！
母亲！我们要回来，母亲！

【注释】

① 选自《闻一多全集》，湖北人民出版社，1993年12月第1版。

② Macau：是澳门的葡萄牙语发音。传说当地渔民为纪念曾拯救渔民们的少女妈祖(也叫娘祖)而建了庙宇，16世纪中叶，第一批葡萄牙人抵达澳门时，询问居民当地的名称。居民误以为指庙宇，俗称“妈港”(也叫“妈阁”)。葡萄牙人以其音而译成“Macau”，于是成为了澳门葡萄牙文的名称。

③ 阙：宫门前两边供瞭望的楼，泛指帝王的住所。

④ 琉球：指琉球群岛，是太平洋西部的一系列岛屿群，位于中国台湾与日本之间。古为中国的藩属国，与当时的中国有着外交与贸易关系。居民受到中国文化特别是闽南文化习俗的影响。

⑤ 氤氲：烟云弥漫。

⑥ 刘公岛：在山东威海。

⑦ 硇(náo)州：岛名，在广东省。

⑧ 蹴(cù)：踢，踏。

艺术赏析

《七子之歌》组诗作于1925年3月，当时闻一多正在纽约。诗人以拟人的手法，将我国当时被列强掠去的七处“失地”比作远离母亲的七个孩子，哭诉他们受尽异族欺凌、渴望回到母亲怀抱的强烈情感。诗歌一方面抒发了对祖国的怀念和赞美，一方面表达了对帝国主义列强的愤慨。

文学聚焦

组　诗

组诗，是指同一诗题、内容互相联系的若干首诗组成的作品。组诗中的每首诗相对完整和独立，但是每首诗与组诗中的其他诗之间又有内在的联系。这种联系可以是主题相同，也可以是内容相关，还可以是空间或时间上的相近。无论是哪一种联系，作为组诗都是为了从不同角度、不同层面和不同取向上力求全面、透彻地反映事物的内涵和作者的情感。从这一点来看，组诗具有单首诗所不具备的优势。组诗以独特的文体特征折射出诗人复杂的内心世界，并影响着其他文体，在文学发展史中有着特殊的文体学意义。

组诗作为一种独特的诗歌表现形式，萌芽于先秦，定型于唐代。先秦之后的各个时期均有大量作品面世。它们少则二首一组，多则几十首一组，甚至达到百首一组。或作于同一时期、同一地点，或作于不同时期、不同地点。内容涉及赠答、咏怀、咏史、纪行、悼亡、伤时、宴饮、唱和、游仙、祭祀、田园等题材领域。

拓展与应用

探究思考

1. 我国新诗早期发展的三大流派是什么？
2. 诗歌中的“孪生兄弟”是指哪两个地方？
3. 谈谈闻一多的“五四情结”。

职业连线

“北大才子”“名校毕业生”“法学硕士”选择从事平民百姓经营的猪肉、米粉行业，引发了人们的唏嘘与不解。其实，我们无需表现得如此惊讶，尽管他们拥有高于常人的才智，但这并不意味着他们就必须选择不同于常人的职业。职业是平等的，他们的选择便是自由的。只要自身有实力，无论做任何职业选择都可以发出耀眼的光芒。

名校毕业生从事卖猪肉、米粉其实折射了一种社会进步，他们虽然并没有选择与自己所学专业对口的职业，但在猪肉、米粉市场上取得的成就也是一种自我价值的实现。我们不妨进一步分析，当越来越多的名校才子从事大众行业时，这些行业将被注入新鲜血液，极大带动该行业的创新式运转。这样看来，他们所创造的社会价值远大于从事对口职业所创造的价值，这样怎能说是人才浪费？

伏尔泰曾说：“我虽然不赞同你的话，但我誓死捍卫你说话的权利。”即使不赞同名校毕业生的这种行为，我们也应尊重他们的选择，而有些人却将他们选择的职业定位为不入流的生意，不可不说有种鄙夷的意味，反映出人们内心中对于职业的一架歪斜的天平。以薪水作为标准来定位职业，将其划分为三六九等，则掩藏着一股功利主义暗流，而这些名校毕业生敢于做自己，不汲汲于功利，平等看待一切职业，亦是一种对于自我的坚守，是一种敢于突破的勇气。

思考：

对于此观点，作为大学生的你怎么看。

呼兰河传(节选)

萧　红

作者简介

萧红(1911—1942年)，中国近现代女作家，被誉为“20世纪30年代的文学洛神”。乳名荣华，学名张秀环，后由外祖父改名为张廼莹。笔名萧红、悄吟、玲玲、田娣等。

1911年，出生于黑龙江省哈尔滨市呼兰区一个地主家庭，幼年丧母。1932年，结识萧军。1933年，以悄吟为笔名发表第一篇小说《弃儿》。1935年，在鲁迅的支持下，发表成名作《生死场》。1936年，东渡日本，创作散文《孤独的生活》、长篇组诗《砂粒》等。1940年，与端木蕻良同抵香港，之后发表中篇小说《马伯乐》、长篇小说《呼兰河传》等。1942年1月22

日，因肺结核和恶性气管扩张病逝于香港，年仅31岁。

背景知识

《呼兰河传》这部长篇小说是萧红后期代表作，通过追忆家乡的各种人物和生活画面，表达出作者对旧中国扭曲人性、损害人格的社会现实的否定，讲述了作者的童年故事。作家以她娴熟的回忆技巧、抒情诗的散文风格、浑重而又轻盈的文笔，造就了她“回忆式”的巅峰之作。茅盾曾这样评价她的艺术成就：它是一篇叙事诗，一幅多彩的风土画，一串凄婉的歌谣。小说共分七章，前有序后有尾声，著名文学巨匠茅盾作序。

七月十五盂兰会，呼兰河上放河灯了。

河灯有白菜灯、西瓜灯，还有莲花灯。和尚、道士吹着笙、管、笛、箫，穿着拼金大红缎子的褊衫，在河沿上打起场子来做道场。那乐器的声音离开河沿二里路就听到了。

一到了黄昏，天还没有完全黑下来，奔着去看河灯的人就络绎不绝了。小街大巷，哪怕终年不出门的人，也要随着人群奔到河沿去。先到了河沿的就蹲在那里。沿着河岸蹲满了人，可是从大街小巷往外出发的人仍是不绝，瞎子、瘸子都来看河灯(这里说错了，唯独瞎子是不来看河灯的)，把街道跑得冒了烟了。

姑娘、媳妇，三个一群，两个一伙，一出了大门，不用问到哪里去，就都是看河灯去。

黄昏时候的七月，火烧云刚刚落下去，街道上发着显微的白光，嘁嘁喳喳，把往日的寂静都冲散了，个个街道都活了起来，好像这城里发生了大火，人们都赶去救火的样子。非常忙迫，踢踢踏踏地向前跑。

先跑到了河沿的就蹲在那里，后跑到的，也都挤上去蹲在那里。

大家一齐等候着，等候着月亮高起来，河灯就要从水上放下来了。

七月十五日是个鬼节，死了的冤魂怨鬼，不得托生，缠绵在地狱里边是非常苦的，想托生，又找不着路。这一天若是每个鬼托着一个河灯，就可得以托生。大概从阴间到阳间的这一条路，非常之黑，若没有灯是看不见路的。所以放河灯这件事情是件善举。可见活着的正人君子们，对着那些已死的冤魂怨鬼还没有忘记。

但是其间也有一个矛盾，就是七月十五这夜生的孩子，怕是都不大好，多半都是野鬼托着个莲花灯投生而来的。这个孩子长大了将不被父母所喜欢，长到结婚的年龄，男女两家必要先对过生日时辰，才能够结亲。若是女家生在七月十五，这女子就很难出嫁，必须改了生日，欺骗男家。若是男家七月十五的生日，也不大好，不过若是财产丰富的，也就没有多大关系，嫁是可以嫁过去的，虽然就是一个恶鬼，有了钱大概怕也不怎样恶了。但在女子这方面可就万万不可，绝对的不可以：若是有钱寡妇的独养女，又另当别论，因为娶了这姑娘可以有一份财产在那里晃来晃去，就是娶了而带不过财产来，先说那一份妆奁也是少不了的。假说女子就是一个恶鬼的化身，但那也不要紧。

平常的人说：“有钱能使鬼推磨。”似乎人们相信鬼是假的，有点不十分真。

但是当河灯一放下来的时候，和尚为着庆祝鬼们更生，打着鼓，叮当地响；念着经，好像紧急符咒似的，表示着，这一工夫可是千金一刻，且莫匆匆地让过，诸位男女鬼，赶快托着灯去投生吧。

念完了经，就吹笙、管、笛、箫，那声音实在好听，远近皆闻。

同时那河灯从上流拥拥挤挤，往下浮来了。浮得很慢，又镇静、又稳当，绝对地看不出来水里边会有鬼们来捉了它们去。

这灯一下来的时候，金呼呼的，亮通通的，又加上有千万人的观众，这举动实在是不小的。河灯之多，有数不过来的数目，大概是几千几百只。两岸上的孩子们，拍手叫绝，跳脚欢迎。大人则都看出了神了，一声不响，陶醉在灯光河色之中。灯光照得河水幽幽地发亮。水上跳跃着天空的月亮。真是人生何世，会有这样好的景况。

一直闹到月亮来到了中天，大昴星、二昴星、三昴星都出齐了的时候，才算渐渐地从繁华的景况，走向了冷静的路去。

河灯从几里路长的上流，流了很久很久才流过来了。再流了很久很久才流过去了。在这过程中，有的流到半路就灭了。有的被冲到了岸边，在岸边生了野草的地方就被挂住了。

还有每当河灯一流到了下流，就有些孩子拿着竿子去抓它，有些渔船也顺手取了一两只。到后来河灯越来越稀疏了。

到往下流去，就显出荒凉孤寂的样子来了。因为越流越少了。

流到极远处去的，似乎那里的河水也发了黑。而且是流着流着就少了一个。

河灯从上流过来的时候，虽然路上也有许多落伍的，也有许多淹灭了的，但始终没有觉得河灯是被鬼们托着走了的感觉。

可是当这河灯从上流的远处流来，人们是满心欢喜的，等流过了自己，也还没有什么，唯独到了最后，那河灯流到了极远的下流去的时候，使看河灯的人们，内心里无由地来了空虚。

“那河灯，到底是要漂到哪里去呢？”

多半的人们，看到了这样的景况，就抬起身来离开了河沿回家去了。于是不但河里冷落，岸上也冷落了起来。

这时再往远处的下流看去，看着，看着，那灯就灭了一个。再看着看着，又灭了一个，还有两个一块灭的。于是就真像被鬼一个一个地托着走了。

打过了三更，河沿上一个人也没有了，河里边一个灯也没有了。

河水是寂静如常的，小风把河水皱着极细的波浪。月光在河水上边并不像在海水上边闪一片一片的金光，而是月亮落到河底里去了。似乎那渔船上的人，伸手可以把月亮拿到船上来似的。

河的南岸，尽是柳条丛，河的北岸就是呼兰河城。

那看河灯回去的人们，也许都睡着了。不过月亮还是在河上照着。

野台子戏也是在河边上唱的。也是秋天，比方这一年秋收好，就要唱一台子戏，感谢天地。若是夏天大旱，人们戴起柳条圈来求雨，在街上几十人，跑了几天，唱着，打着鼓。

求雨的人不准穿鞋，龙王爷可怜他们在太阳下边把脚烫得很痛，就因此下了雨了。一下了雨，到秋天就得唱戏的，因为求雨的时候许下了愿。许愿就得还愿，若是还愿的戏就更非唱不可了。

一唱就是三天。

在河岸的沙滩上搭起了台子来。这台子是用杆子绑起来的，上边搭上了席棚，下了一点小雨也不要紧，太阳则完全可以遮住的。

戏台搭好了之后，两边就搭看台。看台还有楼座。坐在那楼座上是很好的，又风凉，又可以远眺。不过，楼座是不大容易坐得到的，除非当地的官、绅，别人是不大坐得到的。

既不卖票，哪怕你有钱，也没有办法。

只搭戏台，就搭三五天。

台子的架一竖起来，城里的人就说：

“戏台竖起架子来了。”

一上了棚，人就说：

“戏台上棚了。”

戏台搭完了就搭看台，看台是顺着戏台的左边搭一排，右边搭一排，所以是两排平行而相对的。一搭要搭出十几丈远去。

眼看台子就要搭好了，这时候，接亲戚的接亲戚，唤朋友的唤朋友。

比方嫁了的女儿，回来住娘家，临走(回婆家)的时候，做母亲的送到大门外，摆着手还说：“秋天唱戏的时候，再接你来看戏。”

坐着女儿的车子远了，母亲含着眼泪还说：

“看戏的时候接你回来。”

所以一到了唱戏的时候，可并不是简单地看戏，而是接姑娘唤女婿，热闹得很。

东家的女儿长大了，西家的男孩子也该成亲了，说媒的这个时候，就走上门来。约定两家的父母在戏台底下，第一天或是第二天，彼此相看。也有只通知男家而不通知女家的，这叫作“偷看”，这样的看法，成与不成，没有关系，比较得自由，反正那家的姑娘也不知道。

所以看戏去的姑娘，个个都打扮得漂亮。都穿了新衣裳，擦了胭脂涂了粉，刘海剪得并排齐。头辫得一丝不乱，扎了红辫根，绿辫梢。也有扎了水红的，也有扎了蛋青的。走起路来像客人，吃起瓜子来，头不歪眼不斜的，温文尔雅，都变成了大家闺秀。有的着蛋青色布长衫，有的穿了藕荷色的，有的银灰色的。有的还把衣服的边上压了条，有的蛋青色的衣裳压了黑条，有的水红洋纱的衣裳压了蓝条，脚上穿了蓝缎鞋，或是黑缎绣花鞋。鞋上有的绣着蝴蝶，有的绣着蜻蜓，有的绣着莲花，绣着牡丹的，各样的都有。

(选自：萧红.呼兰河传[M].北京：人民文学出版社，2017.)

艺术赏析

《呼兰河传》是作者晚期客居他乡的作品，在寂寞、苦闷怀旧的心情中，写完的一篇小说。作者通过自己对故乡的民俗风情、个性人物的回忆，用朴素率直、凄婉细腻的笔调真实地再现自己的童年生活，以幽默的曲调折射了故乡的黑暗、落后、愚昧的社会生活，揭示了旧的传统意识对人民的束缚和戕害，同时也表达了她对家乡人民苦难境遇的深切同情，对旧风俗、旧习惯进行了无情的鞭挞。

作者用大量的笔墨营造幽默诙谐的氛围，以一个不谙世事的旁观者去看待事态种种，即使大部分显得充满笑料，但却使人笑不起来，即使是笑也是沉重的。《呼兰河传》带有浓厚的乡土气息，具有独特的艺术风格，是萧红又一部有影响力的代表作。茅盾先生称“它是一篇叙事诗，一幅多彩的风景画，一串凄婉的歌谣”，伴随着美妙的歌谣旋律去看作者的童年趣事、民俗风情。

小说分为七个章节，第一章主要讲东北小城呼兰河卑琐平凡的实际生活，以街头的一个大泥坑引发出各种事件，反映人们的思维和自欺欺人的特点。第二章主要写呼兰河精神上的“盛举”，各种盛会上人们的各种举动，体现呼兰河人们的精神面貌。开始两章所占内容较多，从整体上彰显了小城的大体风貌和人们的生活情趣。第三章主要写童年的“我”和祖父度过的美好时光以及祖母、家人对自己的冷漠；第四章主要是从各个方面描述“我”家的荒凉，在作者眼中所有的东西都会成双成对，而自己却只有爷爷，从而体现自己童年时光的无聊，而作者也反复说“我家的后院是荒凉的”，从而更进一步说明自己的孤独和对当时在祖父庇护、娇惯、溺爱中那种悠然自得任性成长的回忆。第五章主要写小团圆媳妇在几千年传下来的规矩和众邻里的“好心帮衬”下，活活被摆弄致死，以及在迷信的误导下给老胡家带来的家破人亡。第六章主要写二伯的故事，第七章主要写磨坊里“冯歪嘴子”一家的故事，用人们期待冯歪嘴子坏结局的过程反映鲁迅笔下的“看客”形象，更形象鲜明地表现了人们的麻木、无同情心的心理。

解读《呼兰河传》

文学聚焦

小说的故事情节

人物形象、故事情节和环境描写是小说的三要素。

小说故事情节是指在小说作品所提供的特定艺术描写的环境中，由于人物之间的相互关系和人与环境间的矛盾冲突，而产生的一系列生活事件发生、发展直至解决的整个过程。它通常由一组或若干组具体的生活事件组成，在一条基本情节线索的统领下包括许许多多的细节。小说故事中的矛盾冲突是形成情节的基础，也是推动情节发展的动力，冲突双方的人物性格，则直接决定了情节进展的趋向。

故事情节一般包括开端、发展、高潮、结局四部分，有的还包括序幕和尾声。在作品中，情节的安排取决于作者的艺术构思，并不一定按照现实生活中事件发生、发展的自然顺序，有时可以省略某一部分，有时也可颠倒或交错。

拓展与应用

探究思考

1. 请结合本文内容讲述七月十五的风俗。
2. 请大家概述七月十五的由来。

职业连线

职业生涯规划（简称生涯规划），又叫作职业生涯设计，是指个人与组织相结合，在对一个人职业生涯的主客观条件进行测定、分析、总结的基础上，对自己的兴趣、爱好、能力、特点进行综合分析与权衡，结合时代特点，根据自己的职业倾向，确定其最佳的职业奋斗目标，并为实现这一目标做出行之有效的安排。

一个人要想使自己的职业人生更有意义，必须重视职业生涯规划，合理规划自己的职业方向并努力作好准备，方能赢得成功的人生。

思考：

请大家查找资料，给自己制订一份职业生涯规划。

附 录

汉语基础知识

附录一 汉　　字

汉字是人类文明的载体，是汉语书写的符号系统。它是表意文字，是音、形、义的结合体。汉字是世界上起源很早的文字之一。殷商的甲骨文，距现在已有3000多年的历史，从形体和造字法来看，甲骨文已经是相当成熟的文字。汉字在漫长的历史长河中不断地充实、演绎，具备了优美的形体和精神的内涵，成为世界文字宝库中最优美的文字之一。

一、汉字形体的演变

从甲骨文开始，汉字经由甲骨文、金文、篆书、隶书、楷书、行书、草书的演变而发展至今的。

甲骨文指通行于殷商时代刻写在龟甲兽骨上的文字。金文主要指通行于西周的青铜器上的文字。篆书有大篆、小篆的区别。大篆指春秋战国时代秦国的文字，小篆是秦始皇统一六国后整理、推行的标准字体。隶书有秦隶和汉隶两种。秦隶是产生于秦代的隶书，基本上摆脱了古文字象形的特点。汉隶是在秦隶的基础上演变来的，是汉代通行的文字。楷书兴于汉末，盛行于魏晋，一直沿用至今，字形方正，书写方便。草书和行书是辅助性字体。

二、汉字的造字法

汉字的造字法指汉字的构造方式。一般来说，有象形、指事、会意、形声四种造字法。

1. 象形

象形即描绘事物形状的造字法。如：羊、月、雨、田、井、牛、瓜等。

2. 指事

指事即用象征性符号或在象形字上加提示符号来表示某个词的造字法。如：休、刃、上、下、本、末。

3. 会意

用两个或几个部件合成一个字，把这些部件的意义合成新字的意义，此即会意。如：森(三木成森)、明(日月为明)、笔(竹毛为笔)、尘(小土为尘)、甭(不用为甭)等。

4. 形声

由表示字义类属的部件和表示字音的部件组成新字，这种造字法即为形声。如：娶、注、住、蛀等。

形声字的构字方式主要有八种：

(1) 左形右声：梅、姑、河。

(2) 右形左声：战、清、期。

(3) 上形下声：箱、窍、荡。

(4) 下形上声：想、袋、梨。

(5) 内形外声：问、闻、闷。

(6) 外形内声：阁、裹、病。

(7) 形占一角：载、疆。

(8) 声占一角：旗、徒。

三、正确规范使用汉字

正确规范使用文字就是准确地使用规范汉字。规范汉字指符合新中国成立后国家有关部门发布的汉字整理方面的字表和权威辞书中规定的汉字，它包括两方面的内容：一是使用标准简化字，二是正确书写标准简化字。正确使用规范汉字，必须掌握国家发布的汉字整理的有关字表，并能切实纠正错别字。

(一) 使用标准简化字

略。

(二) 纠正错别字

错别字现象包括三种情况：写错字、写别字、读错字。读错字指念错或说错字音，这不属于书面表达的范畴，这里不做过多讨论。写错字指写得不成字，即规范字典中查不到的汉字。别字也叫作“白字”，写别字指把甲字写成乙字，如欣尝(欣赏)、克苦(刻苦)、家倶(家具)等。写别字，实际上也是写错字，因此通常书面表达所说的“错字”是上述两种情况的统称。

目前看来，写别字应该是值得高度重视的问题，计算机在现代社会已得到普遍应用，各种输入法所收的汉字中只有标准字形，不存在词典中查不到的错误字形，但会产生由于录入性错误而出现的别字现象，因此主要是注意别字问题。

对个人来说，错别字现象一不小心就会出现。一方面，汉字是表意文字，语音和字形之间不存在必然的联系(形声字声旁尽管表音，但声旁本身与字音也无必然联系)，再加上汉字结构复杂，一字一形、一音多字，难认、难写、难读、难记，容易出错。另一方面，使用者主观上的粗心、草率、随意、轻视也极易造成客观上出错率的上升。而且，现代社会由于计算机的普遍应用，传统的手写字使用得越来越少，人们总是用计算机“写”字，因此，手写字时时常会提笔忘字。

四、易误读的词语(《普通话测试手册》)

伺候 cì hou	家畜 jiā chù	请帖 qǐng tiě	酗酒 xù jiǔ
与会 yù huì	谙练 ān liàn	凹陷 āo xiàn	谄谀 chǎn yú
炽热 chì rè	惆怅 chóu chàng	辍学 chuò xúe	璀璨 cuǐ càn
傣族 daǐ zú	玷污 diàn wū	恫吓 dòng hè	笃信 dǔ xìn
废黜 fèi chù	汾酒 fén jiǔ	观瞻 guān zhān	裹挟 guǒ xié
刽子手 guì zi shǒu	红彤彤 hóng tóng tóng	胡诌 hú zhōu	踝骨 huái gǔ
黄澄澄 huáng dēng dēng		灰蒙蒙 huī méng méng	
奇数 jī shù	畸形 jī xíng	犄角 jī jiǎo	脊椎骨 jǐ zhuī gǔ
瘠薄 jí bó	戛然 jiá rán	缄默 jiān mò	强嘴 jiàng zuǐ
孑然 jié rán	矜持 jīn chí	粳米 jīng mǐ	痉挛 jìng luán
沮丧 jǔ sàng	咀嚼 jǔ júe	角色 júe sè	累赘 léi zhui
擂台 lèi tái	慢腾腾 màn téng téng	蒙骗 mēng piàn	
明晃晃 míng huǎng huǎng		腼腆 miǎn tiǎn	模子 mú zi

鸟瞰 niǎo kàn	忸怩 niǔ ní	滂沱 pāng tuó	蹒跚 pán shān
抨击 pēng jī	澎湃 péng pài	纰漏 pī lòu	毗邻 pí lín
癖好 pǐ hào	媲美 pì měi	剽悍 piāo hàn	剽窃 piāo qiè
撇开 piē kāi	撇嘴 piě zuǐ	婆娑 pó suō	叵测 pǒ cè
剖析 pōu xī	气馁 qì něi	蹊跷 qī qiao	契机 qì jī
卡壳 qiǎ ké	卡子 qiǎ zi	牵掣 qiān chè	掮客 qián kè
翘首 qiáo shǒu	悄然 qiǎo rán	惬意 qiè yì	龋齿 qǔ chǐ
祛除 qū chú	躯壳 qū qiào	妊娠 rèn shēn	偌大 ruò dà
瘙痒 sào yǎng	霎时间 shà shí jiān	赡养 shàn yǎng	晌午 shǎng wǔ
深邃 shēn suì	神龛 shén kān	尸骸 shī hái	拾掇 shí duo
侍奉 shì fèng	似的 shì de	涮锅子 shuàn guō zi	思忖 sī cǔn
夙愿 sù yuàn	榫眼 sǔn yǎn	拓片 tà piàn	调唆 tiáo suō
挑唆 tiǎo suō	湍急 tuān jí	拓荒 tuò huāng	剜肉 wān ròu
蜿蜒 wān yán	腕子 wàn zi	威吓 wēi hè	巍然 wēi rán
萎靡 wěi mí	猥琐 wěi suǒ	猥亵 wěi xiè	斡旋 wò xuán
忤逆 wǔ nì	吸吮 xī shǔn	檄文 xí wén	戏谑 xì xuè
瑕疵 xiá cī	吓唬 xià hu	涎水 xián shuǐ	楔子 xiē zi
星宿 xīng xiù	渲染 xuàn rǎn	炫耀 xuàn yào	眩晕 xuàn yùn
绚烂 xuàn làn	血渍 xuè zì	徇情 xùn qíng	殷红 yān hóng
岩层 yán céng	眼睑 yán jiǎn	赝品 yàn pǐn	唁电 yàn diàn
要挟 yāo xié	窈窕 yǎo tiǎo	谒见 yè jiàn	穴位 xué wèi
隐讳 yǐn huì	引擎 yǐn qíng	应和 yìng hè	余孽 yú niè
玉玺 yù xǐ	谕旨 yù zhǐ	晕厥 yūn jué	晕车 yùn chē
杂沓 zá tà	凿子 záo zi	造诣 zào yì	渣滓 zhā zǐ
扎手 zhā shǒu	轧钢 zhá gāng	栅栏 zhà lan	择菜 zhái cài
粘连 zhān lián	瞻望 zhān wàng	湛蓝 zhàn lán	战栗 zhàn lì
着慌 zháo huāng	着落 zhuó luò	肇事 zhào shì	海蜇 hǎi zhē
蛰伏 zhé fú	褶皱 zhě zhòu	甄别 zhēn bié	砧板 zhēn bǎn
箴言 zhēn yán	诤言 zhèng yán	咫尺 zhǐ chǐ	桎梏 zhì gù
妯娌 zhóu lǐ	贮藏 zhù cáng	专横 zhuān hèng	转瞬 zhuǎn shùn
撰述 zhuàn shù	装殓 zhuāng liàn	装帧 zhuāng zhēn	拙见 zhuō jiàn
卓见 zhuó jiàn	卓识 zhuó shí	灼见 zhuó jiàn	茁壮 zhuó zhuàng
辎重 zī zhòng	租赁 zū lìn	阻塞 zǔ sè	作坊 zuō fáng
作弄 zuò nòng	作料 zuò liào	作梗 zuò gěng	做作 zuò zuo
作祟 zuò suì			

五、容易写错的词语

(一）两字词语

暴躁　嘟哝　打蔫　刮痧　笨拙　校补　遒劲　崭新　熏染

砂砾	镂空	寂寥	誊写	虔诚	默契	饿殍	阡陌	逶迤
宁谧	荫凉	殷勤	浑厚	恢弘	邂逅	嘹亮	祈祷	狭隘
闲暇	诠释	仲裁	肖像	皱纹	燥热	震撼	拥戴	坐落
名片	通缉	剽悍	宣泄	斟酌	白皙	报酬	藐视	伫立
拥戴	梦魇	开销	延伸	殴打	厮杀	永诀	诙谐	亵渎
怄气	辐射	喝彩	辟谣	逞强	废渣	隔阂	啃噬	妖娆
怯懦	渲染	毗邻	蛰居	玷污	遨游	募捐	蓦然	鲁莽
修缮	更迭	陷阱	煤炭	噩耗	雕砌	肿胀		

（二）四字词语

爱不释手	安分守己	安居乐业	黯然泪下	暗无天日
嗷嗷待哺	飞扬跋扈	绝不罢休	英雄辈出	半途而废
山洪暴发	武装暴动	五色斑斓	百步穿杨	大有裨益
原物璧还	鞭辟入里	变本加厉	膘肥体壮	彪炳千古
别出心裁	兵荒马乱	彬彬有礼	病入膏肓	并行不悖
不寒而栗	不计其数	不假思索	步履维艰	不胫而走
雄才大略	才疏学浅	兴高采烈	张灯结彩	粲然一笑
苍茫大海	藏污纳垢	层见叠出	蝉联冠军	陈陈相因
陈词滥调	惩前毖后	吃里爬外	充耳不闻	忧心忡忡
一筹莫展	出其不意	从长计议	厝火积薪	大庭广众
大声疾呼	大放厥词	当仁不让	倒打一耙	得陇望蜀
掉以轻心	以毒攻毒	独当一面	独占鳌头	两军对峙
恶贯满盈	发号施令	功亏一篑	噤若寒蝉	哄堂大笑
集腋成裘	济济一堂	计日程功	画地为牢	继往开来
跻身三强	居心叵测	开诚布公	开源节流	开宗明义
克勤克俭	克己奉公	弥天大谎	秘而不宣	顶礼膜拜
销声匿迹	如法炮制	扑朔迷离	气急败坏	入情入理
通货膨胀	同等学力	图穷匕见	天理难容	亭亭玉立
有条不紊	坐地分赃	关怀备至	终身大事	真相大白
浅尝辄止	作奸犯科	雪中送炭	轩然大波	惺惺作态
乌合之众	支吾其词	声音洪亮	无理谩骂	老实本分
分内之事	敝帚自珍	以身作则	闲情逸致	浮想联翩

六、练习

1. 下列词语中书写有误的一项是（　　）。

A. 摇曳　不容置疑　符合　随声附和

B. 逼真　珠联璧合　大意　微言大义

C. 留恋　流连忘返　厉害　一鳞半爪

D. 变换　变幻莫测　旁证　虚实相生

2. 下列词语中有两个错别字的一组是（　　）。

A. 察言观色　穷途末路　声名雀起　锦秀河山

B. 瑕不掩瑜　飘泼大雨　风雨如晦　成人之美

C. 毋庸置疑　溯流而上　悬梁刺股　风姿绰约

D. 备尝艰辛　掩耳盗铃　触目惊心　唇枪舌剑

3. 下列加点字读音完全不同的一组是（　　）。

A. 和泥　和面　搅和　和稀泥

B. 匀称　称职　对称　称心如意

C. 处暑　处境　处于　处世为人

D. 昭示　召唤　着慌　千里迢迢

4. 下列词语中加横线的字，读音完全相同的一组是（　　）。

A. 挫折　错落　不知所措　厝火积薪

B. 和谐　揩油　白头偕老　万世楷模

C. 渎职　赎罪　买椟还珠　案牍劳形

D. 富饶　妖娆　绕场一周　钹儿铙儿

5. 下列各组词语中，没有错别字的一组是（　　）。

A. 以逸待劳　分庭抗理　信口雌黄　哄堂大笑

B. 漫不经心　和颜悦色　见微知著　推心至腹

C. 突如其来　接踵而至　精妙绝伦　浑然一体

D. 张灯结彩　休戚与共　不知所终　估名钓誉

6. 下列成语中加点字解释有误的一组是（　　）。

A. 无人问津（渡口）　集腋成裘（毛皮的衣服）

B. 不假（假装）思索　生（活）杀予夺

C. 索然寡（少）味　含辛茹（吃）苦

D. 沸反盈（满）天　绿草如茵（垫子或褥子）

7. 下列加点字注音全都正确的一组是（　　）。

A. 寒暄（xuān）　静谧（mǐn）　游说（shuì）　言简意赅（gāi）

B. 提防（dī）　处置（chǔ）　隽永（juàn）　含情脉脉（mài）

C. 休假（jià）　弹劾（hé）　模样（mó）　不省人事（xǐng）

D. 咀嚼（jué）　赡养（shàn）　强劲（jìng）　不屑置辩（xiè）

8. 下列错别字最多的一组是（　　）。

A. 面面具到　因地治宜　直接了当　相形见绌

B. 目不遐接　循规蹈矩　琳琅满目　明察秋毫

C. 天壤之别　熙熙攘攘　民生凋敝　不记其数

D. 曲径通幽　金壁辉煌　言简义赅　酒肆茶楼

9. 下列词语中，没有错别字的一组是（　　）。

A. 逸事　绿草如荫　涸泽而渔　一叶障目，不见泰山

B. 辐射　未雨绸缪　怙恶不悛　千里之堤，溃于蚁穴

C. 真缔　佳作迭出　毁家纾难　城门失火，殃及池鱼

D. 跳槽　老骥伏枥　名门旺族　万事俱备，只欠东风

10. 下列加点字注音全部正确的一组是(　　)。

A. 寒暄(xuān)　　呛人(qiàng)　　荸荠(bí qí)　　譬如(bǐ)

B. 盔甲(kuī)　　监生(jiān)　　废渣(zhā)　　蹙缩(cù)

C. 嫉妒(jí)　　刹那(shà)　　潸然(shān)　　形骸(hé)

D. 谬种(miù)　　歆享(xīn)　　栖身(qī)　　笨坯(pī)

11. 下列词语中有错别字的一组是(　　)。

A. 谴责　费用　脉络　惹是生非

B. 沉浸　就绪　诙谐　老太龙钟

C. 重叠　凌厉　愕然　有案可稽

D. 豁达　寥廓　抉择　破釜沉舟

12. 下列词语中有错别字的一组是(　　)。

A. 山清水秀　磨拳擦掌　大声疾呼　苦心孤诣

B. 出类拔萃　防微杜渐　再接再厉　天网恢恢

C. 言简意赅　因地制宜　强弩之末　萍水相逢

D. 永葆青春　变幻莫测　孤注一掷　余勇可贾

13. 下列成语没有错别字的一组是(　　)。

A. 和盘托出　惊心动魄　不理不睬

B. 不求甚解　价值连城　截然不同

C. 肆无忌惮　眼花瞭乱　索然无味

D. 刻勤克俭　疲倦不堪　酷热难耐

14. 下列加点字的注音全部正确的一组是(　　)。

A. 皱褶(zhě)　　寒伧(cāng)　　摇曳(yè)　　残羹冷炙(zhì)

B. 阡陌(xiān)　　厌恶(wù)　　晌午(xiǎng)　　载歌载舞(zài)

C. 龟裂(jūn)　　墓冢(zhǒng)　　贮藏(zhù)　　垂涎三尺(yán)

D. 协调(tiáo)　　萌蘖(niè)　　针灸(jiǔ)　　提纲挈领(qiè)

15. 加点字与所给注音全部相同的一组是(　　)。

A. 解(jiě)　解决　押解　浑身解数　不求甚解

B. 塞(sè)　堵塞　边塞　闭目塞听　敷衍塞责

C. 提(tí)　提炼　提防　提纲挈领　耳提面命

D. 差(chā)　差错　误差　差可告慰　差强人意

16. 下列词语中划横线的字的读音完全相同的一组是(　　)。

A. 真谛　孝悌　有的放矢

B. 包庇　媲美　刚愎自用

C. 后裔　臆断　自怨自艾

D. 对峙　吞噬　舐犊情深

17. 下列句子中，没有错别字的一句是(　　)。

A. 在中国现代文学史上，冰心作为倡导母爱的著名女作家而受到人们的崇敬

B. 浓郁的情韵和深刻的哲理水乳交溶，增强了文章魅力，感染着亿万读者

C. 广州因承诺将这次全国采购会办成非营利的会议而获得了最多的选票

D. 这部传记，以朴实淳厚的语言为世人展示了将军们鲜为人知的人生境遇

18. 依次填入下面句子横线处的字，正确的一组是(　　)。

(1) 这部书人物形______鲜明，情节曲折生动。

(2) 晚会演出高潮______起，令人目不暇接。

(3) 对子女切莫______生惯养。

(4) 他为人正派，工作出色，深______众望。

A. 象　迭　娇　孚　　　　B. 象　叠　娇　负

C. 像　迭　骄　孚　　　　D. 像　叠　骄　负

19. 下列句子中没有错别字的一组是(　　)。

A. 三年前那动人的情景，至今记忆尤新。

B. 教育事业是无尚光荣的事业。

C. 同学之间和睦相处，感情融恰。

D. 谁言寸草心，报得三春晖。

20. 每段文字被分为4个部分，其中只有1个部分中有1个错别字，请你找出这个错别字并改正。

(1) (A)人们利用电能不过一百年，(B)利用原子能则仅是最近几十年的事；(C)而新石器时代以前的发展阶段，(D)却动则数十万年到千百万年。

(2) (A)这里就像一片世外桃源。(B)虽然没有百灵鸟的歌声，(C)但是有许多暄闹而美丽的鸟儿飞过这里，(D)在树上栖息和休憩。

(3) (A)从未在美洲大陆发现1.2万年以前的人类遗迹。(B)到底谁是第一个美洲人，仍然令人感到扑朔谜离，(C)一切还有待于更多更严谨的科学发现，(D)而不能单凭个人的猜测和苦思冥想。

(4) (A)很久没有听到一种与众不同的声音了，(B)不知经过了漫漫的冬季，那声音是否也有些憔瘁，(C)所以在眺望春风的时候，我希望它经过某一风景、某一身影的时候，(D)多一会徘徊，并能唤醒再一次澎湃的复苏。

(5) (A)一个人没有了跳动的脉膊，就无法生存下去。(B)一个民族没有了强大的文化支撑，就不能挺起自己的脊梁骨，(C)就不能生生不息，百折不挠，众志成城，(D)更不会迸发出巨大的创造活力。

(6) (A)从谦逊、勤恳、梦想到信仰，(B)它讥讽着一切我们以为圣洁的东西，(C)我们心里也这么想，但它挺身而出，减轻了大家的罪恶感，(D)它悍卫的是我们放纵自己欲望的权利。

附录二　词　　语

词是由语素构成的，是语言中最基本的造句单位。一个词可能由一个语素构成，如：“花、雨”；也可能由两个语素或几个语素构成，如“桃花、雨滴”。

从词的结构看，词可以分为单纯词和合成词。由一个语素组成的词，自由的单音节语素和所有的双音节、多音节语素都可以组成单纯词。如：山、仿佛、麦克风。由两个或两个以上语素构成的词叫作合成词。如：老师、树木、救灾。

词汇，是一种语言里所有词和固定短语的总汇。固定短语包括成语、谚语、歇后语、俗语等。固定短语结构固定，表义完整且有一定的抽象性，功能上相当于词，而且具有特殊的表达效果，是词汇系统中不可或缺的重要组成部分。

一、同义词辨析

同义词是指意义相同或相近的一组词。语言中有许多词表达的概念意义基本一致，但在程度、范围、色彩、功能等方面有一些细微的差别，这样的一些词就构成了同义词。同义词之间的差别情况是多方面的，概括起来，主要是概念义不同、附加义不同、使用功能不同。辨析同义词必须从这三个方面进行。

1. 概念义的差别

概念义，词义中反映概念的那部分意义，是词义的核心部分。

1）范围大小不同

性质—品质　　局面—场面　　战争—战役　　事情—事件

2）词义轻重不同

爱惜—珍惜　　喜爱—热爱　　轻视—蔑视　　请求—恳求

3）词义着重点不同

复述—陈述　　苏醒—惊醒　　仰望—眺望　　破旧—陈旧

4）适用对象不同

端庄—好看　　芳名—姓名　　朱唇—嘴唇　　倩影—身影

上例 4)中前一个词只适用于女性，后面的词则无性别之分。除此之外，有些词在适用对象上还有其他差别，如“爱护”和“爱戴”有对上和对下之分，“贵庚”和“年龄”有年龄大小之分等。

2. 附加义的差别

词的附加义主要体现在感情色彩、语体色彩、形象色彩三个方面。

1）感情色彩

感情色彩是词义中包含的表示人的主观好恶的色彩。有的是肯定、赞许、喜爱的感情色彩，含有这样的色彩义的词即为褒义词；有的是否定、贬斥、厌恶的感情色彩，含有这样的色彩义的词即为贬义词；其他的是没有明显褒贬色彩的中性词。例如：

逝世—死亡—完蛋

团结—联合—勾结

爱护—保护—庇护

2）语体色彩

语体色彩又称语体风格色彩，由于使用场合的不同，词就被附加了这样的色彩。有些词经常用于口头交际的场合，具有口语色彩，有些词经常用于庄重严肃的场合，具有书面语色彩。除此之外，不同的文体语言风格也迥然不同，在这里侧重讲解的是单个词语，从单个词语来看，语体色彩集中体现的就是口语色彩和书面语色彩。例如：

老婆—妻子　　孩子—儿童　　脑袋—头颅　　来临—莅临

口语色彩和书面语色彩都是相对来说的，如“妻子”比“老婆”书面语色彩浓，“来临”比“莅临”的口语色彩浓。但拿“妻子”和“拙荆”相比，就明显具有口语色彩了，拿“来临”和“到来”相比，就又具有了浓重的书面语色彩。

3）形象色彩

形象色彩指词在表达概念义的同时，能使人在感官上产生一定的联想，从而产生形象感的色彩义。具有形象色彩的词与单单表达概念义的词就形成了细微的差别，产生了一组同义词，例如：

妇女—巾帼　　嫉妒—眼红　　鼾声—呼噜　　羞愧—脸红

各组词中后一个具有形象色彩。具有形象色彩的词可以刺激人们的眼、耳、口、鼻、舌等感觉器官，引起丰富的想象，从而使语言表达鲜明、有活力，使信息接受者心旷神怡。

3．使用上的差异

同义词用法上的差异就是词的语法上的差异，词的语法功能主要包括词在短语和句子中充当成分的能力，即充当主语、谓语、宾语、定语、状语、补语、中心语和独立语的能力，还包括词与词的组合关系，体现在词与词在搭配上具有一定的选择性。

1）句法功能不同

同义词是反映一致的概念。在汉语中，词性和概念归属有一定的对应性，因此汉语中的同义词往往性质相同。但概念、意义绝非是划分词类的依据，故有些同义词在性质上有较大差异，句法功能迥然不同。例如“偶然”“偶尔”组同义词，均有“不经常”含义，但前者是个形容词，可用于“很”“非常”“十分”等程度副词后充当中心语，在主谓句中自然充当谓语；另外，“偶然”还可以充当定语或者状语。“偶尔”是副词，副词的基本功能是充当状语。相比之下“偶尔”的功能显得比较单一。

2）搭配功能不同

这一类同义词，虽然所表现的意义大致相同，但在具体运用中，有些词往往只能同固定的词搭配，其他的词则经常同另一些词搭配，不允许混淆。一些同义词之间的差别往往表现在搭配关系不同。例如“发扬”“发挥”，“发扬”是指发展和提倡，“发挥”是指把意思尽量说出，把力量尽量使出。“发扬”经常跟“精神”“作风”“传统”“成绩”“优点”等词搭配，“发挥”经常跟“作用”“威力”“力量”“干劲”“积极性”“论点”等词搭配。同义词中的搭配关系跟词义的约定俗成的语言习惯有关。例如：

(1) 李教授退休了，除了看书、品茶外，又找了个特殊的娱乐方式，就是在小区的楼前________花草树木。

A. 种　　B. 种植　　C. 养殖　　D. 耕种

“种”的对象可以是各种植物，但不能是集合体；“种植”后往往是有集合体的表示植物的名词，符合语境；“养殖”和“耕种”的适用对象分别是动物和土地。故B项为正确答案。

4. 容易用错的同义词示例

暴发—爆发	必须—必需	编撰—编纂	标明—表明
不止—不只	察看—查看	常年—长年	斥责—叱责
窜改—篡改	带—戴	淡薄—淡泊	度—渡
而后—尔后	发奋—发愤	反映—反应	工夫—功夫
国是—国事	化妆—化装	简洁—简捷	交纳—缴纳
截止—截至	界线—界限	经心—精心	聚积—聚集
决不—绝不	考查—考察	扣押—扣压	流失—流逝
谋取—牟取	声明—申明	品位—品味	启示—启事
启用—起用	驱除—祛除	溶化—熔化	通信—通讯
淹没—湮没	施行—实行	原形—原型	侦查—侦察

二、正确使用成语

成语是汉语词汇中由汉民族长期使用的一部分定型化的短语。数量颇多，有固定的结构形式和固定的说法，表示一定的意义，在语句中是作为一个整体来应用的。

1. 弄清成语的意义

成语是一种定型的短语，它的意义是由各个构成要素融合而成的，不是构成要素意义的简单叠加，因此对成语意义的理解要整体把握，不能望文生义。

2. 注意成语的读音

成语是人们长期使用的一部分定型化的短语。汉语成语历史悠久，保留了较多的古词、古义，有些字词现代较罕用，一般只在成语中出现，有的还是多音多义字，在成语中的读音与其他地方不同。

3. 注意成语的字形

成语中的汉字或者因为生僻，或者因为形近声近，或者使用者对成语的出处、意义认识不全，常常容易写错，因此应注意成语的字形。

三、关联词的使用

关联词语的正确使用是靠语境判断，仔细推断出来的。

四、练习

1. 依次填入括号处的词语最恰当的一项是(　　)。

(1) 头脑里(　　)，就在这原始状态的空白中，一个古怪的念头跳了出来。

(2) 面对这奇景，语言中的一切华丽辞藻都(　　)。

(3) 巨浪狂扑，船舷攲侧，生死在毫发之间的情景，至今想来还感到(　　)。

A. 一片空白　无济于事　惊心动魄

B. 一无所有　无济于事　胆战心惊

C. 一无所有　黯然失色　惊心动魄

D. 一片空白　黯然失色　胆战心惊

2. 下列句子中成语使用正确的一项是(　　)。

A. 在辽阔的东北大草原上，几百座油井星罗棋布，这就是著名的大庆油田。

B. 他们疼爱自己的孩子，孩子也爱他们，一家三口相濡以沫，过得美满幸福。

C. 中学生最容易犯的毛病就是文不加点，有的一篇作文一个标点也没有。

D. 新的班主任对我们的关心无所不至，从学习到生活，到娱乐，处处关怀着我们。

3. 依次填入下列各句横线处的词语，最恰当的一项是(　　)。

(1) 他把________家里受苦的情况都讲了出来。

(2) 这片昔日沉寂的原野上，现在________有了一群牦牛，怎不叫人高兴呢!

(3) ________是否应聘，我还没有做出最后决定。

A. 从 居然 至于　　　　B. 在 果然 关于

C. 从 果然 关于　　　　D. 在 居然 至于

4. 下列各句中加横线的成语使用不正确的一项是(　　)。

A. 新设备十分复杂，了解其结构原理有助于在维修保养中有的放矢，避免盲目

B. 这家刚开业的公司的业绩连续十个月保持增长，真可谓江河日下、一日千里

C. 一些食品加工小作坊不顾有关食品安全法的规定，仍然我行我素，违规生产

D. 主管部门应该一视同仁，让民营剧团享受到国有剧团的政策补贴和优惠待遇

5. 填入下面横线处的词语，与上下文衔接最恰当的一项是(　　)。

有一个精灵，漂泊如________，清冷似________；有一个精灵，惆怅如________，幽怨如________；有一个精灵，它注定了永远都在流浪——二胡，阿炳。

① 三春之水　② 初夏梅雨　③ 深秋落叶　④ 冬夜之月

A. ①②③④　　　　B. ①④②③

C. ②①④③　　　　D. ③②①④

6. 依次填入下列横线处词语，恰当的一项是(　　)。

(1) 相关条例提示：银行向异地信用卡用户支付大额现金，需要得到发卡地所在银行________。

(2) 为了改变被动局面，尽快恢复生产，工厂决定________部分刚刚退休的工程技术人员。

(3) 对生活在经济条件较差地区的烈士遗属，当地政府应该履行________的义务，以告慰烈士的英灵。

A. 受权 启用 扶养　　　　B. 授权 起用 扶养

C. 受权 起用 抚养　　　　D. 授权 启用 抚养

7. 下列各句中加横线的成语使用正确的一项是(　　)。

A. 他当了两年的局长，却没干过一件实事，这次被免职，实在是众望所归。

B. 由于患有帕金森症，他两只手经常会情不自禁地抖动，这对他来说真是痛苦的事。

C. 她走起路来故意让皮鞋踩出“咔咔”的响声，一副旁若无人的样子。

D. 张教授抛砖引玉的一番话，顿时使大家的发言积极起来。

8. 下列加横线的成语使用有误的一项是(　　)。

A. 听着老外那一大堆英语，他们面面相觑，不知该怎么办。

B. 这种车，巴黎只有在夜间看得见；白天，它们好像自惭形秽，不出来。

C. 山路崎岖得很，他磕磕巴巴地走着。

D. 正是因为他好高骛远，不切实际地更改计划，才导致比赛的失败。

9. 填入下面一段文字中横线处的虚词，最恰当的一组是(　　)。

文言实词数量很大，词义________丰富，用法也比较复杂；文言虚词________数量有限，但在句子中所起的作用________是多方面的。________，正确理解词义和判断使用功能，________成了读文言文的基础。

A. 相当　　则　　却　　因此　　就

B. 相当　　虽然　却　　因此　　就

C. 不但　　则　　仍　　当然　　必然

D. 不但　　虽然　仍　　当然　　必然

10. 下列各句中加横线的成语使用不正确的一项是(　　)。

A. 这几幅画是他早期的习作，自然不能和他现在的创作同日而语。

B. 这一套百科全书，内容涉及各个领域，各门学科，可谓洋洋大观、丰富多彩。

C. 这次县人大举行法律知识考试，有人竟对什么是"法人"，什么是"行政处罚"都不了了之。

D. 他的草书挥洒自如、遒劲有力，可以说达到了炉火纯青的境界。

11. 下列加横线的成语使用有误的一项是(　　)。

A. 教室里有些许的骚动，有的互递眼色，有的窃窃私语，还有的左顾右盼。

B. 你们用这么美丽的玫瑰花来装点这节语文课，我真是有点受宠若惊。

C. 我停了一下，看到同学们听得全神贯注，何不将有关的文化传递给他们呢?

D. 他听得树梢上小鸟的欢叫声心悦诚服，不愿离开这个地方了。

12. 下列句子中，加横线的成语使用正确的一项是(　　)。

A. 某高校作出"三本的分数线拿一本的毕业证"的承诺，对许多学生来说可能是一枕黄粱。

B. 这项新规定颁布一年多，已经露出危险的苗头，如不及时关注，恐怕亡羊补牢，为时太晚。

C. 黄山的怪石、云海、奇松堪称大自然的造化，无不巧夺天工，令人赞叹不已。

D. 从高处眺望，辽阔的草原一片碧绿，几座白色的蒙古包星罗棋布，煞是好看。

13. 依次填入下列各句横线处的词语，恰当的一项是(　　)。

(1) 外交部部长李肇星专门指示邓清波总领事要尽一切力量，尽快______中国遇难者身份。

(2) 深圳市鼓励有条件的企业对________员工实行内部退休。

(3) 美国白宫10日反驳了民主党领导人________布什在越南战争时期曾"擅离职守"的指责。

A. 核实　富余　有关　　　　B. 核定　富余　关于

C. 核实　富裕　关于　　　　D. 核定　富裕　有关

14. 依次填入下列各句横线处的词语，恰当的一项是(　　)。

(1) 虽然他尽了最大的努力，还是没能________住对方凌厉的攻势，而痛失奖杯。

(2) 为了了解对手的情况，球队专门派了一名助理教练去对方训练场地________情况。

(3) 因为他对业务的________，而给人留下了深刻的印象。

A. 遏制　侦查　熟悉　　　　B. 遏制　侦察　熟习

C. 遏止　侦察　熟悉　　　　D. 遏止　侦查　熟习

15. 下列加横线的成语使用不当的一项是(　　)。

A. 希腊国家考古博物馆是举世闻名的。

B. 教室内静悄悄的，同学们正炯炯有神地听老师讲课。

C. 他天庭饱满、气宇轩昂，一看就不是平凡之辈。

D. 他把家乡描绘得真是太好了，读起来令人神往。

16. 依次填入下面句子中横线处的词语，最恰当的一项是(　　)。

(1) 地球生物圈是自然界经过长期________形成的，它是人类生命活动的基础。

(2) 终身教育改变了学校教育的功能，毕业证的获得并不意味着学习的________。

(3) 舟曲地区多处山洪________，空前的泥石流灾害使人民生命财产蒙受巨大损失。

A. 演化　终止　暴发　　　　B. 演化　中止　爆发

C. 变化　终止　爆发　　　　D. 变化　中止　暴发

17. 依次填入下列横线处的词语，恰当的一项是(　　)。

几万年前，撒哈拉地区曾经植物丰盛茂密，河流________东西南北，湖泊________，洪水经常泛滥。公元前2000年以后，气候干燥程度加剧，湖泊干涸消失，植被________退化，这里变成了世界上最大的沙漠。

A. 横贯　漫山遍野　枯竭　　　　B. 纵横　漫山遍野　枯竭

C. 横贯　星罗棋布　枯萎　　　　D. 纵横　星罗棋布　枯萎

18. 依次填入下列横线处的词语，恰当的一项是(　　)。

这个群岛位于地中海西部一个________的自然环境之中，虽然岛屿之间自然风景相似，但都________着各自独特的文化传统。自19世纪以来，众多的作家、画家和音乐家来这里________灵感，他们的艺术创作也给群岛带来了国际声誉。

A. 巧夺天工　流行　捕捉　　　　B. 巧夺天工　保留　发现

C. 得天独厚　流行　发现　　　　D. 得天独厚　保留　捕捉

19. 下列各句中画横线的成语的使用，不正确的一项是(　　)。

A. 水稻栽培、劳动保障、小额贷款是农民最感兴趣的问题，咨询台被围得水泄不通。

B. 这里的葡萄因皮薄、色艳、肉厚闻名遐迩，既可生吃又能酿酒，深受消费者青睐。

C. 在网络空间里，众星捧月式的文化不一定是美的，曲高和寡式的文化不一定是丑的。

D. 近来，移动电源突然冒烟爆炸的事件屡试不爽，一些劣质充电宝俨然成了“小炸弹”。

20. 下列成语使用恰当的一项是(　　)。

A. 昆剧被联合国教科文组织列入首批“代表作”，是实至名归，当之无愧。

B. 破坏公共设施的犯罪行为，使广大干警荡气回肠，下决心打击这伙罪犯。

C. 登上黄山光明顶，放眼眺望，起伏的群山座座相连，鳞次栉比，延伸到远方，消失在迷茫的天际。

D.《水浒传》英译本名为《发生在河边的故事》，《西游记》西方通行本名为《猴》，《红楼梦》的俄译本名为《红色阁楼的故事》，中国读者对此简直不可理喻。

21. 现在不少一次性塑料餐具上都打着“降解餐具”的字样，这完全是______。首先目前国内的一次性塑料餐具都达不到降解要求。其次，降解只是一个环保概念，与产品的安全使用性能完全挂不上钩，但打上这样的招牌让消费者降低了戒心，劣质产品容易出手。

A. 张冠李戴　　B. 自相矛盾　　C. 滥竽充数　　D. 混淆视听

22.“港币和人民币是唇亡齿寒的关系，人民币一旦升值，港币必然波动，香港经济也难免受到打击。”加点成语可用以下哪个成语替换？(　　)

A. 同舟共济　　B. 生死与共　　C. 生死攸关　　D. 休戚相关

23. 依次填入横线处的词语，恰当的一项是(　　)。

作者多年________下来的质朴纯美的情和爱，汩汩地从笔端________出来，与崇高宽阔的胸怀相________，充满了纯朴的人情美。

A. 积淀　流淌　契合　　B. 积聚　流淌　吻合

C. 积淀　流露　吻合　　D. 积聚　流露　契合

24. 在具体的语境中选用最恰当的词语替换或填空，本题主要测查词语的应用能力。

(1) 对儿女的婚姻，我一直都很关心，但是从来不干预。

A. 参与　　B. 过问　　C. 干涉　　D. 干扰

(2) 培养人才应该打破常规，使有突出才能的学生能跳班早毕业或多学几门课。

A. 规定　　B. 习惯　　C. 惯例　　D. 通例

(3) 通过正面教育的积极作用，一定要让年轻棋手明白一个道理，作为一名职业棋手始终要牢记一条准则——棋品、棋德与棋艺同样重要。

A. 规则　　B. 准绳　　C. 条件　　D. 原则

(4) 戴高乐机场附近的居民每天都在提心吊胆地过日子，担心不知什么时候就会祸从天降。

A. 担惊受怕　　B. 心有余悸

C. 诚惶诚恐　　D. 忐忑不安

(5) 上海楼市走向尚不明朗，无论是买方还是卖方，都开始变得举棋不定。

A. 犹豫不决　　B. 左右为难

C. 进退维谷　　D. 优柔寡断

(6) 每当我看到美丽的孩子，我都会对自己说：忍住你对他们容貌的夸赞。从他们成长的角度来说，这件事要处之淡然。孩子不是一件可供欣赏的瓷器，或是可供抚摸的羽毛。他们的心灵像很软的透明皂，每一次夸奖都会留下(　　　)。

A. 划痕　　B. 印迹　　C. 烙印　　D. 伤痕

(7) 作为广告载体，广播的最大优势就是太(　　　)了；从你家中放着的收音机，到公园里手拿收音机的老人；从大学生宿舍里飘出的流行歌曲，到出租车里百听不厌的评书……在生活场景中，有许许多多的生动镜头与广播连在一起。

A. 普及　　B. 平凡　　C. 方便　　D. 廉价

(8) 如果幸运还没有(　　)你，不要怨天尤人，问问你自己，你付出的够多了吗？

A. 眷恋　　B. 看中　　C. 看望　　D. 眷顾

(9) 仲裁委做出令朱某所在公司撤销(　　　)其劳动合同决定的仲裁裁定。

A. 取缔　　B. 解除　　C. 消除　　D. 去除

(10) 展览会工作人员表示任何参加博览会的公司只有做到有备而来、各取所需，才能做到(　　　)。

A. 载誉归来　　B. 有备无患

C. 有所作为　　D. 满载而归

附录三　句　　子

一、常见语病

在书面语中，影响表达流畅的关键因素就是语法错误。常见的语法错误有以下几种。

1. 搭配不当

搭配不当，指句子成分搭配不当。具体包括：主谓搭配不当，动宾搭配不当，主宾搭配不当，定语、状语、补语和中心语搭配不当及关联词搭配不当。

2. 残缺和冗余

(1) 残缺就是结构不完整，缺少主要成分，最常见的就是缺主语、缺谓语、缺宾语和关联词残缺。

① 滥用介词造成主语残缺。

② 暗中更换主语而造成主语残缺。

③ 定语过长，丢掉了中心词，造成主语残缺。

④ 句首陈述对象缺乏相应的谓语，却另起一头造成谓语残缺。

⑤ 缺少与宾语呼应的谓语中心词。

⑥ 缺谓语动词的宾语，误把宾语的修饰语当成宾语。

(2) 成分冗余包括主语冗余、谓语冗余、宾语冗余和修饰成分冗余。

① 堆砌词语。

② 语义重复。

③ 虚词多余。

3. 语序不当

语序不当指句子成分的顺序颠倒，把句子成分放错位置。具体包括定语和中心词位置颠倒，定语、状语错位，多项定语、状语排列不当，并列成分先后颠倒等。

4. 前后牵连

句子中一句话的结构已经完整，却把它的最后一部分用作另一句的开头，生硬地把前后两句连成一句所造成的前后牵连。

5. 句式杂糅

句式杂糅是指有两种或两种以上类型的句式杂糅在一起，从而造成语句结构的混乱。

6. 语义自相矛盾

自相矛盾指违背逻辑规律，语句中常出现前后说法不一致的现象。

7. 分类不一

分类不一是指并列结构中词语在所指代的概念上不能归属为同一个上位概念，或是其中一个或几个词语所指代的概念是其他的词语所指代的概念的上位概念。

8. 关联词误用

关联词是起关联作用的词语，一般成对出现，连接前后两个分句。表达中逻辑错误的出现与关联词语密切相关。关联词语搭配不当、位置不正确自然违背逻辑规律，关联词语误用会使表达违背意愿或语义混乱。

二、练习

1. 下列各句中，没有语病的一项是(　　)。

A. 这起因工作人员疏忽而造成的重大的中学生中毒案件，自始至终牵动着无数大江南北的学生和家长的心。

B. 作为主要农产品技术法规、标准的集大成者，该数据库填补了国内空白，对扭转我国农产品出口所面临的不利局面具有重要意义。

C. 阅读优秀的古典文学作品可以帮助我们了解古代人民的生活，但它们是用文言文写成的，所以比起白话文来要深刻得多。

D. 奉劝那些利欲熏心者，莫要为了蝇头小利而弄虚作假，借助虚假广告蒙骗消费者，其结果是很可怕的。

2. 下列句子中，没有语病、句意明确的一项是(　　)。

A. 古今中外的无数事实都证明诚实守信是决定一个企业成功和失败的关键。

B. 虽已离休多年，但他总忘不了哥哥参军时对自己的评价：一个人道主义者。

C. 规范农贸市场，需要采取建立责任制和加强法制双管齐下，否则难有大的成效。

D. 广东省人大在战胜“非典”后，就不吃野生动物等热点问题举行了立法听证会。

3. 下列各句中的关联词，使用正确的一项是(　　)。

A. 如果要是有人来买，他将咬牙将价格下调 25%，否则，他的生意就没有赚头了。

B. 为何伪劣产品如此之多，且屡禁不止？一方面，少数人利欲熏心，置法律、道德于不顾，地方保护主义对其姑息纵容。此外，广大消费者没能运用法律来保护自己也使得这些坑骗者肆无忌惮。

C. 母亲下班后尽管身体疲倦，还是做了儿子爱吃的两个菜，并煮了香喷喷的小米粥。

D. 走进一座柏树林，阴森森的，好像黄昏提前来到了人间，汗不但下去了，还觉得身子发凉。

4. 下列句子没有语病的一项是(　　)。

A. 有关人士指出，近几年石油价格上涨的主要原因是中东等主要产油区形势不稳造成的。

B. 日本首相安倍晋三表示，此次访华无论能否达成共同声明或宣言，能与中国高层领导认真会谈，就是成功的。

C. 搜集史料不容易，鉴别和运用史料更不容易，中国过去的大部分史学家却把主要精力放在这一方面。

D. 某些西方国家不断地把中国经济的崛起归咎于不公平的竞争，并且越来越频繁地采取贸易保护主义。

5. 下列句子没有语病的一项是(　　)。

A. 日本经济产业大臣日前提交的 2003 版《中国对外经济贸易白皮书》指出，亚洲经济的盛衰取决于中国经济的增长。

B. 多媒体电子门票，这种过去从未听说过的东西，今天正在走进我们的日常生活。

C. 这种抗病毒口服液的主要成分是板蓝根、生地黄、广藿香、连翘等配制而成的。

D. 鲍威尔将要参加第28届奥运会闭幕式的消息传来，希腊2000多名抗议者高呼反美口号，并在雅典大学的围墙上刷写批评小布什的涂鸦。

6. 下列句子没有语病的一项是(　　)。

A. 目前的中国足球人才短缺，竞争机制难以完善，个别队员恃才无恐，出现了职业道德与收入没有同步增长的怪现象。

B. 那崖壁上、沟壑边、大树上，到处可见的常春藤，可视为外婆人格分裂的象征。

C. 创刊一年来，该报针对行业特点，遵循“指导性强、信息量大”的办报方针，取得了很大成绩，被中宣部、国家广电新闻出版局誉为“导向好、品位高”。

D. 屋里陈列着各种各样的焦裕禄同志过去使用过的东西和书籍。

7. 填入文中横线上的句子，与文段衔接恰当的一项是(　　)。

娇生惯养是低能儿的摇篮，高山上寒土使苍松翠柏更加挺拔。司马迁身受宫刑，文章字字珠玑。李后主被禁，环境为之一变。清兵入关，八旗子弟养尊处优，终成一群废物。刘青山进城后生活腐化，蜕变为人民的死敌。________。

A. 成功和失败就这么简单

B. “生于忧患，死于安乐”真是至理名言

C. 失败是成功之母

D. 逆境出人才

8. 下列句子有语病的一项是(　　)。

A. 收入的增速放缓没有影响财政支出，这是上半年数据统计中呈现出的一大特点。

B. 与老式手机和个人电脑相比，新一代智能手机操作使用的难易程度介于两者之间。

C. 根据隧道视野效应，一个人如果身处隧道之中，他所能看到的就只是非常狭窄。

D. 声明称，这种细菌并不依靠砷存活，而是“能在高砷环境中生存的极端微生物”。

9. 下列句子中，有语病的一句是(　　)。

A. 十岁那年，在一次作文比赛中得了第一。

B. 我相信，国人终归会愈来愈善良而不是相反。

C. 一个人做事，可能只是顺着他的本能或其他社会的风俗习惯。

D. 我不敢碰父亲的手提箱，更没有勇气打开它，但是里面有些本子我是知道的。

10. 下列各句中，没有语病的一句是(　　)。

A. 我们要下大决心，花大力气，争取使我国的教育事业达到世界先进水平。

B. 这个文化站已成为教育和帮助后进青年，挽救和培养失足青年的场所，多次受到上级领导的表彰。

C. 他马上召集常委会进行研究，统一安排了现场会的议题、时间和出席人员，以及会议中应注意的问题。

D. 有关部门对极少数不尊重环卫部门劳动，无理取闹，甚至殴打、侮辱环卫工人的事件，及时进行了批评教育和严肃处理。

11. 下列各句中，有语病的一项是(　　)。

A. 有什么样的童年，就有什么样的作家。作家就是其成长衍生的情感、观察和思考。

B. 团队的组织者能否正确地指引方向，是一个团队能否成为优秀团队的决定性因素。

C. 只有建立起国家监督制度，对历史文化名城的保护才能做到有法可依、有法必依。

D. 消费者一旦被认定在消费中蒙受精神损害，经营者将支付至少五万元的精神赔偿费。

12. 依次填入下列横线处的词语，恰当的一项是（　　）。

从巴丹吉林沙漠西端的戈壁向北张望，________的戈壁一色铁青，稀疏的骆驼草棵棵憔悴，一棵和另一棵之间距离很远，像是________的战士，伫立在广漠的戈壁当中，看日月轮转，大风奔流，饱受严寒和烈日侵袭，这仿佛是它们________的宿命。

A. 一望无边　独树一帜　根深蒂固　B. 阔大无疆　孤立无援　与生俱来

C. 阔大无疆　独树一帜　与生俱来　D. 一望无边　孤立无援　根深蒂固

13. 下列句子有语病的一项是（　　）。

A. 由于在交通路口设置了“非机动车禁驶区”，机动车就可以免受非机动车干扰，从而加快行驶速度。

B. 国际社会普遍认为，海洋资源的开发利用将成为人类走出人口剧增、资源枯竭、环境恶化困境的重要选择。

C. 如果美术工作者看不到儿童自身发展的主动性，过早地让他们接受专业绘画知识，那么就会变成束缚儿童发展的枷锁。

D. 为能够吸引更多的高科技人才进驻本市高科技园区企业，市政府相关部门将为此类人才提供专门的资金支持政策。

14. 下列句子没有语病的一项是（　　）。

A. 能否有效地遏制房价过快增长，从而做到“居者有其屋”，是评价政府作为的重要方面。

B. 刚刚上市的这种玉米，是经过改良而制成的、吃起来有水果味的，被称为“水果玉米”。

C. 鸟巢、水立方等一座座现代化的体育场馆进行几年的艰苦奋战，矗立在首都人民的面前。

D. 如何避免生猪收购价格不再上涨，稳定猪肉市场供应，是需要相关部门着力考虑的问题。

15. 依次填入下面横线处的语句，与上下文衔接最恰当的一项是（　　）。

我常常认为，大地与人之间有一种奇妙的契合。山是______，海是______，沙漠是________，河流是一种寻求，一种机智，一种被辖制的自由。

A. 沉重的责任与名节的矜持　希望与失望交织的等待　渺茫的遐思与变易的丰富

B. 希望与失望交织的等待　　渺茫的遐思与变易的丰富沉重的责任与名节的矜持

C. 渺茫的遐思与变易的丰富　希望与失望交织的等待　沉重的责任与名节的矜持

D. 沉重的责任与名节的矜持　渺茫的遐思与变易的丰富希望与失望交织的等待

16. 下列各句没有语病的一项是（　　）。

A. 在万恶的旧社会，逼得我们穷人逃荒要饭、卖儿卖女、家破人亡。

B. 我们访问了北山国营农场，慰问了烈士家属，并到烈士陵园举行了献花。

C. 参加修建红星渠的劳动大军，响应上级的号召，又快又好地进行了施工任务，争取提前建成这项工程。

D. 外电认为：根据英美前不久发表的研究报告，如果保持现在的经济增长速度，到2015至2020年时，中国将成为世界主要强国之一和亚太地区的“霸主”。

17. 下列各句中句意明确，没有语病的一句是(　　)。

A. 国家保护公民的合法收入，储蓄、房屋和其他合法财产的所有权。

B. 我还差一年没有毕业。

C. 电子工业能否迅速发展，并广泛渗透到各行各业中去，关键在于能否加速训练并造就一批专门技术人才。

D. 大家对护林员揭发的林业局带头偷运木料的问题，普遍感到非常气愤。

18. 下列句子中没有语病的一项是(　　)。

A. 今年春节期间，这个市的 210 辆消防车、3000 多名消防官兵放弃休假，始终坚守在各自执勤的岗位上。

B.《消费者权益保护法》深受广大消费者欢迎，因为它强化了人们的自我保护意识，使消费者的权益得到最大限度的保护。

C. 她把积攒起来的 400 元零花钱，资助给贫困地区的失学儿童赵长波，确保他能够支付读完小学的学费。

D. 3 月 17 日，6 名委员因受贿丑闻被驱逐出国际奥委会。第二天，世界各大报纸关于这起震惊体坛的事件都做了详细报道。

19. 下列句子中有语病的一项是(　　)。

A. 适逢年终，各参展出版社为了回笼资金，年终盘货，图书的价格定会让购书者满意。

B. 先生生于江南，长于江南，年长后也曾辗转各地，但一口地道的吴越乡音始终未改。

C. 脊椎对人的重要性不言而喻，但究竟有多重要，脊椎弯曲如何影响身体健康，目前中国大众还不是很了解。

D. 历史是一面镜子。在历史上，我们曾经有过丧失机遇陷入衰落的惨痛教训，也有过抓住机遇实现跨越的辉煌历程。

20. 下列句子中有语病的一项是(　　)。

A. 我国向太平洋预定海域发射的首枚运载火箭圆满成功。

B. 据介绍，该书在美国已经再版 25 次，并被翻译成 8 种文字。

C. 我先要给这些朋友打气，请他们不要灰心，不要害怕没有办法。

D. 目前，我国各方面人才的数量和质量还不能满足经济和社会发展的需要。

附录四　修　辞

修辞是艺术地运用语言，表达思想情感的语言表达手段，它研究语言的规范性和艺术性，使语言得体、鲜明、生动、形象，具有提升语言交际的功能。

一、常见的修辞方法

1．比喻

比喻就是“打比方”。它是用某一具体、浅显、熟悉的事物或情境来说明另一种抽象、深奥、生疏的事物或情境的一种修辞手法。比喻可分为明喻、暗喻、借喻、博喻四种形式。

2．比拟

比拟是把一个事物当作另外一个事物来描绘、说明。根据想象可以将人比作物，也可以将物比作人，或将甲物化为乙物的一种修辞方法。比拟可分为拟人和拟物。

3．夸张

夸张，是为了达到某种表达效果的需要，故意言过其实，对事物的形象、特征、作用、程度等方面着意夸大或缩小的一种修辞手法。夸张可分为扩大夸张、缩小夸张、超前夸张三种。

4．对偶

对偶，是字数相等，结构形式相同或基本相同，意义密切关联的两个短语或句子，表达两个相对或相近的意思的一种修辞手法。

5．排比

排比，把三个或三个以上内容相关、轻重相当、意义相关或相近、结构相同或相近、语气相同的词组或句子并排在一起的一种修辞手法。

6．设问

先提出问题，然后紧跟着把自己的看法说出来，自问自答的一种修辞手法。

7．反问

反问是指以问句形式阐明自己的观点，是无疑而问，是明知故问，答案就含在问句中，既不需要别人回答，也不需要自己回答的一种修辞手法。

8．借代

借代，不直接把人或事物说出来，而是借用与这个人或事物有密切关系的东西来代替的一种修辞手法。主要有以下几种：特征代本体，专名代本体，具体代抽象，局部代整体，整体代部分。

9．双关

双关就是在一定的语言环境中，巧妙地利用语音和语义的条件，有意地使某一个词句同时表达双重的意思——表面上说一个意思，内里隐含着另一个意思的一种修辞手法。有谐音双关和语义双关两种。

10．反语

反语就是说反话，即使用同本来意思恰好相反的词句来表达原本的意思的一种修辞手法。一般用于讽刺，也可用来表示幽默。

11. 反复

为了表达某种强烈感情的需要，有意地反复使用某个词语、句子或词组的一种修辞手法。反复有两种：一是连续反复，二是间接反复。

12. 对比

把两个相对或相反的事物，或者一个事物的两个不同方面并举出来，相互比较的一种修辞手法。

13. 通感

通感，就是把人们的各种感觉(视觉、听觉、嗅觉、触觉、味觉等)通过比喻或形容沟通起来，以一种感觉来描述表现另一种感觉的修辞方式。

14. 顶真

顶真又叫顶针或联珠，是指用上一句句末的词语作下一句的开头词语，使前后的句子首尾蝉联，上传下接的一种修辞手法。用符号表示就是“ABC，CDE”。

二、练习

1. 下列句子中使用修辞手法的一句是(　　)。

A. 小溪宽约二十丈，河床为大片石头做成。

B. 小溪如弓背，山路如弓弦，故远近有了小小差异。

C. 管理这渡船的，就是住在塔下的那个老人。

D. 这种船只比起渡船来大得多，有趣味得多，翠翠也不容易忘记。

2. 下列句子中使用修辞手法与其他三项不同的一项是(　　)。

A. 只有山长久地存在着，从而能客观地聆听狼嗥叫。

B. 火车停了，发出一阵沉重的叹息，像是在抱怨着台儿沟的寒冷。

C. 那颗最小的白菜从篓里跳了出来，滚到路边结着白冰的水沟里。

D. 塘中的月色并不均匀，但光与影有着和谐的旋律，如梵婀玲上奏着的名曲。

3. 下列各句中，不是运用借代手法的一项是(　　)。

A. 华老栓按一按衣袋，硬硬的还在。

B. 且看这里遍地青松，个个雷锋！

C. 几千双眼睛都在盯着你。

D. 我们的原则是党指挥枪，而决不容许枪指挥党。

4. 对下列各句修辞手法判断正确的一项是(　　)。

① 胆怯而贪婪的人选择腐烂，勇敢而胸怀博大的人选择燃烧。

② 矮小而年高的垂柳，用苍绿的叶子抚摸着快熟的庄稼。

③ 远处村舍闪闪发亮，犹如姑娘送出的秋波，使人心潮激荡。

④ 白发三千丈，缘愁似个长。

A. ① 对偶　② 比喻　③ 拟人　④ 夸张

B. ① 对偶　② 借代　③ 拟人　④ 反语

C. ① 对比　② 比喻　③ 借喻　④ 借代

D. ① 对比　② 拟人　③ 比喻　④ 夸张

5. 下列各句中所运用的修辞手法与其他三项不同的一项是(　　)。

A. 红眼睛原知道他家里只有一个老娘，可是没有料到他竟会那么穷。

B. 在这儿还可以看见清清楚楚的春天的背影。

C. 他们谨小慎微，无非是怕说错了话丢了乌纱帽。

D. 看看诗人是怎样用笔墨给我们描绘春天的景色的。

6. 依次对下列句子所使用的修辞手法判断完全正确的一组是(　　)。

① 虽不养鸟，每天早晨有鸟语盈耳。无须挂画，门外有幅巨画——名叫自然。

② 座中泣下谁最多？江州司马青衫湿。

③ 山峦爽朗，湖水清静，日里披满阳光，夜里缀满星辰。

④ 从这时起，山涧又从左侧转到右侧，水声淙淙，跟我们跟到南天门。

A. ①比喻　②设问　③对偶　④拟人

B. ①拟人　②设问　③对比　④比喻

C. ①拟人　②反问　③对偶　④夸张

D. ①比喻　②反问　③对比　④通感

7. 下列比喻句用得不恰当的一句是(　　)。

A. 纸灰在雾中飘浮着，它们是唐山孩子眼中一只只神奇的黑色蝴蝶，飞得很高，又缓缓飘落。

B. “熊猫宫”前站着一群游园的孩子，伸长脖子观看，仿佛许多鸭被无形的手捏住了，向上提着。

C. 注入式的教学迫使学生呆读死记，学生的积极性被扼杀，主动性被泯灭，教师成了“播放机”，学生成了“留声机”。

D. 黄河是一条宽而黄的长带子，小清河是一条绿的头绳，大明湖正是仙女放下来的一面亮晶晶的镜台。

8. 对下列各句所使用的修辞手法判断正确的一组是(　　)。

① 从外面看，一只睡醒了的船隐藏在一堆黑影里。

② 乌云像移动的山，似起伏的海，奔涌聚合。

③ 赶明儿打个喷嚏也得向领导请示请示。

④ 无耻啊！无耻啊！这是某集团的无耻，恰是李先生的光荣。

A. ① 拟人　② 明喻　③ 夸张　④ 反复

B. ① 比喻　② 排比　③ 借代　④ 排比

C. ① 拟人　② 排比　③ 夸张　④ 排比

D. ① 暗喻　② 借喻　③ 借代　④ 反复

9. 对下列各句所用的修辞手法，依次判断正确的一项是(　　)。

① 迷迷蒙蒙的雨，使得雨巷宛如一位蒙上面纱的少女。

② 白发三千丈，缘愁似个长。

③ 苏比站定了不动，两手插在口袋里，对着铜纽扣直笑。

④ 月光如流水一般，静静地泻在这一片叶子和花上。

A. 比喻　夸张　借代　比喻　　　　B. 比喻　比喻　借代　比喻

C. 拟人　夸张　拟人　借喻　　　　D. 比喻　拟人　借喻　拟人

10. 对下列各句所用的修辞手法，依次判断正确的一项是(　　)。

① 树林是一片绿色的海洋，轻风是海的呼吸。

② 两岸青山相对出，孤帆一片日边来。

③ 李医生给人看病，药方没开，病就好了三分。

④ 秋天是美丽的，在曼妙的韵律中舞着她的裙摆。

A. 拟人　比喻　夸张　借代　　　B. 比喻　夸张　拟人　借代

C. 比喻　借代　夸张　拟人　　　D. 拟人　借喻　借代　比喻

附录五　阅读理解

一、知识

现代文阅读能力要求表现为理解、分析综合、鉴赏评价三个能力层次。

1. 正确理解词语和句子。

根据词语在上下文中显示的词义，确认词语输出的信息；结合句子在语段中和上下文的联系，对句子的主干及修饰语进行信息筛选和确认。

2. 分析综合文段、篇章的内容。

分析是对文章的各个语段、各个语段中的各层次、各层次中各语句的内容进行提炼概括。综合则是将这些提炼概括的信息整合起来。分析和综合是不可分割的。

二、练习

1. 就多数人而言，他们并不相信年幼时读的一本书或几本书会对自己的人生轨迹有决定性的影响。但细想起来，有些影响可能是不自觉的。

这句话主要想说明(　　)。

A. 年幼时多读书会使人终身受益

B. 读书对人生的影响有时是潜移默化的

C. 好的阅读习惯多是在年幼时培养出来的

D. 许多人并不知道读书对自己会有哪些影响

2. 许多时候，我们总是把最喜欢做的事情留在最后。可惜，死亡在来临之前并不通知我们。结果，大多数人把留在最后、最喜欢做的事情，都一起带进坟墓里去了。

这段文字强调的是(　　)。

A. 做任何事都应该争分夺秒　　　　B. 现代人的时间往往不够用

C. 有了想法就应该付诸行动　　　　D. 想做的事情拖久了也就不想做了

3. 如今，一个计算机专业的人精通软件，但不一定精通硬件；精通数据库编程，不一定懂反病毒软件。从事计算机专业的人，谁敢自称是计算机的全才？其他专业同样如此，袁隆平是农业专家，他的专长是杂交水稻，但在水果领域他就不一定是专家了。

这段文字强调的是(　　)。

A. 事事皆精通的人才越来越少

B. 各行各业的分工正越来越细致

C. 专业人才的重要性正不断降低

D. “人尽其才”的重要性越来越突出

4. 孙武呕心沥血，著成《孙子兵法》，然而每次作战却都要脱离兵书，注意权变。赵括用兵，依葫芦画瓢，死守兵法规则，不知融会贯通，20 万大军战败被活埋，是在所难免的。

与这段文字含义最接近的是(　　)。

A. 尽信书则不如无书

B. 智者千虑，必有一失

C. 知己知彼，百战不殆

D. 学而不思则罔，思而不学则殆

5.《公务员法》第102条规定，担任领导成员的公务员辞职或退休三年内，其他公务员在离职两年内，不得到原工作业务直接相关的企业或者其他营利性组织任职，不得从事与原工作业务直接相关的营利性活动，否则将受到处理。

与这段文字内容一致的是(　　)。

A. 一般公务员在离职两年内不得从事营利性活动

B. 公务员辞职，退休或离职后从事营利性活动将受到处理

C. 任领导成员的公务员辞职或退休后不得在营利性组织中任职

D. 公务员离职两年内不得在与原工作业务直接相关的营利性组织中任职

6. 教育部决定从明年初开始对采用实验新课程标准的教师进行不低于40学时的新课程标准岗前培训，凡未经新课程标准岗前培训的教师不能实施新课程，经培训没有修满学分者还可能面临“下岗”命运。

对这段文字较全面的概括是(　　)。

A. 参加岗前培训的教师如果没有修满学分就要下岗

B. 只要教师参加了规定的岗前培训，就可以实施新课程

C. 参加规定的岗前培训且修满学分的教师才能实施新课程

D. 所有实施新课程的教师必须参加不低于40学时的岗前培训

7.“濒死体验”是一种令人相当费解的神秘现象，亲历者会感觉他们是被从死亡边缘拉了回来。长期以来，有关这种现象的解释有很多，但人们都对此半信半疑。有科学家日前宣称，“濒死体验”很有可能与睡眠障碍有关。

“但人们都对此半信半疑”中的“此”指的是(　　)。

A. 很多有关“濒死体验”现象的解释

B.“濒死体验”很有可能与睡眠障碍有关

C. 亲历者会感觉他们是被从死亡边缘拉了回来

D.“濒死体验”是一种令人相当费解的神秘现象

8. 理论界一直有人担心中国的社会保障会出现“保障过度”，拖垮国家财政。他们援引西方社会保障过度引起的“英国病”“瑞典病”，强调不能重蹈西方福利国家的覆辙，强调减轻我国政府责任，要求加强自我保障的个人责任。

这段文字旨在说明(　　)。

A. 理论界有人担心“保障过度”会拖垮国家财政

B.“英国病”“瑞典病”主要由西方社会保障过度引起

C. 理论界有人强调中国的社会保障不能重蹈西方福利国家的覆辙

D. 理论界有人强调要减轻我国政府责任，加强自我保障的个人责任

9. 站在民意的土地上，我们向那些身居庙堂深处却不忘民意的人鼓掌。这个句子要表达的意思是，我们向(　　)。

A. 宗教界人士表示感谢

B. 国家领导人表示尊敬

C. 体察民情的官员致敬

D. 体察民情的宗教界人士致敬

10. 一只蝎子掉进水里，一人将其捞起时反被蜇。但这个人还是想救它，于是又被蜇。旁边有人对他说：“它老这么蜇你，你还救它干什么？”这个人说：“蜇人是蝎子的天性，而爱是我的天性，我怎能因蝎子蜇人的天性而放弃我爱的天性呢？”这段文字的主要意思是(　　)。

A. 做人应该执着

B. 世间万物都有自己的天性

C. 不要因外界而改变自己爱的天性

D. 保持自己的天性是要付出代价的

11. 一个成功的经营者说：“如果你能真正制好一枚别针，应该比你制造出粗陋的蒸汽机赚到的钱更多。”该经营者的主要意思是(　　)。

A. 把事情做好是最重要的

B. 东西的价值不在于大小

C. 质量是购买者最看中的

D. 想获得成功要从小做起

12. 20 世纪 90 年代，一部《熊的故事》的电影曾感动过许多人。影片从动物的视角，表现了北美落基山地区的灰熊与猎人之间的斗争，让许多人认识到灰熊这种濒危动物的生存危机。令人欣慰的是，2005 年 11 月 15 号，美国政府宣布，经过 30 年努力之后，黄石公园的重要象征——灰熊的数量已经得到了有效恢复，可以把灰熊的名字从“濒危动物”的名单上去掉了。

这段文字主要介绍(　　)。

A. 保护野生动物的重要性

B. 美国动物保护工作的成就

C. 经过努力灰熊不再面临生存危机

D.《熊的故事》对保护灰熊起了作用

13. 友情是人生最大的财富。有一位理解你、珍惜你的朋友与你喜忧共享、风雨同舟，真是莫大的福气！然而，别把友情看得太天真，以为此途永远风平浪静。我们会时不时听到一些不合拍的音符。法国大作家加缪为友情的长盛不衰，曾有如下一番忠告：“别走在我前面——我不愿跟着谁；别走在我后面——我不愿领着谁；就与我肩并肩——当我的好朋友。”

对这段文字的恰当概括是(　　)。

A. 勿友不如己者

B. 友情珍贵，而经营友情需要技巧

C. 接受忠告的人才能拥有长盛不衰的友情

D. 友情之花不会长盛不衰，要珍惜眼前的友谊

14. 地摊交易从远古时代发生在“边界”的以物易物到现在发达的市场经济体系，经过了数千年。时至今日，现代百货、大型超市、电子商务、各种形式的中小店铺尽管发达无比，但没有任何一个国家和地区能使地摊交易销声匿迹。

这段文字意在强调：地摊交易(　　)。

A. 存在价值

B. 存在的合理性

C. 具有顽强的生命力

D. 消亡的根本之策在于发展经济

15. 南极洲曾经被低温雨林覆盖，但大约3000万年前澳洲大陆与南极洲分离，使得冷气流环绕南极洲，阻断了热带气流，南极洲因此被冰雪覆盖，雨林也就不再存在了。

这段文字主要谈论了南极洲(　　)。

A. 气流发生变化的原因

B. 低温雨林消失的原因

C. 与澳洲大陆分离的原因

D. 早期被冰雪覆盖的原因

16. 中国有机食品有着巨大的国际市场和潜在的国内市场。国际上对中国有机产品的需求逐年增加，越来越多的外商想要进口中国的有机大豆、稻米、花生、蔬菜、茶叶、药材、蜂蜜等；国内有机食品的消费也呈上升趋势。专家们说，经过几年努力，中国的有机食品在国际市场所占的份额达到1%～2%是完全可能的，这就意味着每年可出口创汇十多亿美元。

根据这段文字，下面哪项是正确的？(　　)。

A. 中国有机食品在市场上供不应求

B. 中国有机食品的市场会越来越广阔

C. 食用有机食品是未来饮食的发展趋势

D. 中国有机食品每年出口创汇十多亿美元

17. 在农村，生产方式的落后是一个现实问题，大部分农民要一生和土地打交道，而我们的教育是以城市为本位的、以工业化为依据的现代城市教育——教育没真正为他们准备必要的东西。

根据此段文字可推出(　　)。

A. 教育要为农民的现实着想

B. 现代城市教育要考虑为农村服务

C. 教育要更多地为农村居民的生活着想

D. 教育须对农村生产方式落后的问题负责

18. 每天，大约有200万个身体细胞衰竭，身体会自动地更换它们；但是有些细胞，你的身体将永远不会更换它们：1000亿个活跃的神经细胞或神经原，它组成了你的大脑皮层。

通过这段文字可以推出的结论是(　　)。

A. 组成大脑的所有细胞都是不可更新或再生的

B. 脑细胞的发育与出生后的饮食状况没有直接关系

C. 良好的饮食状况有助于大脑皮层神经细胞的新陈代谢

D. 在有生之年，人永远不可能获得新的大脑皮层神经细胞

19. 阅读短文，根据每题的要求，在四个备选项中选出最恰当的答案。

做一个读者，就是加入人类精神文明的传统中去，做一个文明人。相反，对于不是读者

的人来说，凝聚在书籍中的人类精神财富等于不存在，他们不去享用和占有这笔宝贵的财富。一个人唯有在成了读者以后才会知道，这是多么巨大的损失。历史上有许多伟大的人物，在他们众所周知的声誉背后，往往有一个人所不知的身份，便是终身读者，即一辈子爱读书的人。

在我看来，一个真正的读者应该具备以下特征：

第一，养成了读书的癖好。也就是说，读书成了生活的必需，真正感到不可缺少，几天不读书就寝食不安。如果你必须强迫自己才能读几页书，你就还不能算是一个真正的读者。当然，这种情形绝非刻意为之，而是自然而然的，是品尝到了阅读的快乐之后的必然结果。事实上，每个人天性中都蕴涵着好奇心和求知欲，因而都有可能依靠自己去发现和领略阅读的快乐。遗憾的是，当今功利至上的教育体制正在无情地扼杀人性中这种最宝贵的特质。

第二，形成了自己的读书趣味。世上书籍如汪洋大海，再热衷的书迷也不可能穷尽，只能尝其一瓢，区别在于尝哪一瓢。读书是一件非常私人的事情，喜欢读什么书，不论范围是宽是窄，都应该有自己的选择，体现自己的个性和兴趣。其实，形成个人趣味与养成读书癖好是不可分的，正因为找到了和预感到了书中知己，才会锲而不舍，欲罢不能。没有自己的趣味，仅凭道听途说东瞧瞧，西翻翻，连兴趣也谈不上，遑论癖好。

第三，有较高的读书品位。一个真正的读者具备基本的判断力和鉴赏力，仿佛拥有一种内在的嗅觉，能够嗅出一本书的优劣，本能地拒斥劣书，倾心好书。这种能力部分来自阅读的经验，但更多地源自一个人灵魂的品质。当然，灵魂的品质是可以不断提高的，读好书也是提高的途径，二者之间有一种良性循环的关系。重要的是一开始就给自己确立一个标准，每读一本书，一定要在精神上有收获，能够进一步开启你的心智。只要坚持这个标准，灵魂的品质和对书的判断力就自然会同步得到提高。

(1) 第一段中“巨大的损失”具体指(　　)。

A. 未能成为伟大人物

B. 未能接受传统的精神文明

C. 未能享用书籍中的人类精神财富

D. 未能占有人类过去创造的精神文明

(2) 根据上文可以知道：(　　)。

A. 强迫自己读书也可养成读书的癖好

B. 功利至上的教育体制迫使学生养成读书癖好

C. 真正的读者依靠自己去发现和领略阅读的快乐

D. 读书的癖好是天性中蕴涵的好奇心和求知欲的必然结果

(3) 第四段中画线句子意指(　　)。

A. 先有读书癖好，才有读书趣味

B. 先有读书趣味，才有读书癖好

C. 没有读书癖好谈不上读书趣味

D. 没有读书趣味谈不上读书癖好

(4) 关于第五段，下列选项中与上文一致的是(　　)。

A. 灵魂品质的提高靠读好书实现

B. 多读好书有利于提高一个人的读书品位

C. 对书的判断力和鉴赏力要靠阅读经验来提高

D. 读书品位源于阅读经验，二者相辅相成、互相促进

(5) 对上文最恰当的概括是(　　)。

A. 怎样做一名真正的读者

B. 怎样才能领略读书的快乐

C. 真正的读者如何提高灵魂品质

D. 如何享用书籍中的人类精神财富

20. 阅读短文，根据每题要求，在四个备选项中选出最恰当的答案。

楼兰古城大约在公元4世纪期间废弃。今天所见到的古城遗址，是一片残破而凄凉的景象。在方圆数百平方公里，几乎没有什么植物，到处都是一片光秃秃的死寂景观。这么大的范围内，地面没有一点平坦的地方，到处都被风吹蚀而凹凸不平。被风吹蚀的部分形成长条形凹沟，未被风吹蚀残留下来的土质则形成长条形垄岗，诸多的凹沟和垄岗相间排列，好像凝固的大海波涛，上下起伏。这种地形被称为“雅尔丹”地形。根据残存的痕迹，经测量，古城大致为每边300米长的不规则的四边形城，城内有佛塔的残迹和屋宇的断墙残壁。

楼兰古城的废弃，可能有多种原因。就自然原因而言，楼兰地处内陆荒漠地区，降雨极少，气候极为干旱，自然条件极为严酷，生态环境极为脆弱。塔里木河水的滋润灌溉，是古楼兰绿洲和古楼兰城生存的必不可少的条件。但塔里木河流量极不稳定，它既有洪水年份，也有枯水年份，造成这里的水资源极不稳定。因此，这里经济与社会发展潜伏着诸多不利因素。随着经济与社会的发展，上中游地区对水资源需求不断增加，水资源的空间分配发生变化。公元4世纪期间，全球气候出现变冷的波动，导致塔里木河来水的波动和河道的变化。这些因素给古楼兰带来生态灾难。由于当时社会生产力低下，缺少抵御自然界不利变化的能力，缺少强有力措施保证水资源的稳定来源，在楼兰古城出土的汉代木简中，已有记载表明出现灌溉用水的不足。在这种情况下，需要塔里木河水滋润的天然植被，受到水资源匮乏的影响逐渐死去，而楼兰绿洲和楼兰古城缺少天然植被的保护，土地逐渐沙漠化，最后人们不得已舍此而去。

近年来，由于塔里木河来水逐渐减少，下游大片天然胡杨林植被在枯死，土地在沙漠化，严重威胁了从库尔勒到青海的公路以及一些农场的生存。楼兰古城的废弃告诉我们，虽然其所在区位很优越，但在生态环境极为脆弱的自然条件下，对水资源缺乏强有力的管理，对生态环境缺少有力的保护，经济和社会将不会有持续的发展，人类创造的物质文明，有可能毁于一旦。因此，在西北地区今后的发展中，加强对水资源的管理，合理进行水资源的空间分配，保护生态环境，是经济和社会可持续发展的基本保障。

(1) 第一段主要说明(　　)。

A. 楼兰古城“雅尔丹”地形的特征

B. 楼兰古城被废弃的历史变迁

C. 楼兰古城遗址呈现的衰落景象

D. “雅尔丹”地形是楼兰古城特有的地貌

(2) 第二段中的“诸多不利因素”主要指(　　)。

A. 社会生产力低下，缺少抵御自然界不利变化的能力

B. 自然条件极为严酷、生态环境极为脆弱、水资源极不稳定

C. 全球气候出现变冷的波动导致塔里木河来水波动，河道改变

D. 上中游地区对水资源需求不断增加，水资源的空间分配发生变化

(3) 全球气候变冷给楼兰带来的生态灾难是指(　　)。

A. 灌溉用水不足

B. 土地逐渐沙漠化

C. 塔里木河河道改变

D. 塔里木河来水不稳定

(4) 第三段旨在说明(　　)。

A. 当地生态环境近年来日益恶化的严重局面

B. 水资源和生态环境对西北地区发展的重要性

C. 严酷的生态环境会阻碍经济和社会的持续发展

D. 西北地区管理水资源不力，缺少保护生态环境的措施

参考文献

[1] 梁启超.为学与做人[M].苏州：古吴轩出版社，2016.
[2] 史铁生.我与地坛：纪念版[M].北京：人民文学出版社，2011.
[3] 毕淑敏.风不能把阳光打败[M].北京：中国青年出版社，2003.
[4] 张玮.中国当代作家选集丛书：宗璞[M].北京：人民文学出版社，1991.
[5] 林白，徐坤，邓一光，等.百年百部中篇正典[M].沈阳：春风文艺出版社.2018.
[6] 曾国藩.曾国藩全集[M].北京：光明日报出版社，2015.
[7] 贾平凹.贾平凹散文大系(第二卷)[M].桂林：漓江出版社，1993.
[8] 巴金.巴金文集(第十卷)[M].北京：人民文学出版社，1961.
[9] 萧红.呼兰河传[M].北京：人民文学出版社，2017.
[10] 朱熹.诗经集传[M].上海：上海古籍出版社，1987.
[11] 李白.李白全集注评[M].郁贤皓，注评.南京：凤凰出版社，2018.
[12] 鲁迅全集：第二卷[M].北京：人民文学出版社，1981.
[14] 蒲松龄.聊斋志异.北京：人民文学出版社，1956.
[15] 沈从文.边城[M].太原：北岳文艺出版社，2005.
[16] 路遥.平凡的世界[M].北京：北京十月文艺出版社，2012.
[17] 贾平凹.贾平凹散文自选集[M].桂林：漓江出版社，1987.
[18] 余华.活着[M].北京：作家出版社，2012.
[19] 阿来.尘埃落定[M].北京：人民文学出版社，1998.
[20] 中国社会科学院文学研究所编.唐诗选[M].北京：人民文学出版社，1978.
[20] 曹雪芹，高鹗.红楼梦[M].北京：人民文学出版社，2013.
[22] 钱钟书.写在人生边上[M].北京：中国社会科学出版社，1990.
[23] 舒济，舒乙.老舍小说全集：10卷[M].武汉：长江文艺出版社，1993.
[24] 王小波.沉默的大多数[M].长沙：湖南文艺出版社，2015.
[25] 吴楚材.古文观止：全4册[M].吴调侯，选编；惠海涛，译注.北京：线装书局，2016.
[26] 柯灵.柯灵散文选[M].北京：人民文学出版社，2009.
[27] 艾青.艾青诗选[M].北京：人民文学出版社，1997.
[29] 闻一多.闻一多全集[M].武汉：湖北人民出版社，1993.